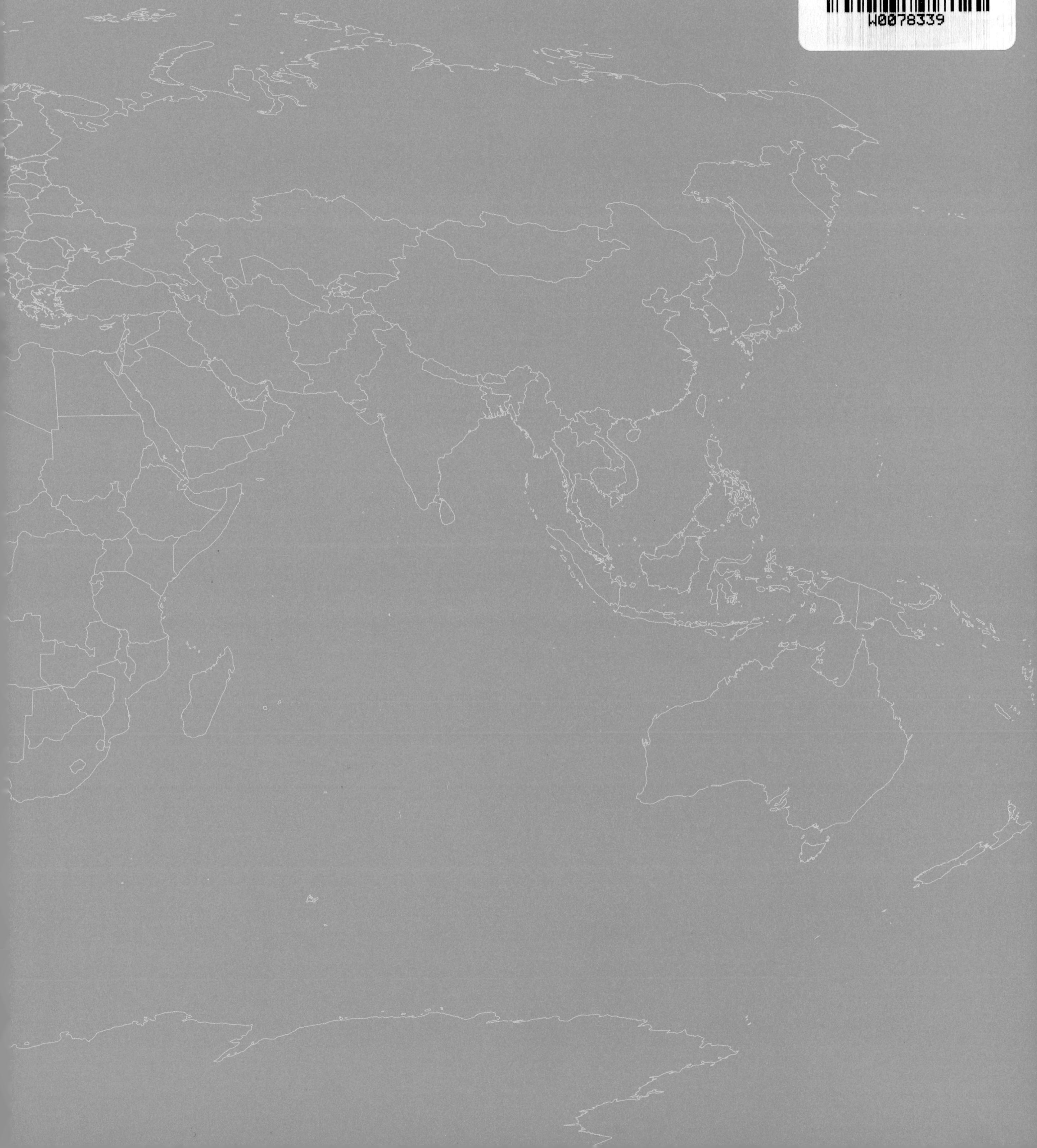

GLOBALOGRAFIE

Die englische Originalausgabe
erschien 2018 unter dem Titel *Globalography.*
Our interconnected world revealed in 50 maps
bei White Lion Publishing, London.

Design: Paileen Currie
Karten: Sam Vickars

Erste Auflage 2019

Verlagskoordination: Marisa Botz
Übersetzung: Theresia Übelhör
Lektorat: Kerstin Thorwarth
Satz: Nazire Ergün
Umschlag: Birgit Haermeyer

Printed in Europe
ISBN 978-3-8321-9959-3

www.dumont-buchverlag.de

FSC www.fsc.org MIX Papier aus verantwortungsvollen Quellen FSC® C118234

CHRIS FITCH
Karten von Sam Vickars

GLO BAL OGR AFIE

50 KARTEN ERKLÄREN DIE WELT VON HEUTE

DUMONT

Inhalt

Einleitung

Stellen Sie sich eine gewöhnliche Weltkarte vor, auf der jedoch sämtliche vom Menschen gezogenen Grenzlinien entfernt wurden. Führen Sie sich stattdessen den konstanten Strom von Menschen, Ressourcen, Geld, Daten, Ideen und Waren rund um den Globus vor Augen. Zeichnen Sie die Verbindungen ein, die über die Grenzen hinweg verlaufen und die alle und alles miteinander vernetzen und voneinander abhängig machen. Maßnahmen und Entscheidungen, die auf einer Seite des Planeten getroffen werden, können in vielen Tausend Kilometern Entfernung dramatische Auswirkungen haben – so wie der sprichwörtliche Flügelschlag eines Schmetterlings. Das ist unsere moderne globalisierte Welt.

Es kann leicht der Eindruck entstehen, dass es bei der Globalisierung nur um transnationale Unternehmen, freien Handel und Kapitalflüsse geht. Gewiss, Geld regiert in einem bestimmten Maß die Welt, aber was ist mit dem Leben der Menschen, das zunehmend globalisiert wird? Wie bewegen sie sich um die Welt? Was ist mit dem steten Austausch etwa von Kultur, Sport, Architektur, Kunst, Technologie? Und wie wirkt sich die Globalisierung auf das Ökosystem unserer Erde aus, die laut „Gaia-Hypothese" sogar als eigenes Lebewesen zu begreifen ist?

Die Globalisierung ist kein neues Phänomen. Doch zweifellos hat die moderne Turboversion der Globalisierung, die wir seit Beginn des 21. Jahrhunderts erleben, diesem Konzept eine neue Intensität verliehen. Touristen, Finanzmittel, Streitkräfte, Rohstoffe, digitale Daten – einfach alles kann mittlerweile per Mausklick über Grenzen und große Entfernungen hinwegbewegt werden. Der transnationale Status vieler Großunternehmen und der Reichen dieser Welt bedeutet, dass sie ein nomadisches Leben führen, nach Belieben umziehen und Arbeit auslagern können.

Auch aus diesem Grund herrscht heute eine größere soziale Ungleichheit als jemals zuvor: Nur eine Handvoll Multimilliardäre besitzt so viel Geld wie die

Hälfte der Weltbevölkerung. Darüber hinaus leidet die Umwelt zunehmend unter der Globalisierung; die Belastungen durch Plastikmüll, Abholzung, Artensterben, Ressourcenverknappung und Klimawandel sind die unvermeidlichen Folgen des extremen Konsums, den die Globalisierung unterstützt und begünstigt. Andererseits hat das durch die Globalisierung geförderte Wirtschaftswachstum dazu beigetragen, dass die globale Armutsquote von 42 Prozent im Jahr 1981 auf 11 Prozent im Jahr 2013 gesunken ist. Zudem ist die durchschnittliche Lebenserwartung weltweit im Zeitraum 1969 bis 2016 von lediglich 53 auf 72 Jahre angestiegen.

Vor diesem Hintergrund ist es aufschlussreich, anhand von einzelnen Beispielen zu untersuchen, wie die neue globalisierte Welt tatsächlich funktioniert. So können etwa Unternehmer und Hersteller Kunden auf der anderen Seite des Globus finden, und Nahrungsmittel wie Bananen, Tee und Kakao können viele Tausend Kilometer von der Klimazone entfernt, in der sie wachsen, gekauft werden. Millionen junger Menschen haben inzwischen die Möglichkeit, eine Ausbildung im Ausland zu absolvieren und die vielen sich ihnen damit bietenden Chancen zu nutzen. Nationen können ihre Soldaten bereitstellen, damit diese in den Krisenregionen der Welt als UN-Friedenstruppen fungieren. Nicht zuletzt ermöglichen Smartphones und Online-Messaging-Dienste weltweit eine kostengünstige und effiziente Kommunikation.

Damit all das in Relation gesetzt werden kann, greifen wir hier fünfzig Geschichten auf, die zeigen, auf welch vielfältige Weise wir inzwischen miteinander vernetzt sind. Einige davon werden Sie vielleicht nicht überraschen, andere hingegen schon. Zusammen lassen sie erkennen, wie radikal die Globalisierung unsere Welt verändert.

Bananen

Die führenden Bananenexporteure der Welt – die Ländergröße entspricht dem Exportwert.

10 000 | 100 000 | 1 Mio. | 10 Mio. | 100 Mio. | 1 Mrd. | 3 Mrd.

US-Dollar pro Jahr

Bananen

Im Jahr 1830 fand sich Joseph Paxton, Chefgärtner des Chatsworth House im englischen Peak District, auf einmal im Besitz einer ungewöhnlichen Frucht, die von Mauritius eingeführt worden war. Ihm gelang es schließlich, die Pflanze im stattlichen Gewächshaus anzupflanzen, und er benannte sie nach seinen Arbeitgebern, der Familie Cavendish: *Musa cavendishii*. Weder Paxton noch die Familie Cavendish konnten damals ahnen, dass diese bescheidene Frucht eines Tages die Welt erobern würde.

Jedes Jahr werden weltweit mehr als 100 Milliarden Bananen verzehrt. Die Lieblingsfrucht der Welt – nahrhaft und äußerst praktisch „verpackt" – ist wohl die unglamouröseste von allen. Doch Bananen sind mit 17 Millionen Tonnen weltweit importierter Früchte im Jahr 2016 der Inbegriff des modernen Welthandels. Lediglich Reis, Weizen und Mais sind für die Ernährung der Menschheit noch wichtiger.

Gegenwärtig ist Ecuador, das 2016 Bananen im Wert von 2,7 Milliarden US-Dollar ausführte – das entspricht beinahe einem Viertel des gesamten Bananenexports –, mit Abstand der größte Bananenexporteur der Welt, weit vor Guatemala, Costa Rica, Kolumbien, den Philippinen und anderen Konkurrenten. Tiefe, gut entwässerte Böden in feuchtem Tropenklima sorgen für optimale Bedingungen für den Bananenanbau, und diese – zusammen mit beträchtlichen staatlichen Fördergeldern für die Industrie – haben die Ecuadorianer an die Spitze der Liste der globalen Produkteure katapultiert.

Ziel dieser vielen Millionen Bananen, die von Ecuador und seinen Rivalen in den Tropen exportiert werden, sind erwartungsgemäß die Wirtschaftsmächte der Europäischen Union und die Vereinigten Staaten, die zusammen fast 60 Prozent aller Bananen importieren.

Dank der Bemühungen von Paxton und der Missionare, die die Frucht als Erste in der Welt verbreiteten, zählt inzwischen fast die Hälfte aller weltweit angepflanzten Bananen zur Sorte Cavendish – insgesamt mehr als 55 Millionen Tonnen. Von besonderer Bedeutung ist die Tatsache, dass fast alle exportierten Bananen Cavendishs sind. In einem großen Teil der restlichen Welt, wo

Nordamerika
4,5
Europa
408,2
Ozeanien
1 641,9
Mittelamerika
9 721,5
Südamerika
16 782,5
Afrika
21 019,3
Asien
61 584,0

Trotz der nicht unerheblichen Größe der Betriebe in Afrika und in Südamerika steht Asien unbestritten an der Spitze der Bananenproduzenten. Die Zahlen geben die Produktion in tausend Tonnen pro Jahr an.

die heimische Nachfrage wichtiger ist als die Vorlieben ferner Konsumenten, werden deutlich mehr Bananensorten angepflanzt und verzehrt (in Ecuador wachsen angeblich mehr als 300 verschiedene Sorten).

Doch die Dominanz der Cavendish-Banane könnte bald ein Ende finden. Aufgrund der eigenartigen Reproduktionsmethode ist jede Cavendish-Banane ein direkter Abkömmling – im Grunde ein Klon – der ersten Bananenpflanze, die in Chatsworth House angepflanzt wurde. Ihr ungewöhnliches biologisches Erbe macht es den Pflanzen fast unmöglich, eine Resistenz gegen Krankheiten zu entwickeln oder aufrechtzuerhalten, die in einer breiten Genvariante daherkommen – es macht sie angreifbar. Dies erweist sich als besonderes Problem, weil die Cavendish-Pflanzen einen erbitterten Kampf gegen die Panama-Krankheit führen, ausgelöst durch eine Art des Pilzes *Fusarium oxysporum*, der zur Fusarium-Welke führt und vor etwa 50 Jahren auch den ehemaligen Weltmarktführer, die Bananensorte Gros Michel, vernichtete. Was für westliche Konsumenten eines Tages eine kleine Unannehmlichkeit bedeuten könnte, könnte in den führenden Bananen produzierenden Ländern ernste wirtschaftliche Probleme nach sich ziehen. Wird sich der Geschmack der Konsumenten insoweit verändern, dass Ecuador und die übrigen Produzenten andere Bananensorten als die Cavendish-Bananen exportieren können? Oder könnte die gesamte Bananenindustrie ihre globale Vorherrschaft verlieren?

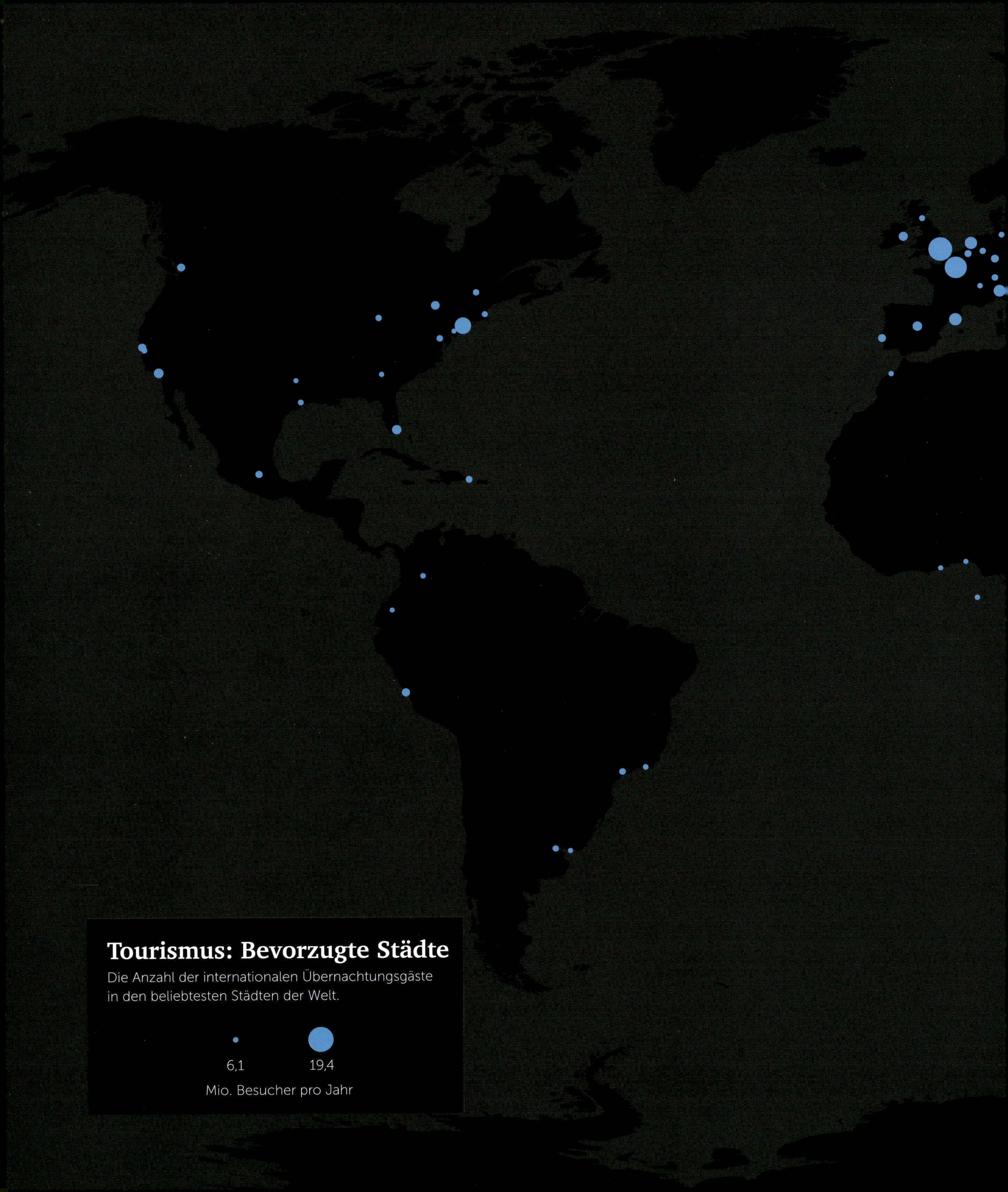
Tourismus: Bevorzugte Städte
Die Anzahl der internationalen Übernachtungsgäste in den beliebtesten Städten der Welt.
6,1
19,4
Mio. Besucher pro Jahr

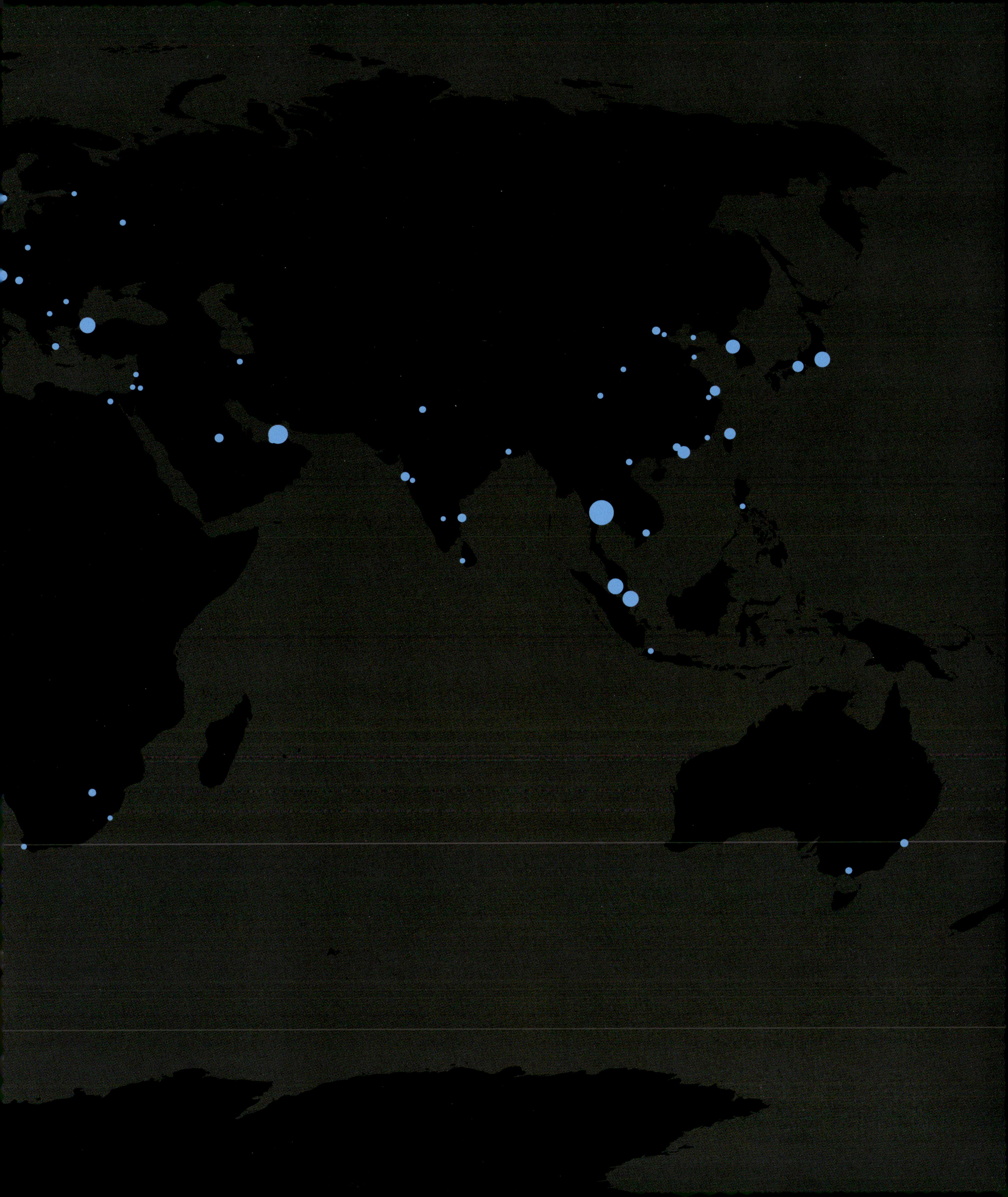

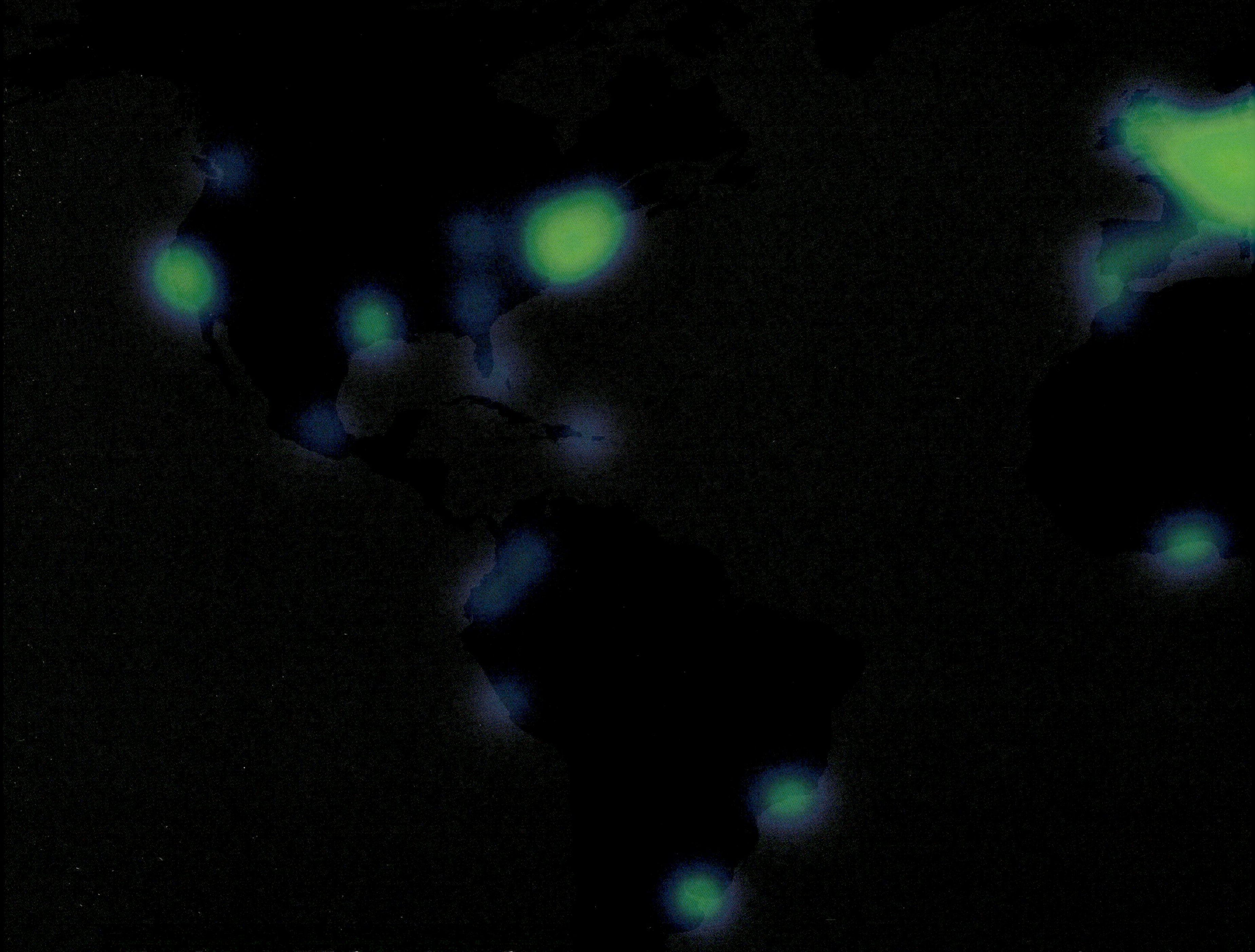

Tourismus: Höchste Ausgaben

Die Städte, in denen die internationalen Besucher die höchsten Beträge ausgeben.

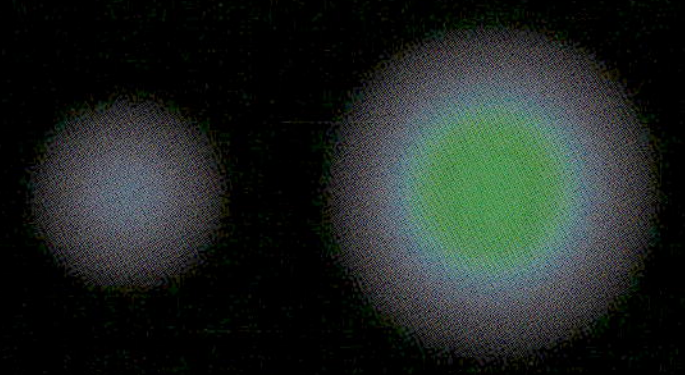
5,3
28,5
Mrd. US-Dollar pro Jahr

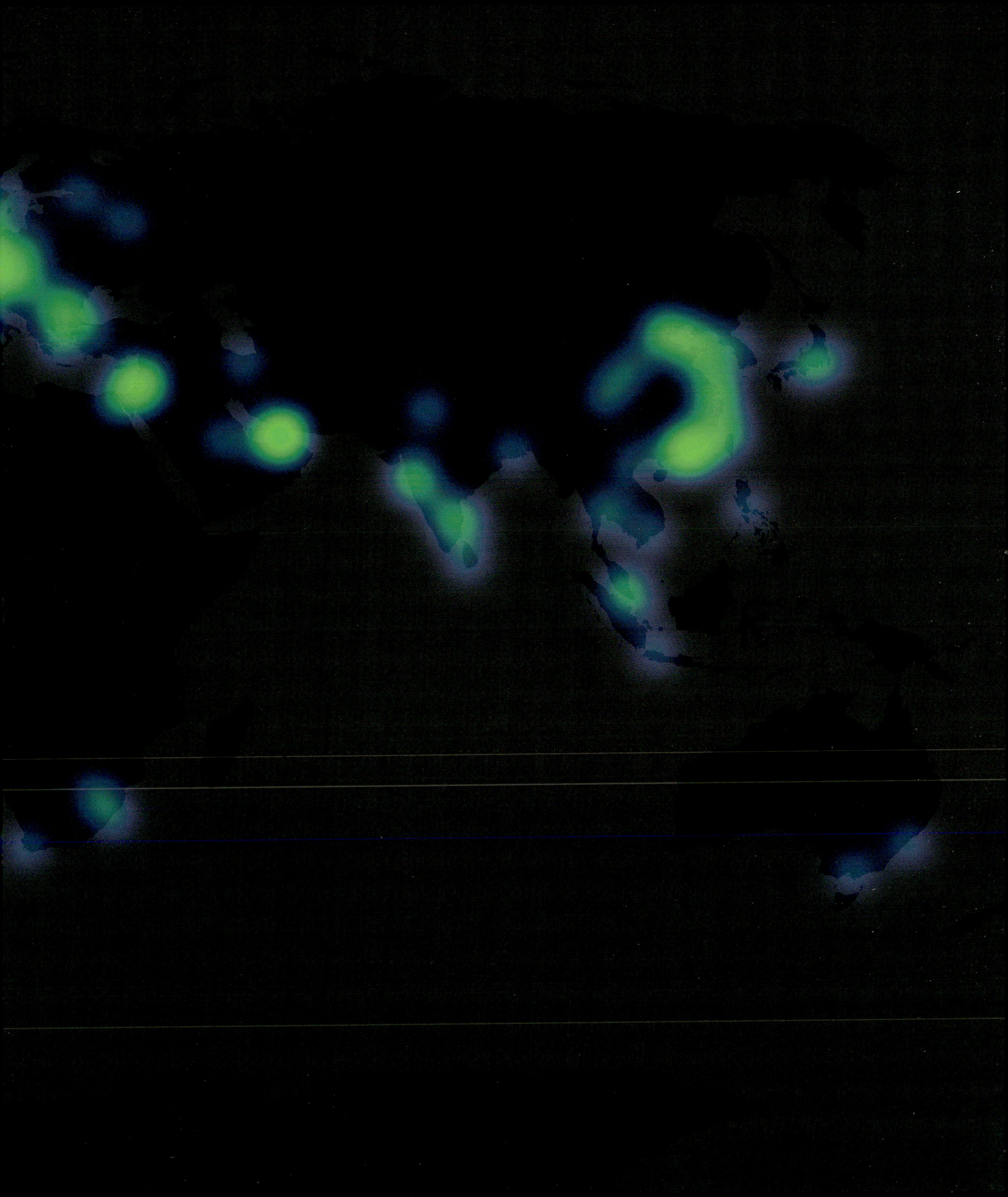

Tourismus

Es gibt eine Branche, die keinerlei Wachstumsdellen zu verzeichnen hat: der Tourismus. Die Menschen sind offenbar von einem nicht nachlassenden Wunsch nach Fernreisen erfüllt. Das überrascht nicht, denn Studien belegen, dass Menschen, die regelmäßig verreisen, sich wohler fühlen und dem Leben positiver gegenüberstehen. Jeder zehnte Arbeitsplatz ist inzwischen vom Tourismus abhängig, und die Zahl der internationalen Touristen verzeichnete einen starken Anstieg von 563 Millionen im Jahr 1996 auf 1,2 Milliarden im Jahr 2016. Prognosen sagen für das Jahr 2030 1,8 Milliarden Touristen voraus.

Das Hauptziel dieser Reiselust ist Europa – mit mehr als 616 Millionen Touristen im Jahr 2016, deren Reiserouten zu international bekannten Sehenswürdigkeiten führen, zur Architektur Barcelonas, in die Modeeinkaufsstraßen Mailands und zu den Grachten Amsterdams. An zweiter Stelle steht mit 308 Millionen Touristen der Asien-Pazifik-Raum, was einer Verdoppelung der Besucherzahlen innerhalb von zehn Jahren entspricht, gefolgt von Nordamerika mit 130 Millionen Touristen.

Eine Hauptrolle spielen Großstädte als Eingangspforten für ganze Länder oder Regionen. Die meistbesuchte Stadt der Welt ist inzwischen Bangkok mit 19,41 Millionen Gästen im Jahr 2016. Die vielen faszinierenden historischen Stätten sind zweifellos attraktiv, doch ebenso wichtig ist die Funktion der Stadt für Besucher aus Europa, Nord- und Südamerika sowie China als Eingangstor nach Südostasien. Die weiteren ebenfalls sehr stark frequentierten Städte spielen auf dem jeweiligen Kontinent eine ähnliche Rolle als „Knotenpunkte", wobei London (19,06 Millionen Besucher) und Paris (15,45 Millionen) für Touristen auf Europareise als Drehkreuze dienen. Dubai (14,87 Millionen) ist das Eingangstor zum Nahen Osten, Istanbul (9,2 Millionen) bildet im übertragenen wie im wahren Sinn des Wortes eine Brücke zwischen Europa und Asien, während New York (12,7 Millionen), dieser symbolträchtige amerikanische Schmelztiegel, seine Rolle als großes Einfallstor für die Vereinigten Staaten erfüllt. Daher stehen viele Weltstädte stärker im Mittelpunkt als die Länder, in denen sie sich befinden.

London
19,06
Paris
15,45
Dubai
14,87
Bangkok
19,41
Singapur
13,11

Die 5 meistbesuchten Städte (Angaben in Millionen Besucher jährlich). Die goldenen Tempel Bangkoks schlagen die großen historischen Monumente Londons um Haaresbreite und machen Bangkok zur meistbesuchten Stadt der Welt.

Gegen diesen Trend stellt sich insbesondere Frankreich, das mit mehr als 82 Millionen Gästen im Jahr 2016 das meistbesuchte Land der ganzen Welt war, gefolgt von den Vereinigten Staaten und Spanien mit jeweils etwa 75 Millionen Besuchern. Frankreich ist mit seiner zentralen Lage in Westeuropa, mit seinen berühmten Weinanbaugebieten und preisgekrönten Restaurants in jeder Region, mit seiner Mischung aus Mittelmeerstränden, Hochgebirge und historischen Städten verdientermaßen ein beliebtes Reiseziel, und es lohnt nicht nur einen Aufenthalt in Paris.

Der gesamte internationale Tourismus ist von Veränderungsprozessen geprägt. So beherbergen Länder wie China und Mexiko mit 59 Millionen beziehungsweise 35 Millionen Touristen jährlich mehr Besucher als je zuvor. Interessanterweise haben steigende Einkommen zur Folge, dass immer mehr Menschen aus diesen Ländern selbst zu reisen beginnen. Im Jahr 2006 reisten weniger als 35 Millionen Chinesen ins Ausland, während es 2016 bereits über 135 Millionen waren. Die Weltbevölkerung ist also mehr denn je auf Achse.

UN-Friedenstruppen

Der Beitrag der einzelnen Länder für die UN-Friedenstruppen – inklusive Polizisten, entsandter UN-Militärexperten, Stabsoffiziere und Soldaten.

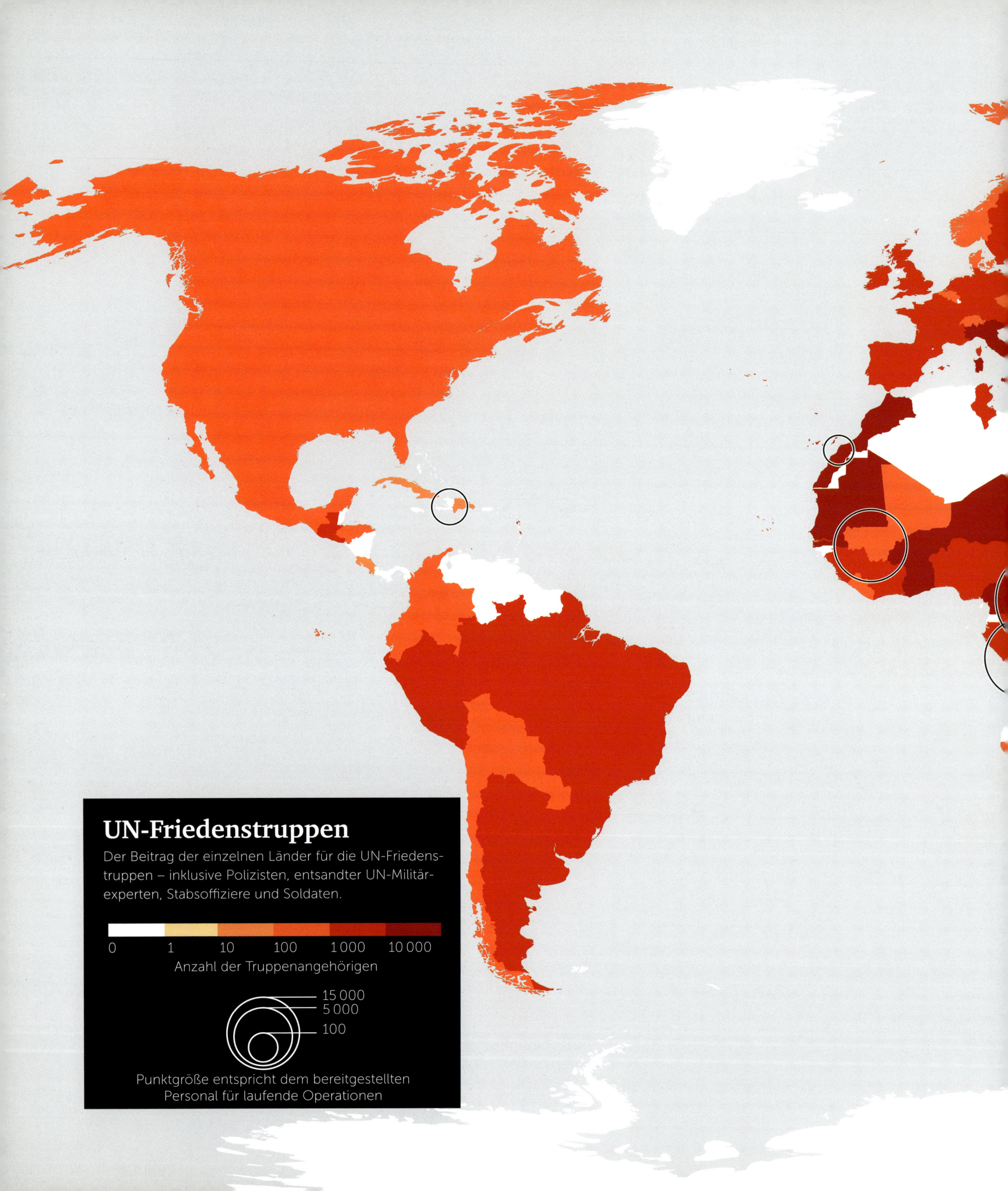

0
1
10
100
1 000
10 000
Anzahl der Truppenangehörigen
15 000
5 000
100
Punktgröße entspricht dem bereitgestellten Personal für laufende Operationen

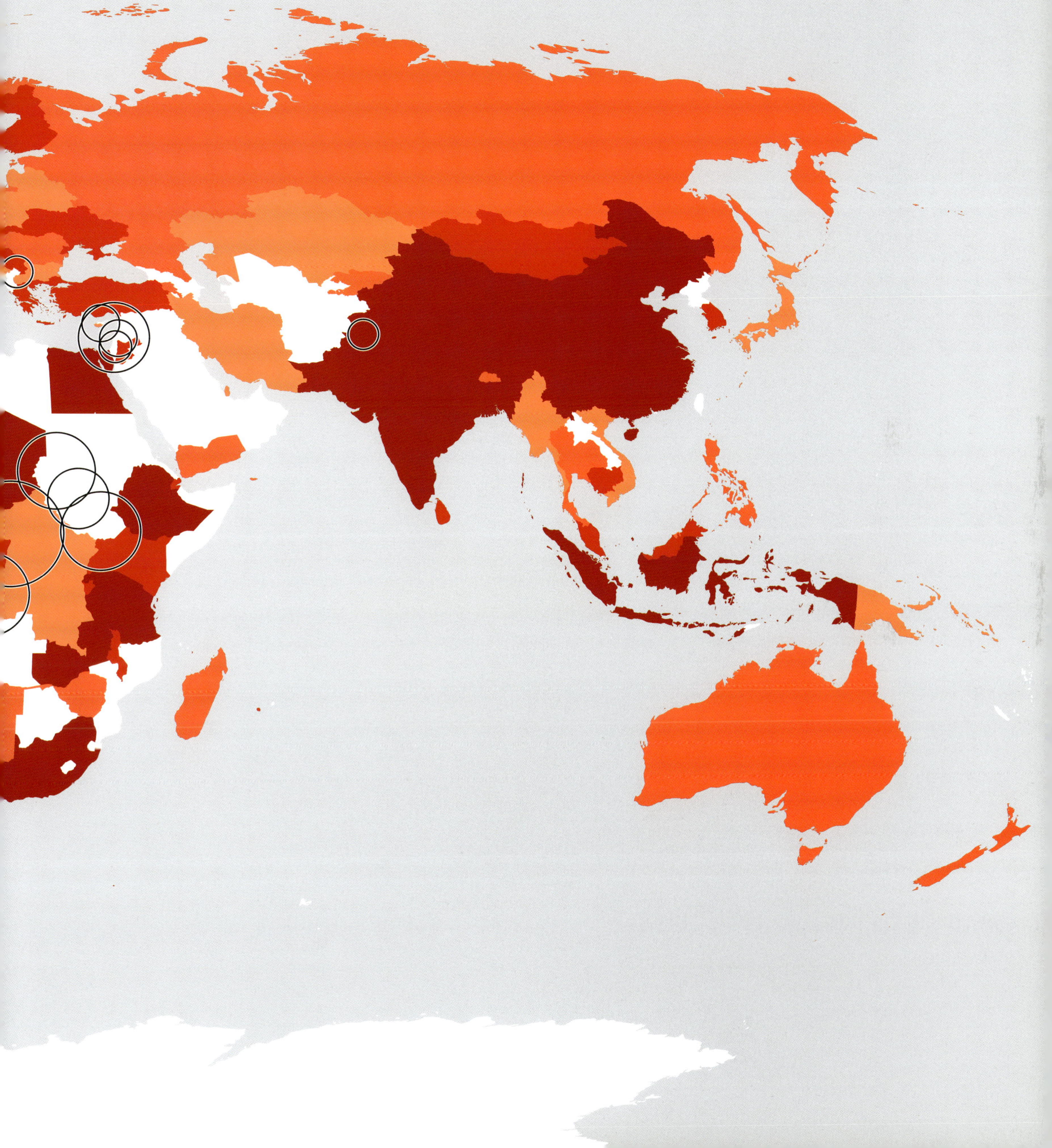

UN-Friedenstruppen

Im März 2018 endete nach fünfzehn Jahren die UN-Friedensmission im westafrikanischen Liberia, kurz „UNMIL" genannt. Die Mission begann 2003 in der Folge des gewaltsamen Sturzes von Präsident Charles Taylor nach jahrelangem Bürgerkrieg. Dank der Bemühungen von 126 000 Soldaten, 16 000 Polizisten und 23 000 zivilen Helfern gelang es, in dem Land allmählich wieder Stabilität herzustellen. Nach drei friedlichen demokratischen Wahlen fiel der Entschluss, die Mission für erfolgreich zu erklären und zu beenden.

Die UN-Friedenstruppen werden aus einer Vielzahl von beitragenden Ländern rekrutiert: Mehr als 120 Mitgliedsstaaten der Vereinten Nationen leisten zumindest einen geringen Beitrag für die Truppen. In Liberia zählten Soldaten aus anderen westafrikanischen Staaten wie Nigeria und Ghana dazu, aber auch aus fernen Ländern wie Pakistan und den Philippinen. Diese bunte Mischung der Nationalitäten im Interesse des Weltfriedens ist in der Welt der UN-Friedenstruppen und des Netzwerks von mehr als 110 000 der aufgrund ihrer Kopfbedeckung unter dem Namen „Blauhelme" bekannten Truppenangehörigen ganz normal. Als Angestellte ihres jeweils eigenen nationalen Militärs können sich Soldaten und Polizisten aus der ganzen Welt entscheiden, ein oder zwei Jahre lang für die UN im Einsatz zu sein und für die lebenswichtige Stabilität in jenen Regionen der Welt zu sorgen, in denen das Konfliktpotenzial weiterhin gefährlich hoch ist.

Entscheidend ist, dass das Gehalt der Friedenshüter während ihres Einsatzes bei der UNO von dieser bezahlt wird. Für Friedenssoldaten aus Entwicklungsländern ist dieses Gehalt häufig deutlich höher als ihr normales Einkommen. Dieser finanzielle Anreiz ist vielleicht einer der Gründe, weshalb die Angehörigen der UN-Friedenstruppen meist in überwältigender Mehrzahl aus Ländern wie Äthiopien (8 338), Bangladesch (7 023) und Ruanda (6 815) stammen, den Ländern, die Anfang 2018 den größten Beitrag leisteten. Südostasien und Südafrika waren ebenfalls stark vertreten, während die großen Militärnationen wie Frankreich und Großbritannien lediglich 820 beziehungsweise 659 Mann stellten.

Siebzig Jahre nach der Gründung der UNO sind die Friedenstruppen nach wie vor überwiegend männlich besetzt; lediglich ein paar Tausend Frauen dienen in der Truppe. Die Vereinten Nationen möchten die Zahl der aktiv am Friedenserhalt beteiligten Frauen in jedem Fall erhöhen, weil eine Respekt einflößende Präsenz von Frauen in vielen Konfliktgebieten, in denen die UNO operiert, die Einstellung der Bevölkerung gegenüber Frauen wesentlich verbessern könnte.

Seit die UNO im Mai 1948 als erste derartige Mission die UNTSO gründete, um in Palästina zu intervenieren, fanden insgesamt 71 Missionen statt. Weil die UNTSO offiziell nie beendet wurde, ist sie die momentan langwierigste Mission – neben ähnlichen Engagements wie zum Beispiel denjenigen im indisch-pakistanischen Grenzgebiet (UNMOGIP, seit Januar 1949) und im geteilten Zypern (UNFICYP, seit März 1964). Nach Beendigung der Mission in Liberia bleiben weltweit vierzehn UN-Missionen bestehen. Die Hälfte davon findet in Afrika statt, einschließlich der Missionen in Mali (MINUSMA), in der Westsahara (MINURSO), in Darfur/Sudan (UNAMID) und in der Zentralafrikanischen Republik (MINUSCA). Gegenwärtig ist eine Mission in der Karibik aktiv (MINUJUSTH/Haiti), eine in Europa (UNMIK/Kosovo) und zwei im Nahen Osten (UNIFIL im Libanon und UNDOF auf den Golanhöhen). In den vergangenen 70 Jahren waren mehr als eine Million Menschen bei UN-Friedensmissionen im Einsatz, und 3 500 haben dabei ihr Leben verloren.

Haiti (Port-au-Prince)
1 202

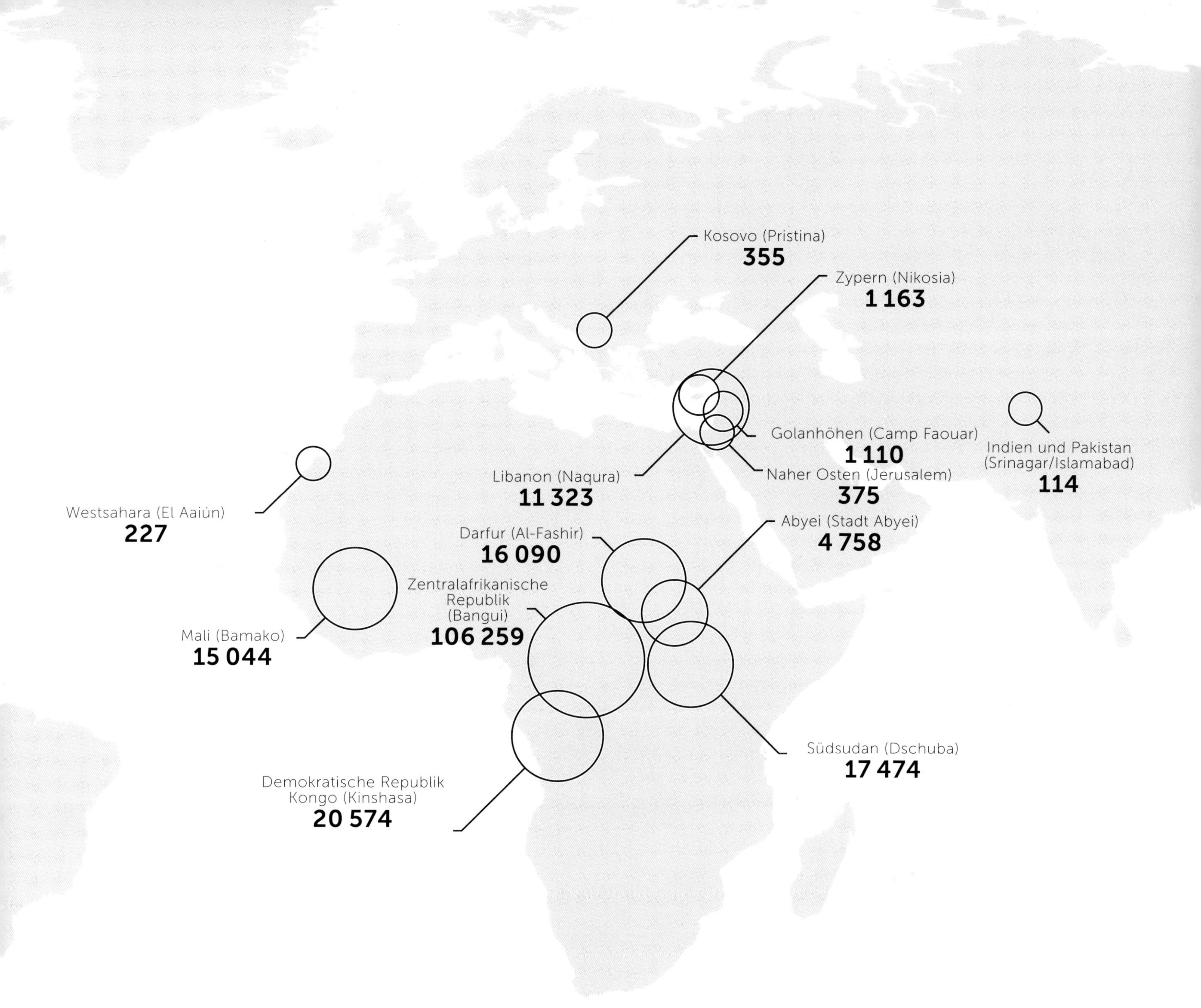
Kosovo (Pristina)
355
Zypern (Nikosia)
1 163
Golanhöhen (Camp Faouar)
1 110
Indien und Pakistan (Srinagar/Islamabad)
114
Libanon (Naqura)
11 323
Naher Osten (Jerusalem)
375
Westsahara (El Aaiún)
227
Abyei (Stadt Abyei)
4 758
Darfur (Al-Fashir)
16 090
Zentralafrikanische Republik (Bangui)
106 259
Mali (Bamako)
15 044
Südsudan (Dschuba)
17 474
Demokratische Republik Kongo (Kinshasa)
20 574

Die Anzahl der Blauhelme, die an den vierzehn derzeitigen UN-Friedensoperationen beteiligt sind. Die meisten dieser Missionen finden in Afrika und im Nahen Osten statt.

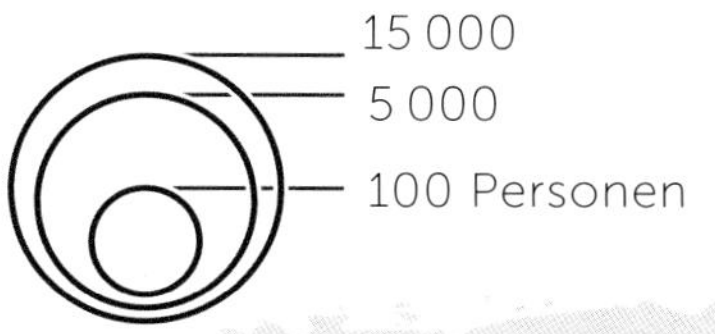
15 000
5 000
100 Personen

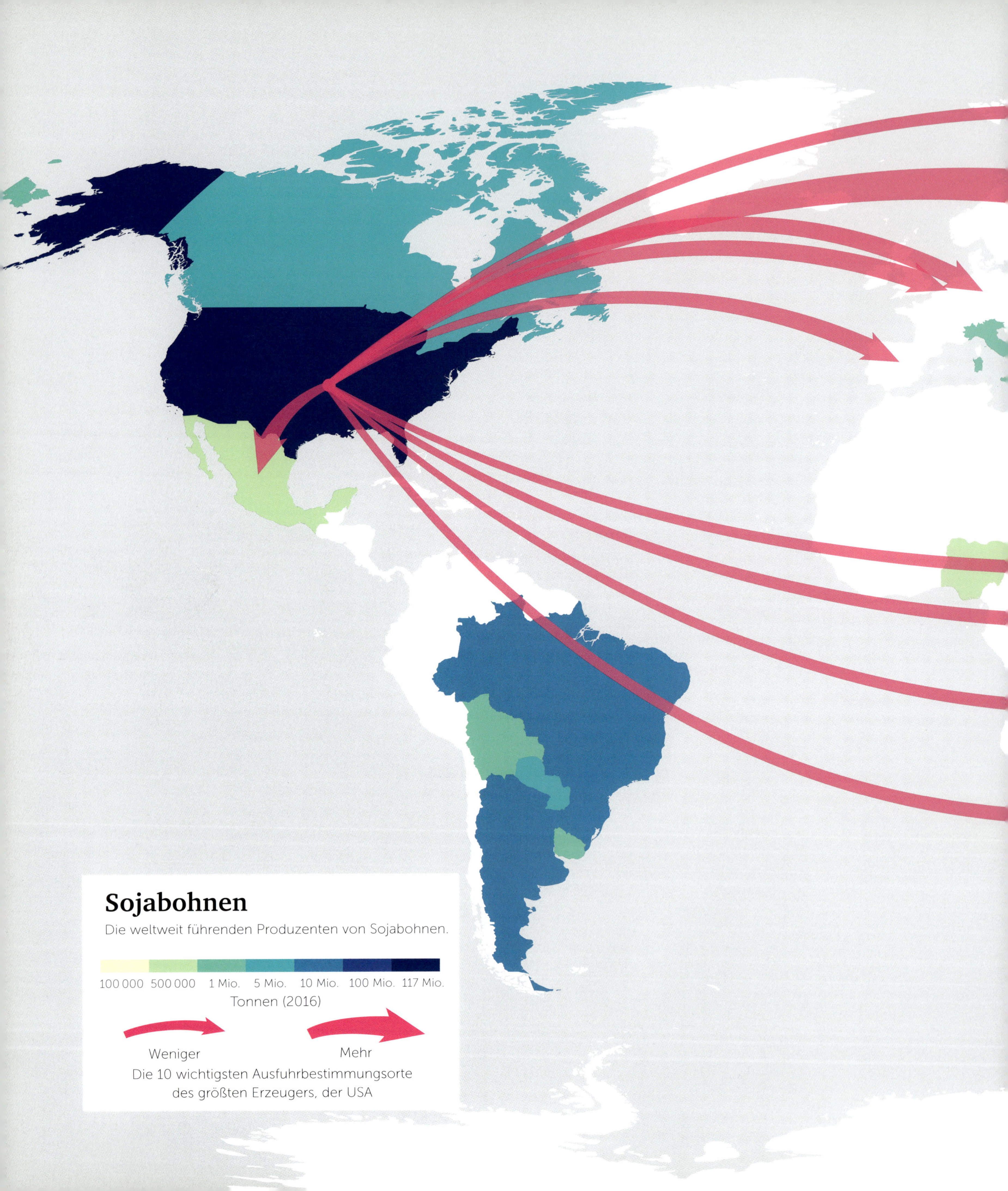
Sojabohnen
Die weltweit führenden Produzenten von Sojabohnen.
100 000
500 000
1 Mio.
5 Mio.
10 Mio.
100 Mio.
117 Mio.
Tonnen (2016)
Weniger
Mehr
Die 10 wichtigsten Ausfuhrbestimmungsorte
des größten Erzeugers, der USA

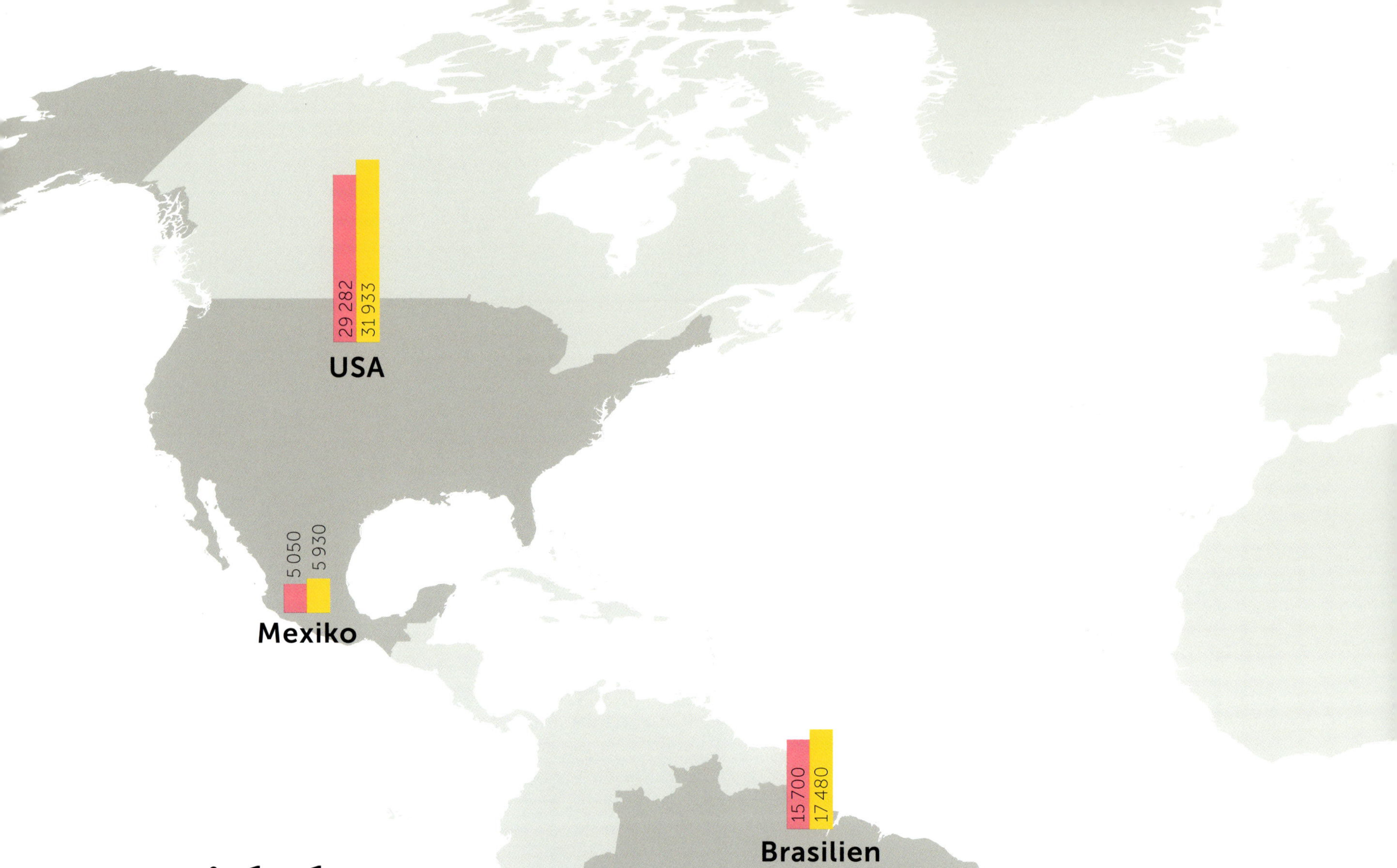
29 282
31 933
USA
5 050
5 930
Mexiko
15 700
17 480
Brasilien

Sojabohnen

Die Sojabohne ist für ihre Vielseitigkeit bekannt – als proteinhaltige Alternative zu Fleischprodukten und als Koch-, Brat- und Backfett. Auch für alle möglichen Arten von nicht essbaren Produkten wird sie genutzt, von Kerzen bis hin zu Schaum- und Brennstoffen. Die Sojabohne stammt aus Ostasien; in China, Korea und Japan ist sie seit Jahrtausenden ein fester Bestandteil des menschlichen Speiseplans. Zu Beginn des 20. Jahrhunderts gelangte sie in die Vereinigten Staaten. William J. Morse, ein Wissenschaftler im US-Landwirtschaftsministerium, untersuchte Tausende Sojabohnensorten, bevor er die Pflanze in die USA importierte und eine blühende Industrie begründete.

Morse erhielt Unterstützung. Henry Ford, der das Automobil zu einem kostengünstigen Massenprodukt gemacht hat, erkannte das Potenzial der Sojabohnen als Ersatz für andere Getreidearten wie Mais und Weizen sowie die vielfältige anderweitige Verwendbarkeit, und so verkaufte er alle möglichen Sojabohnen-Erzeugnisse, von Backwaren bis hin zu Eiscreme. Ein knappes Jahrhundert später haben sich die Vereinigten Staaten mit 121 Tonnen im Jahr 2017 zum größten Sojabohnenanbauer der Welt entwickelt. Der Bundesstaat mit der höchsten Produktion ist Illinois mit fast 600 Millionen *bushels* (ein *bushel* Sojabohnen entspricht 27,2 Kilogramm), gefolgt von Iowa (570 Millionen) und Minnesota (400 Millionen). Die nach den USA nächstgrößten Produzenten sind Brasilien mit 107 Millionen Tonnen, Argentinien mit 57 Millionen sowie China, Paraguay und Kanada mit deutlich geringeren Mengen.

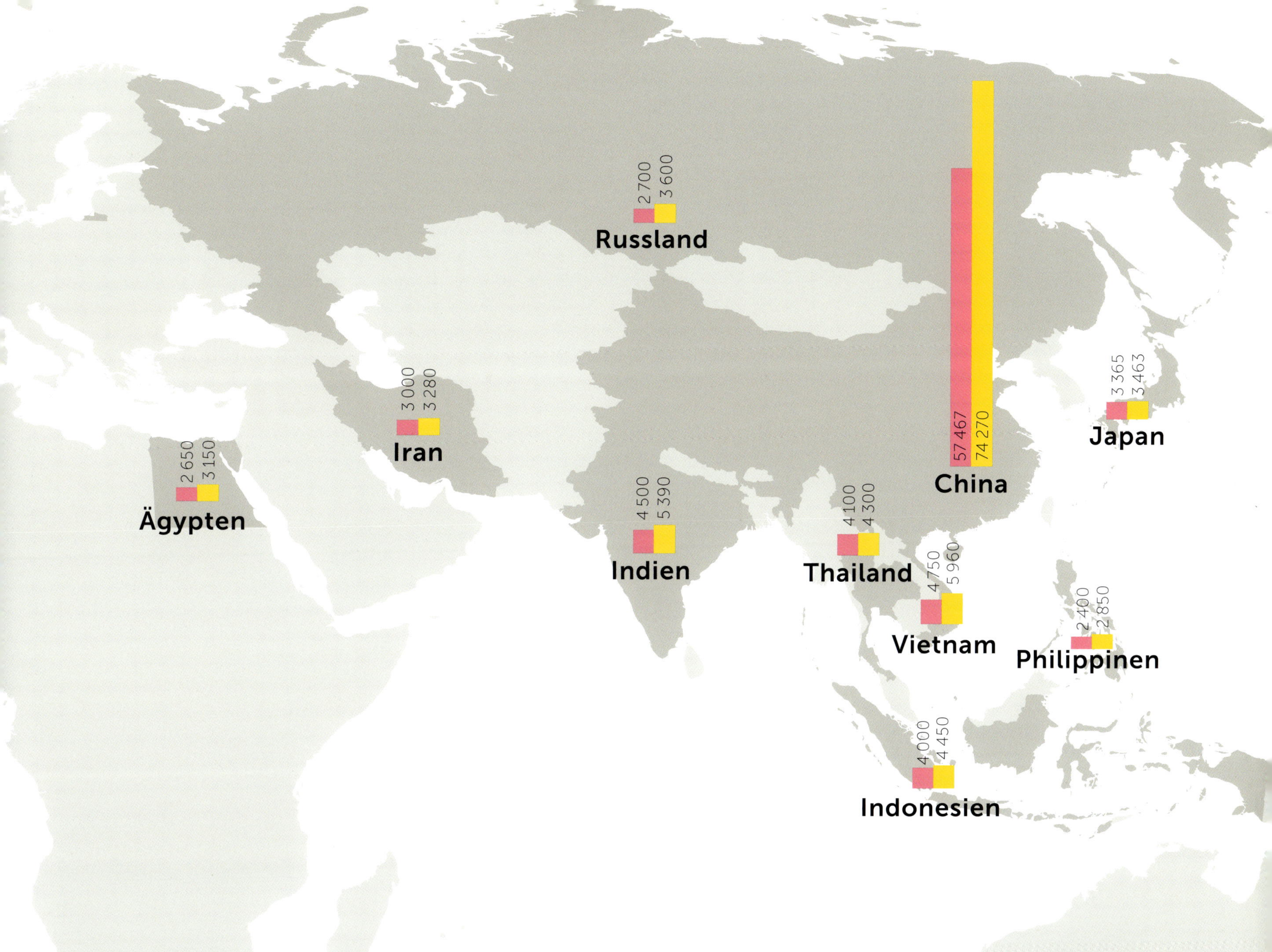
Russland
2 700
3 600
China
57 467
74 270
Japan
3 365
3 463
Iran
3 000
3 280
Ägypten
2 650
3 150
Indien
4 500
5 390
Thailand
4 100
4 300
Vietnam
4 750
5 960
Philippinen
2 400
2 850
Indonesien
4 000
4 450

China ist der weltweit größte Konsument von Sojabohnen, was wohl mit der Beliebtheit der Sojasoße und anderer Sojaprodukte bei den Chinesen zu erklären ist.

2014–2015
2017–2018

Verbrauch – Angabe in tausend Tonnen

Hauptbestimmungsort der meisten dieser Sojabohnen ist China. Im Jahr 2016 importierte China 95 Millionen Tonnen Sojabohnen, davon 36 Millionen aus den Vereinigten Staaten und 55 Millionen aus Brasilien. Einige dieser Bohnen werden zur Herstellung von Sojaöl, Sojasoße und anderen Nahrungsmitteln verwendet, doch der größte Teil wird zur Fütterung von Vieh genutzt – vom Geflügel über Schweine bis zu Rindern. Als billige Proteinquelle zur Aufzucht von Tieren sind die Bohnen auf der ganzen Welt so allgegenwärtig, dass der durchschnittliche menschliche Allesesser in den Industriestaaten indirekt durch seinen Fleischkonsum deutlich mehr Sojabohnen verzehrt als die Menschen, die Sojaprodukte wie Tofu und Sojamilch direkt zu sich nehmen.

Leider ist der Sojaanbau im industriellen Maßstab sehr schädlich für die Umwelt; so werden etwa große Bereiche des Regenwalds im Amazonasgebiet zur Schaffung riesiger Plantagen gerodet. Etwa 13 Prozent der dort angebauten Pflanzen sind gegenwärtig Sojabohnen. Seit der Einführung der Abholzungsreglementierung im Jahr 2008 ist die Rodung jedoch deutlich reduziert worden, von fast 7 000 Quadratkilometern jährlich vor 2008 auf 474 Quadratkilometer im Jahr 2018. Solche Maßnahmen könnten dazu beitragen, den negativen Ruf der Sojabohne wieder zu verbessern.

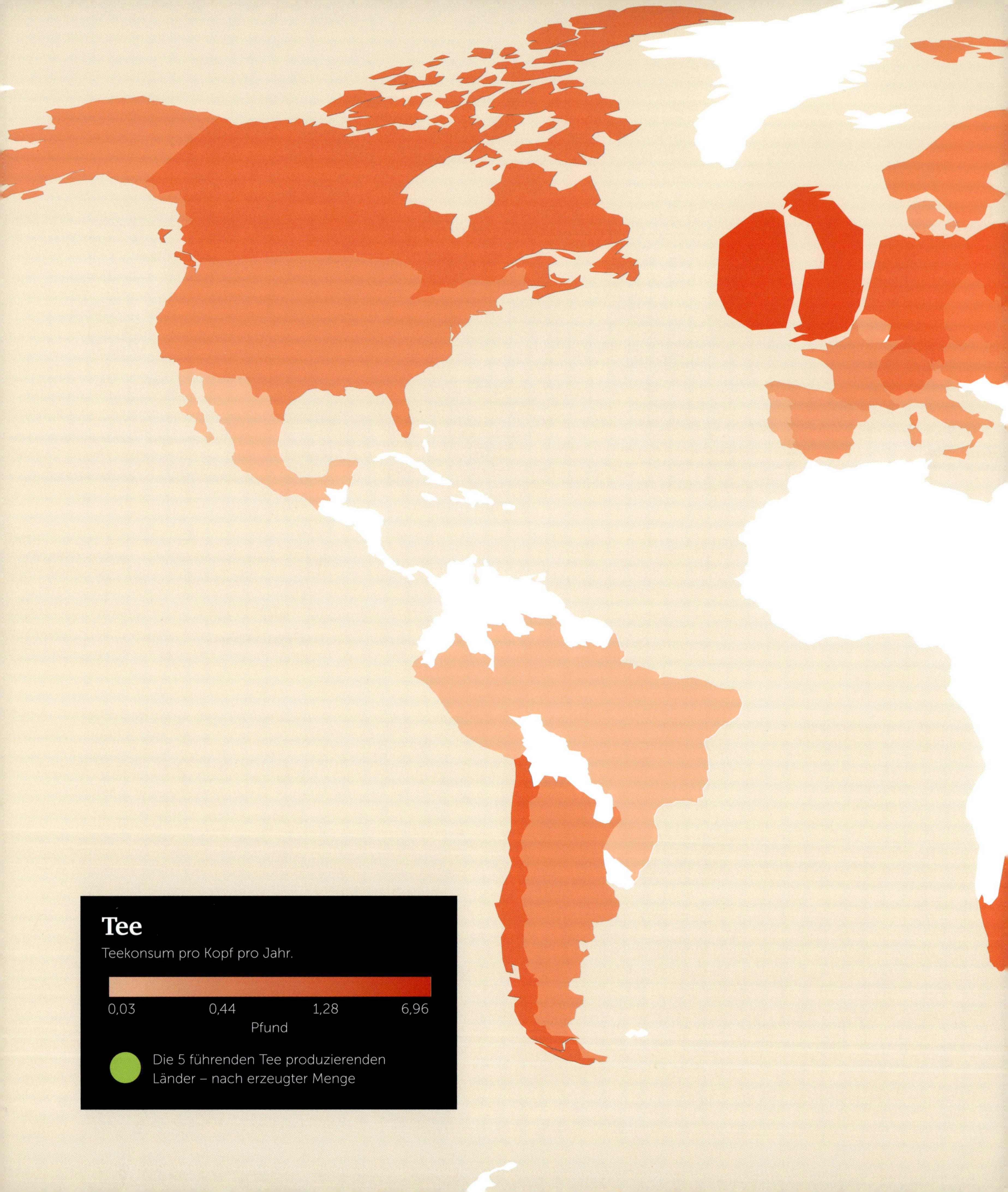
Tee
Teekonsum pro Kopf pro Jahr.
0,03
0,44
1,28
6,96
Pfund
Die 5 führenden Tee produzierenden Länder – nach erzeugter Menge

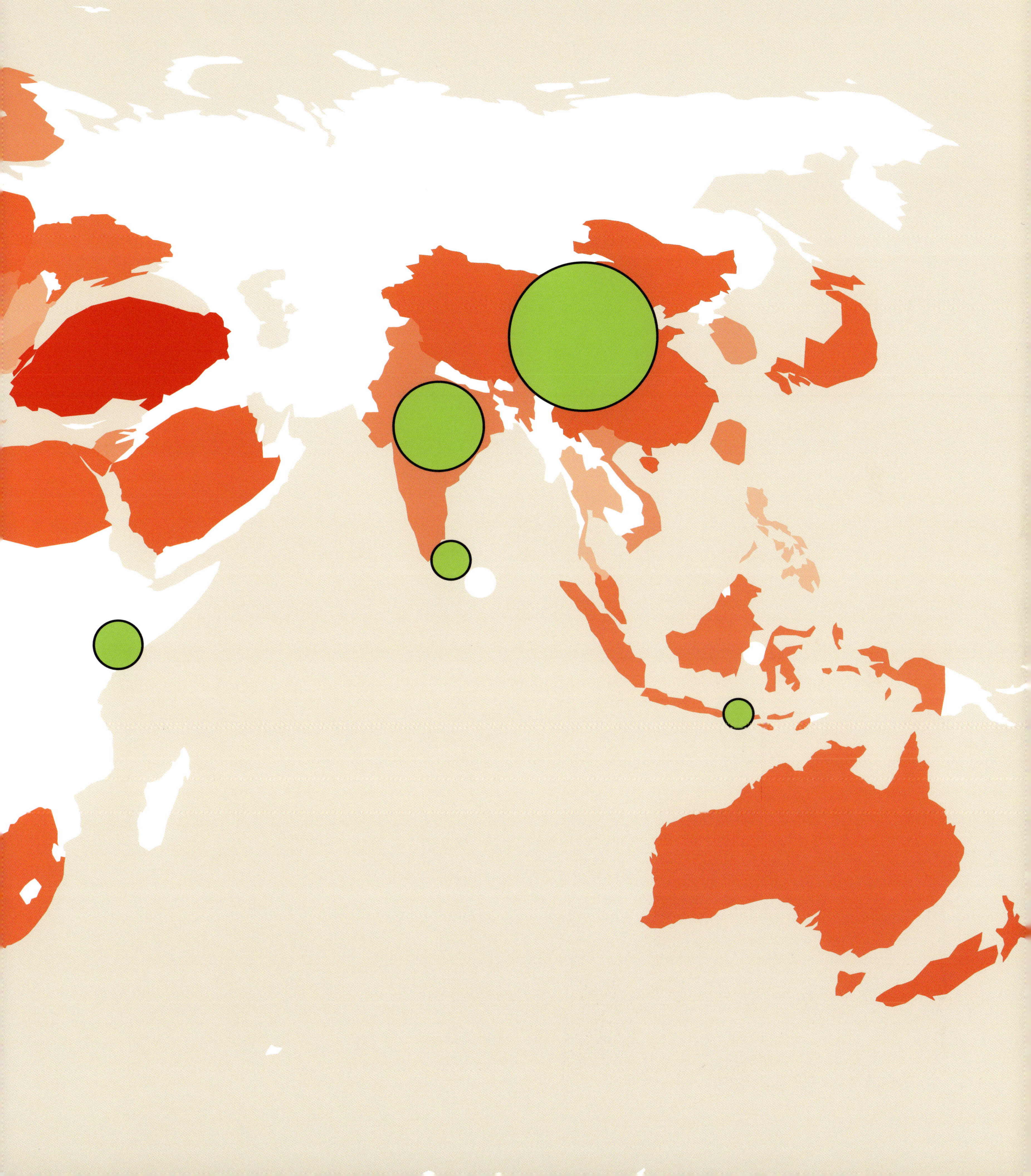

Tee

Welches Land ist die spirituelle Heimat des Tees? Die Bewohner vieler Länder, wie zum Beispiel Großbritanniens, Indiens und Chinas, sind vielleicht der Meinung, ein Anrecht auf diesen Titel zu haben. Aber nirgendwo auf der Welt spielt Tee im Alltagsleben der Menschen eine wichtigere Rolle als in der Türkei. Die Türken konsumieren jährlich immerhin durchschnittlich 3,16 Kilogramm Tee pro Person – das sind mehr als 1500 Tassen im Jahr für jeden Mann, jede Frau und jedes Kind – und damit deutlich mehr als die Bürger irgendeines anderen Landes.

Vor dem 20. Jahrhundert war Tee in der Türkei ein Nischengetränk, und Kaffee war das Getränk der Wahl. Das änderte sich 1878 nach der Veröffentlichung des Buches *Çay Risalesi* (*Die Tee-Broschüre*), in dem die gesundheitlichen Vorzüge von Tee gepriesen wurden. Mit preislichen Veränderungen, die dazu führten, dass mehrere Gläser Tee so viel kosteten wie eine einzige Tasse Kaffee, setzte ein deutlicher Kulturwandel ein.

Die Stadt Rize an der Schwarzmeerküste wurde Anfang des 20. Jahrhunderts zum ersten heimischen Anbaugebiet von türkischem Tee, und bald kamen viele weitere Orte hinzu. In den folgenden Jahrzehnten tauchte das türkische Wort für Tee, *çay*, sogar in den neuen Namen zahlreicher Städte auf, die für ihre Tee-Erzeugung bekannt werden wollten – Kadahor änderte seinen Namen in Çaykara, und aus Mapavri wurde Çayeli. In der Türkei ist der am Schwarzen Meer angepflanzte Tee nach wie vor der beliebteste, und obwohl Apfelblüten, Hagebutte, Salbei und Lindenblüten begehrte Alternativen sind, wird starker Schwarztee weiterhin bevorzugt. Wenn es in der Türkei einen unverzeihlichen Fauxpas gibt, dann ist es der, dass einem Gastgeber der Tee ausgeht. Für den Gast ist die einzige Möglichkeit, dafür zu sorgen, dass das Glas nicht ständig aufgefüllt wird, einen Teelöffel über das leere Glas zu legen, was für den erleichterten Gastgeber ein klares Zeichen ist.

Als größte Teekonsumenten folgen den Türken – kaum verwunderlich – die Iren und Briten mit 2,19 beziehungsweise 1,94 Kilogramm pro Kopf und Jahr. Irland und Großbritannien sind jedoch im Gegensatz zur Türkei nicht in der Lage, ihren Tee selbst anzupflanzen, und sind deshalb von Importen beträchtlicher Mengen Tee (hauptsächlich Schwarztee) aus fernen Ländern, wie zum Beispiel aus Kenia, Indien oder Malawi, abhängig. Doch der größte Tee-Importeur weltweit ist Russland, gefolgt von Pakistan, den Vereinigten Arabischen Emiraten und den USA, die jeweils als regionale „Umschlagplätze" fungieren und den Tee dann in Nachbarländer exportieren.

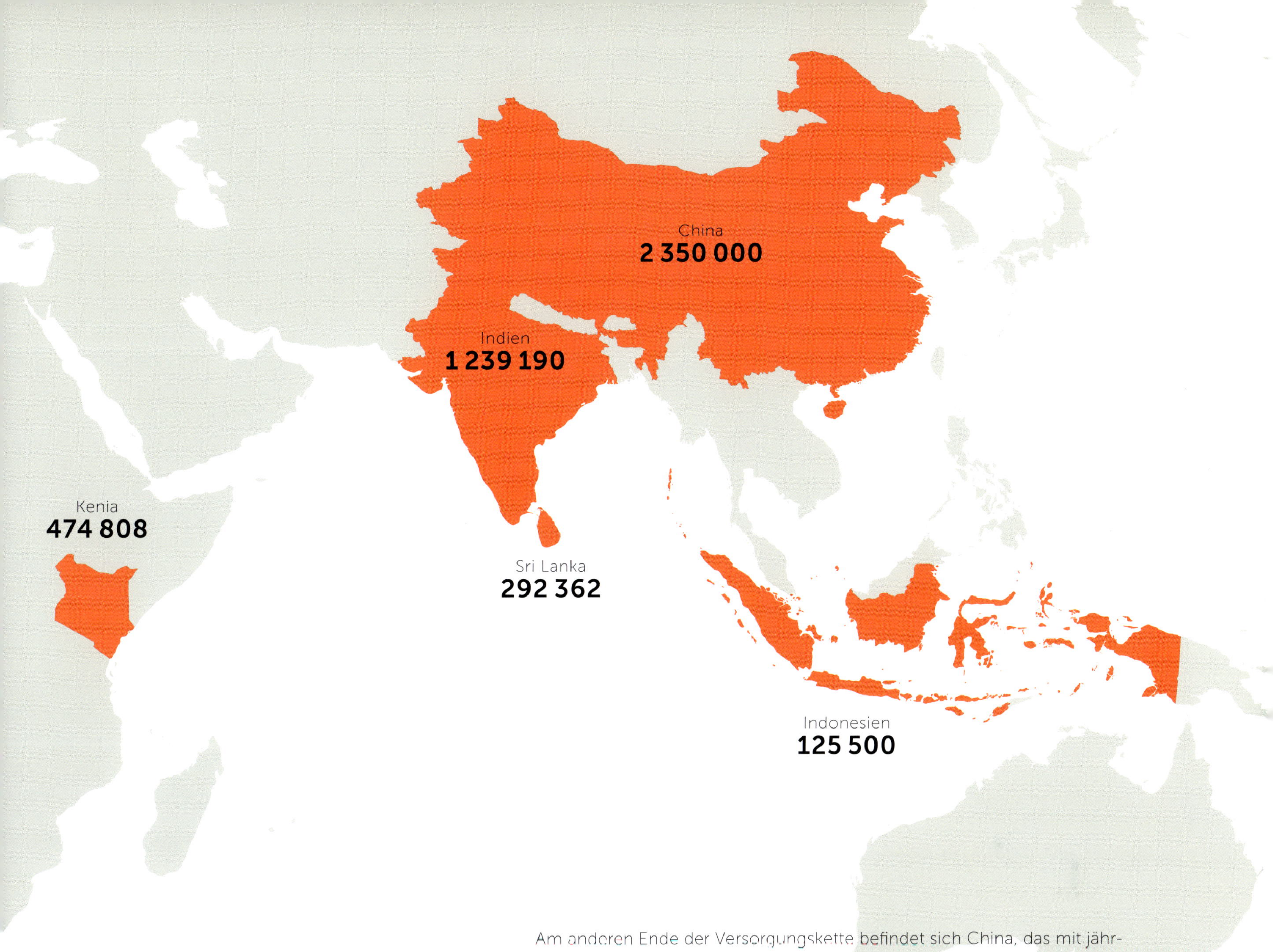
China
2 350 000
Indien
1 239 190
Kenia
474 808
Sri Lanka
292 362
Indonesien
125 500

China und Indien führen zwar die weltweite Teeproduktion deutlich an, doch Konkurrenten wie Sri Lanka und Kenia erzeugen angesichts ihrer geringeren Fläche ebenfalls beträchtliche Mengen. Die Zahlen geben die Menge in Tonnen pro Jahr an.

Am anderen Ende der Versorgungskette befindet sich China, das mit jährlich 2,35 Millionen Tonnen Tee im Wert von fast 1,5 Milliarden US-Dollar der größte Exporteur ist, gefolgt von Indien und Sri Lanka. In China wird schon seit Jahrtausenden Tee angepflanzt, dessen Samen im Jahr 800 n. Chr. zunächst in Japan und dann in der ganzen Welt verbreitet wurden. Nachdem reiche Europäer im 19. Jahrhundert auf den Geschmack importierten Tees gekommen waren, fand in Indien und Sri Lanka eine beträchtliche Ausweitung der Plantagen statt, gefördert und geleitet von britischen Kolonialherren. Sri Lanka begann, wie die Türkei, erst vor relativ kurzer Zeit mit der Massenerzeugung von Tee, nachdem in den 1860er- und 1870er-Jahren eine verheerende Krankheit die meisten Kaffeeplantagen der Insel vernichtet hatte. Die Plantagenbesitzer entschieden sich für den Tee-Anbau, und wie sich zeigte, bieten die feuchten und kühlen Bergregionen ideale Wachstumsbedingungen für das, was sich später als Sri Lankas einzigartige Vielfalt an Schwarztee herausstellen sollte.

Diese Länder sind, zusammen mit Kenia, Indonesien und vielen anderen, die treibenden Kräfte hinter dem Anstieg der weltweiten Teeproduktion von etwa 2,7 Millionen Tonnen im Jahr 2006 auf 4,4 Millionen Tonnen nur zehn Jahre später.

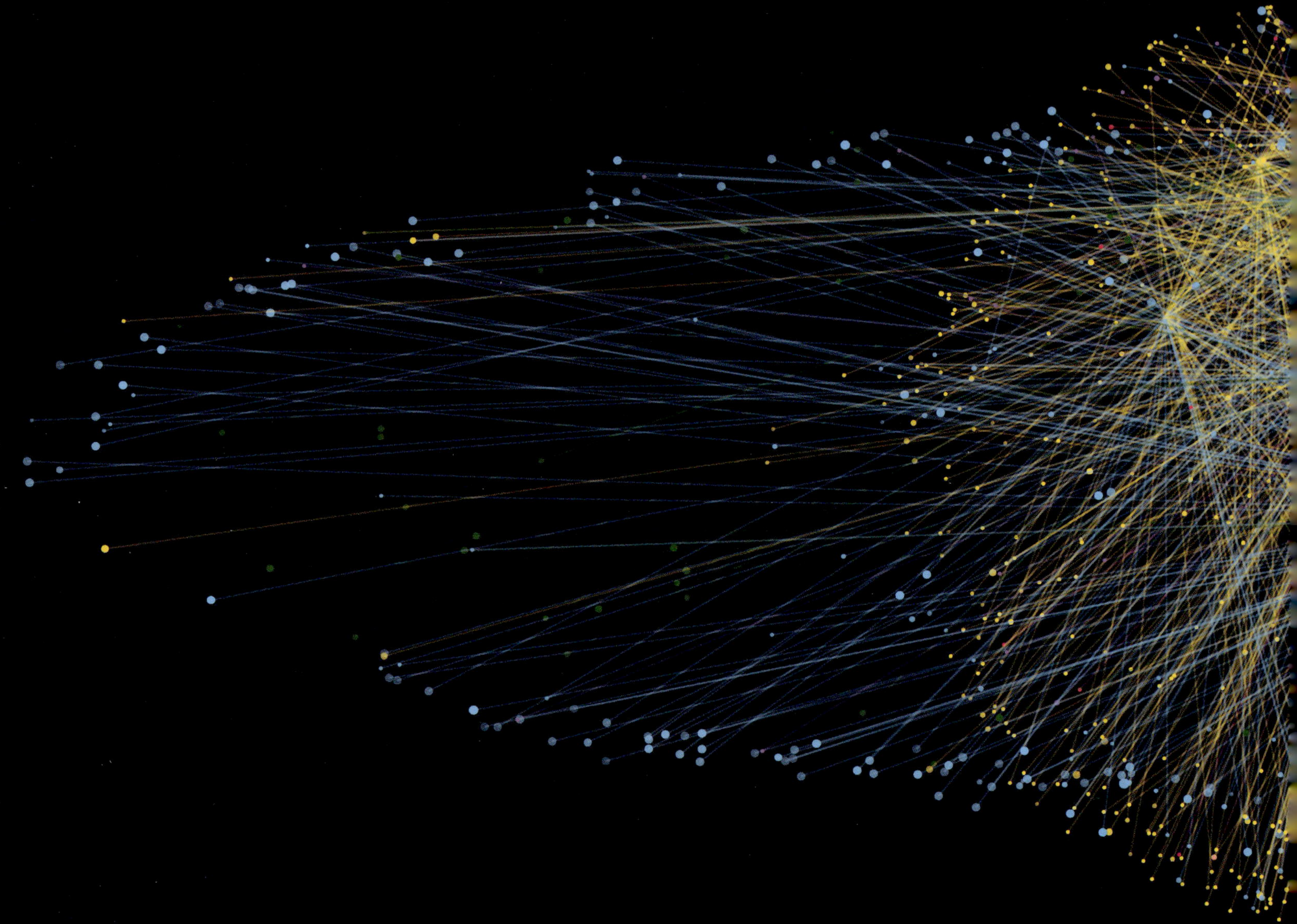

Satelliten: Einsatzzweck und Lebenserwartung

Standort des Satelliten — Startplatz

Kürzer · • ● Länger
Lebenserwartung

Jünger ● ● ● Älter
Alter

- Kommunikation
- Erdbeobachtung
- Weltraumbeobachtung
- Technologiedemonstration
- Navigation
- Geowissenschaft
- Weltraumforschung
- Technologieentwicklung

Einsatzzweck

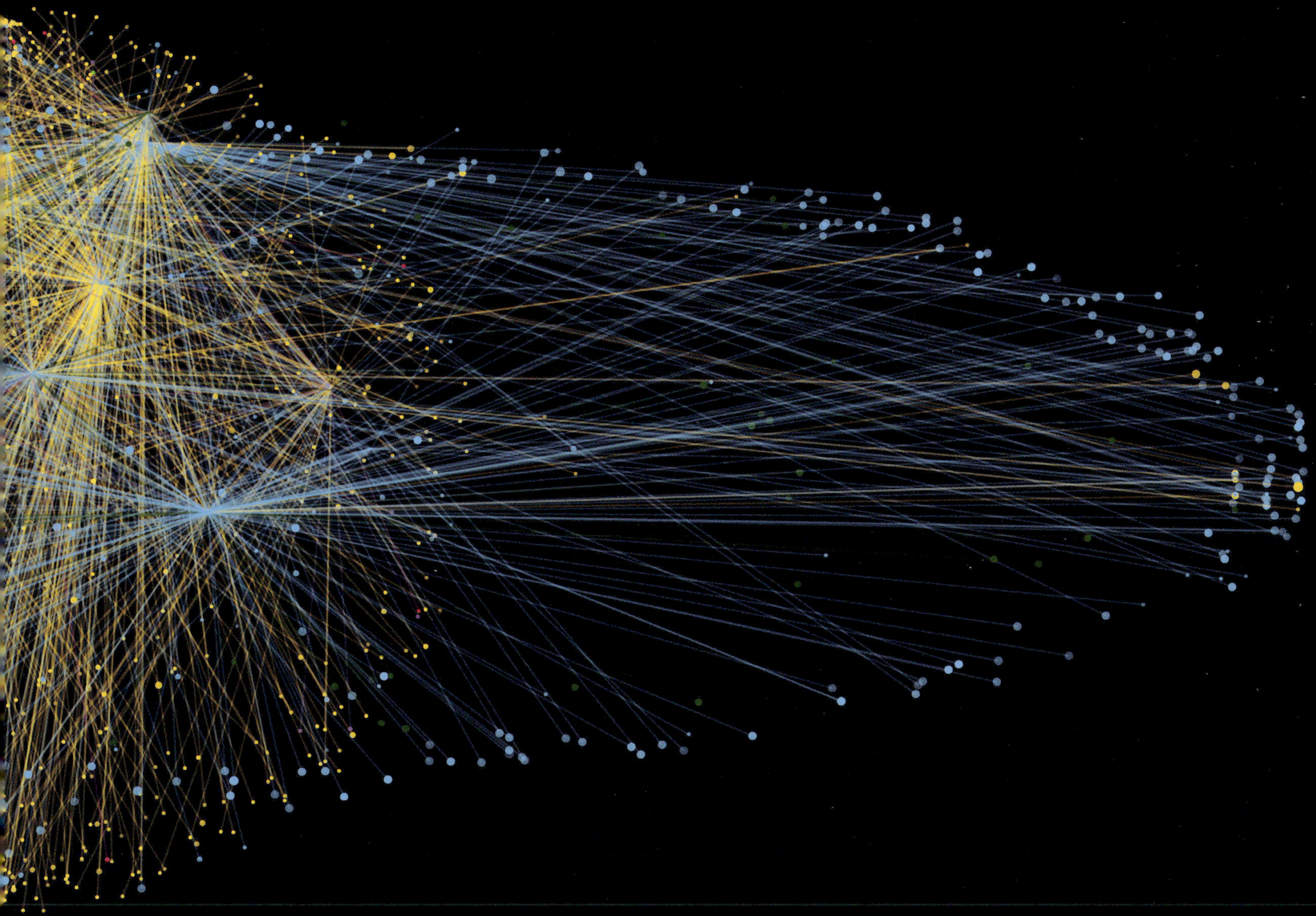

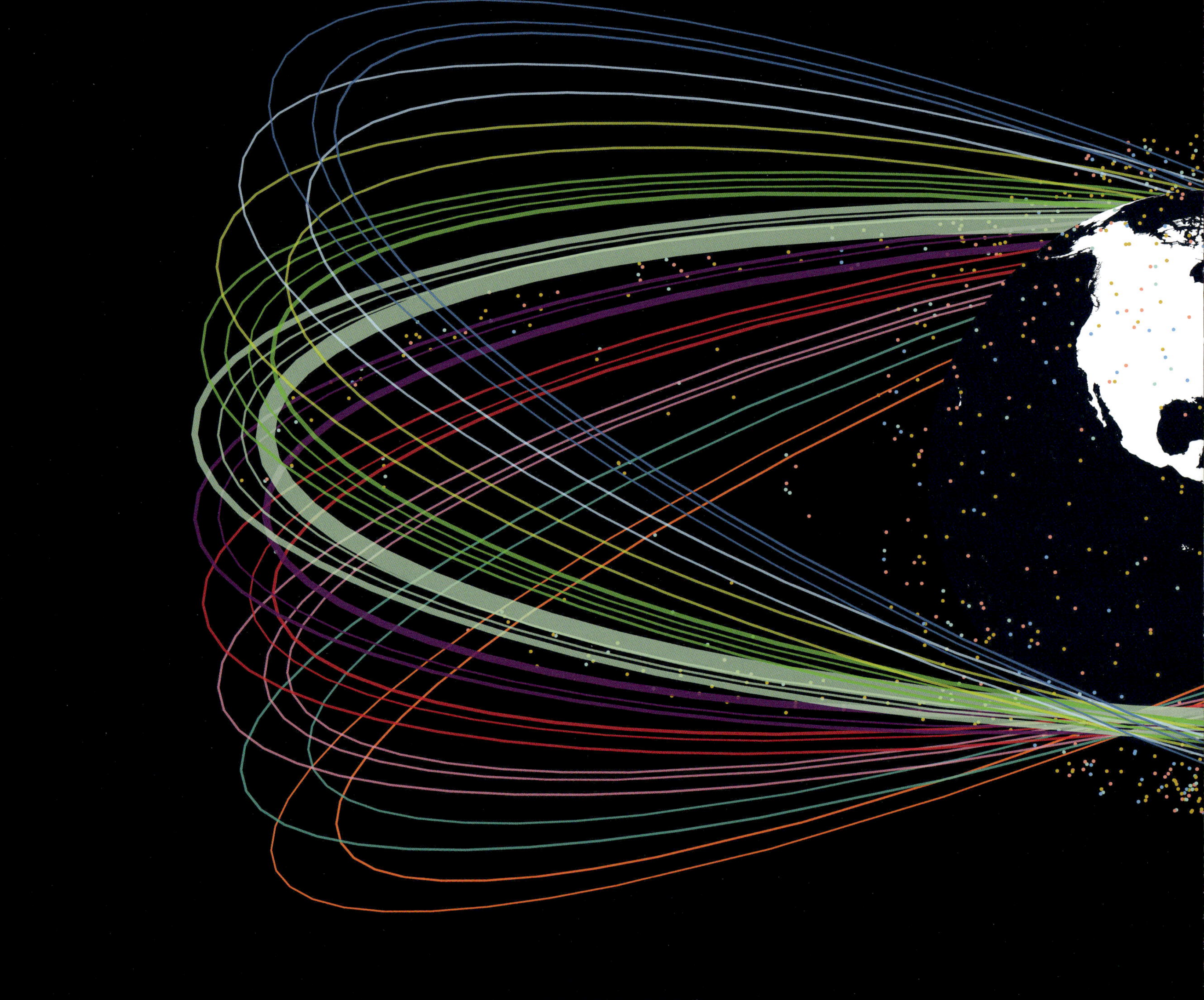

Satelliten: Eigentümer und Betreiber

Nutzer

- Zivil
- Regierung
- Kommerziell
- Militär

2 | 100 | 423

Anzahl der pro Land betriebenen Satelliten

- Frankreich
- Kanada
- Indien
- Russland
- USA
- China
- Japan
- Großbritannien
- ESA
- Deutschland

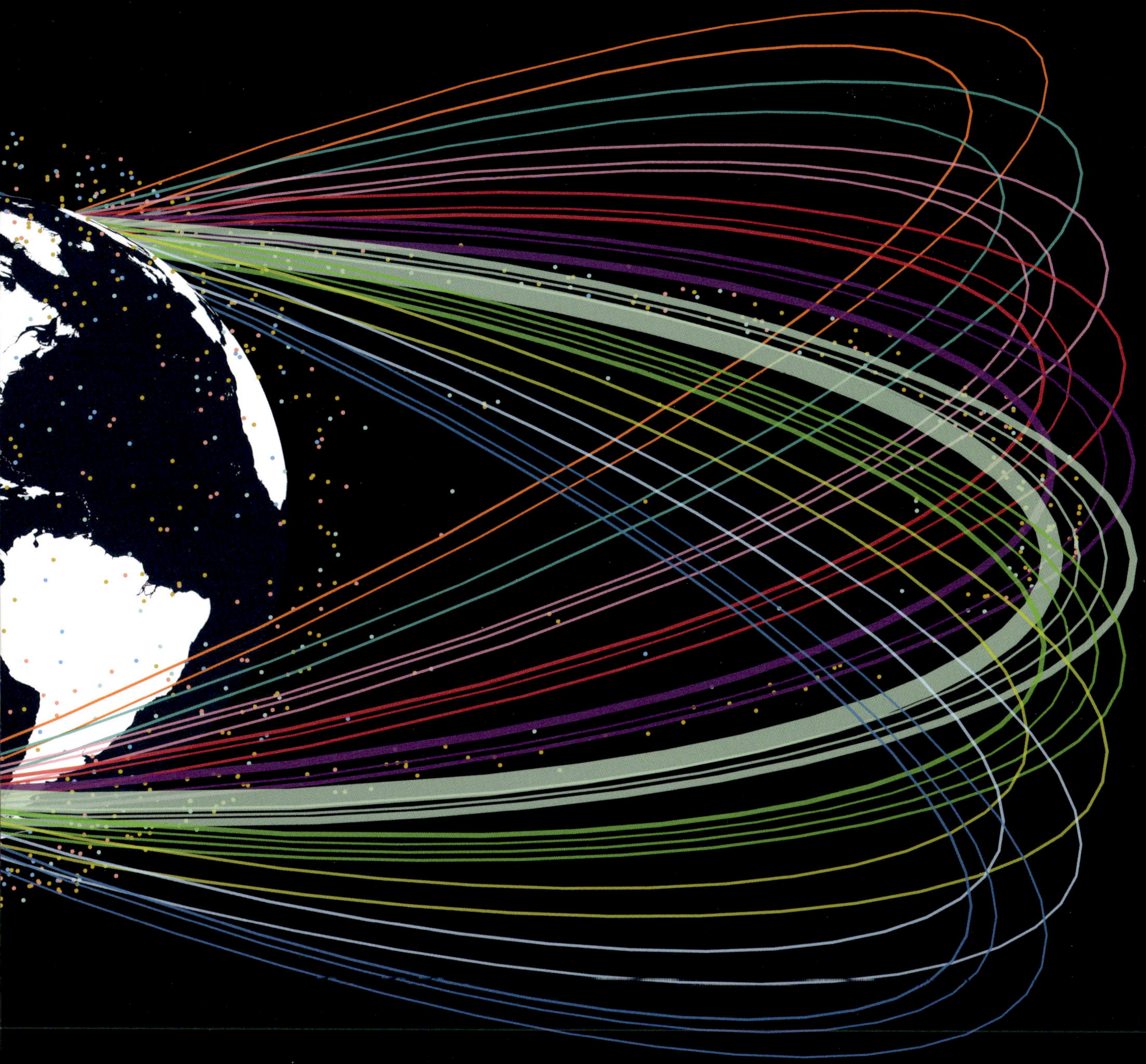

Satelliten

Im Oktober 1957 stieg von einem abgelegenen Startplatz im heutigen Kasachstan eine Rakete auf. Sie schrieb Geschichte, weil sie *Sputnik 1*, den allerersten künstlichen Satelliten, ins All transportierte. Mitte der 1960er-Jahre gab es nur eine Handvoll Länder, die eigene Satelliten im Orbit hatten: die Vereinigten Staaten, Großbritannien, Kanada, Russland, Frankreich und Italien. Seitdem wurden mehr als 6 600 künstliche Satelliten ins All gebracht, und im Oktober 2018 umkreisten 1 886 im Einsatz befindliche Satelliten die Erde.

Die heute aktiven Satelliten sind eine Mischung aus militärischen, kommerziellen und zivilen Instrumenten, die – wie man sich vorstellen kann – entwickelt wurden, um aus vielerlei Gründen nützliche Dinge für die Menschen unten auf der Erde zu leisten. Es gibt Satelliten, die die Verbindung zwischen mobilen Geräten herstellen, Satelliten, die Fahrzeuge um die Welt navigieren, und Satelliten, die ständig Aufnahmen der Erdoberfläche machen.

Die meisten Satelliten wurden von den Vereinigten Staaten gestartet, die gegenwärtig 803 Satelliten im Orbit haben, gefolgt von China mit 204 und Russland mit 142. Zwar besitzt die US-Regierung 150 der amerikanischen Satelliten, und 159 dienen militärischen Zwecken, doch die Mehrzahl (476) befindet sich im Besitz von Konzernen und wird von diesen betrieben. Während es früher mehrere Zehntausend US-Dollar kostete, um diese großen Objekte in ihre Erdumlaufbahn zu bringen, bedeutete die Entwicklung des sehr kleinen und leichten „CubeSat", dass die meisten Satelliteneinsätze heutzutage mit einem Gerät erfolgen, das man in der Hand halten könnte. Dadurch sind die Kosten stark gesunken, und das Geschäft boomt.

Sobald ein Satellit aus der Erdatmosphäre herauskatapultiert wurde, kann er so programmiert werden, dass er seine jeweiligen Aufgaben erledigt. Es gibt drei Hauptumlaufbahnen, in die die Satelliten geschickt werden. Je weiter ein Satellit von der Erde entfernt ist, desto geringer ist die Wirkung der Erdanziehung und desto länger braucht er für eine komplette Erdumrundung. In einer Entfernung von 180 bis 2 000 Kilometer von der Erde befindet sich die „untere" Erdumlaufbahn (LEO/*low Earth orbit*), in der die meisten wissenschaftlich genutzten Satelliten kreisen. Der größte je ins All geschossene Satellit bleibt die Internationale Raumstation (ISS), die sich in einer Höhe von 347 bis 360 Kilometern in einer Umlaufbahn befindet und die Erde in 91 Minuten umrundet. Die Besatzung der ISS erlebt also alle anderthalb Stunden einen außergewöhnlichen Sonnenaufgang und vollführt täglich fast sechzehn Umrundungen. In der „mittleren" Erdumlaufbahn (MEO), in 2 000 bis 36 000 Kilometern Höhe, sind die meisten Navigationssatelliten zu finden.

Die von der Erde am weitesten entfernte Umlaufbahn (HEO) beginnt in einer Höhe von 36 000 Kilometern. Dort sollen die Satelliten absolut synchron mit der Erde kreisen, sodass sie sich auf einen bestimmten Punkt auf der Erdoberfläche konzentrieren können. Dabei handelt es sich um die besonders nützlichen Wetter- und Kommunikationssatelliten, die für eine Erdumrundung annähernd 24 Stunden benötigen.

Die Anzahl der Satelliten im Orbit, nach Einsatzzweck geordnet. Es gibt viele Gründe, Satelliten ins All zu schicken, doch die Mehrzahl der Geräte dient entweder der Kommunikation oder der Beobachtung, und interessanterweise befinden sich die meisten im Besitz von Unternehmen, nicht etwa von Regierungen.

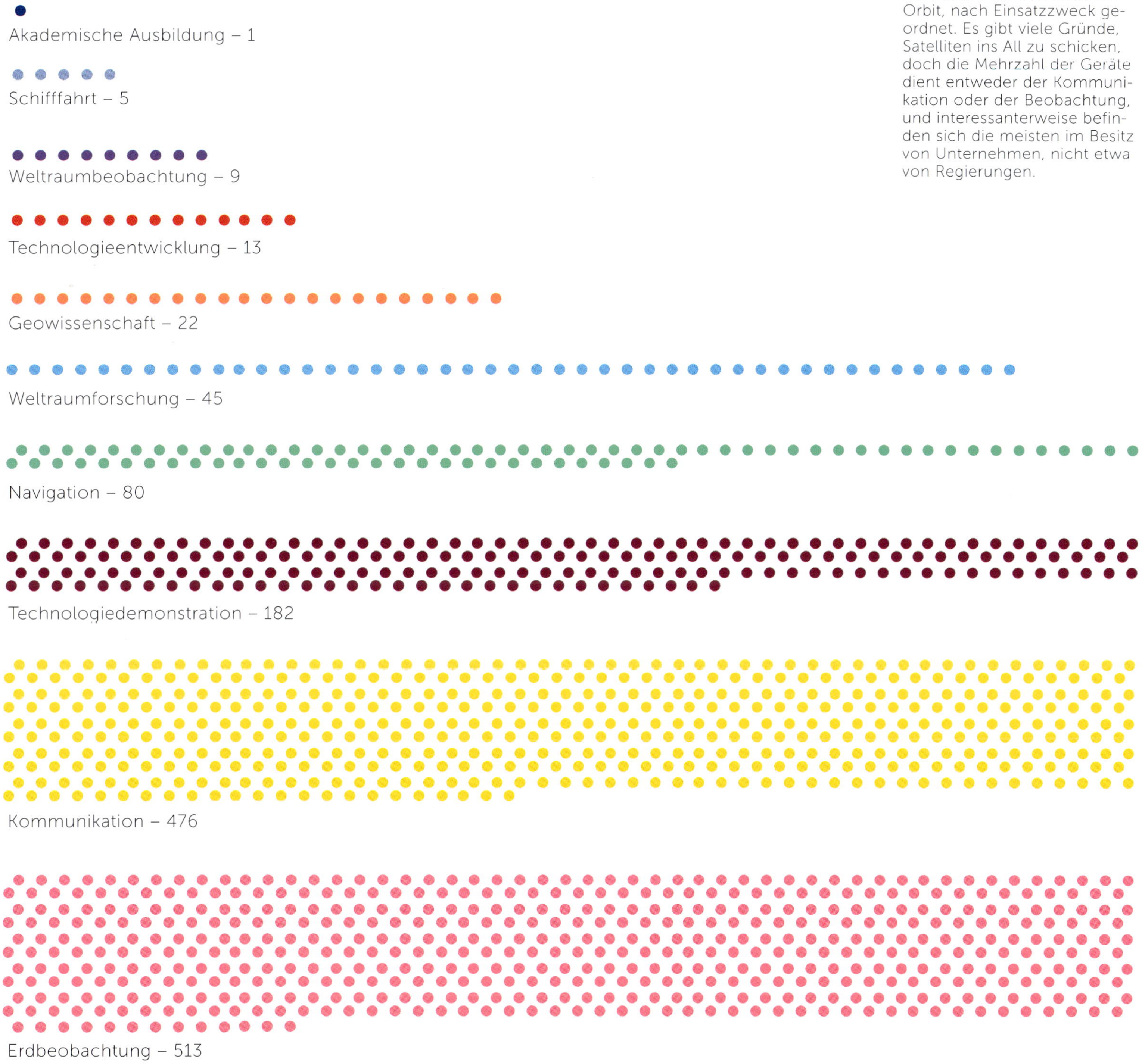
Akademische Ausbildung – 1
Schifffahrt – 5
Weltraumbeobachtung – 9
Technologieentwicklung – 13
Geowissenschaft – 22
Weltraumforschung – 45
Navigation – 80
Technologiedemonstration – 182
Kommunikation – 476
Erdbeobachtung – 513

Uran
Die führenden Uranverbraucher der Welt.
0,36
18,69
Kilotonnen pro Jahr
Weniger
Mehr
Die vom größten Konsumenten, den USA, importierte Uranmenge

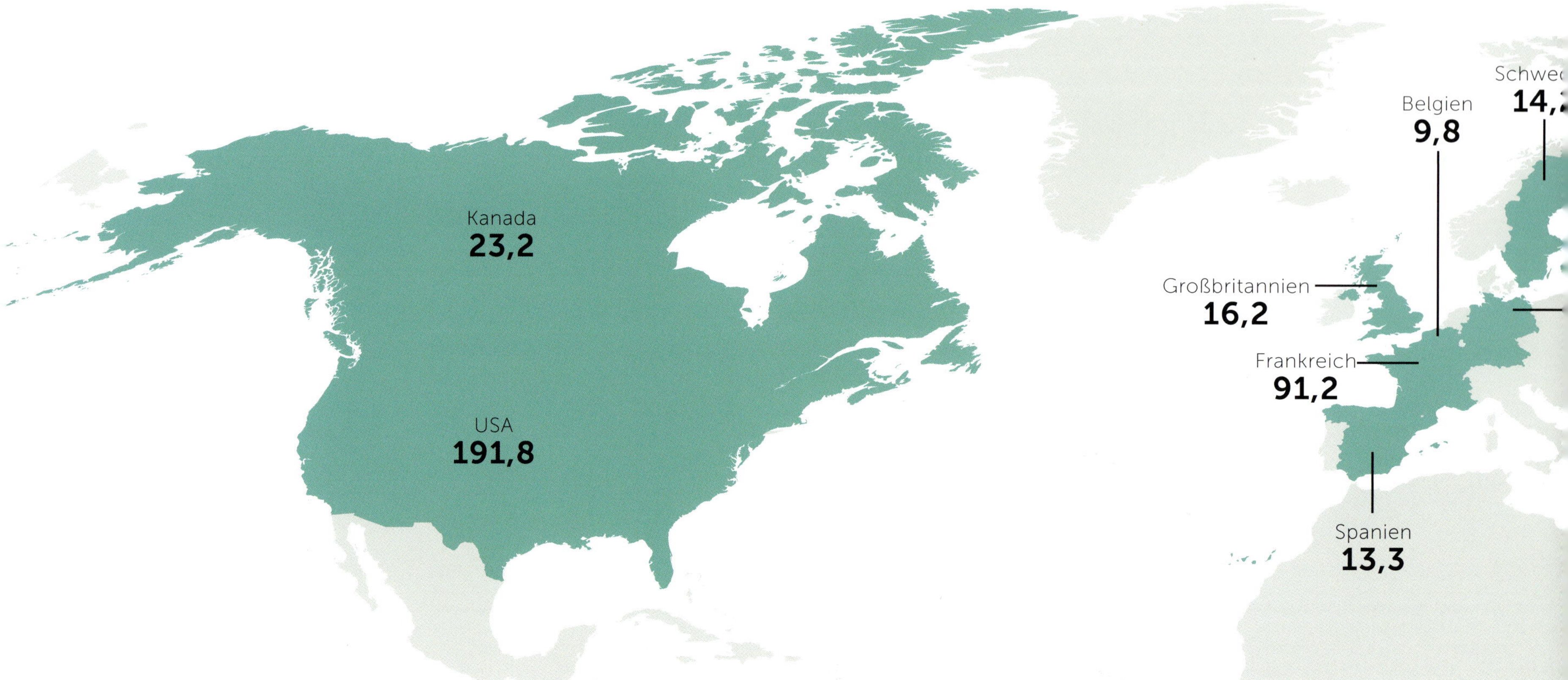
Kanada
23,2
USA
191,8
Belgien
9,8
Großbritannien
16,2
Frankreich
91,2
Spanien
13,3

Uran

Die moderne Währungseinheit „Dollar" geht auf das Wort „Taler" zurück. Dies wiederum war eine Abkürzung des Wortes „Joachimstaler", die Bezeichnung für eine spezielle Silbermünze, deren Silber aus den Minen einer Stadt namens Sankt Joachimsthal stammte, dem heutigen Jáchymov in Tschechien. Der Apotheker, Geschäftsmann und begeisterte Wissenschaftler Martin Heinrich Klaproth untersuchte im 18. Jahrhundert das aus diesen Minen gewonnene Material, das umgangssprachlich „Pechblende" genannt wurde. Diese dunkle und geheimnisvolle Substanz war ein Nebenprodukt der Silbergewinnung, und niemand hatte je herausgefunden, worum es sich tatsächlich handelte. Klaproth war der Erste, der das darin enthaltene Material entdeckte, und er gab ihm 1789 den Namen „Uran" – nach dem Planeten Uranus, der gerade einmal acht Jahre zuvor entdeckt worden war.

Klaproth hatte damals unmöglich ahnen können, dass Uran beim Prozess der Kernspaltung – der Aufspaltung des Atomkerns unter Freisetzung großer Energiemengen – im 20. Jahrhundert eine entscheidende Rolle spielen würde. Diese Kernspaltung ermöglichte die entsetzliche Zerstörung von Hiroshima und Nagasaki im Jahr 1945 und führte in den darauffolgenden Jahrzehnten zu enormen geopolitischen Spannungen sowie zur Entwicklung von Atomkraftwerken und zu den Katastrophen in Tschernobyl und Fukushima. Das alles wäre ohne ^{235}U unmöglich gewesen, einer natürlich vorkommenden, aber seltenen Art des Urans (nur etwa 0,7 Prozent des globalen Vorkommens), aus der die industrielle Atomkraft erzeugt wird. Das aus dem aus Bergwerken geförderten Uranerz gewonnene Natururan besteht fast gänzlich (zu 99 Prozent) aus ^{238}U. Damit es ausreichend Radioaktivität für die Kernspaltung besitzt, muss es angereichert werden, das heißt, durch Isotopentrennung wird der sehr ge-

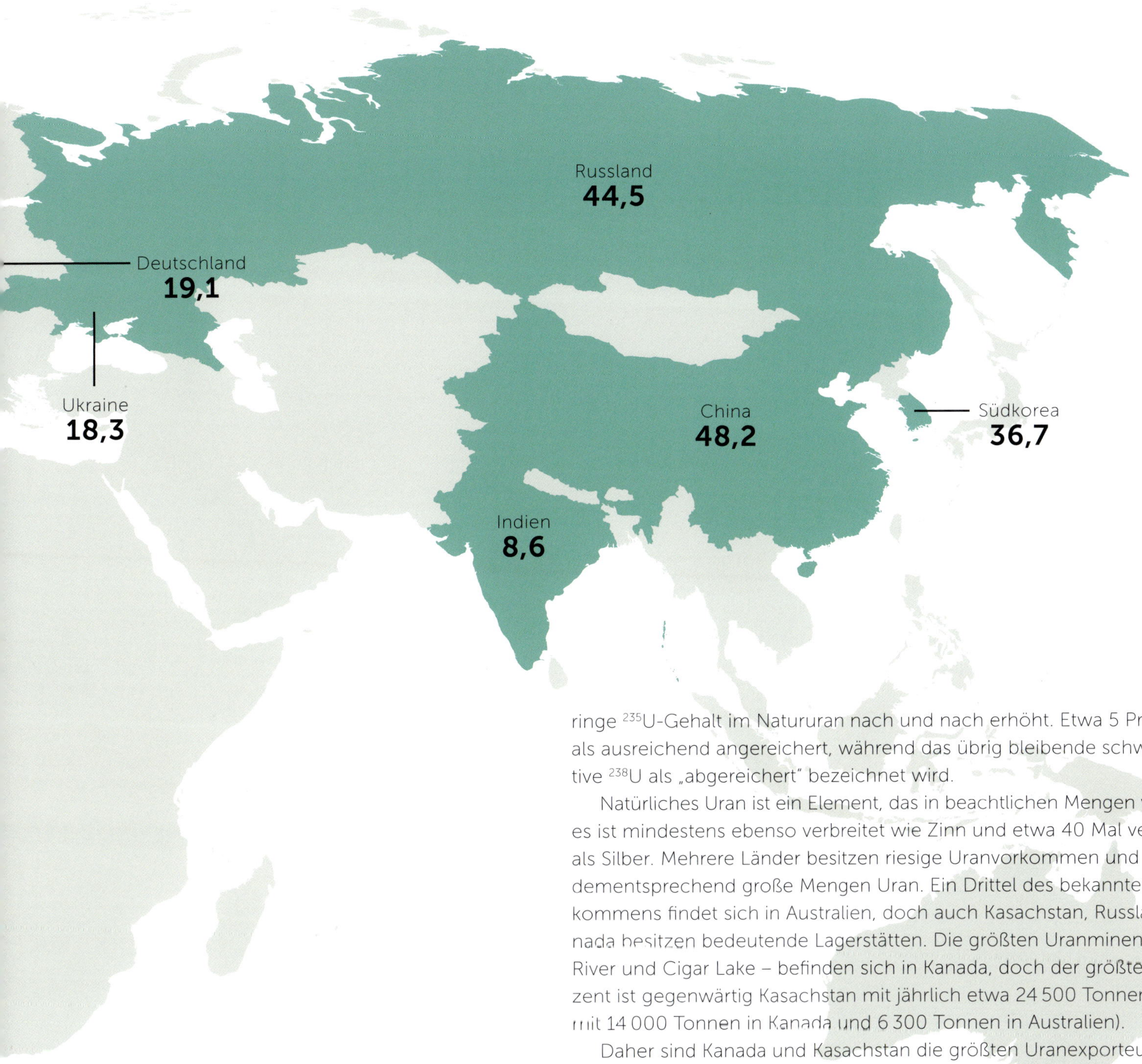
Russland
44,5
Deutschland
19,1
Ukraine
18,3
China
48,2
Südkorea
36,7
Indien
8,6

ringe ^{235}U-Gehalt im Natururan nach und nach erhöht. Etwa 5 Prozent gelten als ausreichend angereichert, während das übrig bleibende schwach radioaktive ^{238}U als „abgereichert" bezeichnet wird.

Natürliches Uran ist ein Element, das in beachtlichen Mengen vorkommt – es ist mindestens ebenso verbreitet wie Zinn und etwa 40 Mal verbreiteter als Silber. Mehrere Länder besitzen riesige Uranvorkommen und exportieren dementsprechend große Mengen Uran. Ein Drittel des bekannten Uranvorkommens findet sich in Australien, doch auch Kasachstan, Russland und Kanada besitzen bedeutende Lagerstätten. Die größten Uranminen – McArthur River und Cigar Lake – befinden sich in Kanada, doch der größte Uranproduzent ist gegenwärtig Kasachstan mit jährlich etwa 24 500 Tonnen (verglichen mit 14 000 Tonnen in Kanada und 6 300 Tonnen in Australien).

Daher sind Kanada und Kasachstan die größten Uranexporteure der Welt. Der bei Weitem größte Importeur sind die USA, deren 99 betriebene Atomreaktoren im Jahr 2016 18 000 Tonnen des Elements verbrauchten. Es folgen die Importeure Frankreich, China, Russland und Südkorea, alles Länder, deren nationale Stromnetze überdurchschnittlich stark mit Atomkraft gespeist werden. Der Verkauf von Uran ist auf Länder beschränkt, die 1968 den Kernwaffensperrvertrag unterzeichnet haben. Das Ziel dieses Vertrags besteht darin, die Verbreitung von Kernwaffen und Kernwaffentechnologie zu verhindern, den Ländern aber gleichzeitig den Bau von Atomkraftwerken zu ermöglichen. Doch die enormen Schwierigkeiten, genügend Uran anzureichern, um die für die Atomspaltung benötigte Menge an ^{235}U herzustellen, führen langfristig zur Begrenzung von dessen Einsatzfähigkeit, zumal die weltweiten Vorkommen im Laufe des kommenden Jahrhunderts erschöpft sein werden, sollte die aktuelle Verbrauchsmenge beibehalten werden.

Die Länder mit dem höchsten Verbrauch an Atomenergie, angegeben in entsprechenden Öl-Verbrauchsmengen in Millionen Tonnen pro Jahr. Die Vereinigten Staaten sind weltweit die bei Weitem größten Konsumenten von Atomstrom.

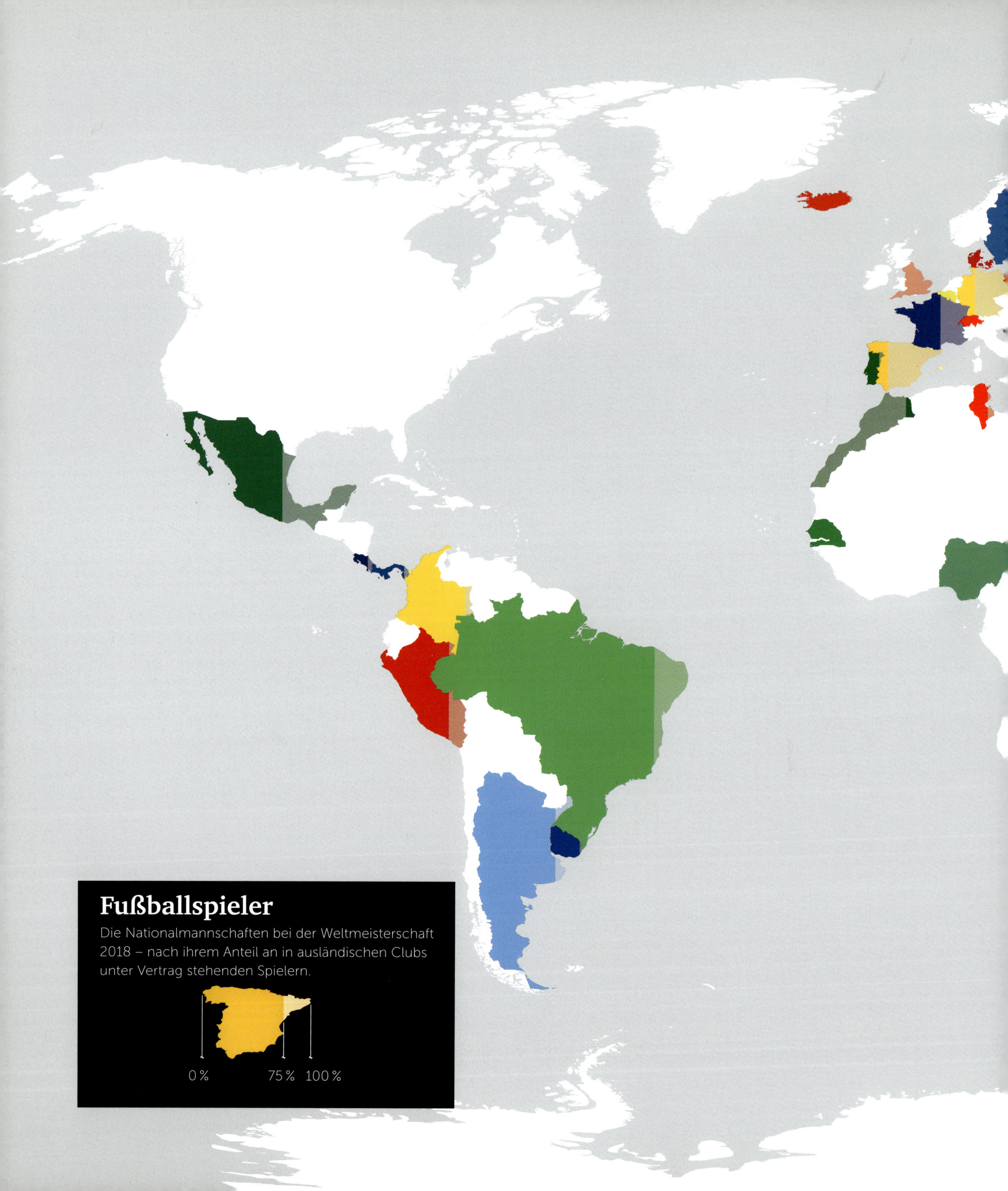
0 %
75 %
100 %

Fußballspieler

Die Nationalmannschaften bei der Weltmeisterschaft 2018 – nach ihrem Anteil an in ausländischen Clubs unter Vertrag stehenden Spielern.

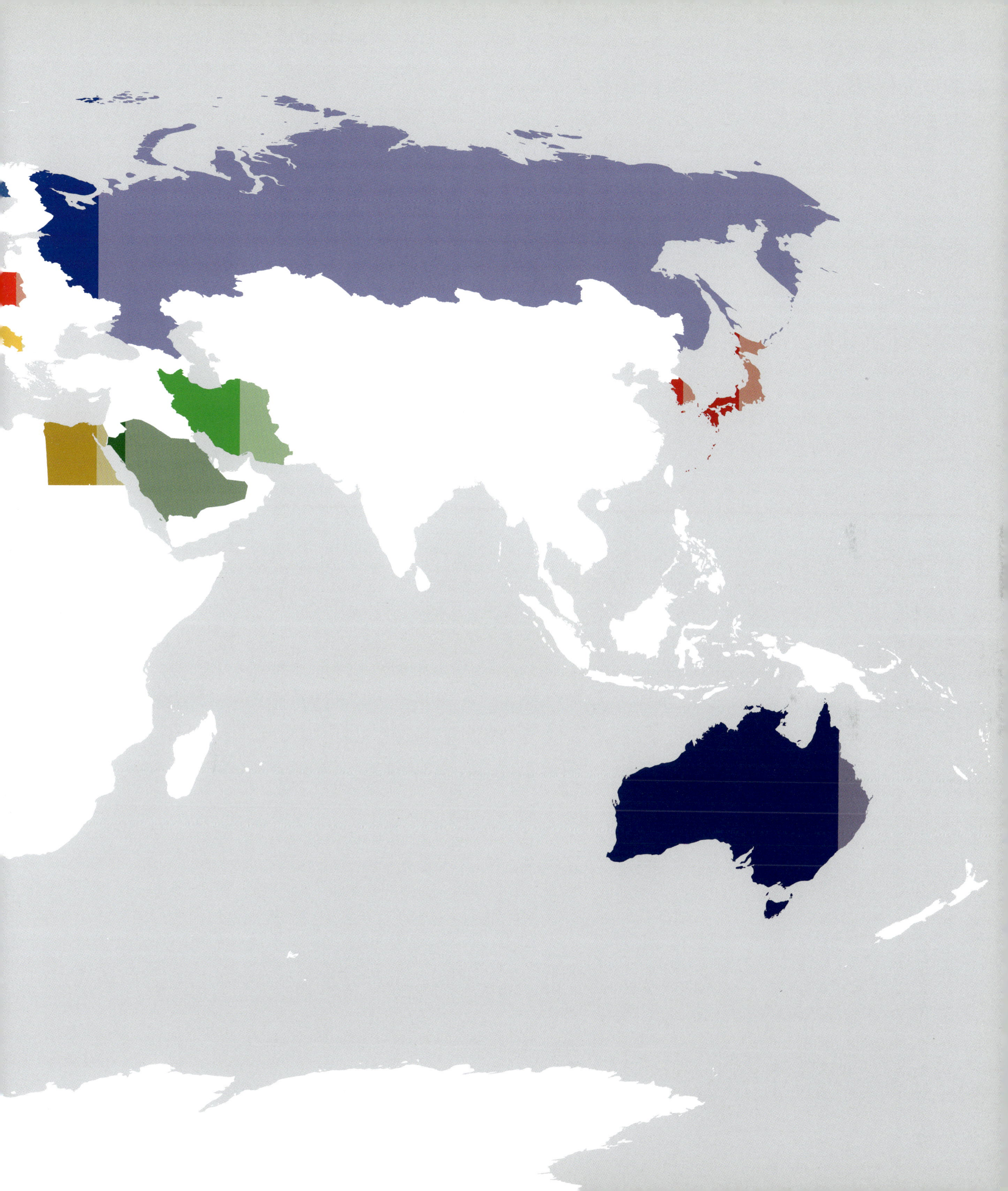

Fußballspieler

Könnte dies das Geheimnis des Erfolgs sein? Für leidenschaftliche Fußballfans kann es gar nicht genügend Statistiken und Informationen geben – von Trainingsritualen bis hin zur Lohnstruktur –, um zu versuchen herauszufinden, was eine Siegermannschaft ausmacht. Aber ist der Erfolg einer Nationalmannschaft wirklich davon abhängig, ob die Spieler in der heimischen Liga spielen oder ob sie im Ausland unter Vertrag stehen, um sich in der dortigen Liga zu beweisen?

In lediglich zwei der Teams, die sich für die Weltmeisterschaft 2018 qualifizierten, nämlich in Schweden und Senegal – nicht unbedingt die aussichtsreichsten Mannschaften –, stehen sämtliche Spieler in anderen Ländern unter Vertrag. Zwar gibt es in Schweden die *Allsvenskan* und im Senegal die *Premier League*, doch die relativ niedrigen Gehälter und der Mangel an Toptalenten haben zur Folge, dass jeder vielversprechende Spieler, sobald er sein Potenzial unter Beweis stellt, von einem der großen europäischen Clubs unter Vertrag genommen wird. Belgien, Island, die Schweiz und Nigeria etwa befinden sich in einer ähnlichen Situation, wobei jeweils nur ein Spieler der Nationalmannschaft in der jeweils heimischen Liga spielt.

Das andere Extrem bilden Länder wie Russland – Gewinner der Europameisterschaft 1960 – und Saudi-Arabien – dreimaliger Gewinner des Asien-Cups –, deren Spieler fast alle in der heimischen Liga spielen. England, das ein Mal, im Jahr 1966, Weltmeister wurde, ist das einzige Land, dessen Nationalmannschaft gänzlich aus „heimischen" Spielern besteht, was in erster Linie auf den Reichtum und damit die marktverzerrenden Kräfte der englischen *Premier League*, die Fußballstars geradezu anlockt, zurückzuführen ist.

Der Reichtum der englischen *Premier League* hat zudem zur Folge, dass darin mehr ausländische Spieler unter Vertrag stehen als in jeder anderen Liga, wobei erstaunliche 69 Prozent der *Premier-League*-Spieler von außerhalb Englands stammen. An nächster Stelle folgt die Erste Liga Zyperns mit 57 Prozent, während die nächste Top-Liga die italienische *Serie A* ist, mit 56 Prozent an Spielern, die nicht in der italienischen Nationalmannschaft einsetzbar sind. Selbst in der *English Championship* – der Zweiten Liga in England – und in der *Scottish Premiership* beträgt das Verhältnis von einheimischen zu ausländischen Spielern 50:50 und ist somit eines der höchsten in ganz Europa.

Vielleicht liegt das Geheimnis für den internationalen Erfolg irgendwo dazwischen, das heißt in einer Mischung aus Spielern, die entweder in der starken heimischen Liga oder in lukrativen ausländischen Ligen spielen. Bei zwei der erfolgreichsten europäischen Nationen, Deutschland und Spanien, steht etwa ein Drittel ihrer Spieler in den besten ausländischen Clubs unter Vertrag, und zwei Drittel spielen in der erstklassigen heimischen Liga. Dagegen zeigt sich in den erfolgreichsten nichteuropäischen Ländern, den südamerikanischen Fußballgiganten Brasilien und Argentinien, ein anderes Bild: Etwa 80 Prozent der Spieler kicken im Ausland – fast alle in den europäischen Top-Teams – und die übrigen in der jeweils konkurrenzfähigen und relativ hochklassigen heimischen Liga (der brasilianischen *Serie A* und der argentinischen *Primera Division*). Vielleicht ist aber auch schlicht gutes Fußballspielen der tatsächliche Schlüssel zum Erfolg.

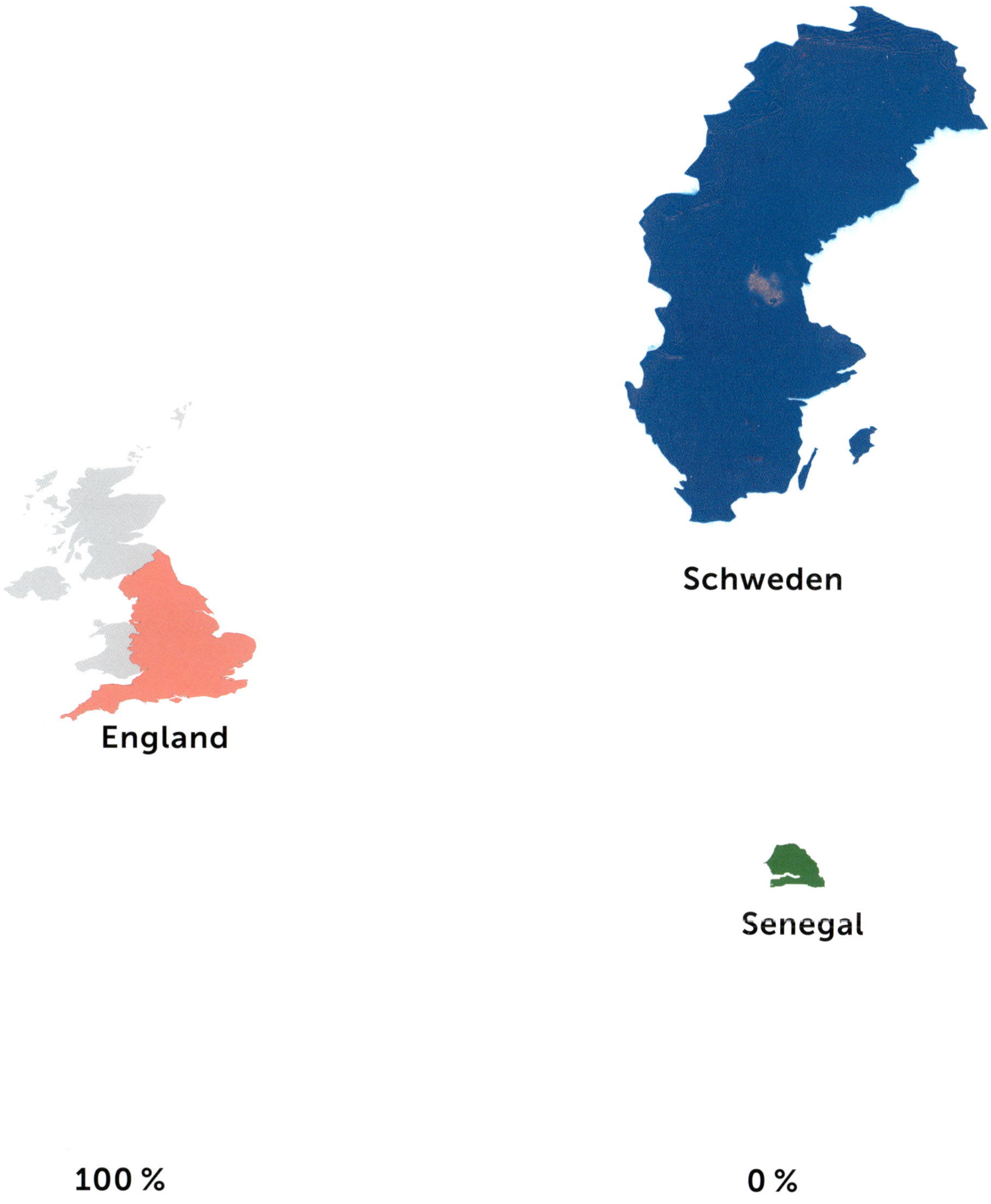
Schweden
England
Senegal
100 %
0 %

Die Mannschaft Englands ist das einzige Weltmeisterschaftsteam, dessen Spieler ausschließlich in heimischen Clubs spielen, während weder Senegal noch Schweden einen einzigen Spieler haben, der zu Hause unter Vertrag steht.

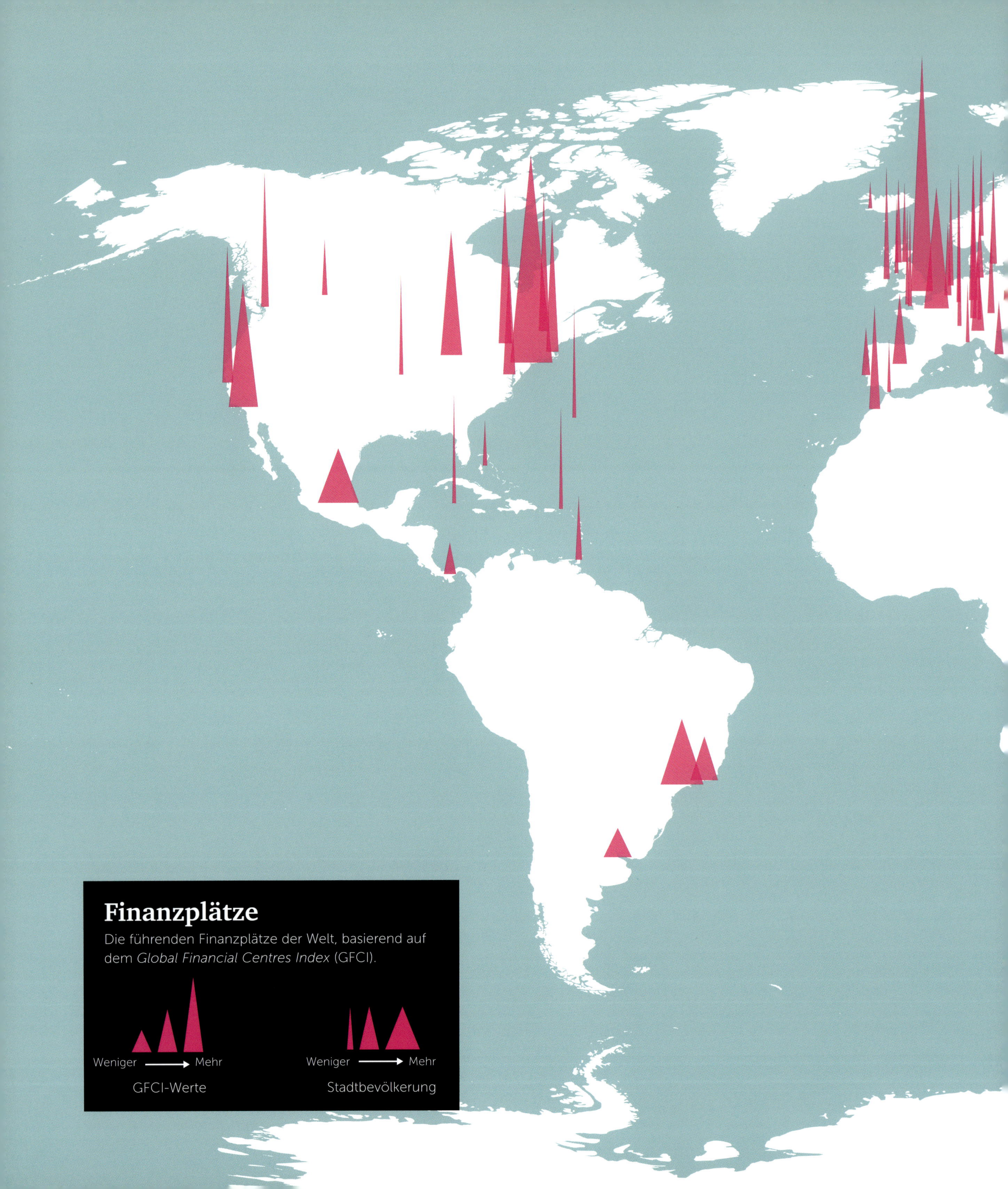
Weniger
Mehr
GFCI-Werte
Weniger
Mehr
Stadtbevölkerung

Finanzplätze

Die führenden Finanzplätze der Welt, basierend auf dem *Global Financial Centres Index* (GFCI).

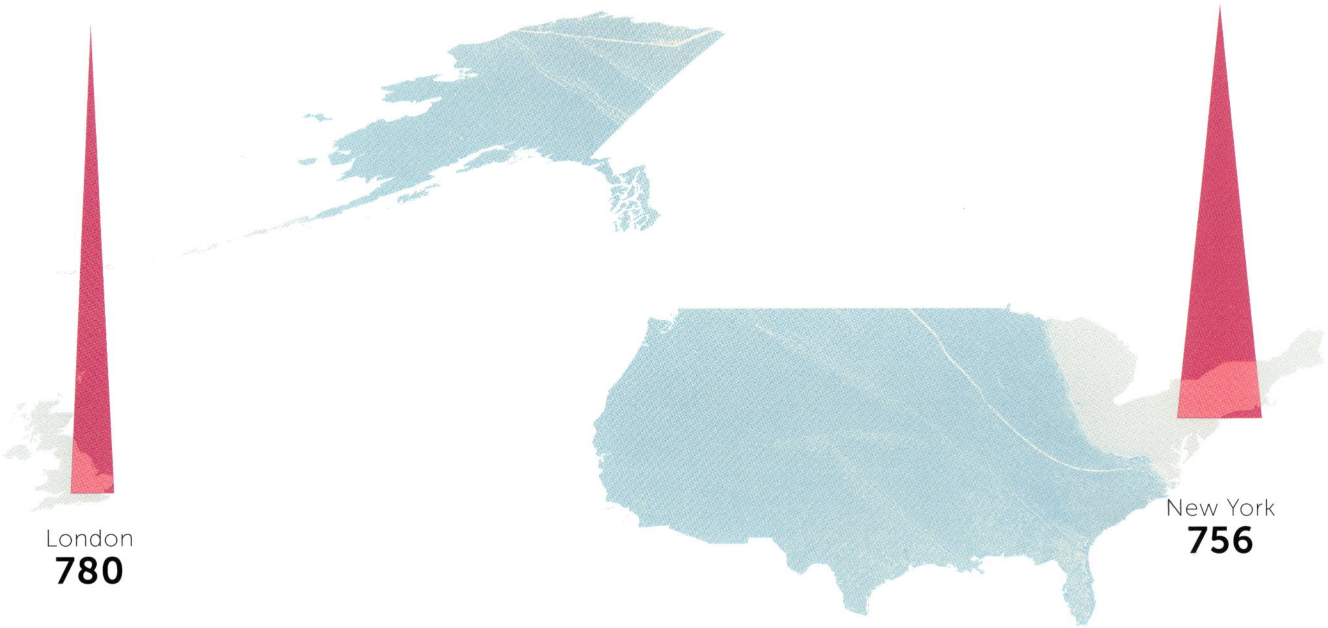
London
780
New York
756

Finanzplätze

London ist 5 600 Kilometer von New York entfernt, das wiederum 12 900 Kilometer von Hongkong entfernt liegt. Doch diese großen Distanzen, die jahrhundertelang eine so entscheidende Rolle spielten, als der Handel und die Migration diese Städte zu wichtigen Knotenpunkten machten, haben heutzutage fast keine Bedeutung mehr. Zumindest nicht in der neuen Welt der Hochfinanz, in der die Städte durch Computer miteinander verbunden und Transaktionen in Sekundenbruchteilen als Reaktion auf Ereignisse auf der anderen Seite der Erde möglich sind.

Laut dem *Global Financial Centres Index* (GFCI) – einer Rangliste der 110 wichtigsten Finanzzentren, die auf einem Mix aus Faktoren, einschließlich der Verfügbarkeit von ausgebildeten Arbeitskräften, politischer Stabilität und der Qualität der Infrastruktur, basiert – sind London, New York und Hongkong gegenwärtig die drei bedeutendsten Finanzzentren der Welt. Alle drei haben eine englischsprachige Bevölkerung, einen guten Ruf als langfristig erfolgreiche Geschäftszentren und unterhalten enge Beziehungen zu den regionalen Nachbarn. Die Bedeutung der boomenden asiatischen Stadtökonomien zeigt sich darin, dass Singapur, Tokio und Shanghai gleich anschließend auf dieser Liste stehen, gefolgt von Toronto, Sydney, Zürich und Peking.

Die bei Weitem größten Handelsplattformen findet man in den Vereinigten Staaten, insbesondere in New York. Dort wickeln NASDAQ und New York Stock Exchange (NYSE) ihre Investments und Assets in unmittelbarer Nähe zueinander auf dem symbolträchtigen Broadway beziehungsweise an der Wall Street ab. Auf die Vereinigten Staaten folgt China, dessen Börsen in Shanghai und in Shenzhen (ChiNext) seit ihrem Start Anfang der 1990er-Jahre drohen, Hongkong, dem traditionellen Finanzzentrum des Landes, den Rang abzulaufen.

Eine Reihe von Städten, wie Shanghai und Tokio, haben sich aufgrund ihrer großen Einwohnerzahl zu Finanzzentren entwickelt. Andere gedeihen, weil die Finanzbranche ihren Hauptgeschäftszweig darstellt. Dies gilt insbesondere für Mitteleuropa. Zürich (1,2 Millionen Einwohner) und Genf (200 000) in der Schweiz rangieren auf der Liste der größten Finanzzentren der Welt auf Platz neun und fünfzehn. Die kleine Stadt Luxemburg steht trotz einer Gesamtzahl von nur 114 000 Einwohnern (von insgesamt 594 000 Bürgern des Staates Luxemburg) auf Platz vierzehn dieser Liste, und zwar insbesondere dank starker grenzüberschreitender Beziehungen zum restlichen Europa sowie großzügiger Steuergeschenke, um für Unternehmen Anreize zu schaffen, sich hier anzusiedeln. Im Laufe der zweiten Hälfte des 20. Jahrhunderts wandelte sich die Wirtschaft Luxemburgs von einer auf Stahlproduktion konzentrierten Ökonomie zu einer Wirtschaft, die sich in diesem relativ kleinen städtischen Finanzzentrum ganz um das Privatkunden-, Versicherungs- und Firmenkreditgeschäft dreht. Der Anteil von Luxemburgs Finanzsektor am Bruttoinlandsprodukt beträgt zuweilen bis zu 35 Prozent. Dies ermöglicht es der verhältnismäßig kleinen Stadt Luxemburg, auf internationaler Bühne mit Schwergewichten wie London, New York und Hongkong mithalten zu können.

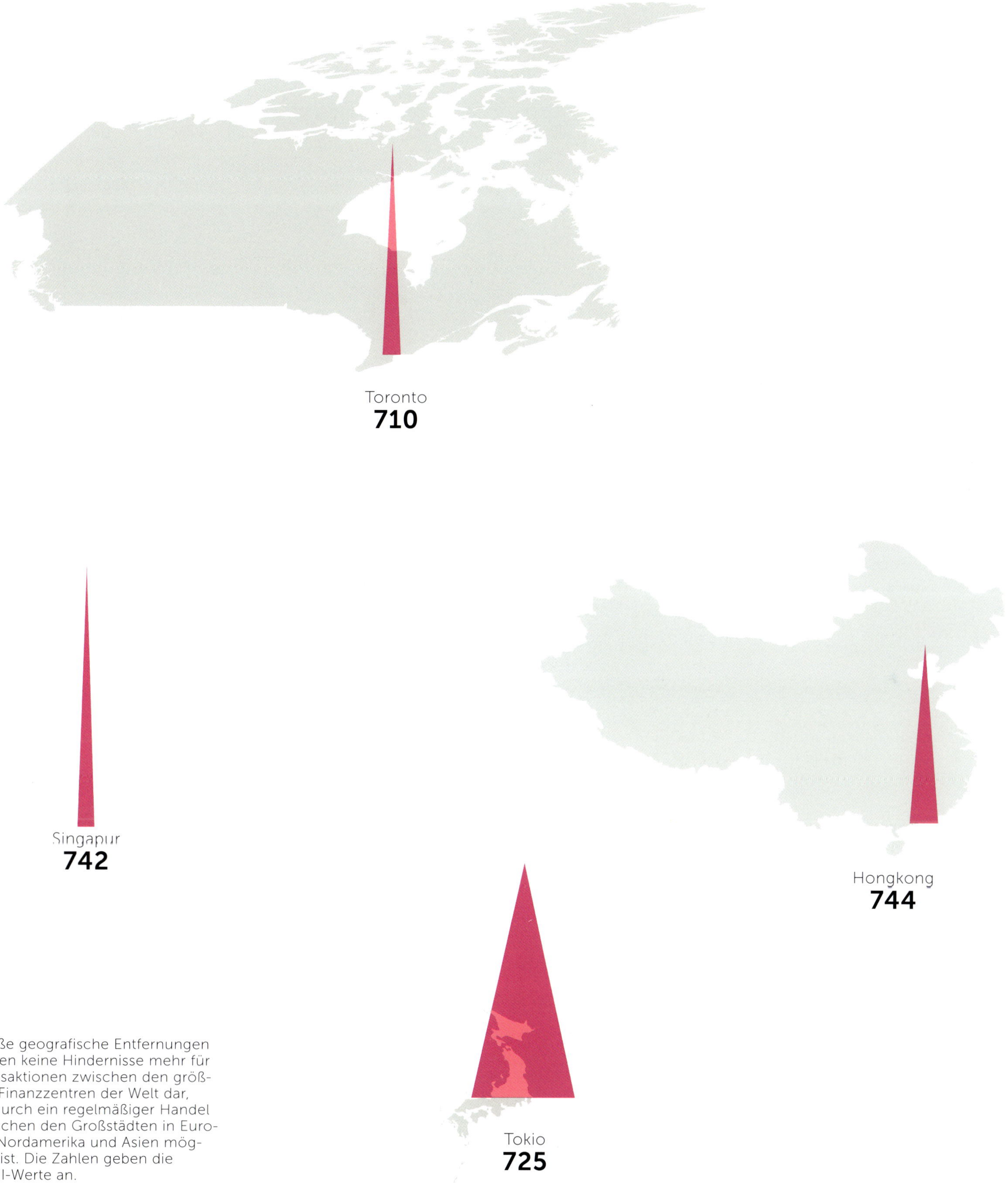
Toronto
710
Singapur
742
Hongkong
744
Tokio
725

Große geografische Entfernungen stellen keine Hindernisse mehr für Transaktionen zwischen den größten Finanzzentren der Welt dar, wodurch ein regelmäßiger Handel zwischen den Großstädten in Europa, Nordamerika und Asien möglich ist. Die Zahlen geben die GFCI-Werte an.

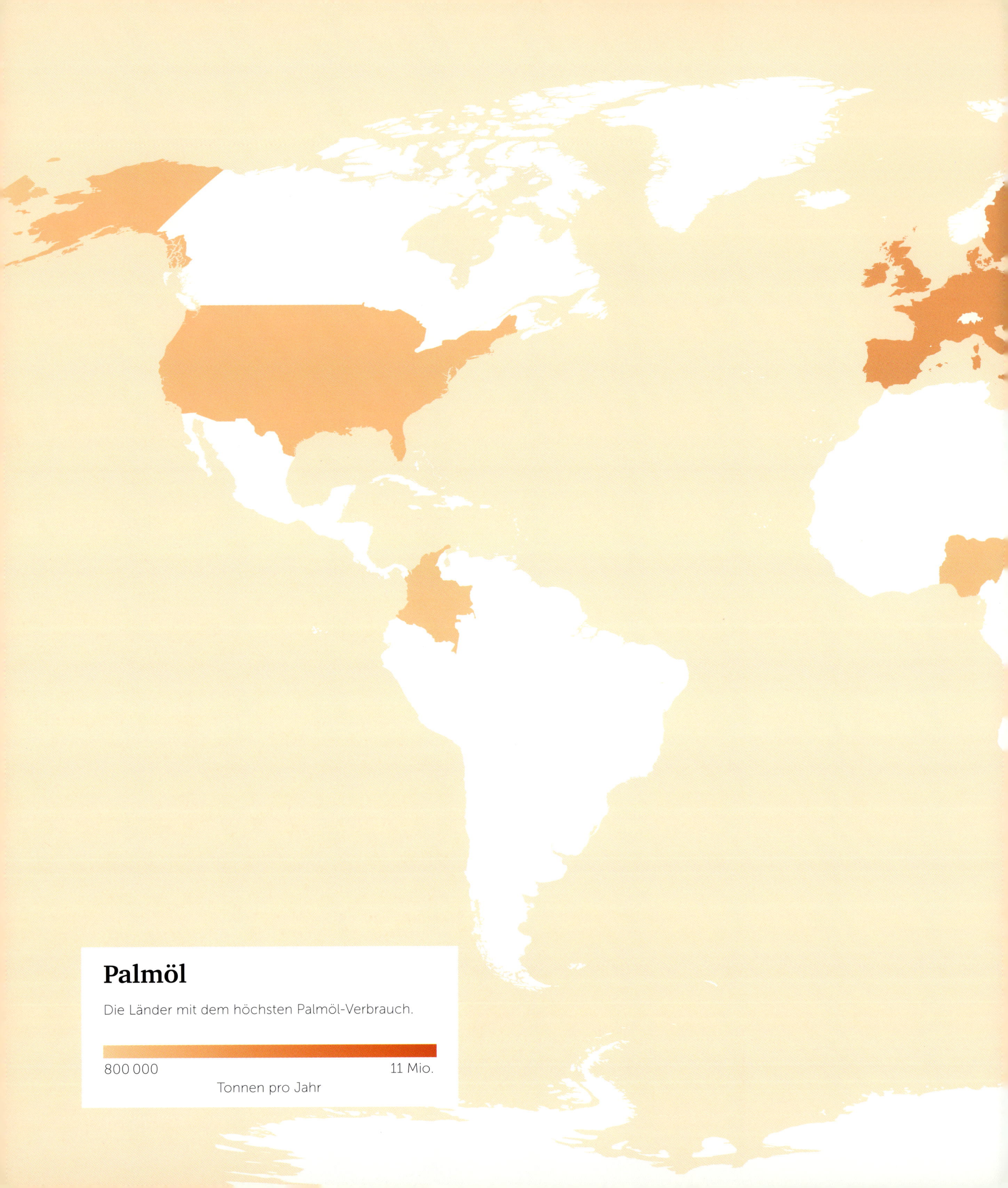
800 000
11 Mio.
Tonnen pro Jahr

Palmöl

Die Länder mit dem höchsten Palmöl-Verbrauch.

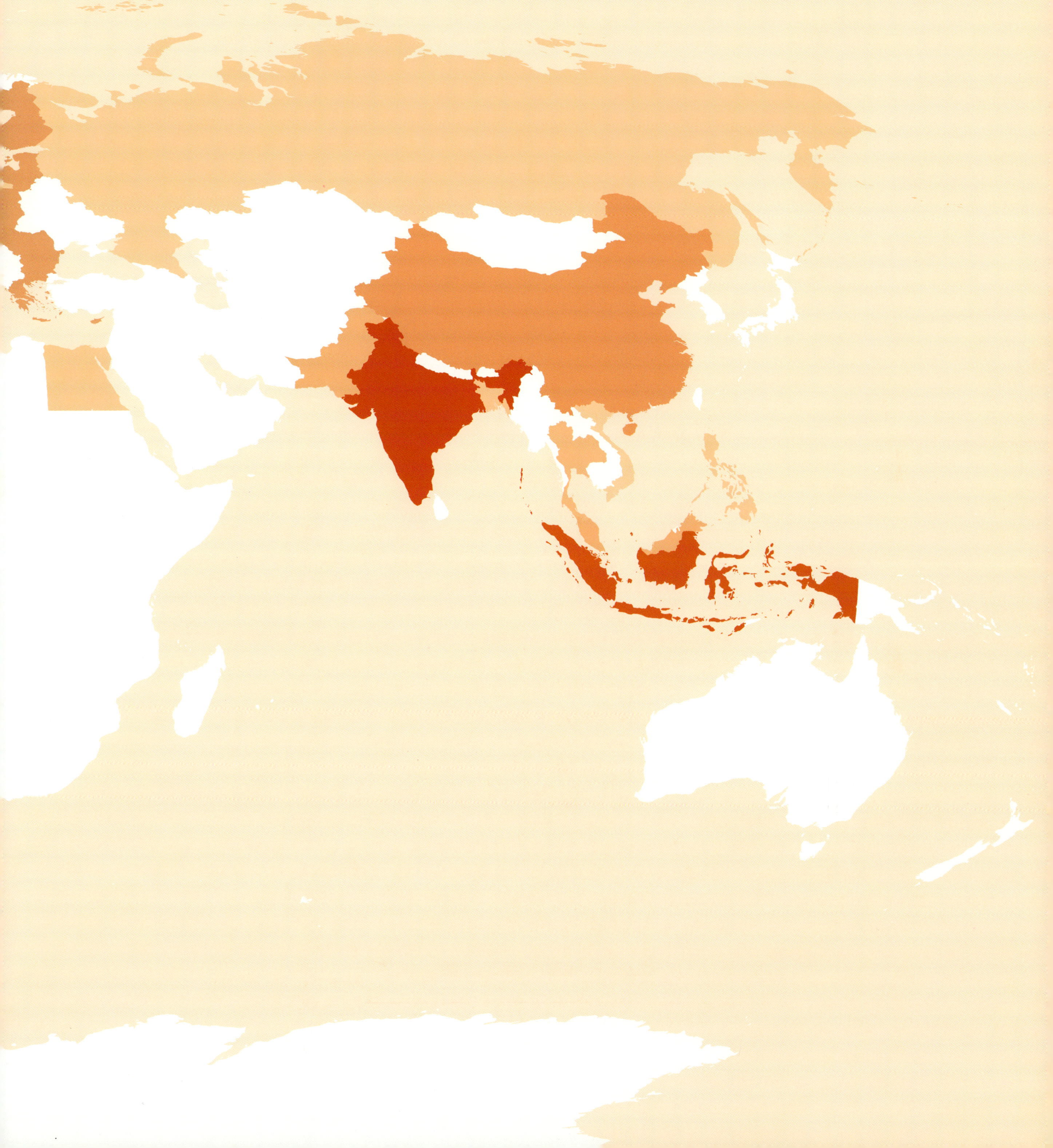

Palmöl

Kekse. Müsli. Eiscreme. Seife. Es mag überraschen, dass viele der alltäglichen Lebensmittel und Haushaltsgegenstände einen Inhaltsstoff gemein haben: Palmöl. Tatsächlich verblüfft die Anzahl der Produkte, in denen Palmöl ein wesentlicher Bestandteil ist, vor allem angesichts der Geschwindigkeit, mit der diese spezielle Art des Pflanzenöls den Weg in gängige verpackte Nahrungsmittel gefunden hat.

Der Palmölverbrauch ist in den Vereinigten Staaten von lediglich 175 000 Tonnen im Jahr 2000 auf 1,2 Millionen Tonnen 2017/2018 angestiegen. Auch in der Europäischen Union war ein Anstieg des Palmölverbrauchs von 2,8 Millionen Tonnen im Jahr 2000 auf enorme 6,6 Millionen Tonnen 2017/2018 zu verzeichnen. Doch es sind die asiatischen Länder, die die Nachfrage nach Palmöl besonders intensiv anheizen – allen voran China und Indien, die mehr als 8,5 Millionen beziehungsweise 10 Millionen Tonnen pro Jahr verbrauchen. Hier stellen stark verarbeitete Nahrungsmittel, wie zum Beispiel Instantnudeln, einen immer beliebteren Teil der Ernährung dar – anstelle von frischen, regional erzeugten Zutaten.

Die zwei Länder, die am stärksten mit der Erzeugung von Palmöl zu tun haben, sind Indonesien und Malaysia. Die Ölpalme, aus der das Öl gewonnen wird, gedeiht am besten in warmem und feuchtem Tropenklima, und Indonesien und Malaysia bieten dieser Pflanze optimale Wachstumsbedingungen. Die beiden Länder exportierten im Jahr 2017 28 Millionen beziehungsweise mehr als 17 Millionen Tonnen Palmöl, deutlich mehr als andere Produzenten wie zum Beispiel Guatemala (710 000 Tonnen), Papua-Neuguinea (635 000) und Benin (560 000).

Die zur Anpflanzung von Ölpalmen weltweit genutzte Landfläche ist zwischen 1990 und 2012 von 6 Millionen auf 17 Millionen Hektar angestiegen, zum großen Teil auf Kosten des primären tropischen Regenwalds. Häufig werden absichtlich riesige Waldbrände gelegt, um den Regenwald zu zerstören und das Land für Nutzpflanzen wie die Ölpalme zu roden. Die gewaltige Zerstörung des Regenwalds hat zu enormen Kohlendioxid-Emissionen geführt. Im September 2015 erzeugten Waldbrände mehr Kohlendioxid, als die gesamte US-Wirtschaft in einem Jahr ausstößt. Darüber hinaus hat die Zerstörung des Regenwalds auf den südostasiatischen Inseln Sumatra und Borneo eine massive Vernichtung des natürlichen Lebensraums von bedrohten Tierarten zur Folge, wie zum Beispiel von Orang-Utans, Nashörnern, Tigern und Elefanten.

Positiv ist hingegen die Tatsache, dass die Ölpalme zehn Mal mehr Öl liefert als alternative Pflanzen wie Sonnenblumen oder Raps. Angesichts der Landfläche, die benötigt würde, um damit die gleiche Menge eines anderen Öls zu erzeugen, ist das Palmöl vielleicht die am wenigsten schädliche aller Optionen. Dies ist vor allem dann der Fall, wenn Palmöl unter umweltfreundlicheren und nachhaltigeren Bedingungen produziert und in zunehmendem Maße mit dem Umweltlabel RSPO (*Roundtable on Sustainable Palm Oil*) verkauft wird. Weil die weltweite Nachfrage nach Pflanzenöl wohl kaum sinken wird – die Gesamtproduktion aller Pflanzenöle ist von 90 Millionen Tonnen im Jahr 2000 auf 185 Millionen Tonnen im Jahr 2017 angestiegen –, ist die Einführung nachhaltiger Anbaumethoden von entscheidender Bedeutung.

Die drei führenden Produzenten, Importeure und Exporteure von Palmöl (Angaben jeweils in Tonnen pro Jahr).

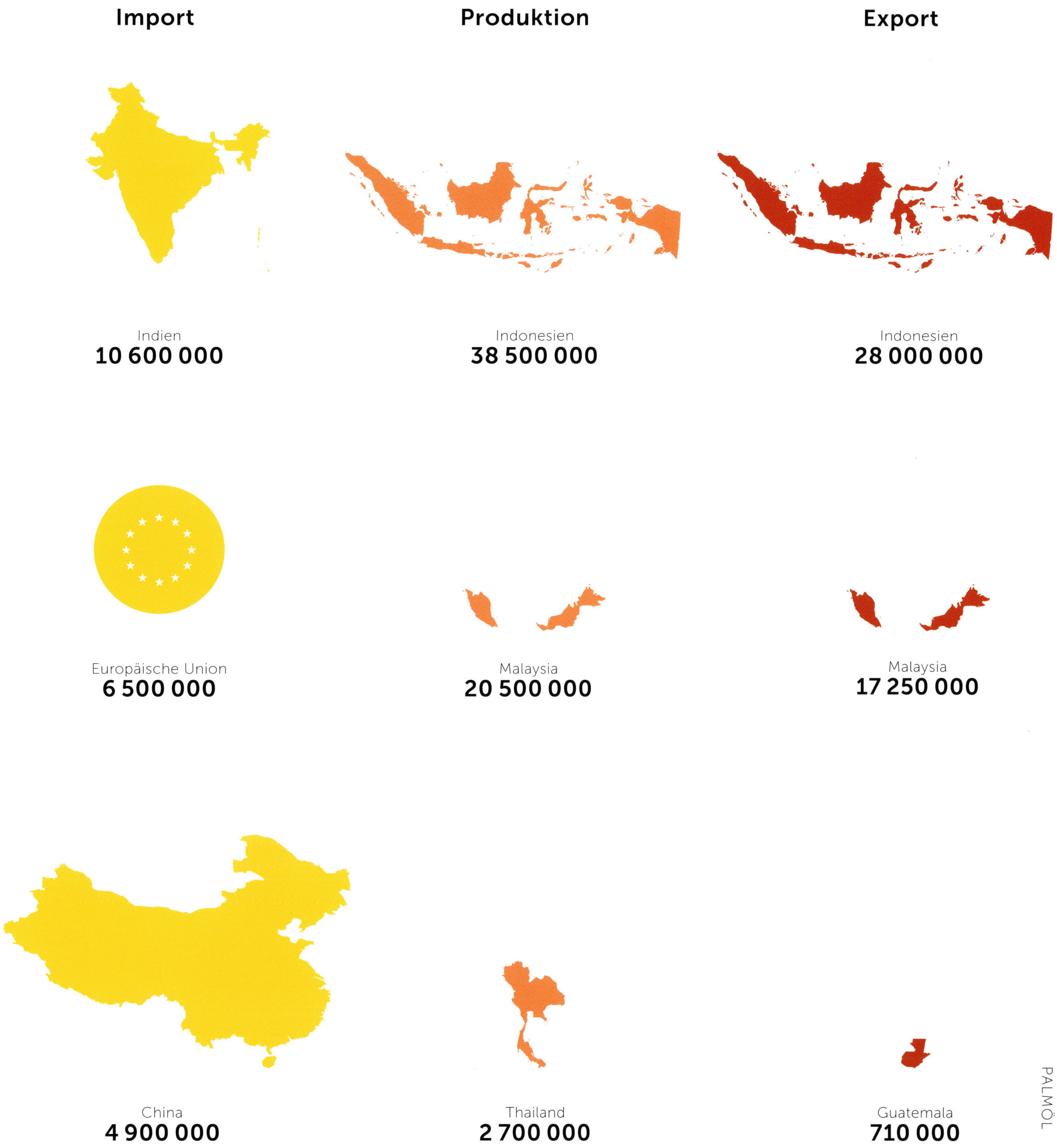
Import
Produktion
Export
Indien
10 600 000
Indonesien
38 500 000
Indonesien
28 000 000
Europäische Union
6 500 000
Malaysia
20 500 000
Malaysia
17 250 000
China
4 900 000
Thailand
2 700 000
Guatemala
710 000

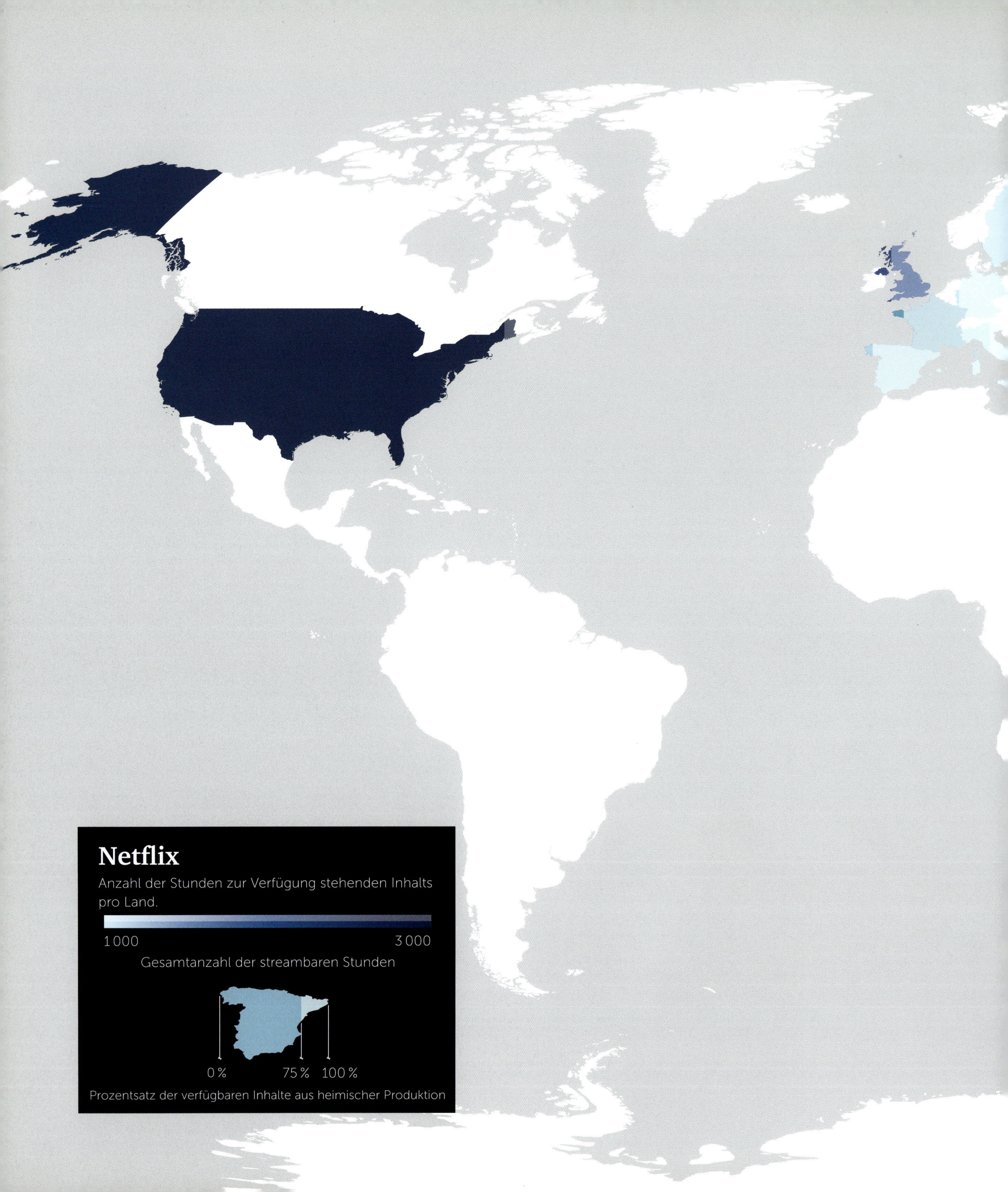
Netflix
Anzahl der Stunden zur Verfügung stehenden Inhalts pro Land.
1 000
3 000
Gesamtanzahl der streambaren Stunden
0 %
75 %
100 %
Prozentsatz der verfügbaren Inhalte aus heimischer Produktion

Netflix

Im Vergleich zu den meisten anderen jungen Technologiefirmen im Silicon Valley ist Netflix schon ein Veteran. Gegründet wurde es bereits 1997, als Videobänder alltäglich waren und das Internet sowie Handys noch in den Kinderschuhen steckten. Reed Hastings und Marc Randolph, die Gründer von Netflix, hatten die revolutionäre Idee, die weltweit erste Online-DVD-Videothek aufzubauen, und führten 1999 ein Abonnementmodell ein. Im Jahr 2007 hatte sich die Internetgeschwindigkeit so weit entwickelt, dass sich mit Video-on-Demand eine echte Geschäftschance bot, die es dem Unternehmen erlaubte, sich von der Versendung physischer Datenträger zu verabschieden. Ab 2013 stellte die Produktion neuer Inhalte die nächste große Gelegenheit dar und brachte hochkarätige Fernsehserien wie *Orange is the New Black* und *Stranger Things* hervor. Im Jahr 2018 sollen bis zu 8 Milliarden US-Dollar in neue Produktionen investiert werden.

Netflix hat mittlerweile weltweit 125 Millionen Abonnenten, macht einen Umsatz von mehr als 11 Milliarden US-Dollar und wurde mit zahlreichen Awards ausgezeichnet. Durch die Entwicklung von einer reinen Technologiefirma zu einem Medienunternehmen wird es mehr und mehr zu einem Rivalen von Konzernen wie Disney, die ihrerseits beginnen, das Geschäftsmodell von Netflix zu kopieren. Hastings erklärte jedoch 2017, Netflix konkurriere nicht mit anderen Streaming-Anbietern: „Wenn man sich eine Serie auf Netflix anschaut und danach süchtig wird, bleibt man abends länger auf", sagte er. „Wir konkurrieren mit dem Schlaf."

Die USA sind mit 56,7 Millionen Abonnenten der größte Markt des Unternehmens, doch die Zahl der Abonnenten weltweit (gegenwärtig 68,3 Millionen) steigt rasch an. Weil Netflix nach und nach expandierte, um in fast allen Ländern verfügbar zu sein, übertraf das internationale Streaming 2017 sogar das heimische – ein Hinweis auf die zügige Globalisierung des Publikums dieses Unternehmens. Während erwartet wird, dass die Zahl der Abonnenten in den USA bis 2022 geringfügig auf 59 Millionen ansteigen wird, rechnet man mit zusätzlichen 10 Millionen in Großbritannien, 7 Millionen in Kanada, 6 Millionen in Brasilien und vielen weiteren in der ganzen Welt. Doch manche Regionen sind nur relativ langsam an Bord zu holen: Im ganzen Asien-Pazifik-Raum gibt es gegenwärtig lediglich 6 Millionen Abonnenten und nur wenig mehr als 2 Millionen in ganz Afrika und im Nahen Osten.

Obwohl es sich um ein globales Unternehmen handelt, das seine Produkte – zumindest theoretisch – weltweit anbietet, bestehen große Unterschiede, was den Umfang der in den einzelnen Ländern erhältlichen Inhalte anbelangt. In den Vereinigten Staaten waren im Januar 2016 insgesamt 5 680 Videos im Angebot, die große Mehrzahl davon heimische Produktionen. Dies ist zum Teil darauf zurückzuführen, dass die USA der Heimatmarkt von Netflix sind, vor allem ist es aber wohl der sehr großen, sehr reichen Fernsehproduktionsindustrie in den Vereinigten Staaten zu verdanken, die seit Jahrzehnten das internationale Fernsehen prägt. Deshalb schauen die Zuschauer in anderen großen Märkten wie Großbritannien, Australien und Japan auf Netflix hauptsächlich amerikanische Sendungen und nur gelegentlich heimische Produktionen.

Vielleicht war dies der Grund, weshalb die Firma im April 2018 eine umfangreiche Verstärkung der außeramerikanischen Medienproduktion mit mehr als 100 neuen Projekten in 16 Ländern – einschließlich Dänemark, Georgien und Südafrika – startete, die in Sprachen wie Arabisch, Katalanisch, Hebräisch und Türkisch gesendet werden sollen. Nach 20-jährigem Bestehen ist Netflix nun fest entschlossen, die Welt zu erobern.

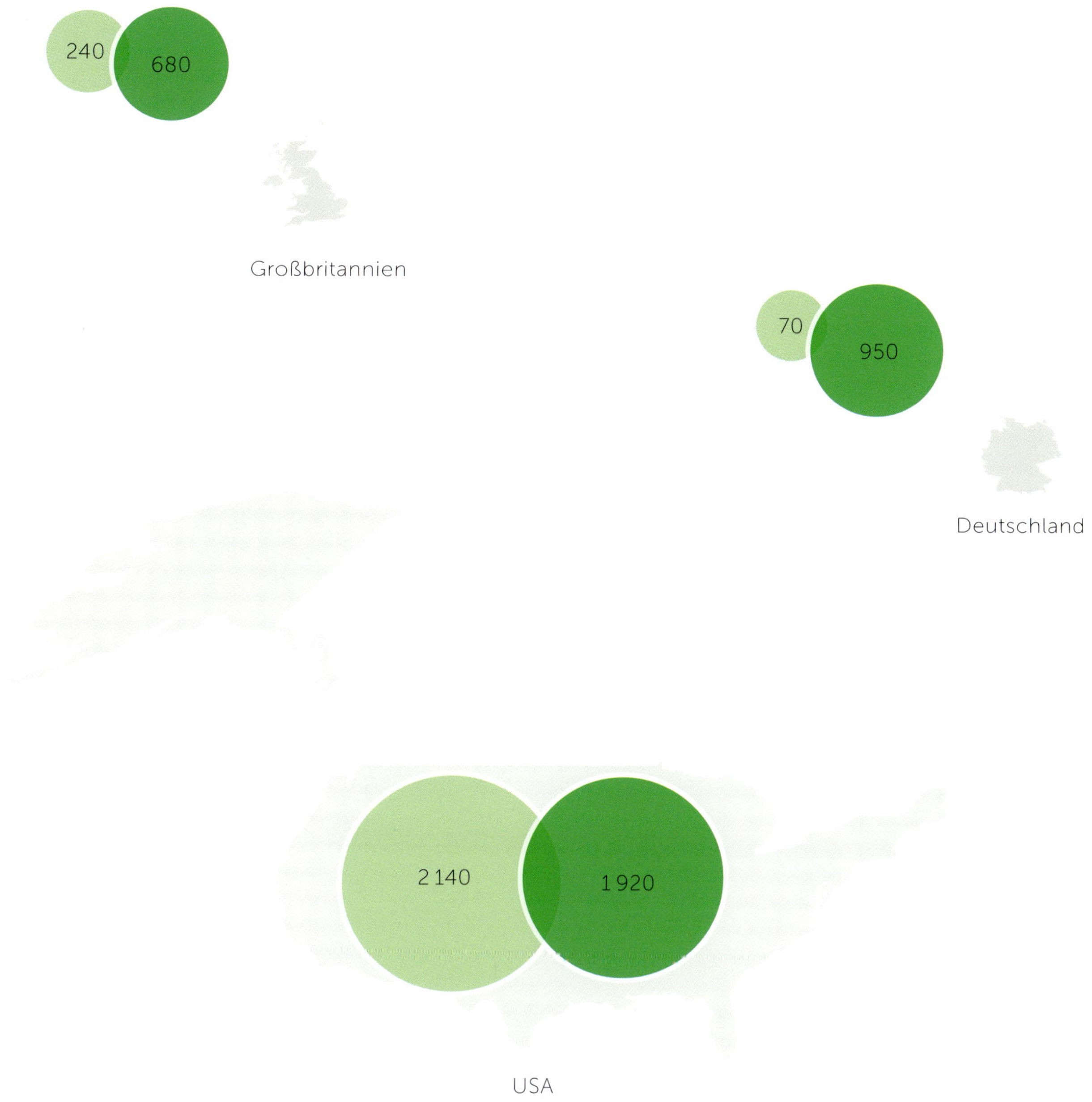
240
680
Großbritannien
70
950
Deutschland
2 140
1 920
USA

Verfügbarer Amazon-Prime-Inhalt pro Land sowie im Inland produzierte Sendungen – jeweils in Stunden. Die Medienproduktion von Amazon Prime erfolgt in den USA mit einer solchen Geschwindigkeit, dass dort – im Gegensatz zu anderen Ländern – mehr Amazon-Sendungen gedreht werden, als die amerikanischen Fernsehzuschauer tatsächlich sehen können.

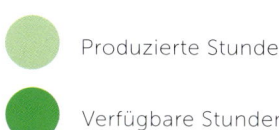

Produzierte Stunden

Verfügbare Stunden

Geldsendungen: Europa

Die Länder mit dem größten Kapitalabfluss.

Frankreich
Deutschland
Italien
Luxemburg
Niederlande
Schweiz
Großbritannien
Zufluss und Abfluss der 5 größten Überweisungsempfänger
Zufluss insgesamt
Abfluss insgesamt

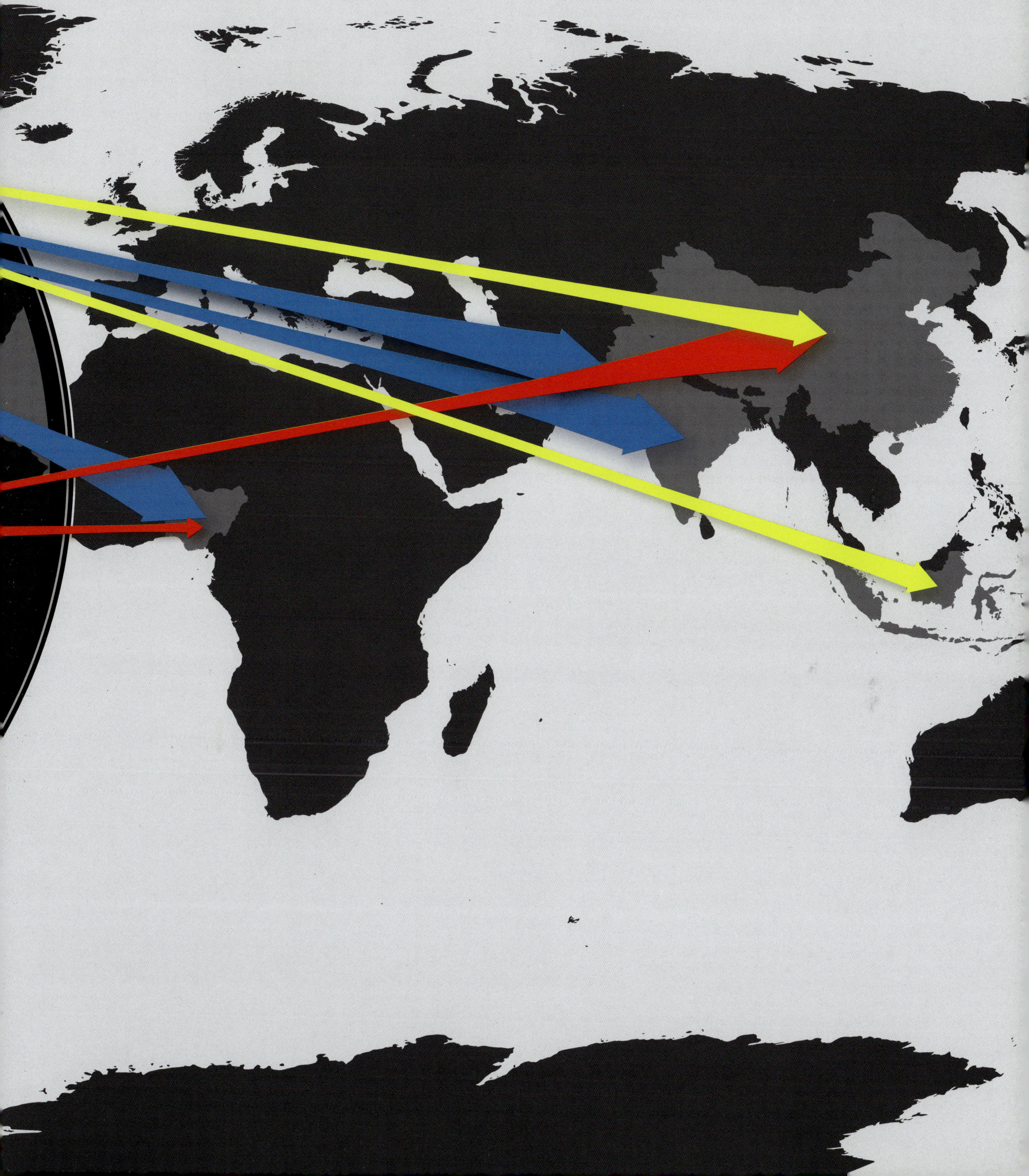

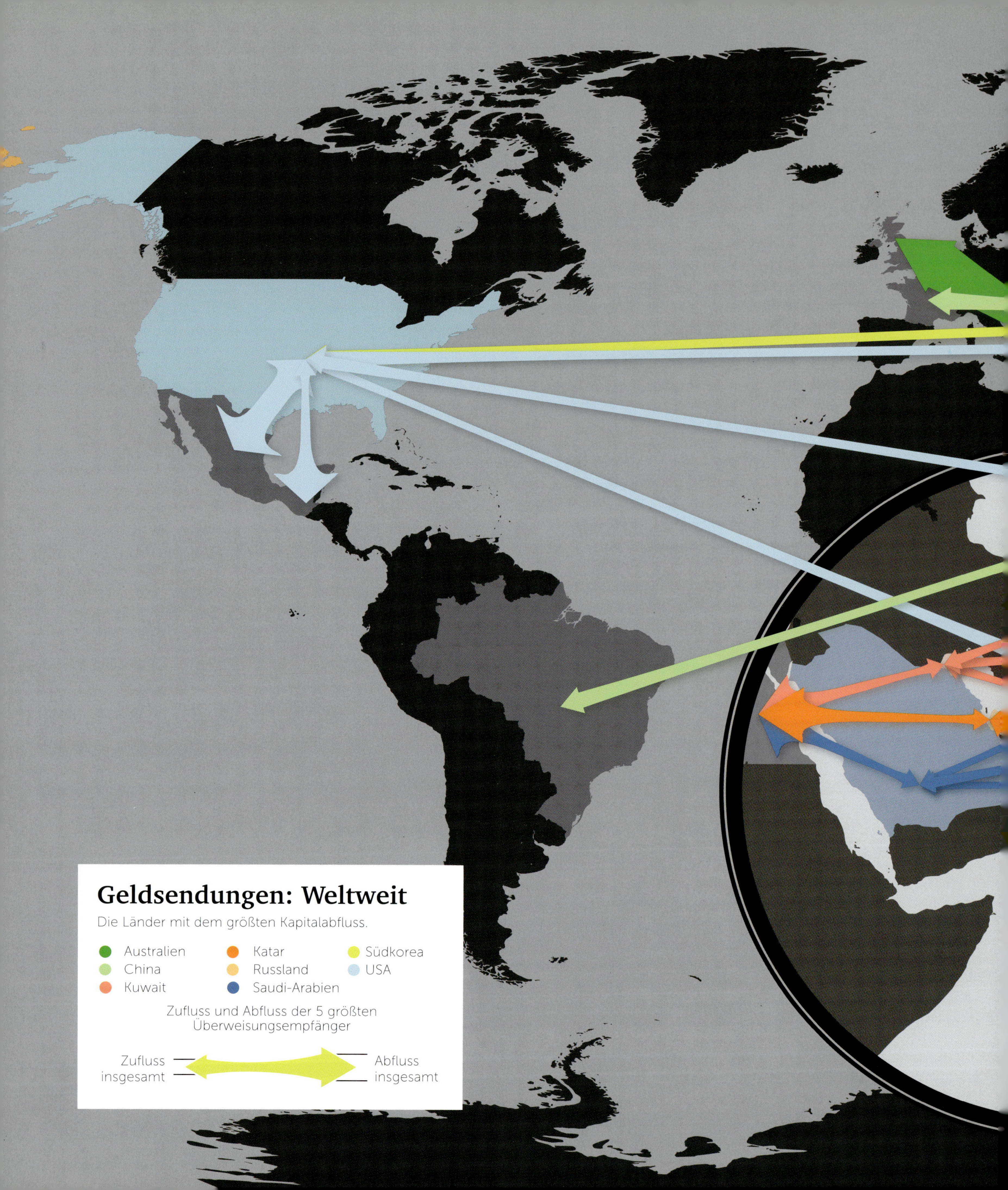

Geldsendungen: Weltweit

Die Länder mit dem größten Kapitalabfluss.

- Australien
- China
- Kuwait
- Katar
- Russland
- Saudi-Arabien
- Südkorea
- USA

Zufluss und Abfluss der 5 größten Überweisungsempfänger

Zufluss insgesamt — Abfluss insgesamt

Geldsendungen

Das in entwickelteren Nationen der Welt erwirtschaftete Geld kommt indirekt den Menschen in ärmeren Ländern zugute – und dies inzwischen in enormem Umfang. Für viele Millionen Menschen besteht das Haupteinkommen nicht im Lohn für die normale Arbeit, sondern in dem Geld, das ihnen von im Ausland arbeitenden Familienmitgliedern überwiesen wird. Die Weltbank berichtet, dass sich im Jahr 2017 diese Geldsendungen in Entwicklungsländer auf unglaubliche 466 Milliarden US-Dollar beliefen und der Betrag weiter steige.

So verlassen zum Beispiel jedes Jahr Hunderttausende junger Männer das abgeschiedene zentralasiatische Land Tadschikistan und nehmen die beschwerliche Reise über die Grenze auf sich, um in Russland Arbeit zu suchen, wo die Löhne drei bis vier Mal so hoch sind wie in ihrer Heimat. Trotz der möglichen Schwierigkeiten ist diese Migrationsroute so beliebt, dass Tadschikistan sich zu einem derjenigen Länder entwickelt hat, die weltweit am stärksten von Geldsendungen abhängig sind, weil diese Zahlungen nahezu die Hälfte des Volkseinkommens ausmachen.

Doch Tadschikistan ist nicht das einzige Land, das einen großen Teil seines Nationaleinkommens aus dem Ausland erhält. Länder wie Gambia, Liberia, die Komoren, Moldawien, Tonga, Haiti und Nepal – alles arme Länder mit deutlich größeren und reicheren Nachbarn – beziehen mehr als 20 Prozent ihres Volkseinkommens in Form von Geldsendungen. Das gegenwärtig am stärksten von Überweisungen aus dem Ausland abhängige Land ist Kirgisistan mit 2,5 Milliarden US-Dollar – mehr als ein Drittel des gesamten Bruttoinlandsprodukts. Den reinen Zahlen nach sind die größten Empfängerländer von Überweisungen aus dem Ausland inzwischen Indien und China – mit 62,7 Milliarden beziehungsweise 61 Milliarden US-Dollar –, gefolgt von anderen Ländern mit großem im Ausland lebendem Bevölkerungsanteil wie zum Beispiel den Philippinen, Pakistan, Mexiko und Nigeria. Doch viele dieser Länder haben eine wesentlich bedeutendere Wirtschaft als etwa Tadschikistan und sind deshalb nicht so abhängig von diesen Geldsendungen.

Überall auf der Welt können Migranten am Ende in Knochenjobs landen, beispielsweise auf dem Bau, in der Landwirtschaft oder im Instandhaltungsbereich. Und sie sind häufig mit schwierigen Arbeitsbedingungen, Rassismus, Polizeigewalt und mit Arbeitgebern konfrontiert, die Pässe einziehen und sogar Löhne einbehalten. Die Migranten nehmen das alles auf sich in der Hoffnung, genug zu verdienen, um ihren Lebensunterhalt bestreiten und ihren Frauen und Kindern zu Hause Geld schicken zu können. Für Menschen, die ausschließlich von diesen Geldsendungen leben, können unvorhergesehene Unterbre-

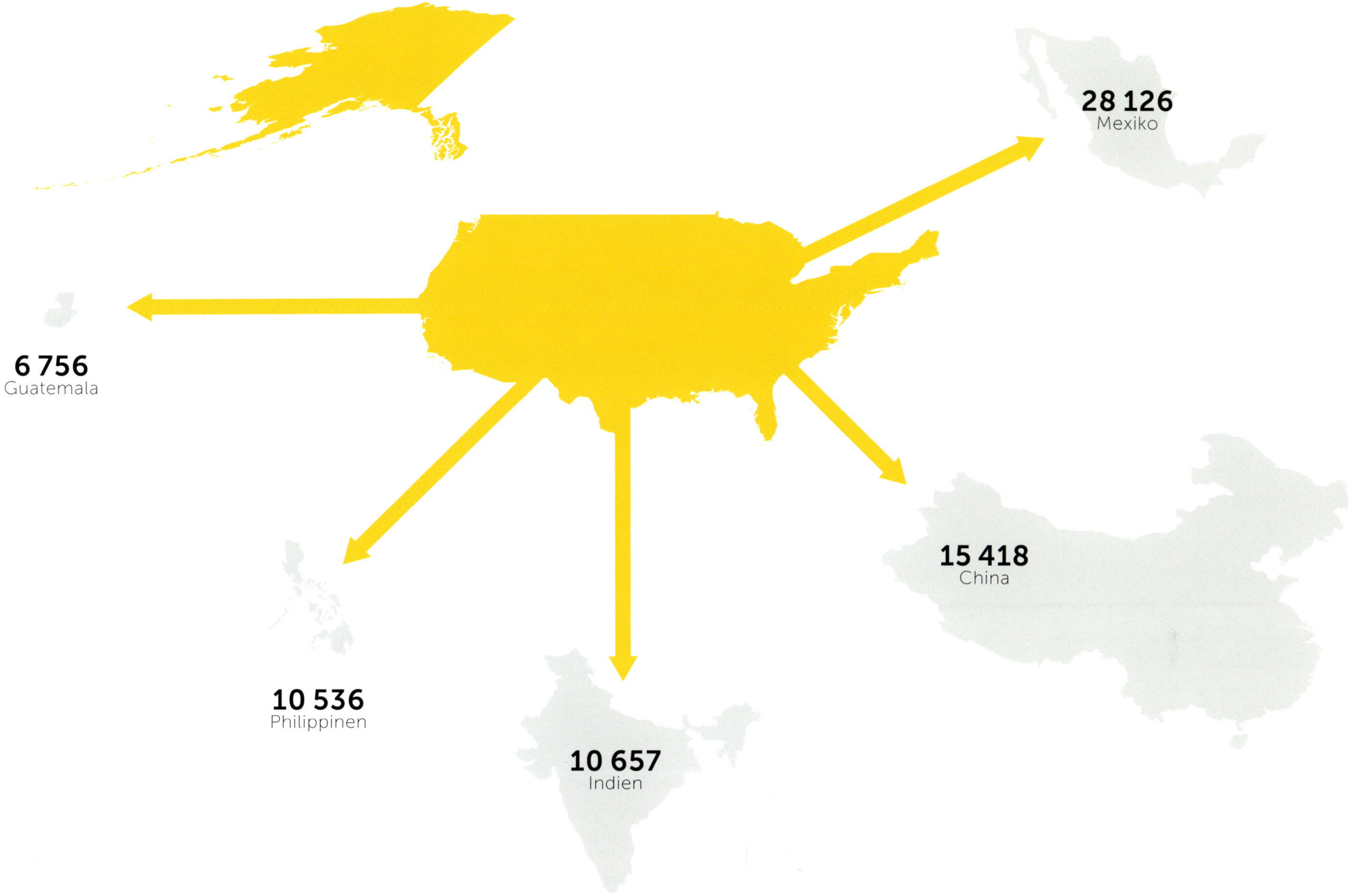
28 126
Mexiko
6 756
Guatemala
15 418
China
10 536
Philippinen
10 657
Indien

Mexiko erhält zwar den höchsten Überweisungsbetrag aus seinem Nachbarland, den USA – dem Land mit dem größten Kapitalabfluss –, doch beträchtliche Summen fließen auch nach China, Indien, auf die Philippinen und nach Guatemala. Angaben jeweils in Millionen US-Dollar.

chungen der Zahlungen, wie zum Beispiel aufgrund eines wirtschaftlichen Abschwungs in fernen Ländern oder einer Verschärfung der Einwanderungsgesetze in Industriestaaten, äußerst negative Auswirkungen auf ihre finanzielle Sicherheit und Lebensqualität haben. So haben etwa Rezessionen in Russland in den vergangenen Jahren zu einem deutlichen Rückgang der Geldüberweisungen in Nachbarländer wie Aserbaidschan, Usbekistan und Turkmenistan geführt. Die starke Abhängigkeit Tadschikistans von diesen Geldsendungen machte sich besonders schmerzhaft bemerkbar, als erwartete Hunderte Millionen US-Dollar einfach ausblieben, was für Tausende auf diese hart erworbenen, aber ungeregelten Zahlungen angewiesene Familienangehörige eine Katastrophe bedeutete.

Aufgrund einer erwarteten Zunahme der Migration wird davon ausgegangen, dass die Geldsendungen für die Entwicklungsaussichten von Millionen Menschen rund um den Globus weiterhin einen großen und wahrscheinlich wachsenden Faktor darstellen werden. Es wird sich zeigen, ob diese Überweisungen auf längere Sicht dazu beitragen können, die Armut zu verringern und in einer äußerst ungleichen Welt für relative wirtschaftliche Gleichheit zu sorgen, oder ob dieses System nicht mehr ist als eine instabile Blase, die jeden Augenblick platzen kann.

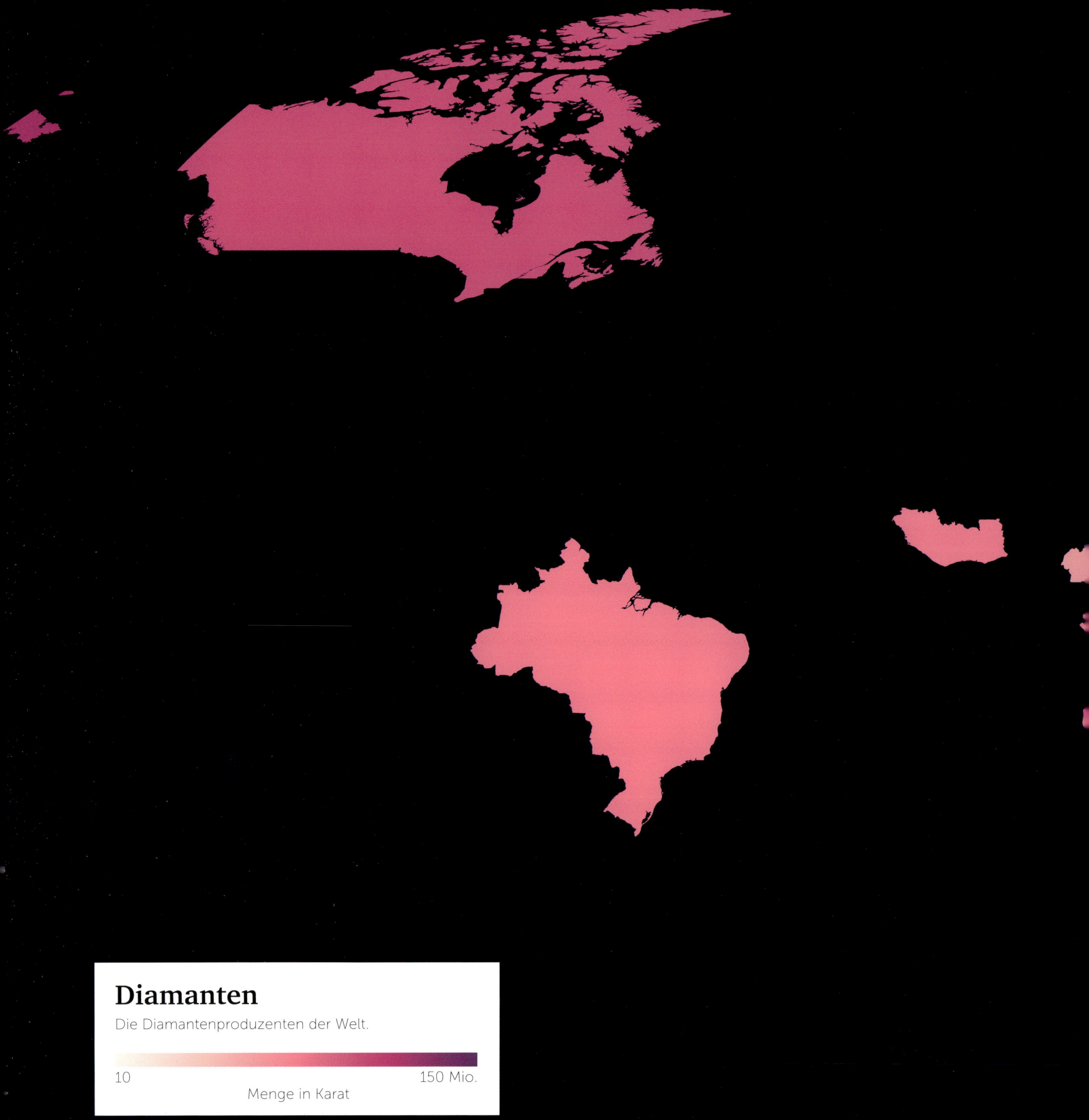
Diamanten
Die Diamantenproduzenten der Welt.
10
150 Mio.
Menge in Karat

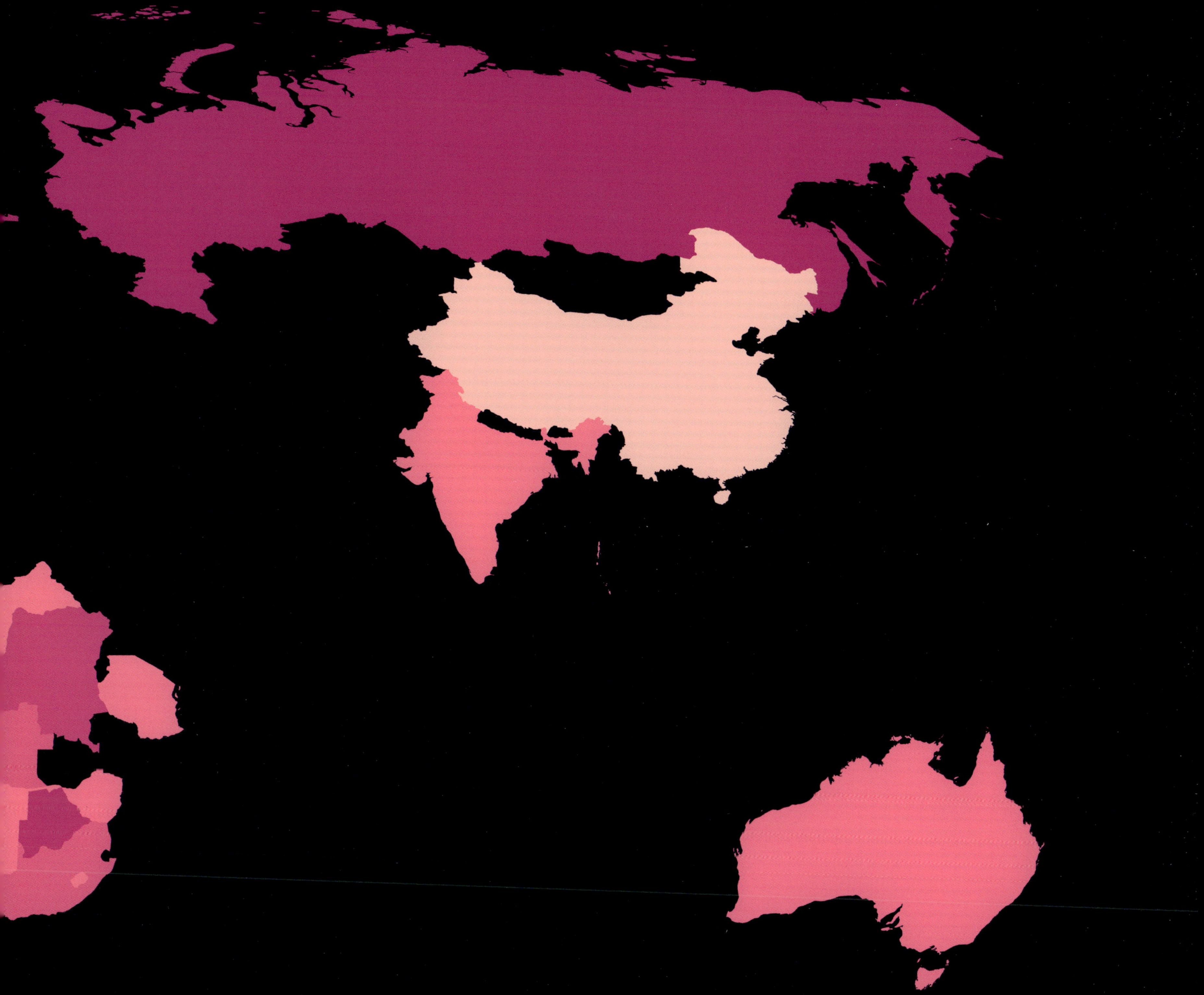

Diamanten

Das Wort „Diamanten" beschwört möglicherweise Gedanken an Romantik, kostbaren Schmuck, vielleicht eine Verlobung herauf. Es ist dagegen unwahrscheinlich, dass man an eine düstere, am Arabischen Meer gelegene Hafenstadt im indischen Bundesstaat Gujarat denkt. Diese Stadt – Surat – ist das Zentrum der weltweiten Industrie geschliffener Diamanten. In Surat sind heutzutage eine halbe Million Menschen oder mehr in Geschäftsbereichen tätig, die direkt mit der globalen Diamantenlieferung zusammenhängen.

Im Gegensatz zu Indien hat Russland reiche Diamantenvorkommen – gegenwärtig mindestens 650 Millionen Karat und damit die bei Weitem größten Vorkommen der Welt. Ein Karat entspricht 0,2 Gramm, allerdings ist das Gewicht nicht der einzige Faktor, der zählt, denn größere Diamanten sind häufig wertvoller als viele kleine mit dem gleichen Gewicht. Die nächstgrößten Vorkommen besitzen die Demokratische Republik Kongo mit 150 Millionen und Australien mit 120 Millionen Karat. Sämtliche Diamanten sind im Laufe mehrerer Hundert Millionen Jahre unter der Erde in etwa 250 Kilometern Tiefe infolge von großer Hitze und Druck entstanden. Im Jahr 2016 förderte Russland 18 Millionen Karat Rohdiamanten, hauptsächlich im abgelegenen Sibirien. Das einzige Land, das diese Zahl übertraf, war die Demokratische Republik Kongo mit einer Fördermenge von 19 Millionen Karat. Diese beiden Länder förderten 2016 beinahe ein Drittel der gesamten weltweit geförderten Menge an Diamanten, die sich auf 127 Millionen Karat belief.

Um Rohdiamanten in ein glänzendes und äußerst teures Handelsgut zu verwandeln, werden sie geschliffen und poliert. Und es gibt keinen besseren Ort auf der Welt, um Diamanten zu schleifen, als Surat. Das Monopol dieser Stadt hat sich im Laufe des 20. Jahrhunderts entwickelt, und 2016 wurden immerhin 90 Prozent aller Diamanten dort geschliffen. Die geschliffenen Diamanten treten schließlich die Reise zu den bekannten internationalen Hauptumschlagplätzen wie zum Beispiel New York, Antwerpen und Dubai an.

Die Beliebtheit des Diamantengeschäfts in Gujarat ist – neben den natürlich beachtlichen Gewinnen – der einzigartigen Kultur in diesem Gebiet zu verdanken, insbesondere der der Religionsanhänger des Jainismus. Für diese

90%
Surat

strengen Vegetarier verbieten sich die traditionellen Berufe, die mit der in großen Teilen Indiens üblichen Landwirtschaft in Verbindung stehen. Je mehr Anhänger des Jainismus sich für den Beruf des Diamantschleifers entschieden, desto deutlicher überholte Surat mögliche Konkurrenten in anderen Ländern.

Im Jahr 2013 überstieg der weltweite Verkauf geschliffener Diamanten den Wert von 22 Milliarden US-Dollar. Trotz dieses scheinbar rosigen Bildes machen sich viele Menschen Sorgen um die Zukunft der Diamantenindustrie. Weil ein immer größeres Angebot an Sportwagen, Designertaschen, -kleidung und -schuhen sowie an technischen Geräten auf den Markt drängt, ist der Diamantschmuck nicht das einzige Luxusgut, das um die Scheckbücher der Superreichen konkurriert, und es gibt Anzeichen dafür, dass die Nachfrage nach solch teurem Schmuck sinken wird. Die Diamantenhersteller werden sich vielleicht nach alternativen Absatzmärkten für ihre Ware umsehen müssen, die als eines der härtesten natürlichen Materialien für den Einsatz als Schleif- und Bohrspitzen von großer Bedeutung ist. Allerdings ist auch dies aufgrund der Tatsache, dass im Labor entwickelte synthetische Diamanten auf den Markt drängen, nicht länger ein sicheres Geschäft. Die Zukunft der Diamantenindustrie ist also keineswegs kristallklar.

Surat, Indien, ist das Zentrum der weltweiten Diamantenindustrie: 90 Prozent aller Diamanten werden dort geschliffen.

Sneaker

Die Länder mit den höchsten Gewinnen im Bereich des Sportschuhmarkts und die Top-Exporteure, die den umsatzstärksten Markt, die USA, beliefern.

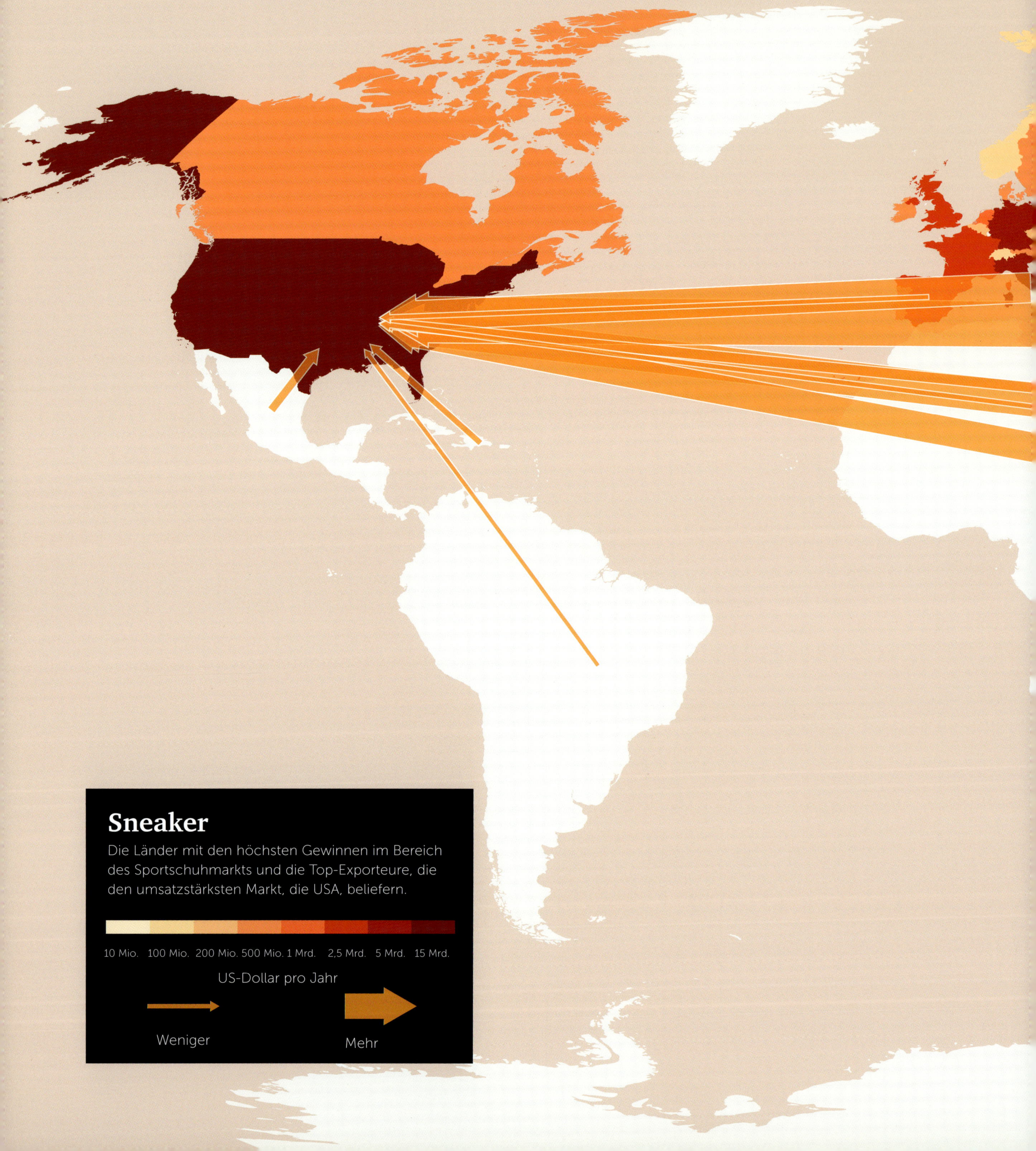
10 Mio.
100 Mio.
200 Mio.
500 Mio.
1 Mrd.
2,5 Mrd.
5 Mrd.
15 Mrd.
US-Dollar pro Jahr
Weniger
Mehr

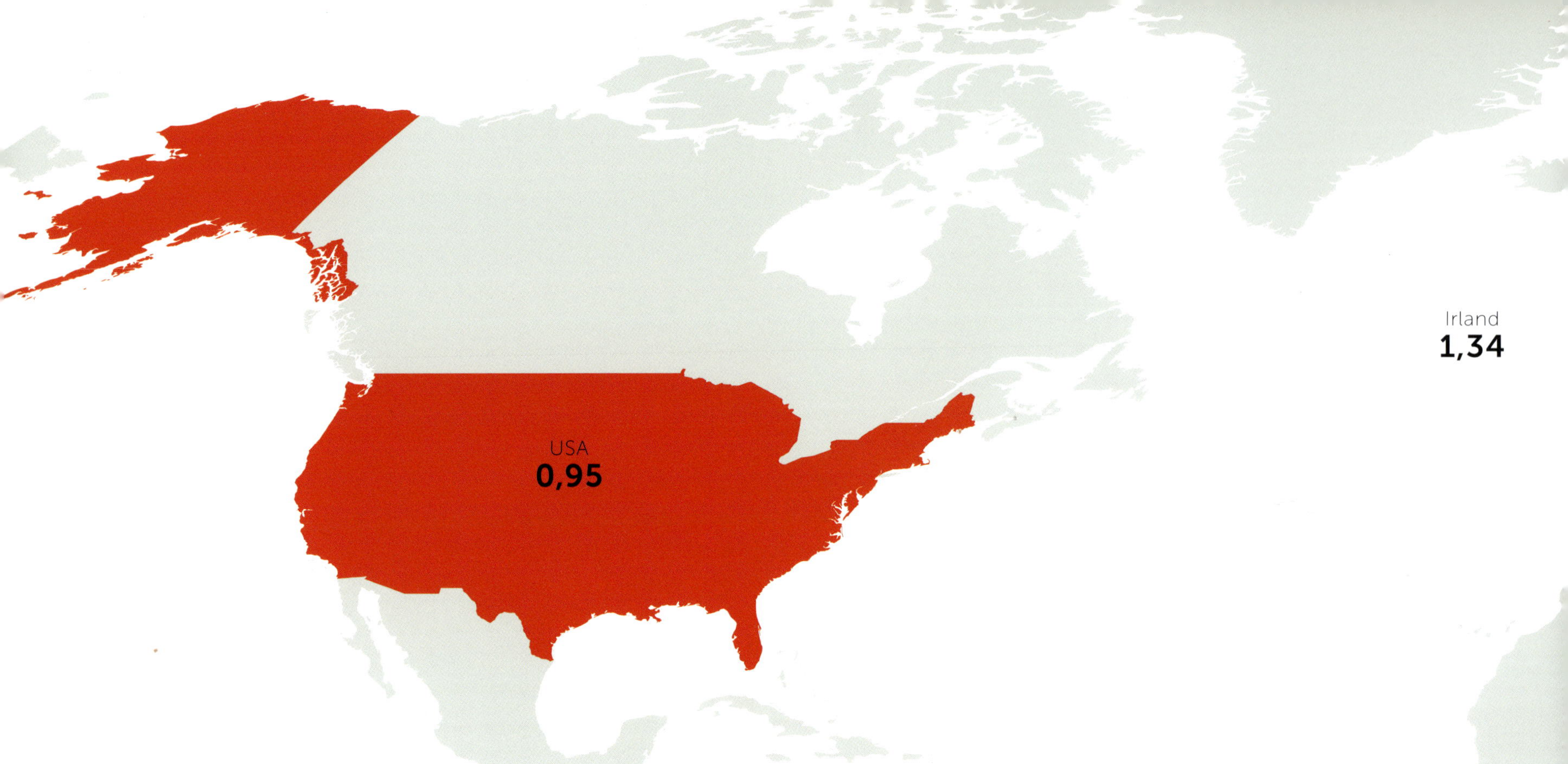
USA
0,95
Irland
1,34

Sneaker

Schuhe, die unsere Füße schützen, während wir von A nach B laufen, und zunehmend ein modisches Statement sind, für das man hohe Summen hinblättert, haben sich inzwischen zu einem der Schlüsselindikatoren der globalen Wirtschaft entwickelt. Vor allem Sportschuhe, auch „Sneaker" genannt, sind ein Symbol der neuen, im Laufe der vergangenen Jahrzehnte immer globalisierteren Welt geworden.

Ein Land, das sich zu einem Hauptakteur in der Herstellung von Sportschuhen entwickelt hat, ist Vietnam. Das Land begann 1992, Schuhe zu exportieren – hauptsächlich nach Osteuropa –, und 1995 schloss der amerikanische Sportbekleidungsgigant Nike Verträge mit fünf vietnamesischen Schuhfabriken, die die unverwechselbaren Markensportschuhe herstellen sollten. Das war ein eindeutiges Indiz dafür, dass das Land sich einen festen Platz in der Schuhproduktion gesichert hatte. Im Jahr 2017 wurden fast 1,2 Milliarden Paar Sneaker in Vietnam hergestellt, und mehr als eine Milliarde Paar Schuhe im Wert von über 15 Milliarden US-Dollar wurden ins Ausland exportiert. Diese Zahlen belegen, dass der Gewinn pro Schuh relativ gering ist, weil der Wettbewerbsvorteil des Landes gegenüber Mitkonkurrenten in den geringen Mindestlöhnen und damit billigen Arbeitskräften besteht. Dadurch wird es den Arbeitern allerdings schwer gemacht, sich weiterzubilden und Fähigkeiten anzueignen, die über jene für das Zusammennähen von Schuhen benötigten hinausreichen. Besonders problematisch ist dies angesichts der Ungewissheit aufgrund der Automatisierung durch Roboter, die die Arbeitsplätze und damit den kargen Lebensunterhalt der geschätzten eine Million Vietnamesen in den Schuhfabriken – davon sind etwa 80 Prozent Frauen – bedroht.

Die Sportschuhindustrie hat 2017 insgesamt 900 Millionen Paar Schuhe im Wert von atemberaubenden 47 Milliarden US-Dollar verkauft. Dies entspricht grob 15 Prozent der gesamten Schuhindustrie und bedeutet einen unglaub-

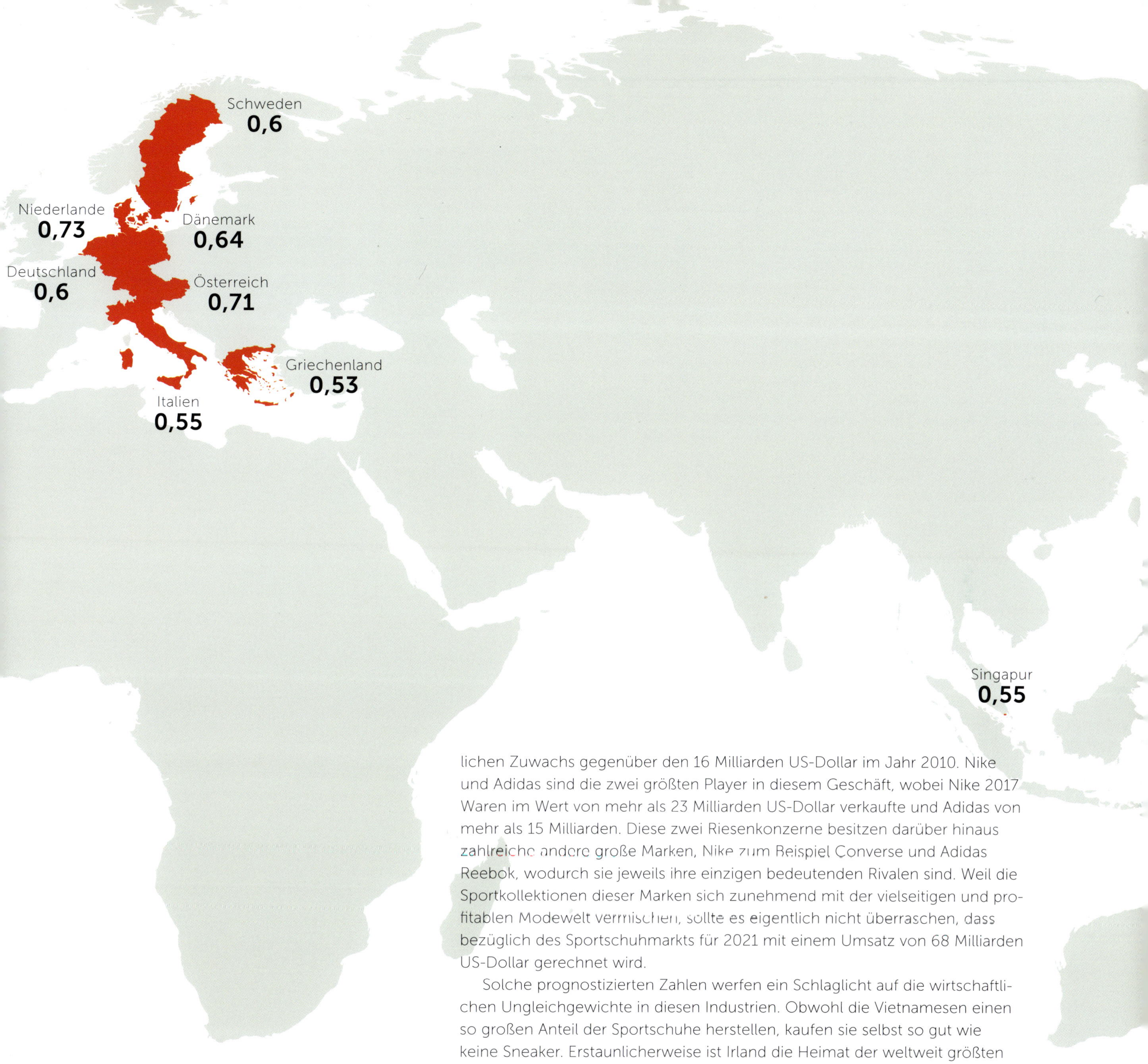
Schweden
0,6
Niederlande
0,73
Dänemark
0,64
Deutschland
0,6
Österreich
0,71
Griechenland
0,53
Italien
0,55
Singapur
0,55

Die Iren kaufen weltweit im Durchschnitt die meisten Sportschuhe – mehr als die Amerikaner, die Niederländer und die Österreicher. Die Zahlen belegen die Verkäufe pro Kopf auf dem Sportschuhmarkt 2017, angegeben in Schuhpaaren.

lichen Zuwachs gegenüber den 16 Milliarden US-Dollar im Jahr 2010. Nike und Adidas sind die zwei größten Player in diesem Geschäft, wobei Nike 2017 Waren im Wert von mehr als 23 Milliarden US-Dollar verkaufte und Adidas von mehr als 15 Milliarden. Diese zwei Riesenkonzerne besitzen darüber hinaus zahlreiche andere große Marken, Nike zum Beispiel Converse und Adidas Reebok, wodurch sie jeweils ihre einzigen bedeutenden Rivalen sind. Weil die Sportkollektionen dieser Marken sich zunehmend mit der vielseitigen und profitablen Modewelt vermischen, sollte es eigentlich nicht überraschen, dass bezüglich des Sportschuhmarkts für 2021 mit einem Umsatz von 68 Milliarden US-Dollar gerechnet wird.

Solche prognostizierten Zahlen werfen ein Schlaglicht auf die wirtschaftlichen Ungleichgewichte in diesen Industrien. Obwohl die Vietnamesen einen so großen Anteil der Sportschuhe herstellen, kaufen sie selbst so gut wie keine Sneaker. Erstaunlicherweise ist Irland die Heimat der weltweit größten Sportschuhfans und das einzige Land, in dem der Durchschnittsbürger 2017 mehr als ein Paar Sportschuhe gekauft und dafür jeweils etwa 45 US-Dollar ausgegeben hat. Die anderen Länder, in denen gerne viel Geld in Sportschuhe investiert wurde, waren Österreich, die Vereinigten Staaten, die Niederlande und Dänemark.

Die erstaunliche Zahl der jedes Jahr produzierten, angebotenen und verkauften Sportschuhe verweist auf das komplexe Netzwerk hinter der Herstellung der einfachen Sneaker, das die Sportschuhindustrie zu einer der am stärksten globalisierten Haushaltsartikel-Industrien überhaupt macht.

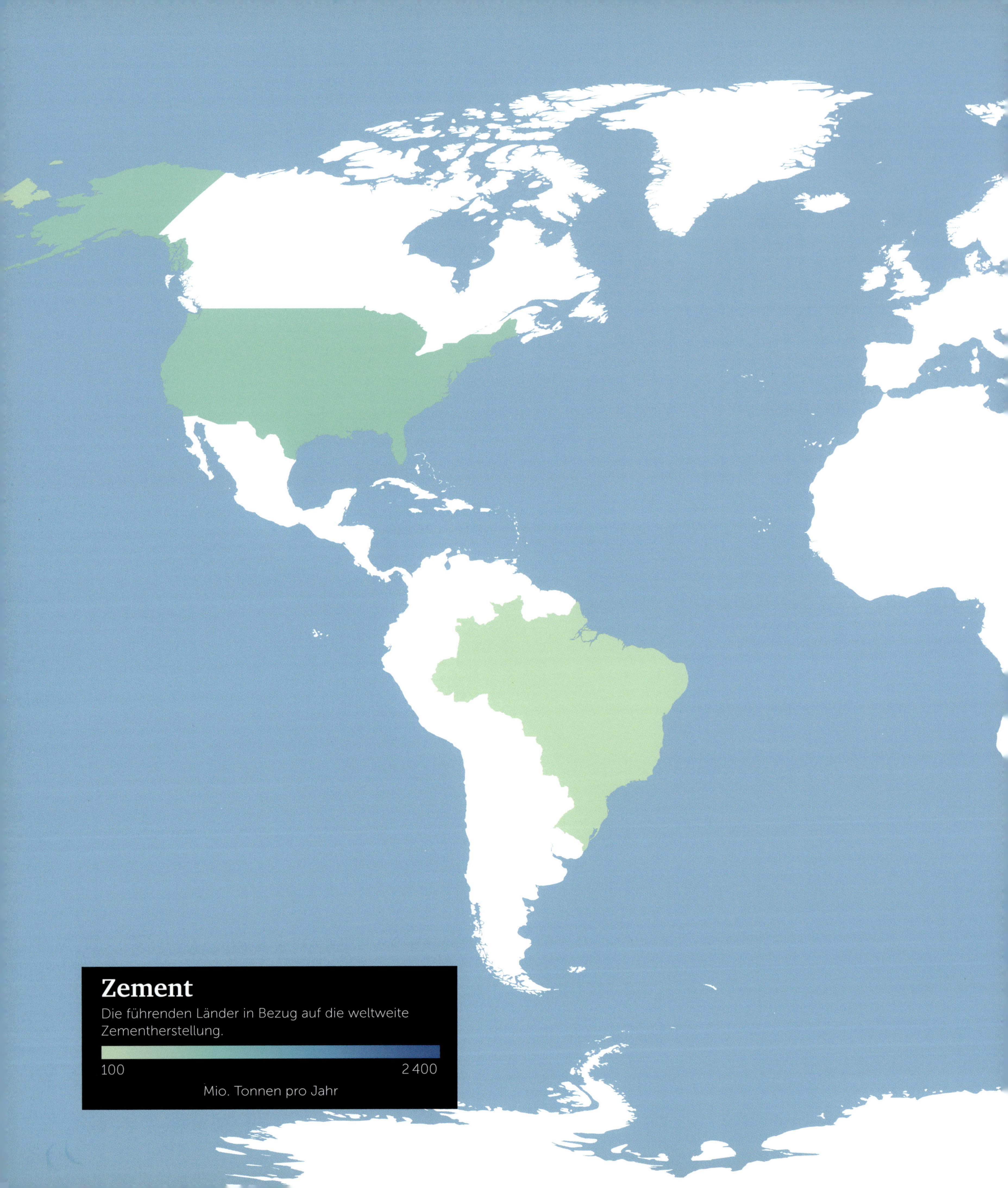
Zement
Die führenden Länder in Bezug auf die weltweite Zementherstellung.
100
2 400
Mio. Tonnen pro Jahr

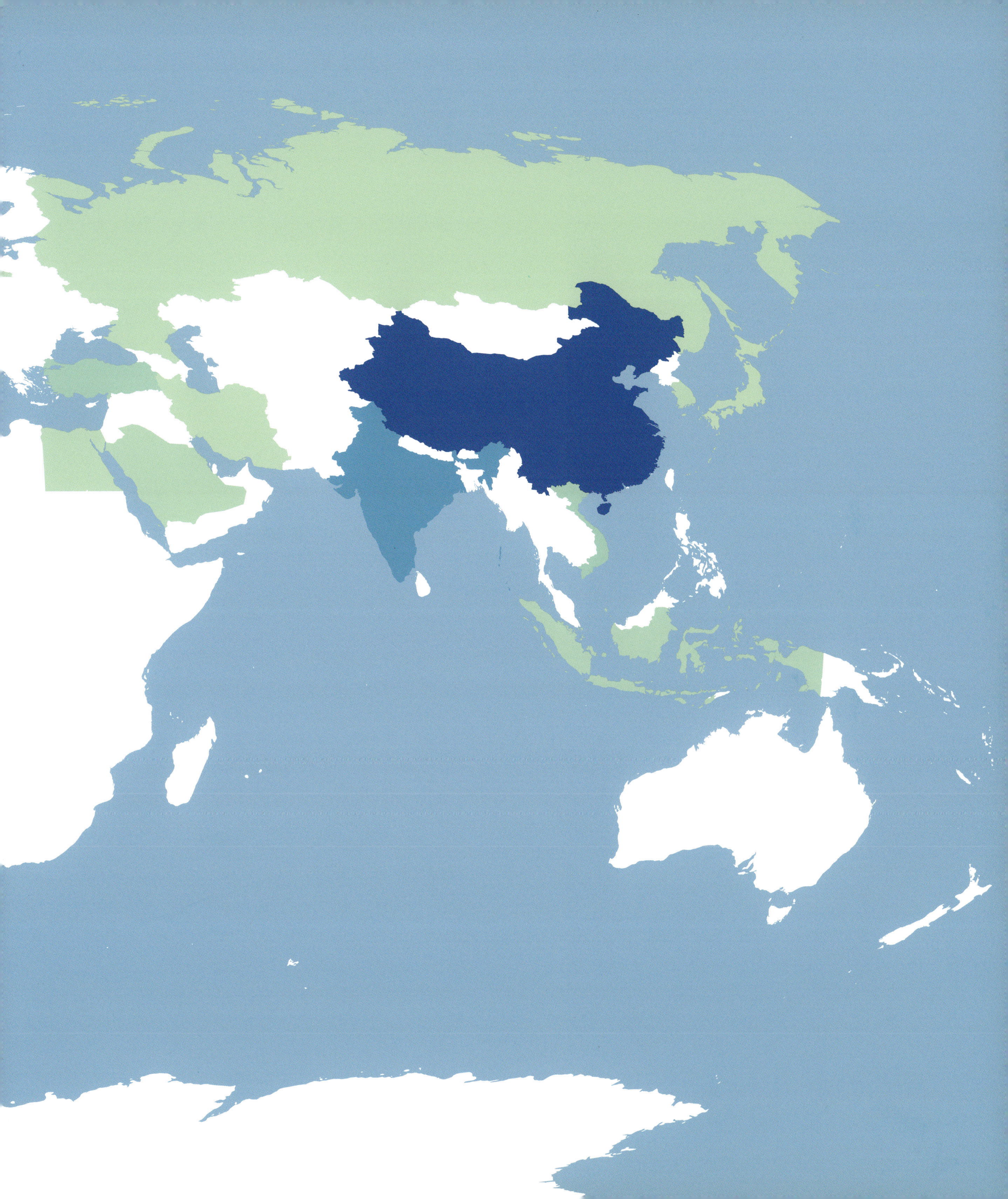

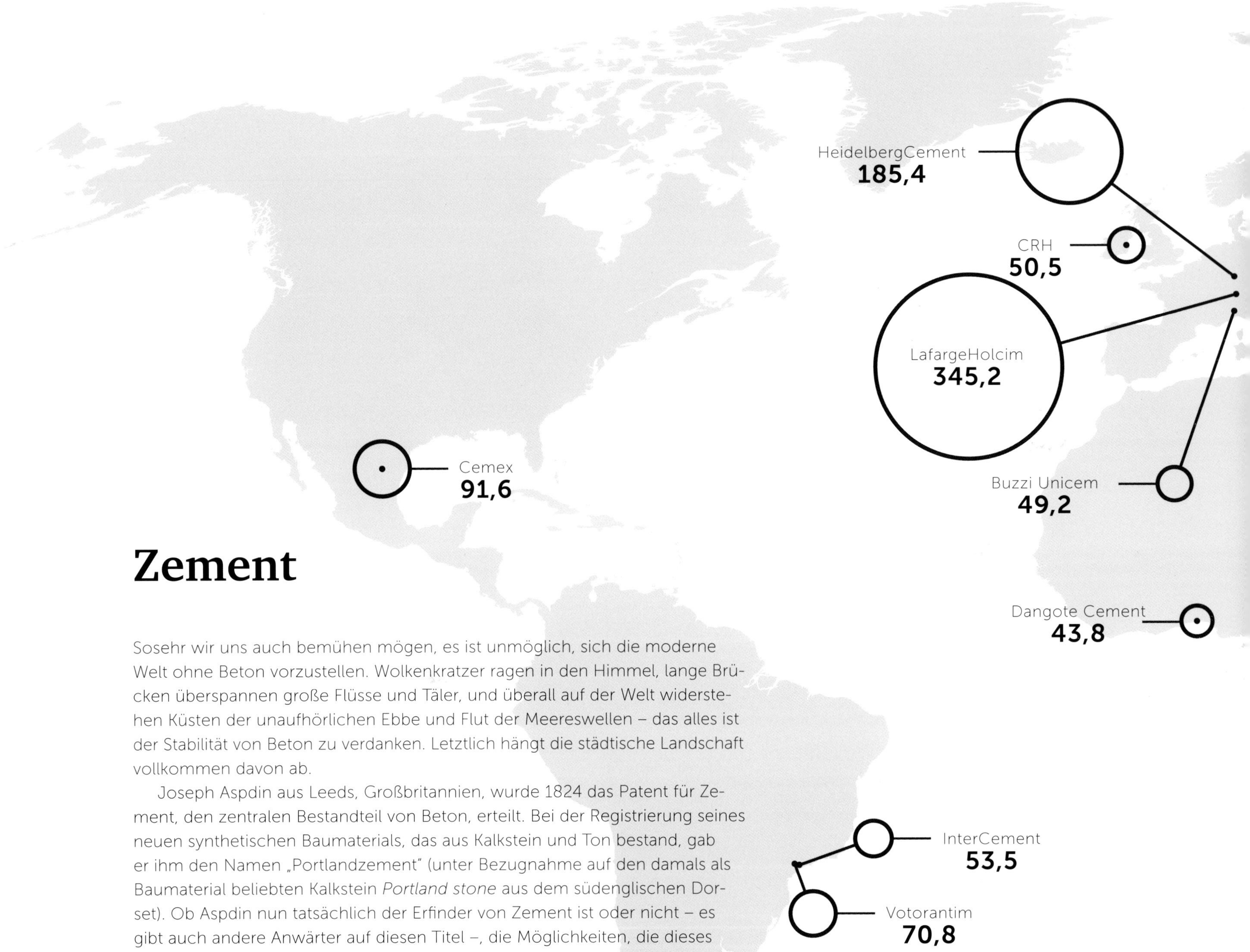
HeidelbergCement
185,4
CRH
50,5
LafargeHolcim
345,2
Cemex
91,6
Buzzi Unicem
49,2
Dangote Cement
43,8
InterCement
53,5
Votorantim
70,8

Zement

Sosehr wir uns auch bemühen mögen, es ist unmöglich, sich die moderne Welt ohne Beton vorzustellen. Wolkenkratzer ragen in den Himmel, lange Brücken überspannen große Flüsse und Täler, und überall auf der Welt widerstehen Küsten der unaufhörlichen Ebbe und Flut der Meereswellen – das alles ist der Stabilität von Beton zu verdanken. Letztlich hängt die städtische Landschaft vollkommen davon ab.

Joseph Aspdin aus Leeds, Großbritannien, wurde 1824 das Patent für Zement, den zentralen Bestandteil von Beton, erteilt. Bei der Registrierung seines neuen synthetischen Baumaterials, das aus Kalkstein und Ton bestand, gab er ihm den Namen „Portlandzement" (unter Bezugnahme auf den damals als Baumaterial beliebten Kalkstein *Portland stone* aus dem südenglischen Dorset). Ob Aspdin nun tatsächlich der Erfinder von Zement ist oder nicht – es gibt auch andere Anwärter auf diesen Titel –, die Möglichkeiten, die dieses neue Material eröffnete, machten es zu einer Hauptgrundlage der industriellen Revolution. Rasch fand es in Europa und Nordamerika und schließlich im 20. Jahrhundert überall auf der Welt Verwendung.

Allein im Jahr 2014 wurden weltweit fast 4,2 Milliarden Tonnen Zement hergestellt, mehr als die Hälfte davon in China (daneben etwa 250 Millionen Tonnen in Indien; der Rest der Produktion verteilte sich auf die übrigen Länder). Obwohl China der weltweit größte Zementhersteller ist, exportiert es nur einen geringen Teil davon, nämlich weniger als 18 Millionen Tonnen (was es noch immer zum größten Exporteur der Welt macht, weit vor Japan und der Türkei auf den Plätzen zwei und drei). Chinas Zement wird zum größten Teil im eigenen Land für die vielen Städtebau- und Infrastrukturprojekte genutzt.

Erst durch die Vermengung von Zement mit Sand, Kies und Wasser entsteht Beton für die Verwendung beim Bau. Anhand der gewaltigen Zahlen des Ze-

Eurocement
47,2
UltraTech Cement
91,4

menthandels kann man die Mengen dieser Zuschlagstoffe einschätzen, also von Sand und Kies, die benötigt werden, um die aktuelle globale Nachfrage nach Beton zu befriedigen. Beide Materialien werden dem Zement im Verhältnis von sechs bis sieben zu eins zugefügt, und laut Schätzungen des Umweltprogramms der Vereinten Nationen wurden allein im Jahr 2012 zwischen 25,9 und 29,6 Milliarden Tonnen dieser Zuschlagstoffe gefördert – was eine Quantität an Beton ergab, die ausgereicht hätte, um eine 27 Meter hohe und 27 Meter breite Mauer rund um den Äquator bauen zu können. Bedauerlicherweise ist der Sand, der in den Wüsten dieser Welt in riesigen Mengen vorhanden ist, für bauliche Zwecke zu feinkörnig. Deshalb muss der Sand von Stränden gefördert werden. In den vergangenen Jahren hat dies Länder von Kambodscha bis Indien und Australien bis Kenia enorm belastet, weil ganze Küstenstriche ausgebaggert und exportiert werden, um in Beton verwandelt zu werden.

Es ist bekannt, dass der heutige Beton mit der Zeit bröckelt, insbesondere wenn er für Küstenbefestigungen verwendet wird und dem ständigen Bombardement der Meereswellen standhalten muss. Dagegen hat sich der 2 000 Jahre alte Beton der Römer in all der Zeit bewährt und ist noch heute an den Mittelmeerküsten zu sehen. Leider ist die Rezeptur für solch haltbaren Beton mit dem Untergang Roms verloren gegangen. Doch 2017 entwickelte ein Forscherteam der Universität von Utah in den USA eine Formel, die die Wissenschaftler für das mögliche Geheimrezept halten: eine Mischung aus vulkanischer Asche, Kalk und Meerwasser. Zweihundert Jahre nach der Revolution in der Bauindustrie könnte Beton das bevorzugte Baumaterial für eine weitere Revolution sein.

Die internationale Firma LafargeHolcim, mit Hauptsitz in der Schweiz, ist der weltweit größte Zementhersteller.

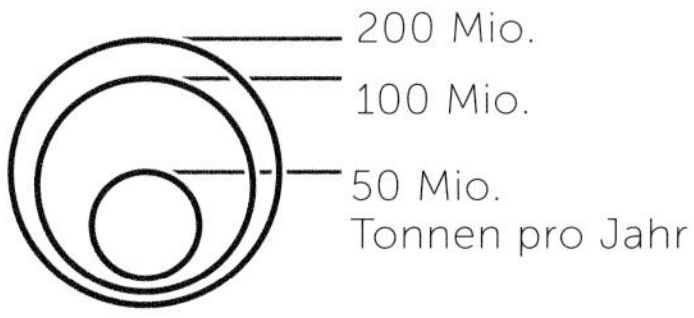
200 Mio.
100 Mio.
50 Mio.
Tonnen pro Jahr

Globale Verschuldung

Die Verschuldung der Staatshaushalte im Verhältnis zum Bruttoinlandsprodukt (BIP) pro Land.

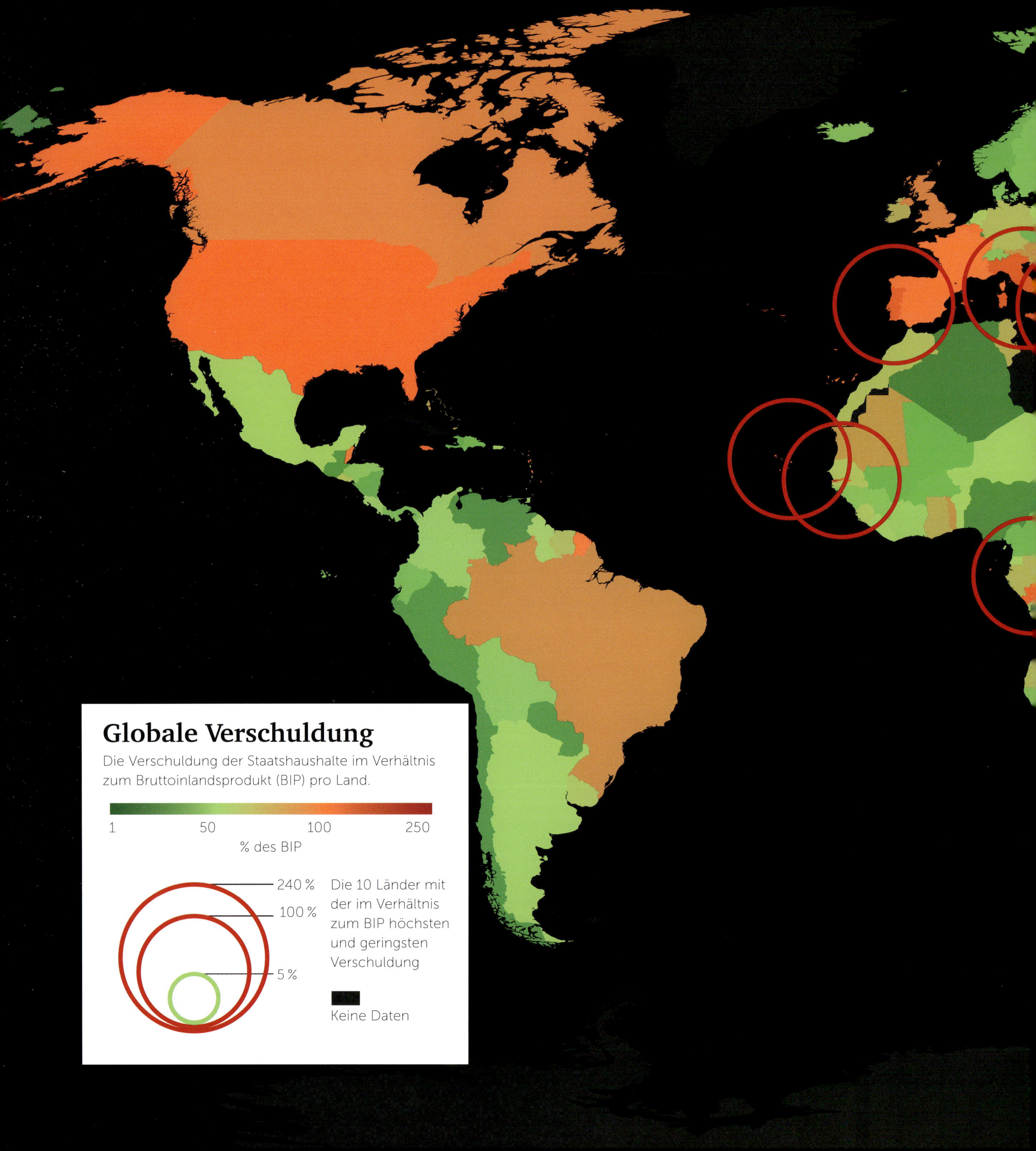
1
50
100
250
% des BIP
240 %
100 %
5 %
Die 10 Länder mit der im Verhältnis zum BIP höchsten und geringsten Verschuldung
Keine Daten

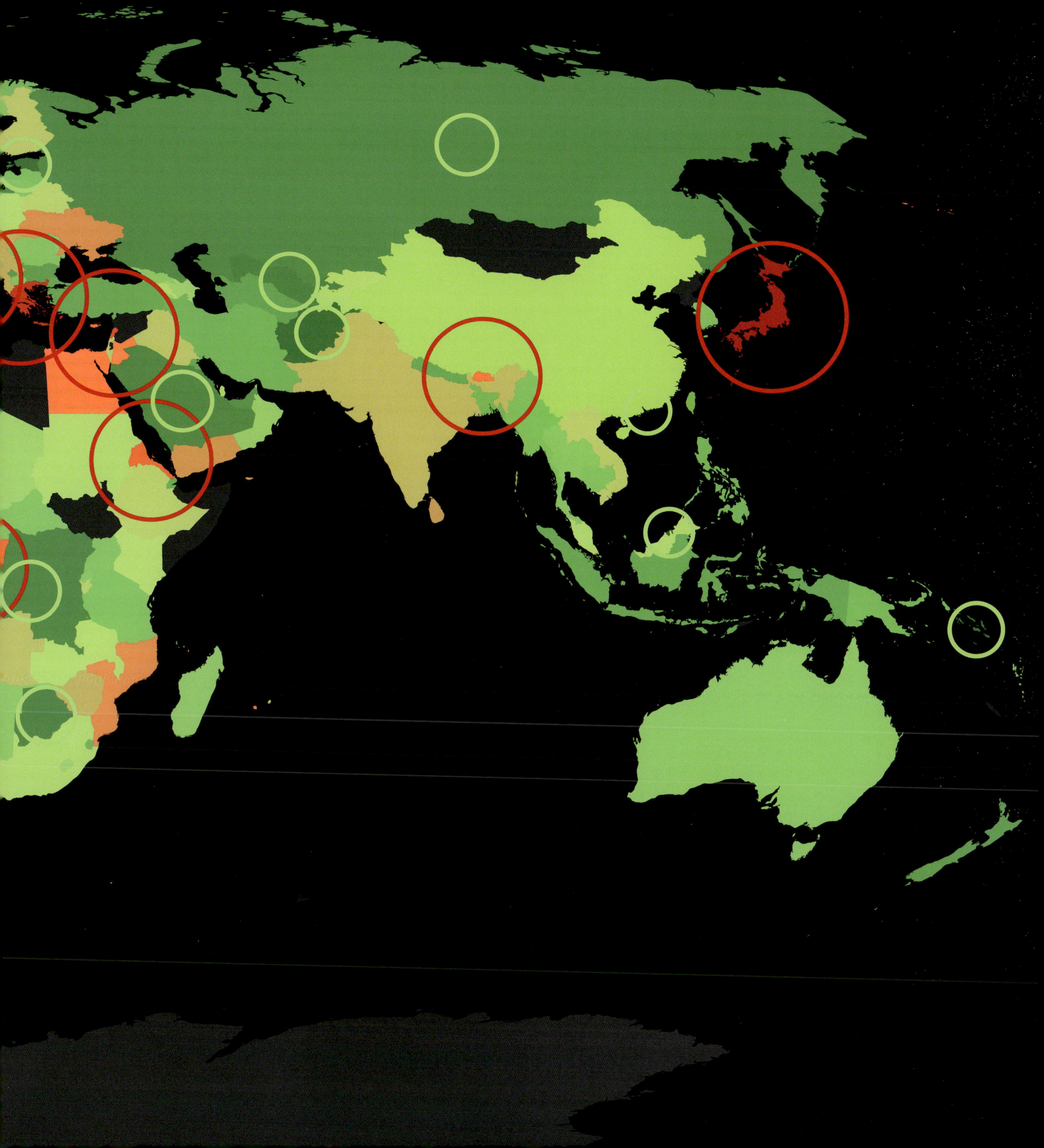

Globale Verschuldung

Das unsichtbare Netz der öffentlichen Verschuldung, das die Erde umspannt, ist so groß und kompliziert geworden, dass es selbst für Ökonomen mittlerweile eine Herausforderung ist, den Überblick zu behalten, von den Regulierungsbehörden ganz zu schweigen. Fast jedes Land der Welt ist in beträchtlichem Ausmaß verschuldet; es werden ständig Mittel benötigt, um alles – von öffentlichem Nahverkehr und Infrastruktur bis hin zu Altersversorgung, Rettungsdiensten und Militär – zu finanzieren. Die Situation wird dadurch verkompliziert, dass die Länder sich gegenseitig Geld leihen und daher Geld schulden. Japan etwa, das höchstverschuldete Land der Welt, ist neben China zugleich einer der größten Kreditgeber der Vereinigten Staaten.

Obwohl die Welt sich inzwischen langsam von den verheerenden Auswirkungen der weltweiten Finanzkrise im Jahr 2008 erholt hat (als die Staatsverschuldungen in die Höhe schossen, weil Regierungen sich immense Summen liehen, um zu verhindern, dass ihre großen Finanzinstitute den Zusammenbruch der gesamten Wirtschaft herbeiführten), hat die globale Verschuldung zugenommen. Im Jahr 2006, also vor dem Crash, lag die Gesamtverschuldung relativ stabil bei etwa 26 Billionen US-Dollar. Doch nach der Finanzkrise, selbst als das Weltwirtschaftswachstum wieder in Gang kam, stieg die globale öffentliche Verschuldung aufgrund der enormen Anleihen zur Rettung der Banken weiter an. Im Jahr 2017, also knapp zehn Jahre nach der Krise, hatte sich die Summe auf traurige 60 Billionen US-Dollar mehr als verdoppelt, und sie nimmt weiter zu.

Japan führt mit einer immensen Staatsverschuldung von mehr als 239,3 Prozent der Volkswirtschaft (gemessen am Bruttoinlandsprodukt) die Liste der Länder an, die diese Schuldenblase nähren. Seit fast zwei Jahrzehnten befindet sich Japan in einer prekären Situation: Das Land leidet bekanntermaßen unter den frühen Stadien einer alternden Bevölkerung, weil eine wachsende Zahl von Rentnern unterstützt werden muss und dadurch der Druck auf die öffentlichen Finanzen wächst. Und eine Regierung nach der anderen versucht, den Haushalt auszugleichen. Die Länder, die gegenwärtig unter der nächsthöheren Staatsverschuldung leiden, sind Griechenland (181,6 Prozent), der Libanon (148,7 Prozent) und Italien (132,6 Prozent) – alles Länder mit einer alternden Bevölkerung.

Das klingt zwar erschreckend, doch diese Länder stehen nicht alleine da. Viele der reichsten Nationen der Welt verzeichnen zum großen Teil als Folge der Finanzkrise von 2008 eine Verschuldung der öffentlichen Haushalte, die entweder genauso hoch ist wie ihr Bruttoinlandsprodukt oder dieses sogar übersteigt. In den Vereinigten Staaten, wo die Staatsverschuldung zur Jahrtausendwende bei lediglich 5,7 Billionen US-Dollar lag, stieg diese bis 2017 auf enorme 20,2 Billionen an. Inzwischen ist die Notwendigkeit, die Schuldenobergrenze anzuheben,

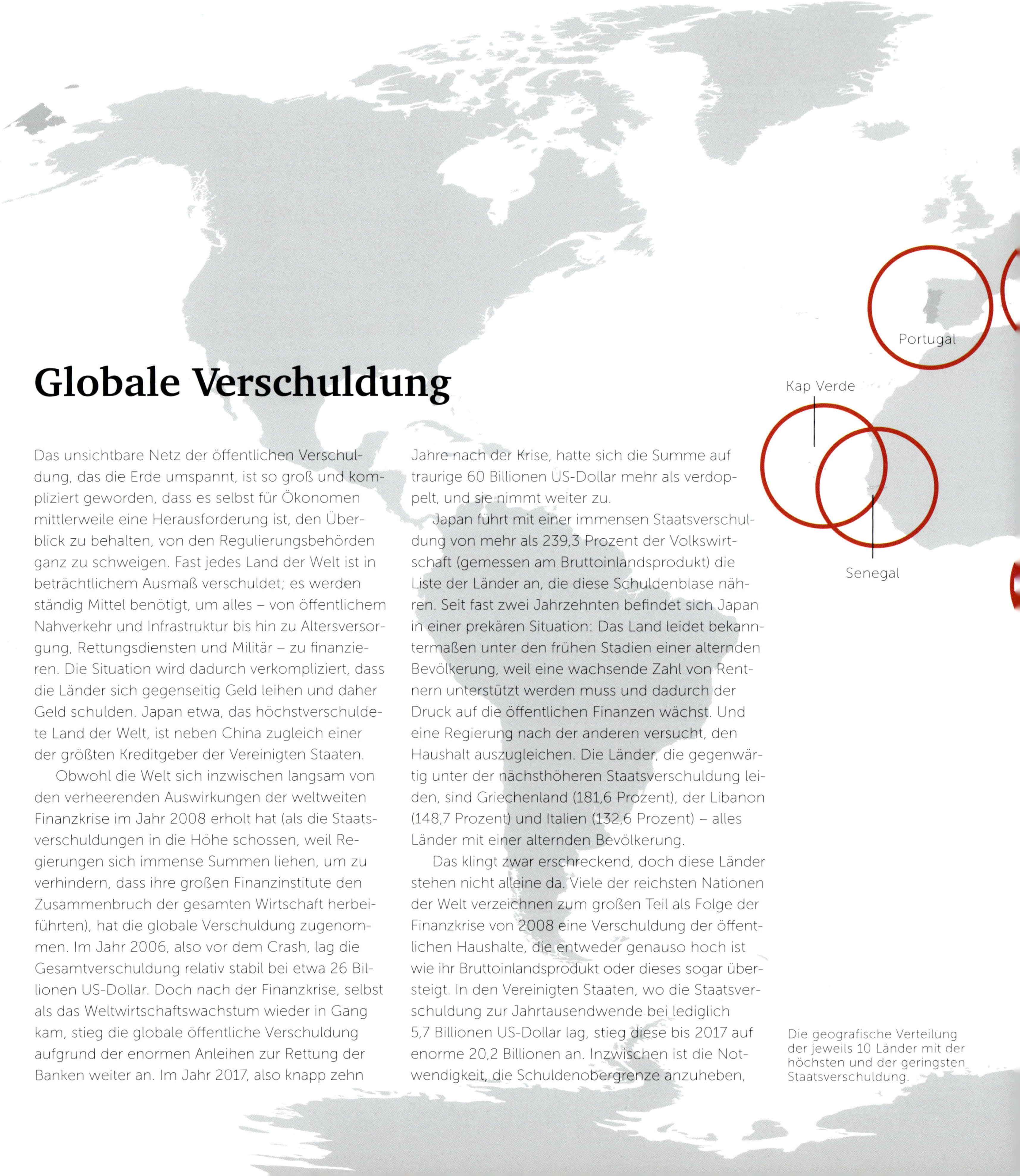
Portugal
Kap Verde
Senegal

Die geografische Verteilung der jeweils 10 Länder mit der höchsten und der geringsten Staatsverschuldung.

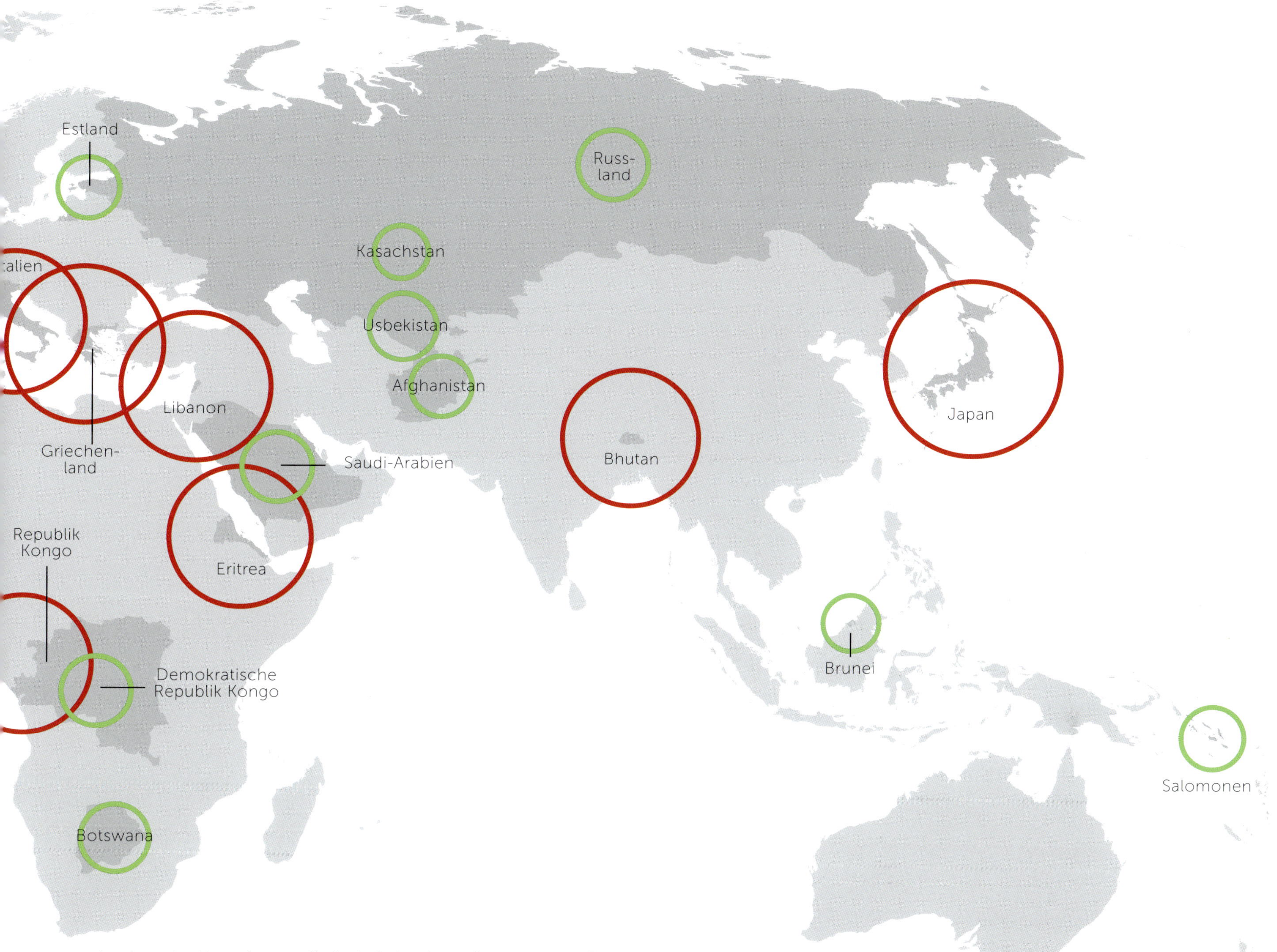
Estland
Russ-
land
Kasachstan
alien
Usbekistan
Afghanistan
Libanon
Japan
Bhutan
Griechen-
land
Saudi-Arabien
Republik
Kongo
Eritrea
Brunei
Demokratische
Republik Kongo
Salomonen
Botswana

um landesweite Verwaltungsstillstände („*shutdowns*") zu verhindern, im Kalender der Nation beinahe zu einem festen Termin geworden.

Am anderen Ende der Liste finden sich äußerst unterschiedliche Länder wie zum Beispiel Afghanistan, Estland, die Salomonen und Botswana, die zu denjenigen mit der geringsten Staatsverschuldung zählen. Zwar haben diese Länder alle keine besonders starken Volkswirtschaften, aber sie können ihre Haushalte zumindest ausgleichen; diese gelten sogar als stabil, weil mit den öffentlichen Geldern vernünftige Investitionen getätigt werden, die angemessene Erträge erwirtschaften. Doch der auf der Insel Borneo gelegene Kleinstaat Brunei mit seinen 440 000 Einwohnern ist das Land mit der weltweit geringsten Verschuldung von gerade einmal 3 Prozent. Der Grund dafür ist einfach: Erdöl. Dieses sorgt für zwei Drittel des Bruttoinlandsprodukts. Mit den hohen Einnahmen der Ölindustrie können die Banken von Brunei diese relativ kleine Volkswirtschaft finanzieren und brauchen sich nicht auf Auslandskredite zu verlassen, wie es viele andere Nationen tun, die damit auf Dauer in den roten Zahlen bleiben.

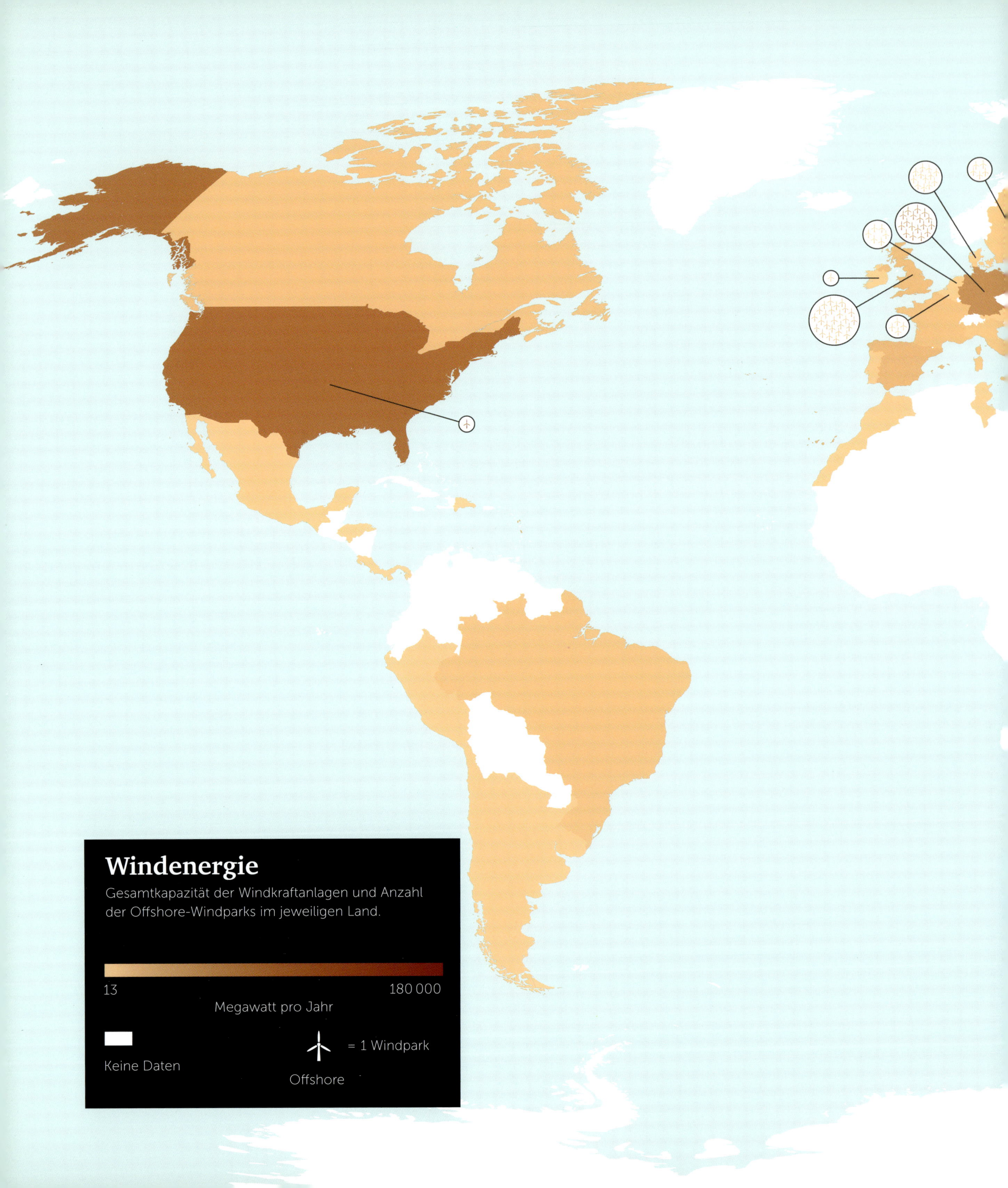
13
180 000
Megawatt pro Jahr
Keine Daten
= 1 Windpark
Offshore

Windenergie

Gesamtkapazität der Windkraftanlagen und Anzahl der Offshore-Windparks im jeweiligen Land.

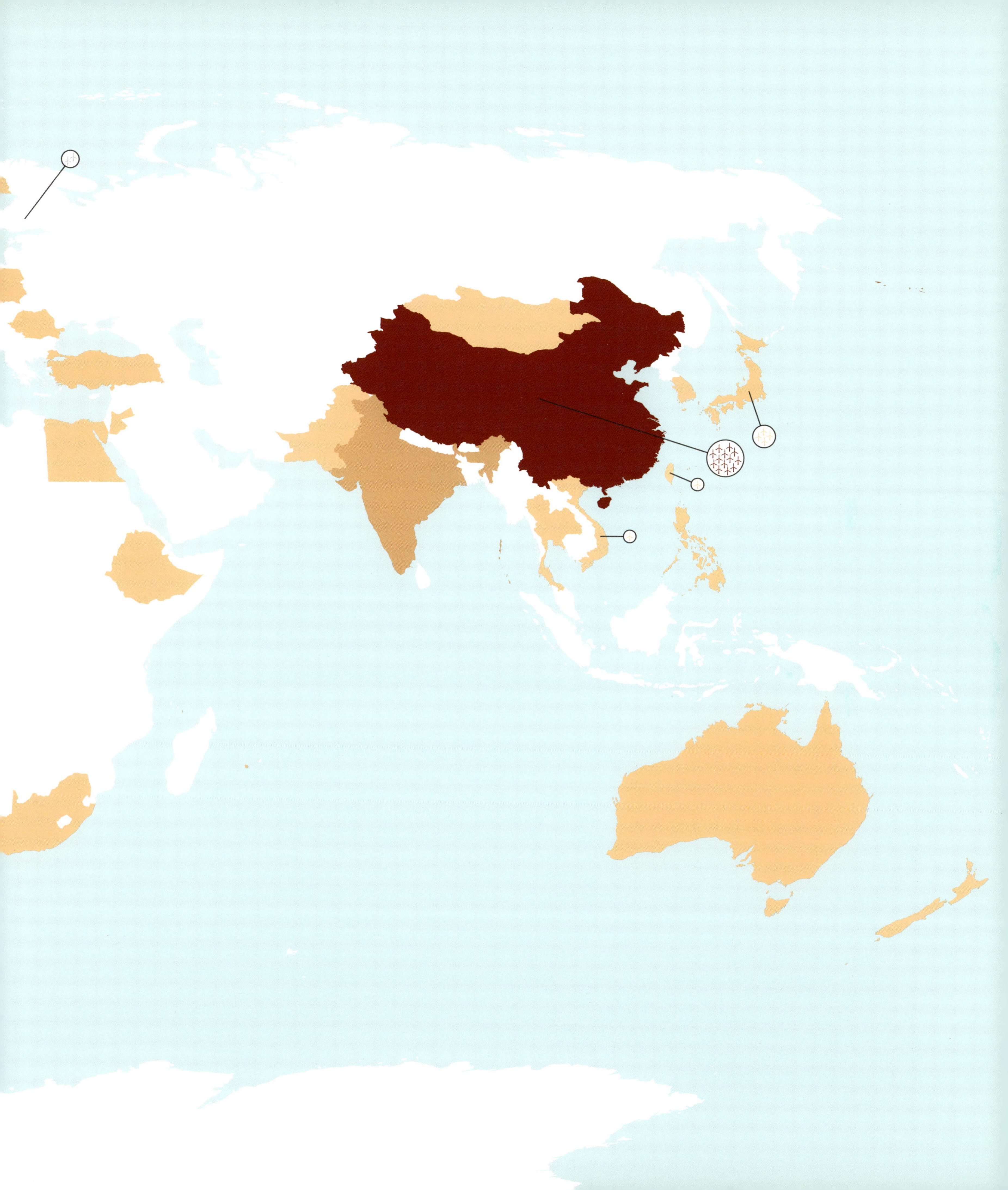

Windenergie

Im Jahr 1885 beschloss der schottische Wissenschaftler James Blyth, seine umstrittene Theorie zu testen, die besagte, dass die Menschen, anstatt auf nichterneuerbare Energieträger wie Kohle und Öl zu setzen, die natürliche Energie des Windes zur Erzeugung von Strom für ihr immer energieintensiveres Leben nutzen könnten. Er baute eine 10 Meter hohe Turbine mit großen Leinwandsegeln und richtete sie im Garten seines Cottages in Marykirk, Kincardineshire, auf. Schließlich perfektionierte er seine Anlage, die sein Haus mehr als 25 Jahre lang erfolgreich mit durch Windenergie erzeugtem Strom versorgen konnte.

Natürlich war es Zufall, dass Blyth ausgerechnet in Großbritannien geboren wurde, doch er hätte sich auf der ganzen Welt kaum einen besseren Platz für den Bau seiner Anlage aussuchen können. Die am Rand der großen eurasischen Landmasse gelegenen, im Osten von der Nordsee, im Norden vom Atlantik umtosten und unter ständig wechselndem Luftdruck stehenden Britischen Inseln zählen zu den windreichsten Teilen der bewohnten Welt. Starke Winde wehen aus fast allen Richtungen, allerdings ist der Wind aus Südwest vorherrschend. Diese Faktoren machen in Kombination mit der Wirkung schneller Jetstreams, die die Wettersysteme rund um den Globus antreiben, das Vereinigte Königreich zu einem Spitzenkandidaten für den Titel des weltweit führenden Windenergiezentrums.

Die Stromerzeugung in Großbritannien durch Offshore-Windparks erreichte 2017 einen Wert von 6,8 Gigawatt, im Vergleich zur globalen Leistungskapazität von insgesamt 18,8 Gigawatt. Henrik Poulsen, Firmenchef von DONG Energy (mittlerweile Ørsted), dem größten Windparkbetreiber Großbritanniens, erklärte öffentlich, er glaube fest daran, dass das ganze Land bald mit Windenergie versorgt werden könne. Dank der optimalen geografischen Lage und der langfristigen Infrastrukturinvestitionen ist das Vereinigte Königreich mit seinen 25 Offshore-Windparks und vier weiteren im Bau befindlichen Anlagen (Stand: Oktober 2017) gegenwärtig Weltführer in der Offshore-Windenergieerzeugung. Deutschland besitzt dagegen 17 Anlagen (vier weitere sind im Bau) und China 13 (sowie sieben weitere im Bau).

Hinsichtlich der Windenergie an Land ist China mit jährlich 161 Gigawatt der absolute Spitzenreiter. Die Vereinigten Staaten erzeugen 87,5 Gigawatt und Großbritannien kommt auf 12,9 Gigawatt. Insgesamt wurde die Infrastruktur weltweit so stark ausgebaut, dass 2017 immerhin 540 Gigawatt an Windenergie erzeugt werden konnten, etwa 4 Prozent des weltweiten Strombedarfs. Das ist eine rasante Steigerung – im Vergleich zu gerade einmal 24,3 Gigawatt im Jahr 2001 –, die die stark gesunkenen Kosten der Windenergieerzeugung widerspiegelt, aufgrund derer sich immer mehr Regierungen und Energieversorgungsunternehmen dem Wind als verlässlicher Energiequelle zuwenden.

Entscheidend ist, dass diese Strommengen nicht immer in dem Land verbraucht werden, das sie erzeugt. Dank des bestehenden Netzwerks aus Verbindungsleitungen und der – zumindest zukünftig – möglichen Nutzung von Offshore-Inseln zur Energiespeicherung können auch Nachbarn von der erneuerbaren, emissionsfreien Energie profitieren. Im Fall des Vereinigten Königreichs könnte dies bedeuten, dass der auf den Britischen Inseln durch Windkraft erzeugte Strom auch von Nachbarn wie Frankreich, den Niederlanden, Irland, Belgien oder Norwegen verbraucht werden könnte. Es mag zwar mehr als ein Jahrhundert gedauert haben, doch der Traum von James Blyth von einer mit Windenergie versorgten Welt könnte eines Tages tatsächlich wahr werden.

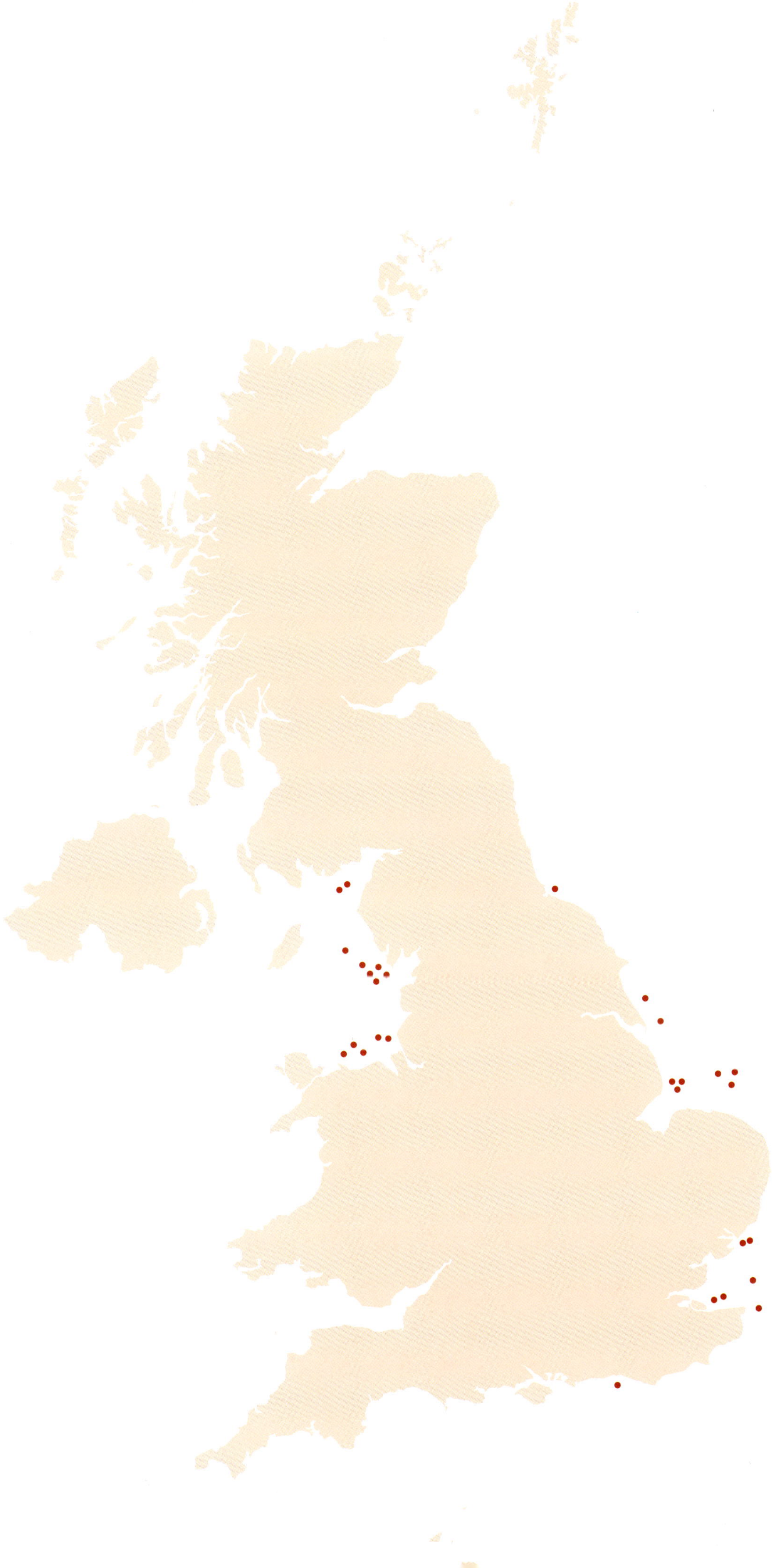

Verteilung der Offshore-Windparks vor der Küste Großbritanniens.

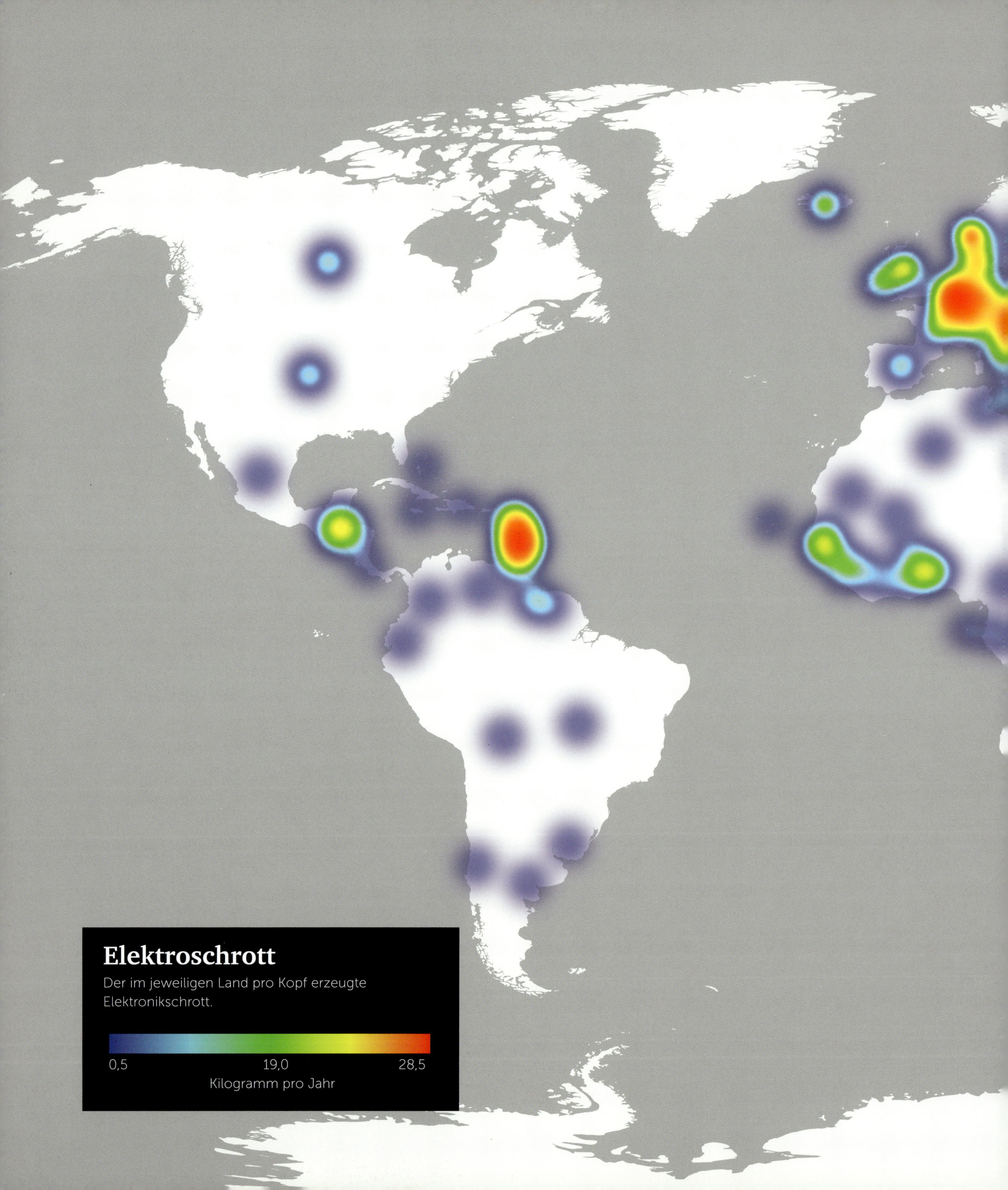

Elektroschrott
Der im jeweiligen Land pro Kopf erzeugte Elektronikschrott.
0,5
19,0
28,5
Kilogramm pro Jahr

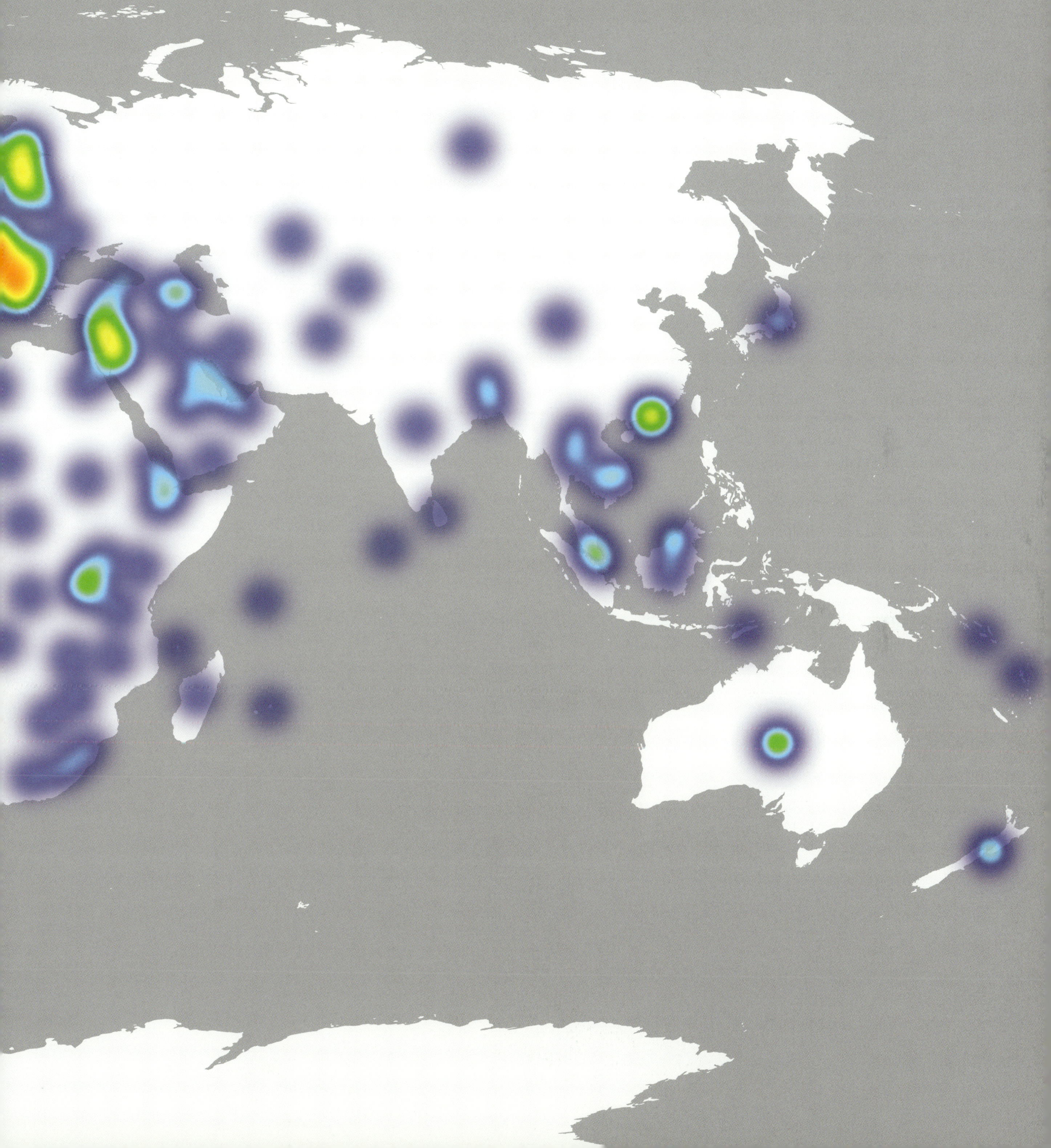

Elektroschrott

Sieht man sich in einer beliebigen modernen Wohnung um, dann fällt der Blick höchstwahrscheinlich auf Handys, Computer, Fernseher, Küchengeräte und zahlreiche andere elektronische Apparate. Die aufgrund der geringeren Herstellungskosten mittlerweile recht niedrigen Preise erlauben es uns, ständig neuere, bessere Versionen anzuschaffen.

Es gibt nur wenige Orte auf der Welt, an denen die Verbreitung solcher Geräte das Alltagsleben nicht verändert oder sogar radikal revolutioniert hat. Leider hat die rasante technologische Entwicklung in Verbindung mit der Geschwindigkeit, mit der diese Geräte kaputtgehen oder veraltet sind, zu einem gewaltigen Anstieg des Elektroschrotts geführt. Zwischen 2010 und 2018 ist die Gesamtmenge des Elektronikschrotts weltweit von 33,8 Millionen auf 49,8 Millionen Tonnen angewachsen. Europa ist, was den Beitrag jedes Einzelnen anbelangt, die treibende Kraft hinter dieser Zunahme, wobei Norwegen (28,5 Kilogramm pro Person), Großbritannien (24,9 Kilogramm), Dänemark (24,8 Kilogramm) und die Niederlande (23,9 Kilogramm) die Liste anführen.

Doch aufgrund der Bevölkerungsdichte in Asien und der steigenden Zahl wohlhabender Konsumenten dort übertreffen die asiatischen Staaten die europäischen Länder in Sachen Elektroschrott sogar noch – Japan und Indien erzeugen zum Beispiel 2,1 Millionen beziehungsweise 2 Millionen Tonnen jährlich. Diese Länder werden allerdings von ihrem Nachbarn China in den Schatten gestellt, das jedes Jahr mehr als 7,2 Millionen Tonnen Elektroschrott produziert.

Eine naheliegende Reaktion darauf ist die Förderung des Recyclings solcher Geräte, insbesondere weil die darin enthaltenen Materialien wie Gold, Silber, Palladium, Kupfer und andere Metalle, die meist in kleinen Mengen in Kabeln und/oder Platinen zu finden sind, Wertstoffe sind und trotzdem in großen Mengen weggeworfen werden. Dennoch stagnieren die Recyclingraten von Elektroschrott in vielen Industrieländern. Selbst in Ländern wie Dänemark und Norwegen mit Raten von etwa 42 beziehungsweise 47 Prozent waren im vergangenen Jahrzehnt kaum Fortschritte zu verzeichnen.

In einigen Ländern, vor allem in Südostasien, wie zum Beispiel Kambodscha, Indonesien und Thailand, gibt es überhaupt keine rechtlichen Bestimmungen für die Entsorgung von Elektroschrott. Stattdessen ist eine Zunahme der „informellen" Müll-Beseitigung und des „Hinterhof-Recyclings" erkennbar – des gefährlichen Einsatzes von Säurebädern und offenen Feuern, um an die geringen Mengen wertvoller Metalle zu gelangen. Diese Verfahren kontaminieren nicht nur die Umwelt durch die Freisetzung gefährlicher Chemikalien, sie erzeugen auch häufig giftige Dämpfe, die ernsthafte gesundheitliche Schäden verursachen.

Länder wie Japan, Südkorea und Taiwan haben hingegen Anstrengungen unternommen, um den technischen Müll, den sie produzieren, auch zu entsorgen, und alle drei Länder haben bereits in den 1990er-Jahren ausgeklügelte Sammel- und Recyclingsysteme für den Elektroschrott eingerichtet. Mithilfe einer Mischung aus strenger behördlicher Aufsicht und unternehmerischem Einsatz wurden innovative Konzepte entwickelt, wie etwa Recycling-Fonds und Pfandsysteme für Haushaltsgeräte. Und durch die Einführung von Entsorgungsgebühren konnten ehemalige Mülldeponien in saubere Parks und Erholungsanlangen verwandelt werden. Diese dicht bevölkerten Länder weisen dadurch, dass Elektroschrott dort als Ressource, nicht etwa als Müll betrachtet wird, dem Rest der Welt den Weg.

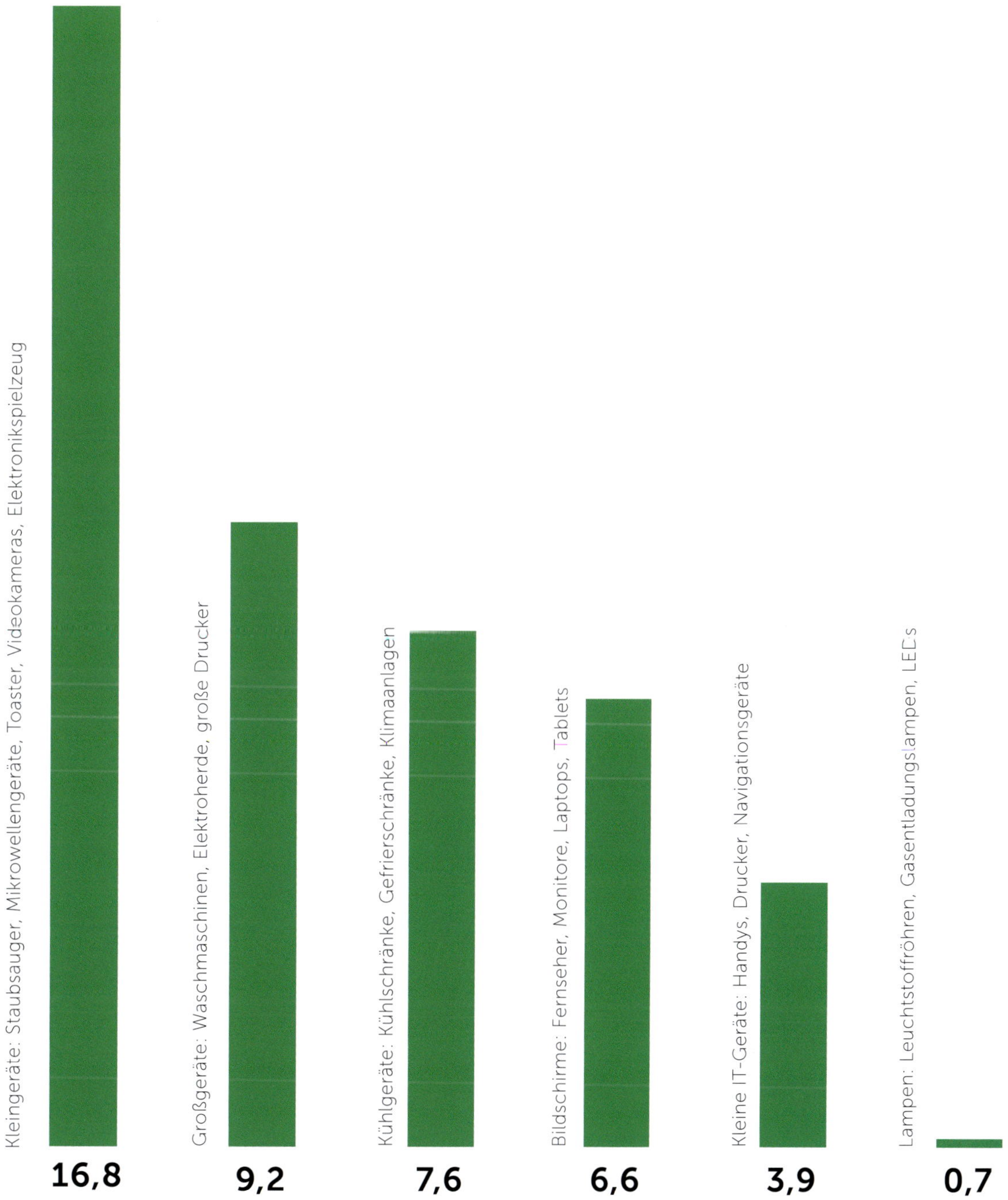
Kleingeräte: Staubsauger, Mikrowellengeräte, Toaster, Videokameras, Elektronikspielzeug
16,8
Großgeräte: Waschmaschinen, Elektroherde, große Drucker
9,2
Kühlgeräte: Kühlschränke, Gefrierschränke, Klimaanlagen
7,6
Bildschirme: Fernseher, Monitore, Laptops, Tablets
6,6
Kleine IT-Geräte: Handys, Drucker, Navigationsgeräte
3,9
Lampen: Leuchtstoffröhren, Gasentladungslampen, LED's
0,7

Trotz des Booms neuer Elektronik-Spielereien sind es die normalen Haushaltsgeräte, die gegenwärtig weltweit den meisten Elektroschrott bilden (Müllmenge, angegeben in Millionen Tonnen pro Jahr).

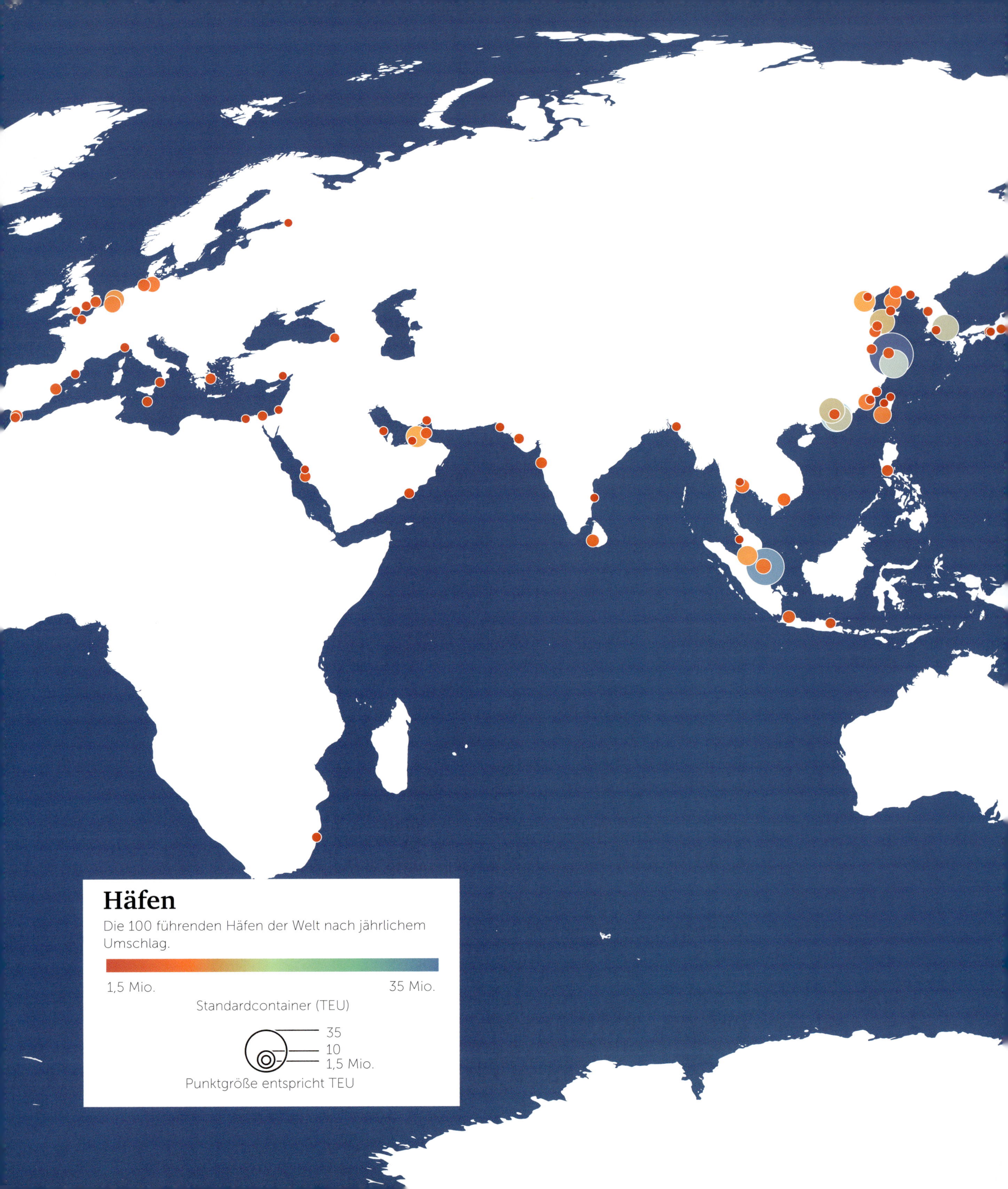
Häfen
Die 100 führenden Häfen der Welt nach jährlichem Umschlag.
1,5 Mio.
35 Mio.
Standardcontainer (TEU)
35
10
1,5 Mio.
Punktgröße entspricht TEU

Häfen

Die Häfen der Welt, die kaum vorstellbare Warenmengen umschlagen, spielen beim weltweiten Transport von Gütern eine entscheidende Rolle. Sie schaffen die Voraussetzung dafür, dass zu jedem beliebigen Zeitpunkt Tausende Schiffe auf den Meeren unterwegs sein können, die alles, von Kleidung, Erdöl und Fernsehern bis hin zu Autos, Haushaltsgeräten und Nahrungsmitteln, rund um die Welt transportieren. Auf Hunderten von der *International Maritime Organization* (IMO) ausgewiesenen Wasserstraßen (offiziell auch „Verkehrstrennungsgebiete" genannt) werden enorme 97 Prozent der Waren von Hafen zu Hafen verschifft. Und das Transport-Volumen steigt weiter an. Im Jahr 2016 schlugen die hundert größten Häfen der Welt 555,6 Millionen Standardcontainer (*Twenty-foot Equivalent Units*/TEU) um – ein Zuwachs von 12 Millionen TEU gegenüber dem Vorjahr.

Die Zahlen sind atemberaubend. Aus geografischer Sicht ist es unmöglich, an diesen Schiffsverkehr zu denken, ohne nach Asien, insbesondere nach China zu blicken, wo sieben der zehn Häfen mit dem weltweit stärksten Warenumschlag zu finden sind: Shanghai, Shenzhen, Ningbo-Zhoushan, Hongkong, Guangzhou, Qingdao und Tianjin. (Die bedeutendsten nichtchinesischen Häfen Asiens sind Busan in Südkorea, Dubai in den Vereinigten Arabischen Emiraten und Singapur.) Shanghai steht mit inzwischen mehr als 37 Millionen TEU seit fast zehn Jahren an der Spitze der umschlagsstärksten Häfen und eröffnet weitere Anlagen für die immer größeren Schiffe, die immer mehr Fracht transportieren. Als Hauptportal Chinas nach innen und außen schlägt Shanghai große Mengen Rohstoffe für die Industrie um, wie zum Beispiel Eisenerz, Kohle, Erdöl, Stahl und viele weitere Baumaterialien.

Singapur ist mit 30,9 Millionen TEU der zweitbetriebsamste Hafen der Welt, auch aufgrund der einzigartigen strategischen Lage des Inselstaats an der schmalen Straße von Malakka zwischen der Malaiischen Halbinsel und der indonesischen Insel Sumatra. Singapur macht sich diese Lage mit seinem profitablen Umschlagmodell zunutze und dient als regionales Drehkreuz, wo die Fracht umgeladen werden kann, bevor sie an ihren endgültigen Bestimmungsort verschifft wird.

Am entgegengesetzten Ende der Transaktionskette liegen Häfen wie Hamburg und Los Angeles, die die großen Einfallstore für die Warenlieferungen auf die jeweiligen Kontinente bilden. Der bedeutendste derartige Hafen ist nach wie vor jener der niederländischen Stadt Rotterdam mit seiner ausgedehnten Industrielandschaft. Strategisch günstig an der Mündung des Rheins in die Nordsee gelegen, dient Rotterdam als Umschlagplatz für jährlich 12,4 Millionen TEU – vor allem Rohöl, Erdöl, Getreide und andere Rohstoffe –, die zwischen Europa und dem Rest der Welt hin- und hertransportiert werden. Damit ist Rotterdam der zwölftgrößte Hafen der Welt.

Es kommt nicht häufig vor, dass wir uns mit der zentralen Rolle beschäftigen, die die Umschlaghäfen spielen, denn sie geraten trotz ihrer logistischen Bedeutung und der beträchtlichen negativen Auswirkungen ihrer Emissionen auf das Klima (sie erzeugen jährlich mehr Treibhausgase als ganz Großbritannien) selten in die Schlagzeilen. Doch selbst im 21. Jahrhundert wäre die Weltwirtschaft ohne sie einfach nicht funktionstüchtig.

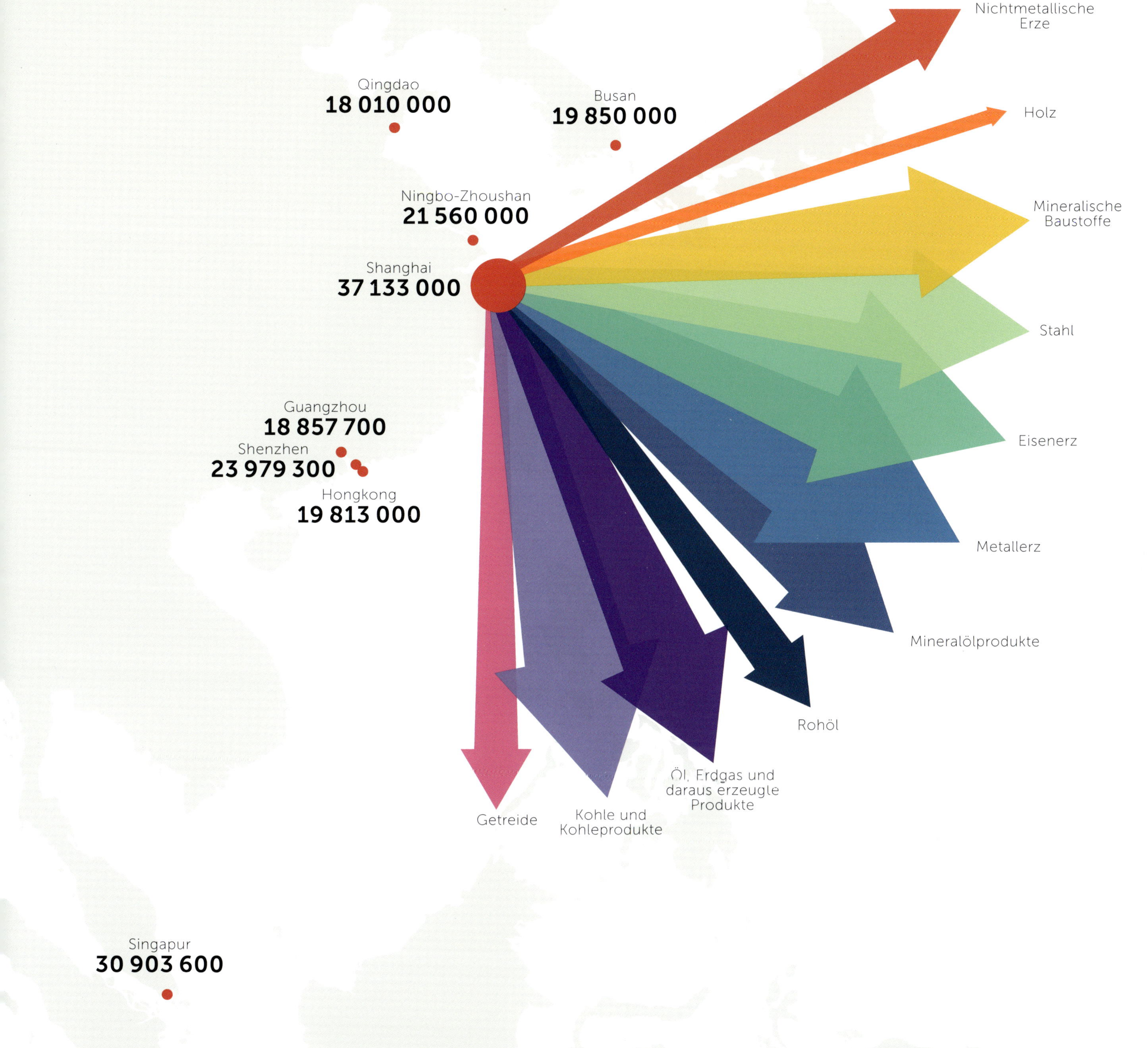
Qingdao
18 010 000
Busan
19 850 000
Ningbo-Zhoushan
21 560 000
Shanghai
37 133 000
Guangzhou
18 857 700
Shenzhen
23 979 300
Hongkong
19 813 000
Singapur
30 903 600
Nichtmetallische Erze
Holz
Mineralische Baustoffe
Stahl
Eisenerz
Metallerz
Mineralölprodukte
Rohöl
Öl, Erdgas und daraus erzeugte Produkte
Kohle und Kohleprodukte
Getreide

Der jährliche Umschlag der 8 größten Häfen der Welt, gemessen in TEU. Shanghai bleibt mit mehr als 37 Millionen TEU jährlich der weltweit größte Umschlagplatz für die wichtigsten Wirtschaftsgüter.

Humanitäre Unterstützung

Die weltweit größten Unterstützer und Empfänger humanitärer Hilfe.

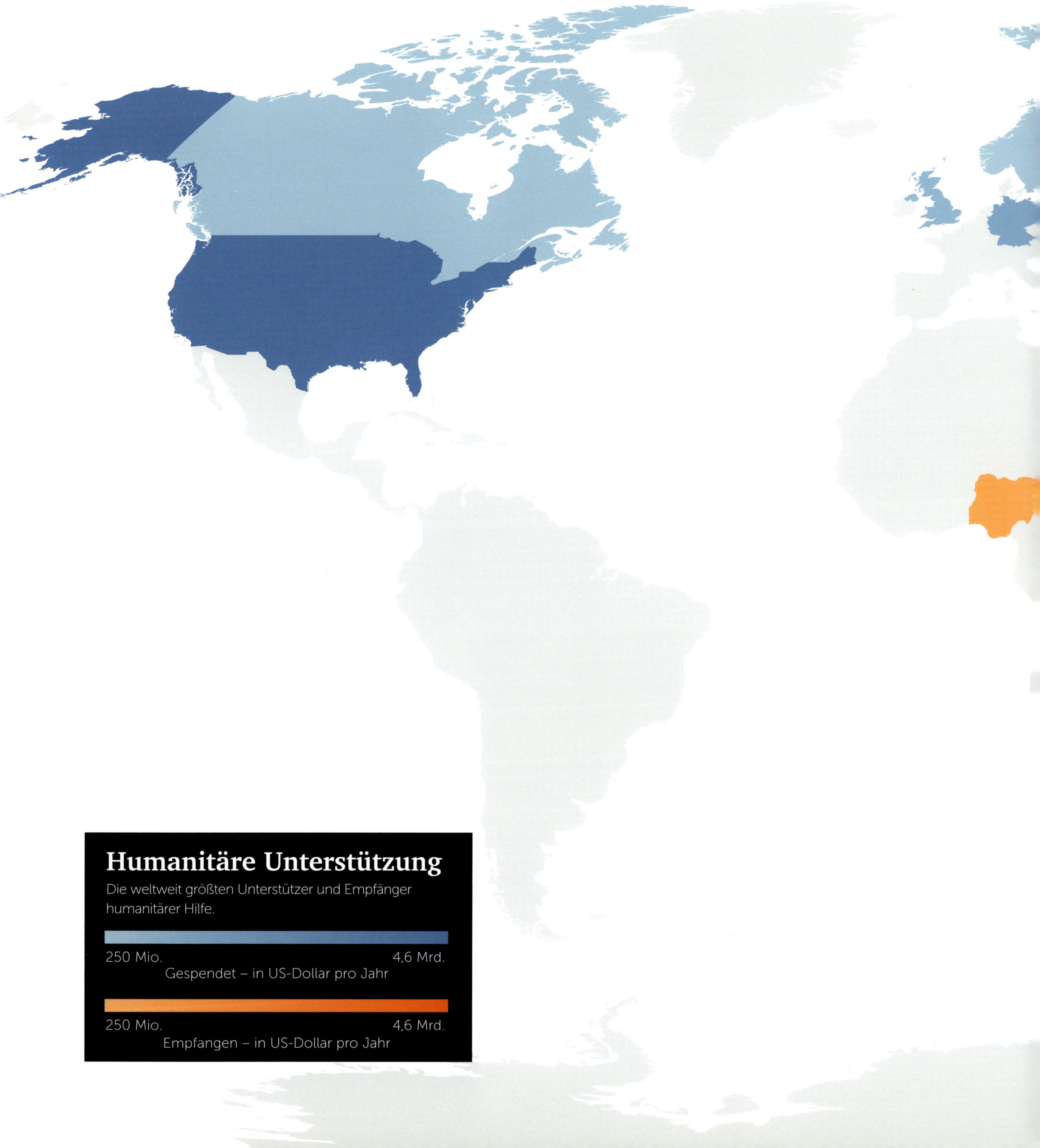
250 Mio.
4,6 Mrd.
Gespendet – in US-Dollar pro Jahr
250 Mio.
4,6 Mrd.
Empfangen – in US-Dollar pro Jahr

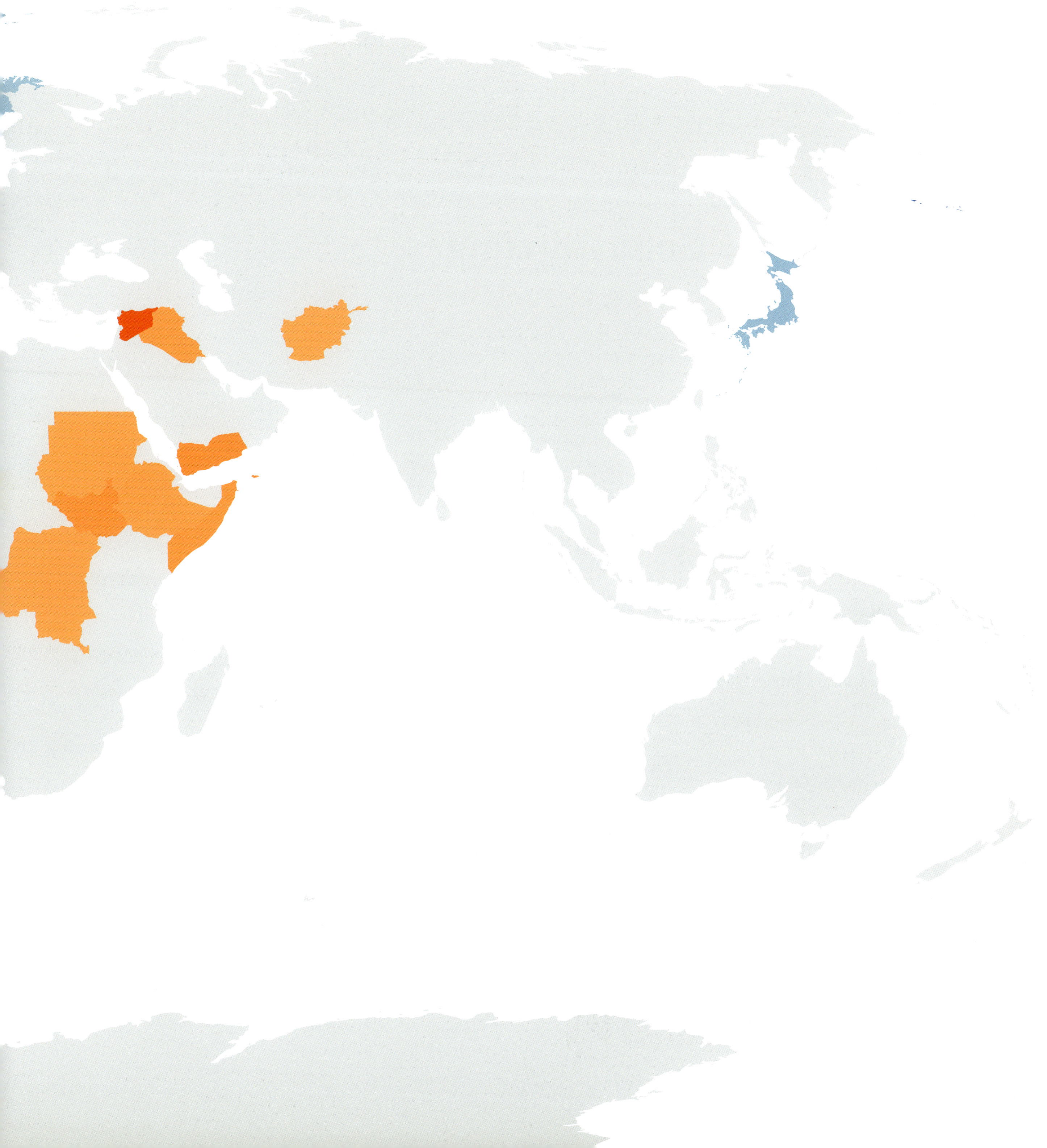

Humanitäre Unterstützung

In den vergangenen Jahren ist die von den Regierungen der Welt bereitgestellte Summe für humanitäre Unterstützung von 11,8 Milliarden US-Dollar im Jahr 2012 auf 19,2 Milliarden im Jahr 2015 deutlich angewachsen. Obwohl die Zahlen weiter ansteigen, scheint sich die Dynamik der Zuwächse jedoch zu verlangsamen. Immer häufiger übernehmen private Spender, wie zum Beispiel reiche Wohltäter, große Firmen, die ihre soziale Verantwortung demonstrieren wollen, sowie Nichtregierungsorganisationen, zu denen das UN-Welternährungsprogramm, das Internationale Rote Kreuz, Ärzte ohne Grenzen und das Hochkommissariat der Vereinten Nationen für Flüchtlinge (UNHCR) zählen, die Aufgabe der nationalen Regierungen und stellen immense Summen für diverse humanitäre Entwicklungsprogramme zur Verfügung.

Entwicklungshilfe löst regelmäßig leidenschaftliche Mediendebatten über die Verantwortung der reicheren Länder gegenüber dem Rest der Welt aus. Erstaunlich ist sicherlich, wie gering die Anzahl der Länder ist, die die größten Beiträge leisten oder erhalten. Die meisten Geldmittel werden von lediglich einer Handvoll nationaler Regierungen sowie von der EU-Kommission zur Verfügung gestellt. Der weltweit größte Geldgeber sind die Vereinigten Staaten, die 2017 mehr als 4,6 Milliarden US-Dollar bereitstellten – etwa ein Drittel aller Spenden in jenem Jahr. Deutschland gab 1,7 Milliarden US-Dollar, gefolgt von der Europäischen Kommission (1,4 Milliarden), Großbritannien (1,1 Milliarden) und Japan (400 Millionen). Die anderen Länder stellten deutlich weniger bereit. Schweden und Norwegen können vielleicht als die großzügigsten Länder auf der individuellen Ebene betrachtet werden, weil sie mit 279 Millionen beziehungsweise 247 Millionen US-Dollar gemessen an ihrer Einwohnerzahl zu den größten Geldgebern zählen.

Die Anzahl der Empfängerländer ist ebenso gering; die Hauptzuwendung konzentriert sich gegenwärtig auf Syrien. Aber es fließen auch beträchtliche Summen in den Jemen, den Südsudan, den Irak und nach Somalia, Länder, die ebenfalls unter Krisen wie anhaltenden Konflikten oder Dürren leiden. Vor allem Syrien hat immense Summen sowohl für die humanitäre Hilfe vor Ort als auch für die Umsiedlung der Millionen von Flüchtlingen erhalten, die gezwungen waren, aus dem Land zu fliehen, in erster Linie in die angrenzende Türkei.

Die Beispiele belegen auf tragische Weise, dass Konflikte und die Notwendigkeit humanitärer Unterstützung sehr häufig direkt miteinander zusammenhängen. Zwar lassen Daten aus dem Jahr 2016 die Schätzung zu, dass mehr als 164 Millionen Menschen in 47 Ländern Unterstützung brauchen, doch die

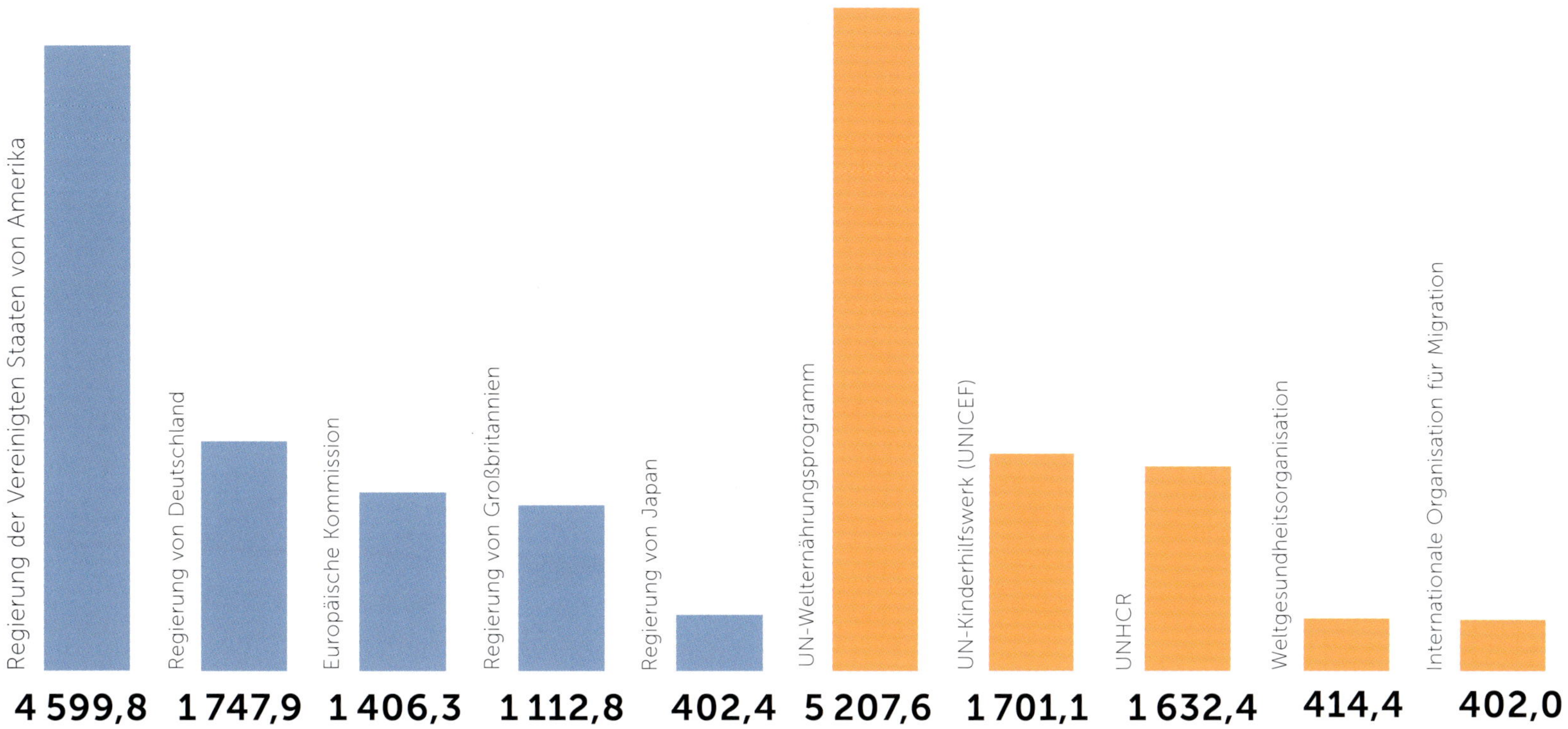
Regierung der Vereinigten Staaten von Amerika
4 599,8
Regierung von Deutschland
1 747,9
Europäische Kommission
1 406,3
Regierung von Großbritannien
1 112,8
Regierung von Japan
402,4
UN-Welternährungsprogramm
5 207,6
UN-Kinderhilfswerk (UNICEF)
1 701,1
UNHCR
1 632,4
Weltgesundheitsorganisation
414,4
Internationale Organisation für Migration
402,0

Einige der größten Nichtregierungsorganisationen stellen ebenso viel Geld für humanitäre Hilfe zur Verfügung wie die Regierungen der reichsten Nationen sowie die EU-Kommission – oder sogar mehr. Die Zahlen geben die Summen in Millionen US-Dollar pro Jahr an.

Menschen, die am dringendsten der Hilfe bedürfen, stammen meist aus ein paar wenigen Ländern, in denen Kämpfe zum Alltag gehören. Auch die Binnenvertreibung bleibt ein zwar weniger sichtbares, aber dennoch gravierendes Problem, das gewöhnlich langfristige Hilfe aus dem Ausland erforderlich macht. In Kolumbien hatte der 50 Jahre währende bewaffnete Konflikt zur Folge, dass 2016 noch immer 7,2 Millionen Menschen vertrieben waren. Die Zahl übersteigt sogar die der aus Syrien Geflohenen.

Die für solche Länder nach Extremereignissen bereitgestellte Hilfe sorgt – wenn in den Medien nicht mehr darüber berichtet wird – dafür, Frieden und Stabilität zu erhalten und einen Rückfall in die instabile Lage zu verhindern. Die medial kaum beachtete, aber dennoch so wichtige humanitäre Hilfe soll schrittweise dazu beitragen, eine Welt zu schaffen, in der eine derartige Unterstützung nicht mehr notwendig ist.

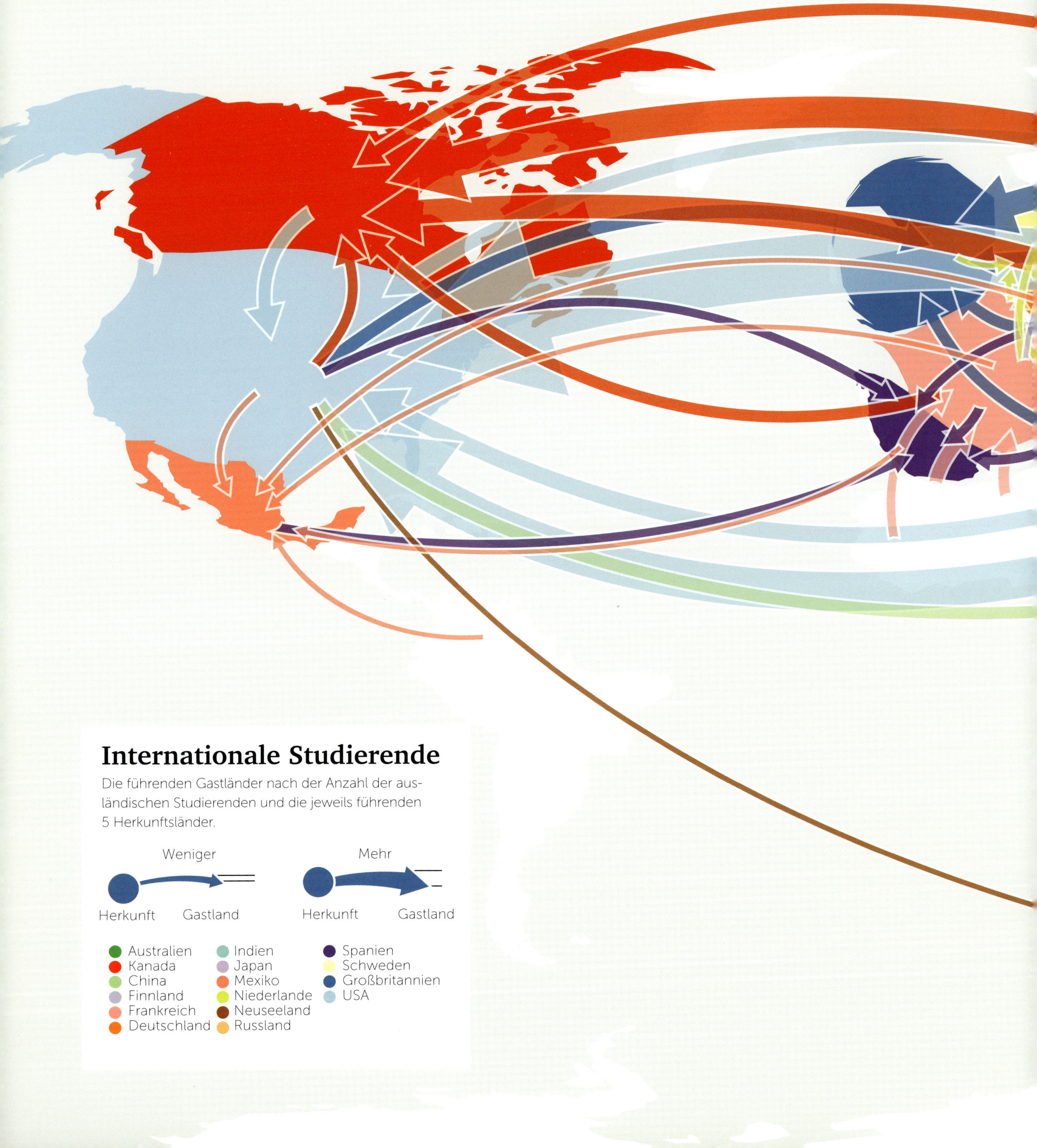
Weniger
Herkunft
Gastland
Mehr
Herkunft
Gastland
Australien
Kanada
China
Finnland
Frankreich
Deutschland
Indien
Japan
Mexiko
Niederlande
Neuseeland
Russland
Spanien
Schweden
Großbritannien
USA

Internationale Studierende

Die führenden Gastländer nach der Anzahl der ausländischen Studierenden und die jeweils führenden 5 Herkunftsländer.

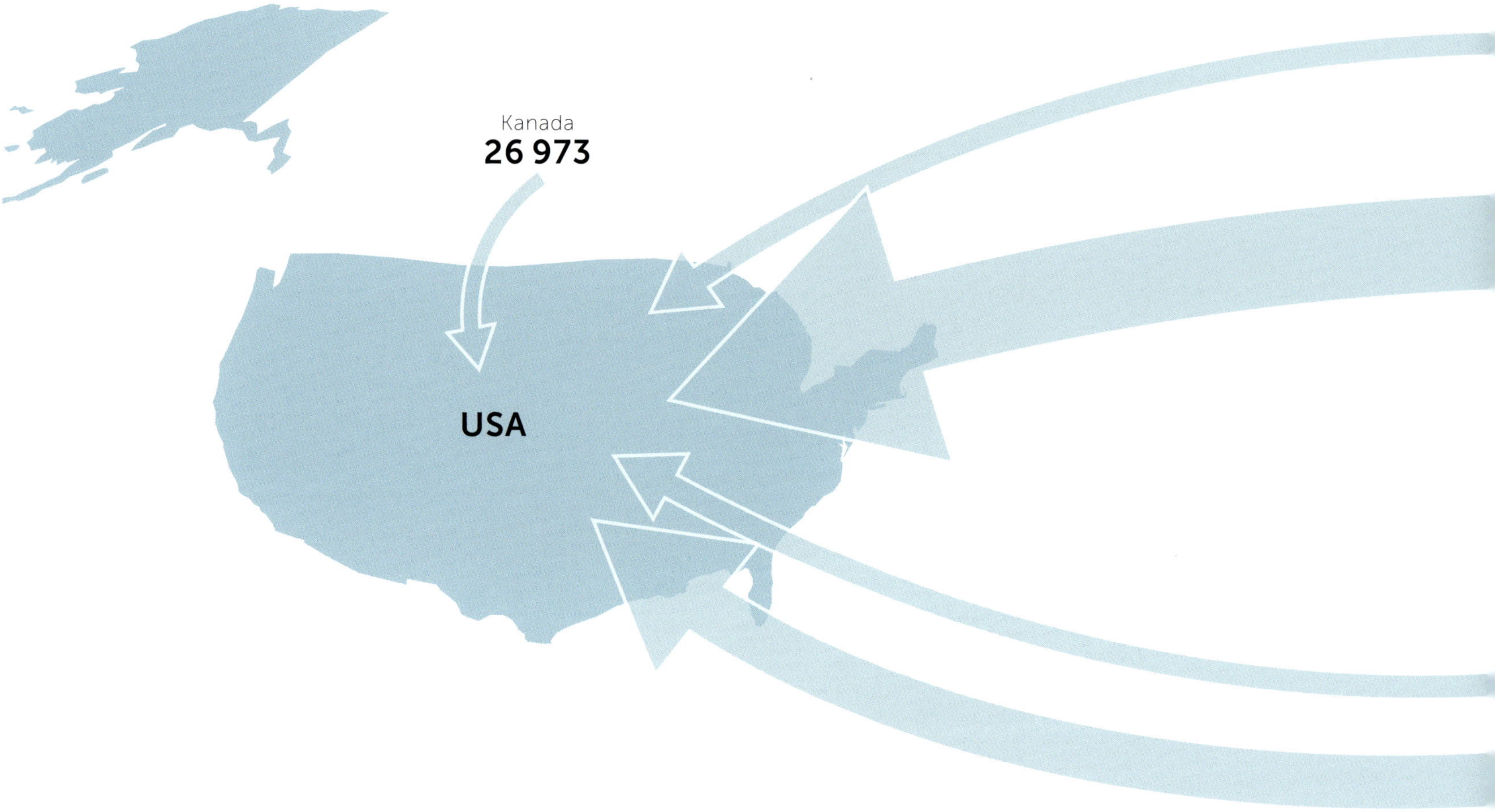
Kanada
26 973
USA

Internationale Studierende

Mehr als jemals zuvor in der Geschichte möchte die junge Generation Ausbildungsmöglichkeiten jenseits der eigenen Landesgrenzen nutzen. Studierende lassen Familie und Freunde zuweilen Tausende Kilometer zurück, um sich in einer oft fremden Kultur den Herausforderungen einer Hochschulausbildung zu stellen – und höchstwahrscheinlich denen einer Sprachbarriere. Doch die Chancen, die sich durch eine Ausbildung an einer Spitzenuniversität ergeben – die günstigen Berufsaussichten sowie die mögliche Netzwerknutzung –, reizen Millionen ehrgeiziger junger Menschen rund um den Globus, ihre Heimat zu verlassen.

Nur wenige Statistiken erzählen die Geschichte eindringlicher als die folgende: Um die Jahrtausendwende gab es 2,1 Millionen Austauschstudenten weltweit. Inzwischen hat sich die Zahl mehr als verdoppelt, sie erhöhte sich auf 4,6 Millionen und steigt weiter an.

Erwartungsgemäß hatte die rasante Entwicklung der Volkswirtschaften in Ostasien in den vergangenen Jahrzehnten zur Folge, dass Länder wie Südkorea und China sich zu den bedeutendsten Akteuren bei diesem Paradigmenwechsel entwickelt haben. Junge Chinesen stellen inzwischen (abgesehen von den einheimischen Studierenden) in Deutschland, Frankreich, Neuseeland, Japan und vielen anderen Ländern die größte ausländische Studentengruppe; Großbritannien, Kanada und Australien sind jährlich Gastgeber für etwa 100 000 chinesische Hochschüler. In keinem anderen Land hat die Jugend das System der Hochschulbildung ähnlich radikal revolutioniert wie in China.

Die Vereinigten Staaten sind mit jährlich mehr als einer Million internationaler Studierender der weltweit größte Gastgeber. Sie unterrichten die meisten chinesischen Studenten, denn jährlich entscheiden sich mehr als 350 000 junge Chinesen,

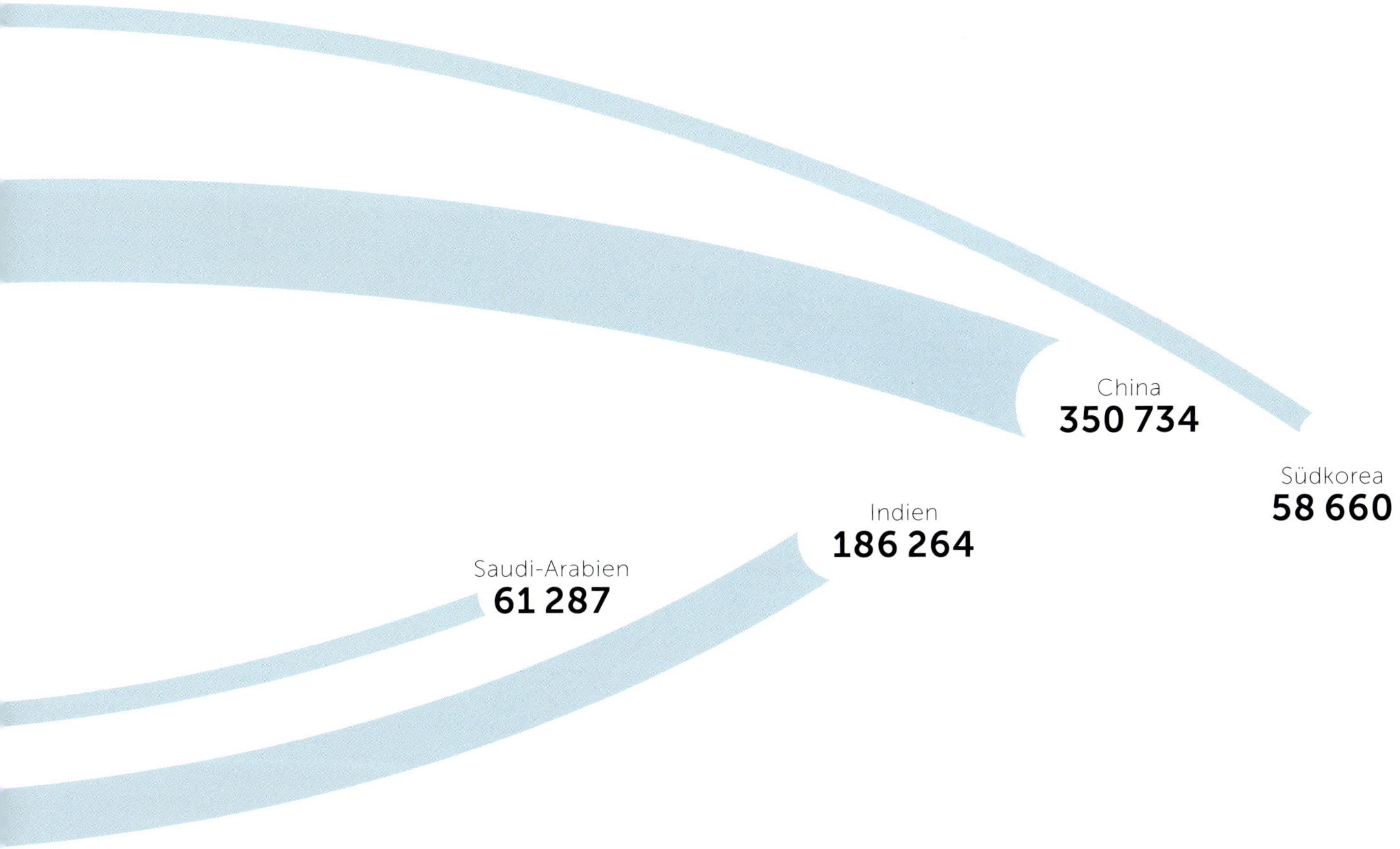
China
350 734
Südkorea
58 660
Indien
186 264
Saudi-Arabien
61 287

Die 5 führenden Herkunftsländer ausländischer Studenten in den USA, dem größten Gastgeber. Mehr als eine Million internationaler Studierender kommen jährlich dort an, in erster Linie aus China und Indien.

zum Studium in die USA zu ziehen (im Vergleich zu lediglich etwa 65 000 vor zehn Jahren). Die Studenten aus China bilden damit die bei Weitem größte ausländische Gruppe, die in den USA studiert – gefolgt von Nationen wie Indien, Kanada und Saudi-Arabien –, doch aufgrund der großen Zahl der US-amerikanischen Hochschüler macht selbst diese riesige internationale Kohorte lediglich etwa 5 Prozent der in den Staaten Studierenden aus. Am anderen Ende des Spektrums sticht Australien hervor, das das höchste Verhältnis internationaler gegenüber heimischer Studenten aufweist; mehr als ein Viertel aller Hochschüler kommt aus dem Ausland. In der Regel stammen diese Studenten aus Nachbarregionen wie zum Beispiel Indien, Malaysia, Vietnam, Nepal und China.

Bemerkenswert ist die Tatsache, dass auch China zunehmend Gastland für ausländische Studierende ist – ein Hinweis auf die wachsende Bedeutung des Landes auf der Weltbühne sowie ein Indiz für das Ansehen der wissenschaftlichen Einrichtungen Chinas, wie zum Beispiel der Universität Peking und der Tsinghua-Universität (ebenfalls in Peking), die sich beide im weltweiten Universitätsranking von 2018 unter den Top 30 finden. Obwohl die beträchtliche heimische Bevölkerung dazu führt, dass nur ein Prozent von Chinas Hochschülern aus dem Ausland stammt, beherbergt es etwa zehn Prozent aller internationalen Studierenden – fast eine halbe Million junger Leute (nur geringfügig weniger als Großbritannien). Südkoreaner stellen gegenwärtig die größte Gruppe ausländischer Studenten in China. Weil sich auch viele junge Leute aus anderen Ländern der Region, wie zum Beispiel aus Thailand, Pakistan und Indien, für chinesische Universitäten entscheiden – wie übrigens auch eine wachsende Zahl von Amerikanern –, könnte sich dieses Verhältnis bald verändern.

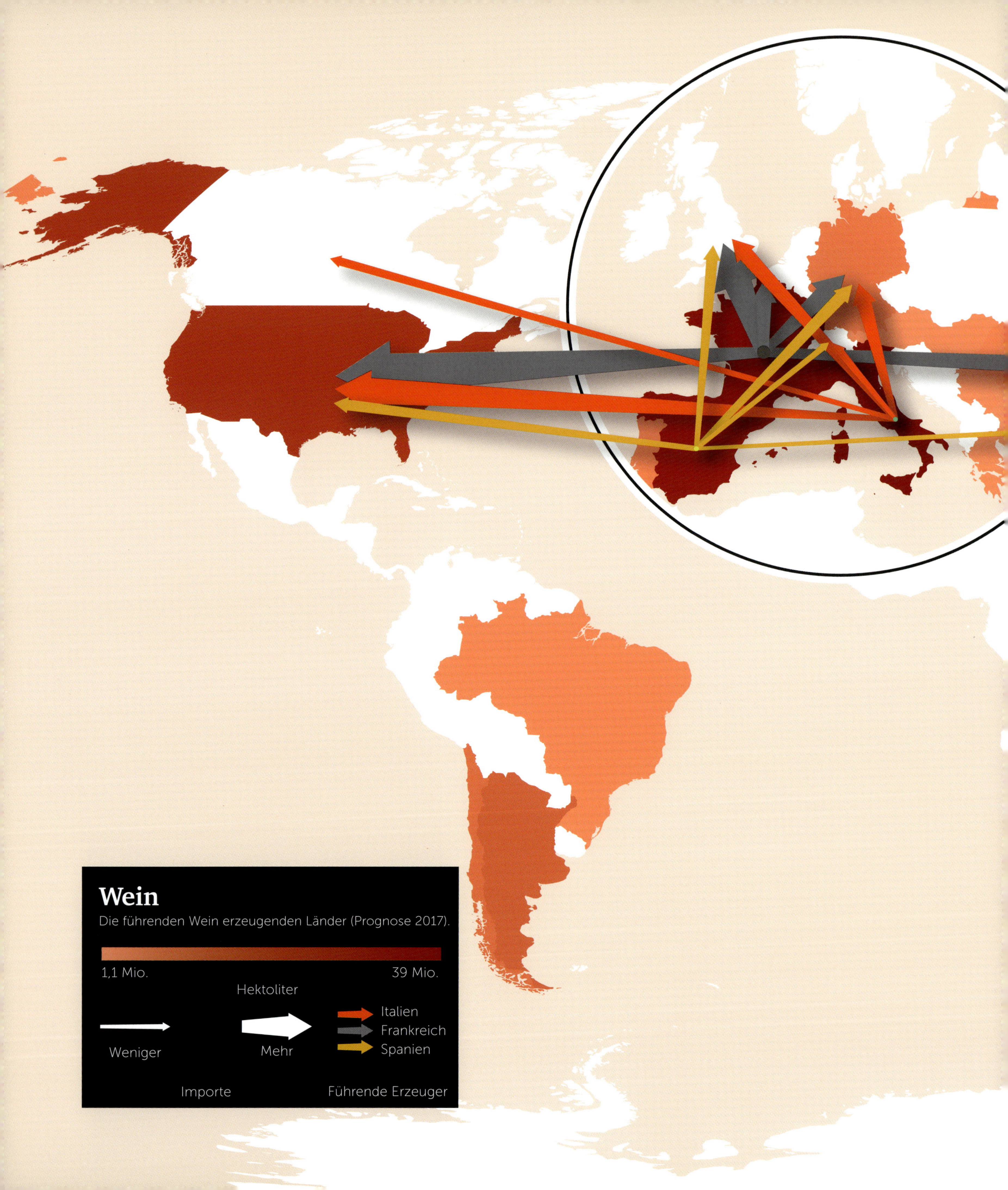

Wein
Die führenden Wein erzeugenden Länder (Prognose 2017).
1,1 Mio.
39 Mio.
Hektoliter
Weniger
Mehr
Importe
Italien
Frankreich
Spanien
Führende Erzeuger

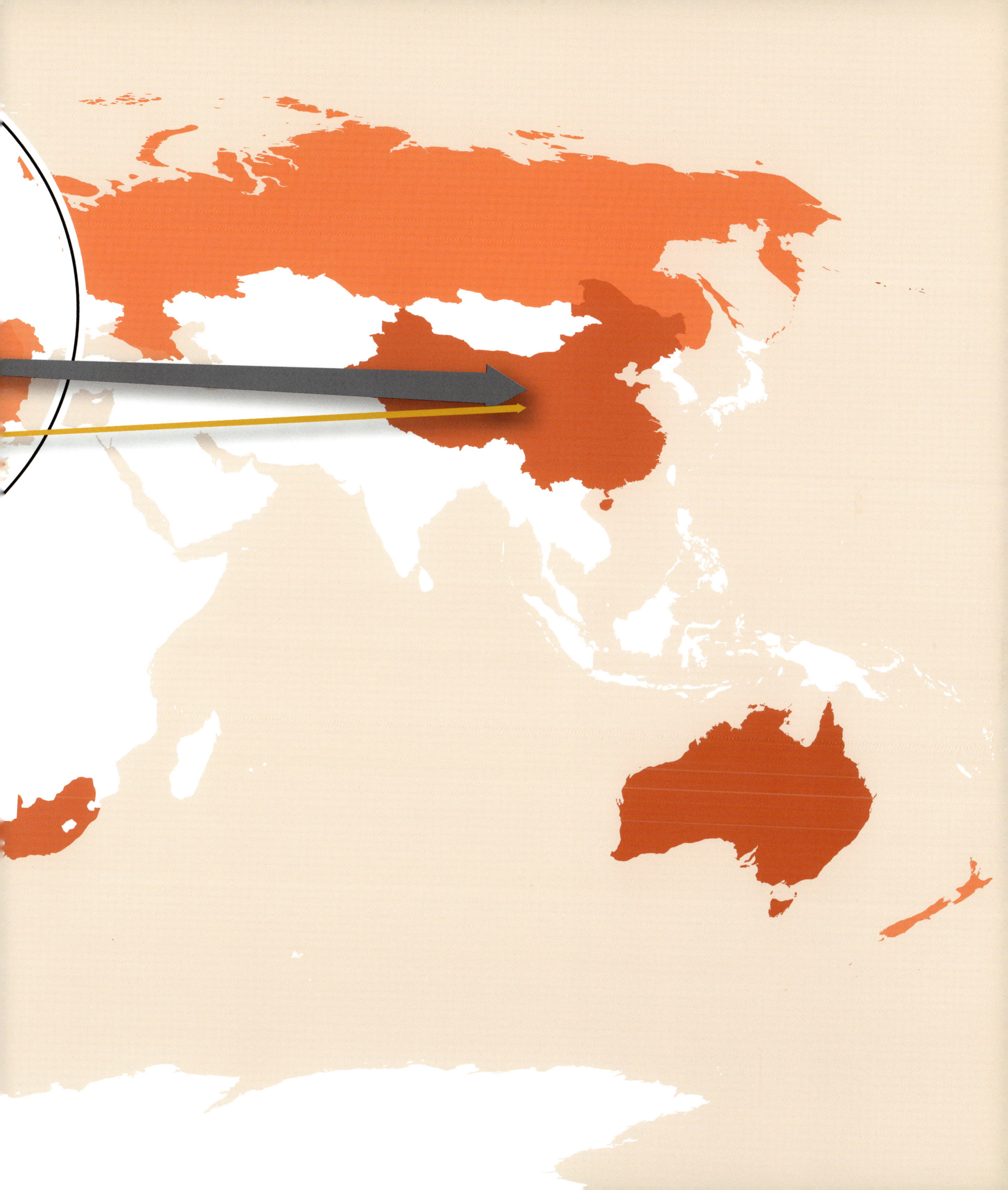

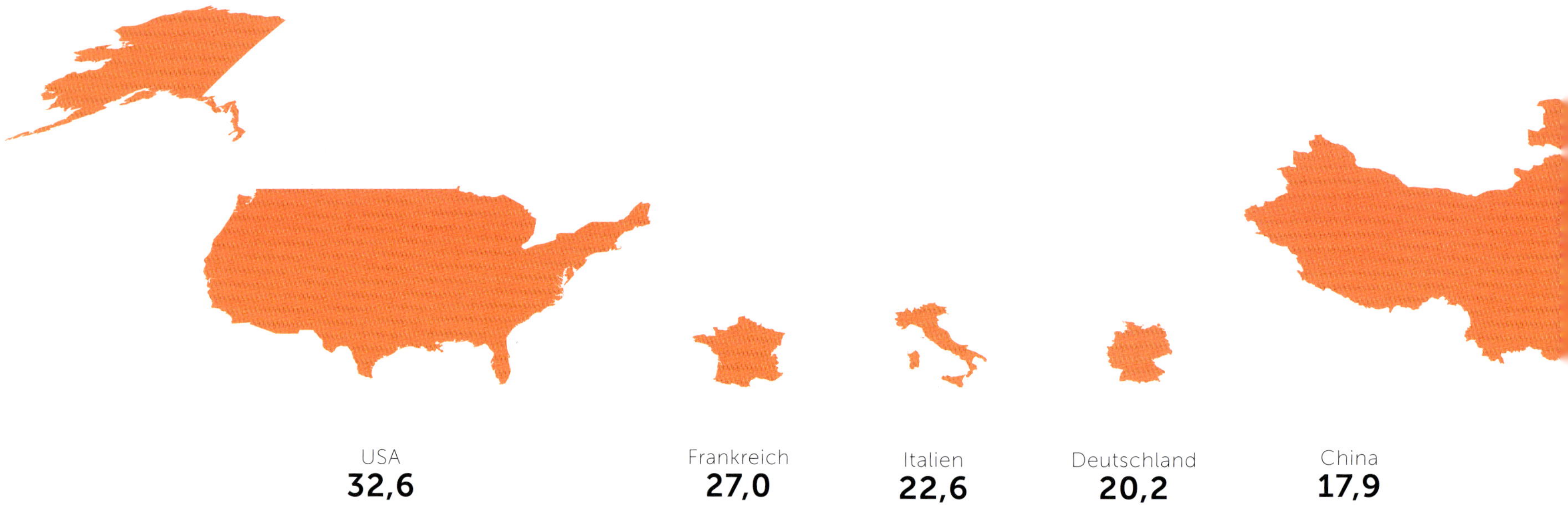
USA
32,6
Frankreich
27,0
Italien
22,6
Deutschland
20,2
China
17,9

Wein

Angeblich bezeichnete Galileo Wein als „vom Sonnenlicht gebändigtes Wasser". Benjamin Franklin behauptete, Wein mache „das Alltagleben leichter, weniger gehetzt, entspannter und toleranter". Robert Louis Stevenson beschrieb ihn als „abgefüllte Poesie". Ernest Hemingway erklärte, Wein sei eines „der zivilisiertesten Dinge der Welt". Hat je ein anderes Getränk – oder überhaupt ein anderes Produkt – einen solch stetigen Lobgesang durch die Großen und Mächtigen heraufbeschworen, wie es der Wein vermag?

Es gibt nur wenige Konsumgüter, bei denen der Herkunftsort eine solche Rolle spielt wie beim Wein. Häufig hängt die Nachfrage – und damit auch der Preis – einer Weinflasche davon ab, wo er produziert wurde, ja sogar von bestimmten Regionen eines Landes, nicht etwa von der Traubensorte oder dem Jahrgang. Zu den großen, aufgrund ihrer speziellen Herkunftsbezeichnung (frz. *Appellation d'Origine*) als wertvoll geltenden Weinen zählen der Champagner aus dem Nordosten Frankreichs, der Portwein aus dem Douro-Gebiet in Nordportugal und der Sherry aus Jerez de la Frontera in Andalusien.

Die weltweit führenden Wein erzeugenden Länder sind allseits bekannt. Italien war 2016 mit insgesamt 50,9 Millionen Hektoliter der größte Produzent. Die nächstgrößte Menge produzierte Frankreich (43,5 Millionen Hektoliter), gefolgt von Spanien (39,3 Millionen) und den Vereinigten Staaten (23,9 Millionen). Auch in den „Neue-Welt-Weinanbaugebieten" wie etwa Australien, Südafrika und Chile werden beachtliche Mengen Wein erzeugt. Die großen europäischen Hersteller zählen auch zu den größten Konsumenten, wobei die Franzosen, Italiener und Spanier fast nur heimische Weine trinken. Dennoch

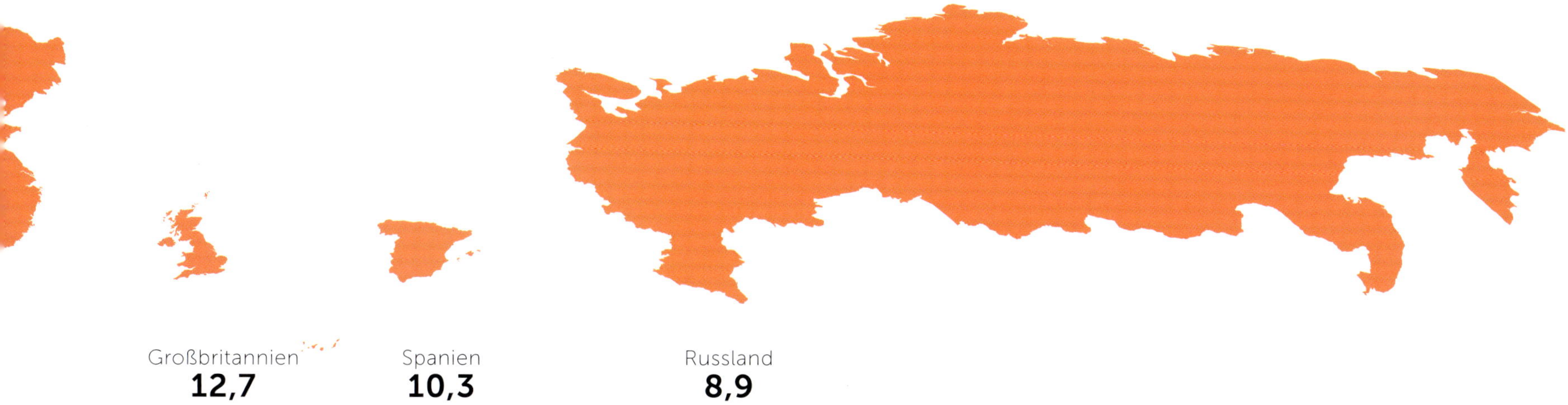
Großbritannien
12,7
Spanien
10,3
Russland
8,9

bleibt genug Wein für den Export übrig. Die Vereinigten Staaten, die führenden Weinkonsumenten der Welt, lassen sich jährlich 32,6 Millionen Hektoliter schmecken. Zwei Drittel dieser Menge stammen aus den sonnendurchfluteten Tälern Kaliforniens – dem US-Bundesstaat mit dem größten Weinanbau –, während der Rest entweder aus Australien oder Italien und zu einem geringeren Teil aus Argentinien oder Chile importiert wird.

Insgesamt konsumiert die Welt jährlich 240 Millionen Hektoliter Wein – so viel, dass damit 10 000 olympische Schwimmbecken gefüllt werden könnten. Großbritannien ist mit fast 13 Millionen Hektolitern jährlich der sechstgrößte Weinkonsument. Weil es zu einem der wenigen Länder mit hohem Konsum ohne eigenen Anbau zählt, importiert Großbritannien jedes Jahr etwa 14 Millionen Hektoliter Wein, hauptsächlich aus Italien und Frankreich, aber auch in geringeren Mengen aus Neuseeland, Australien und Spanien.

Erstaunlich ist, dass China sich mit mehr als 11 Millionen Hektolitern inzwischen zum sechstgrößten Weinerzeuger der Welt entwickelt hat. Zwar gibt es archäologische Beweise, dass in China schon vor vielen Tausend Jahren Wein angebaut wurde, doch der steigende Konsum ist ein ganz neues Phänomen. Die meisten Weinanbaugebiete Chinas findet man in Xingjiang, im Nordwesten des Landes an der Grenze zu Kasachstan. China exportiert nur wenig Wein und nutzt ihn stattdessen, um die Nachfrage in der eigenen Bevölkerung anzufachen. Die Liebe zum Wein, der die großen Denker einst so verzückte, hat inzwischen fast jede Ecke der Erde erfasst.

Die weltweit führenden Weinkonsumenten (Angabe in Millionen Hektoliter pro Jahr). Frankreich, Italien und Spanien sind zwar die führenden Weinerzeuger der Welt, doch in keinem anderen Land wird so viel Wein konsumiert wie in den Vereinigten Staaten.

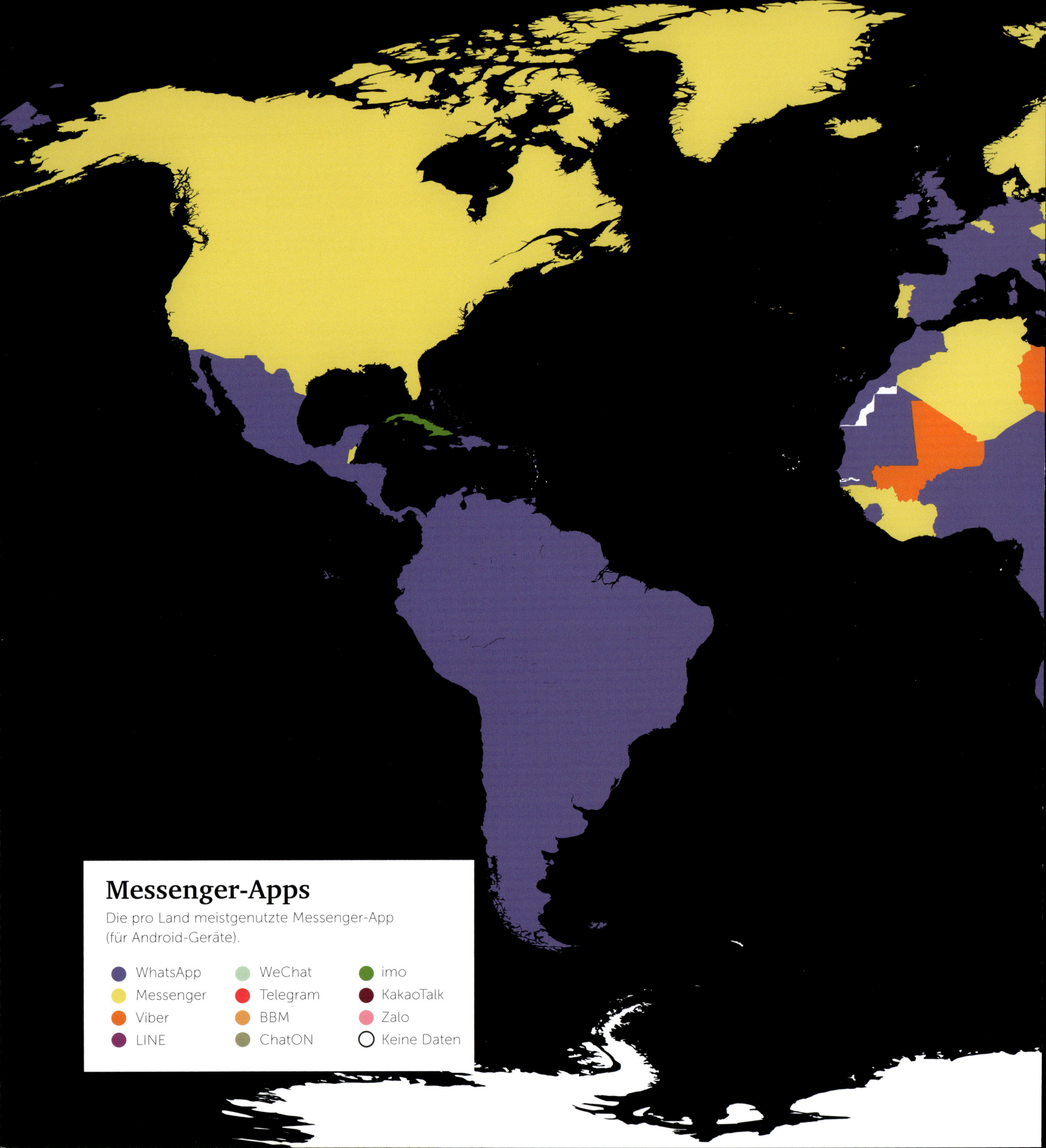
WhatsApp
Messenger
Viber
LINE
WeChat
Telegram
BBM
ChatON
imo
KakaoTalk
Zalo
Keine Daten

Messenger-Apps

Die pro Land meistgenutzte Messenger-App (für Android-Geräte).

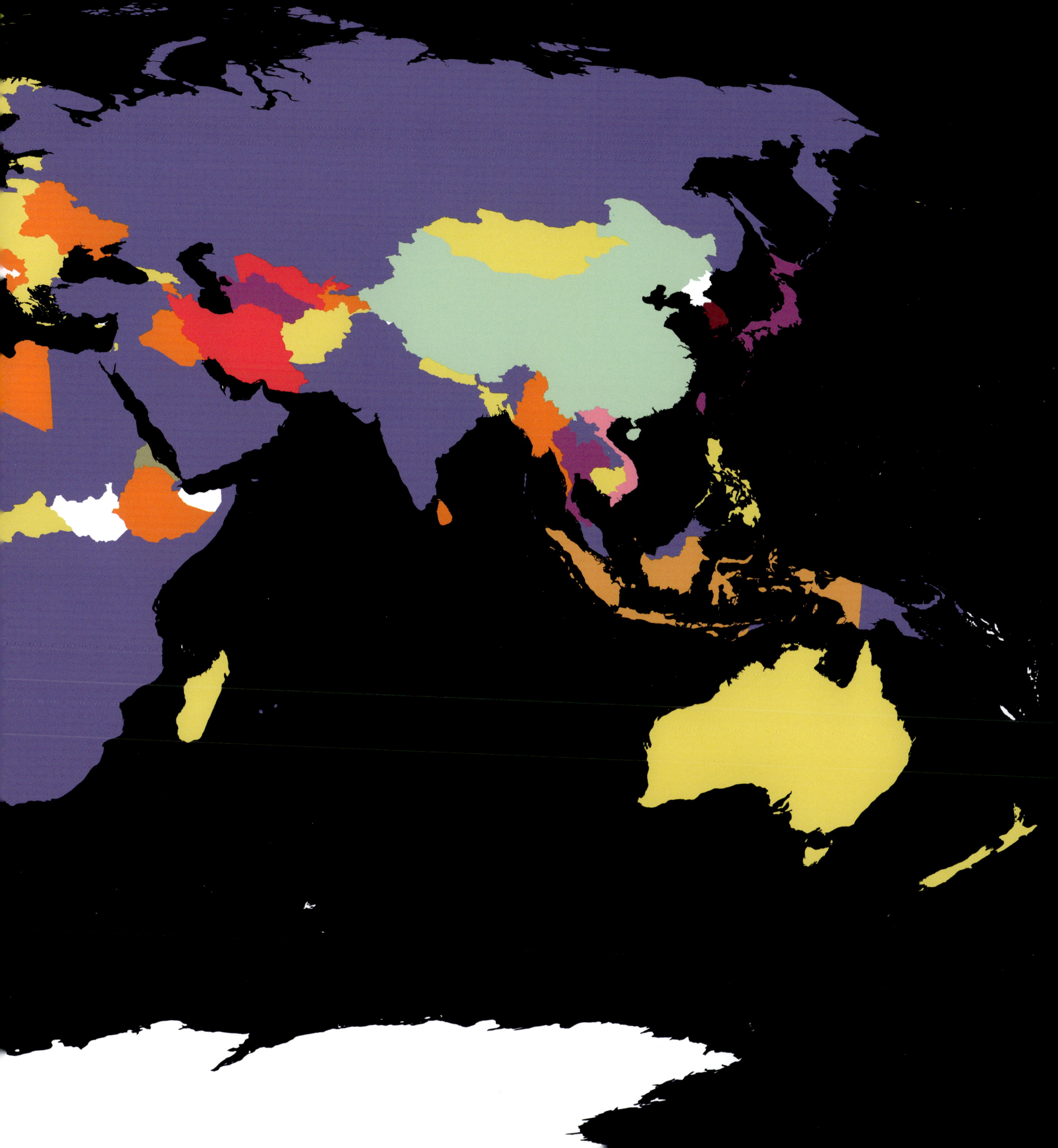

Messenger-Apps

Bis zu seinem 16. Lebensjahr wohnte Jan Koum in einem Dorf bei Kiew in der Ukraine, in einem Haus ohne Strom und fließendes Wasser. Die Familie lebte vom Bauarbeiter-Lohn des Vaters. Nach dem Zusammenbruch der Sowjetunion 1991 wanderten Mutter und Sohn nach Mountain View, Kalifornien, aus. Während die Mutter als Babysitterin arbeitete, hatte Jan in seiner Highschool-Zeit Putzjobs und besorgte Lebensmittelmarken, damit sie über die Runden kamen. Und er lieh sich Bücher aus, um sich selbst das Programmieren beizubringen.

Ende der 1990er-Jahre trat Koum eine Stelle bei der Internetfirma Yahoo an und gab sogar sein Studium an der San José State University auf, um sich auf seine Karriere zu konzentrieren. Nachdem er und sein Kollege Brian Acton, ein Computerwissenschaftler mit Studienabschluss der Universität Stanford, das Unternehmen 2007 verlassen hatten, bewarben sie sich vergeblich um eine Stelle beim neuen Social-Media-Riesen Facebook und suchten deshalb nach einem neuen Projekt. Als Koum sich ein Apple iPhone kaufte, war er von den Möglichkeiten fasziniert, die der neue App Store bereithielt. Im Jahr 2009 entwickelten er und Acton eine Messenger-App, mit der Leute Statusaktualisierungen im Handy-Adressbuch teilen konnten, eine Software, die sich nach und nach als Alternative zu herkömmlichen Textnachrichten entpuppte. Nach fünf Jahren verkauften sie diese App mit dem Namen WhatsApp, die damals jeden Monat von etwa 465 Millionen Menschen genutzt wurde, für 19 Milliarden US-Dollar an den Konkurrenten Facebook. Den Vertrag unterzeichneten sie im Sozialamt von Mountain View, in dem Koum einst seine Sozialhilfeschecks abgeholt hatte.

Im Dezember 2017 war WhatsApp mit mehr als 1,5 Milliarden Nutzern monatlich der größte Messaging-Dienst der Welt, über den täglich 65 Milliarden Nachrichten verschickt wurden. Dennoch hat WhatsApp starke Kokurrenz: Facebooks eigene Messaging-App verzeichnete im April 2018 1,3 Milliarden Nutzer, und die beiden äußerst beliebten chinesischen Messaging-Dienste WeChat und QQ hatten eine Milliarde beziehungsweise 783 Millionen Nutzer. LINE, eine alternative Messaging-App, die nach dem Zusammenbruch der Telekommunikation infolge des Erdbebens im März 2011 in Japan entwickelt wurde, ist in Japan, Taiwan und Thailand besonders beliebt und wird von etwas mehr als 200 Millionen Menschen regelmäßig genutzt.

Abgesehen von China, wo WhatsApp und dessen Mutterkonzern Facebook verboten sind, ist WhatsApp in vielen Ländern die meistgenutzte Messaging-App. In der Türkei ist etwa die Hälfte der Bevölkerung als WhatsApp-Nutzer aktiv. In Brasilien und Mexiko sind es jeweils 56 Prozent, in Deutschland 65 Prozent und in Malaysia 68 Prozent. Die vielleicht größten Fans der App sind jedoch die Saudi-Araber, von denen fast drei Viertel aktive Nutzer sind. Dies ist eine dramatische Veränderung in dem Königreich, in dem Ende 2017 ein lange gültiges Verbot von VoIP (*voice over internet protocol*/Internettelefonie) im Zuge von Reformen aufgehoben wurde, die das Land für ausländische Unternehmen attraktiver machen sollen.

Heutzutage kann man fast überall mit einem Smartphone und einer Internetverbindung Mitteilungen in die ganze Welt verschicken. Sämtliche WhatsApp-Nachrichten werden standardmäßig durchgängig verschlüsselt, wodurch nicht einmal die WhatsApp-Angestellten darauf zugreifen können. „Technologie ist ein Verstärker", konstatierte Acton 2016 gegenüber der Zeitschrift *WIRED*. „Wenn wir die richtigen Leute unter der richtigen Leitung vor Ort haben, können wir tatsächlich positive Veränderungen herbeiführen."

Die weltweite Anzahl der monatlich aktiven Nutzer von WhatsApp zwischen April 2013 und Dezember 2017, angegeben in Millionen. WhatsApp erlebte einen Boom und entwickelte sich zur beliebtesten Messaging-App der Welt.

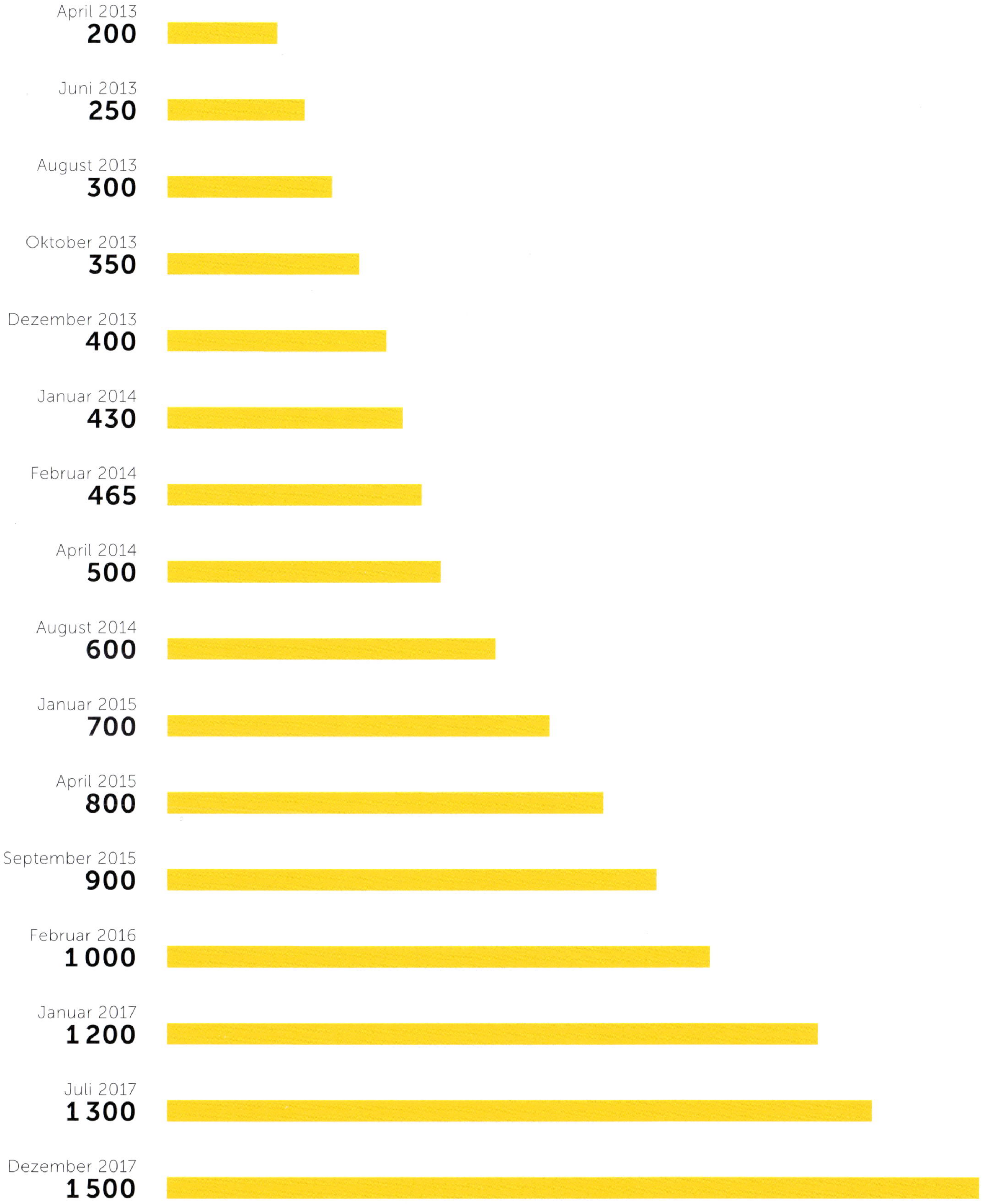
April 2013
200
Juni 2013
250
August 2013
300
Oktober 2013
350
Dezember 2013
400
Januar 2014
430
Februar 2014
465
April 2014
500
August 2014
600
Januar 2015
700
April 2015
800
September 2015
900
Februar 2016
1 000
Januar 2017
1 200
Juli 2017
1 300
Dezember 2017
1 500

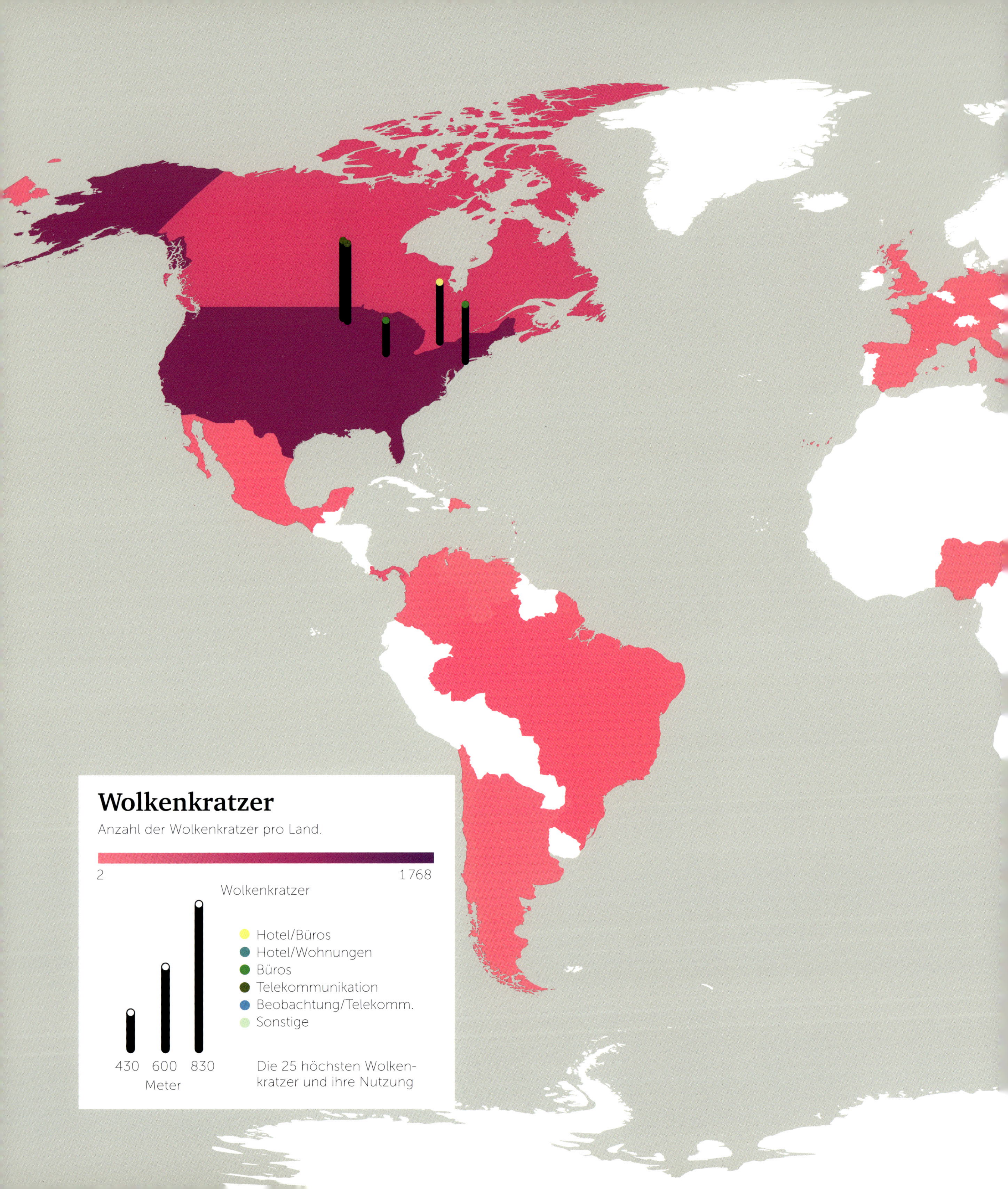
2
1768
Wolkenkratzer
Hotel/Büros
Hotel/Wohnungen
Büros
Telekommunikation
Beobachtung/Telekomm.
Sonstige
430 600 830
Meter
Die 25 höchsten Wolkenkratzer und ihre Nutzung

Wolkenkratzer

Anzahl der Wolkenkratzer pro Land.

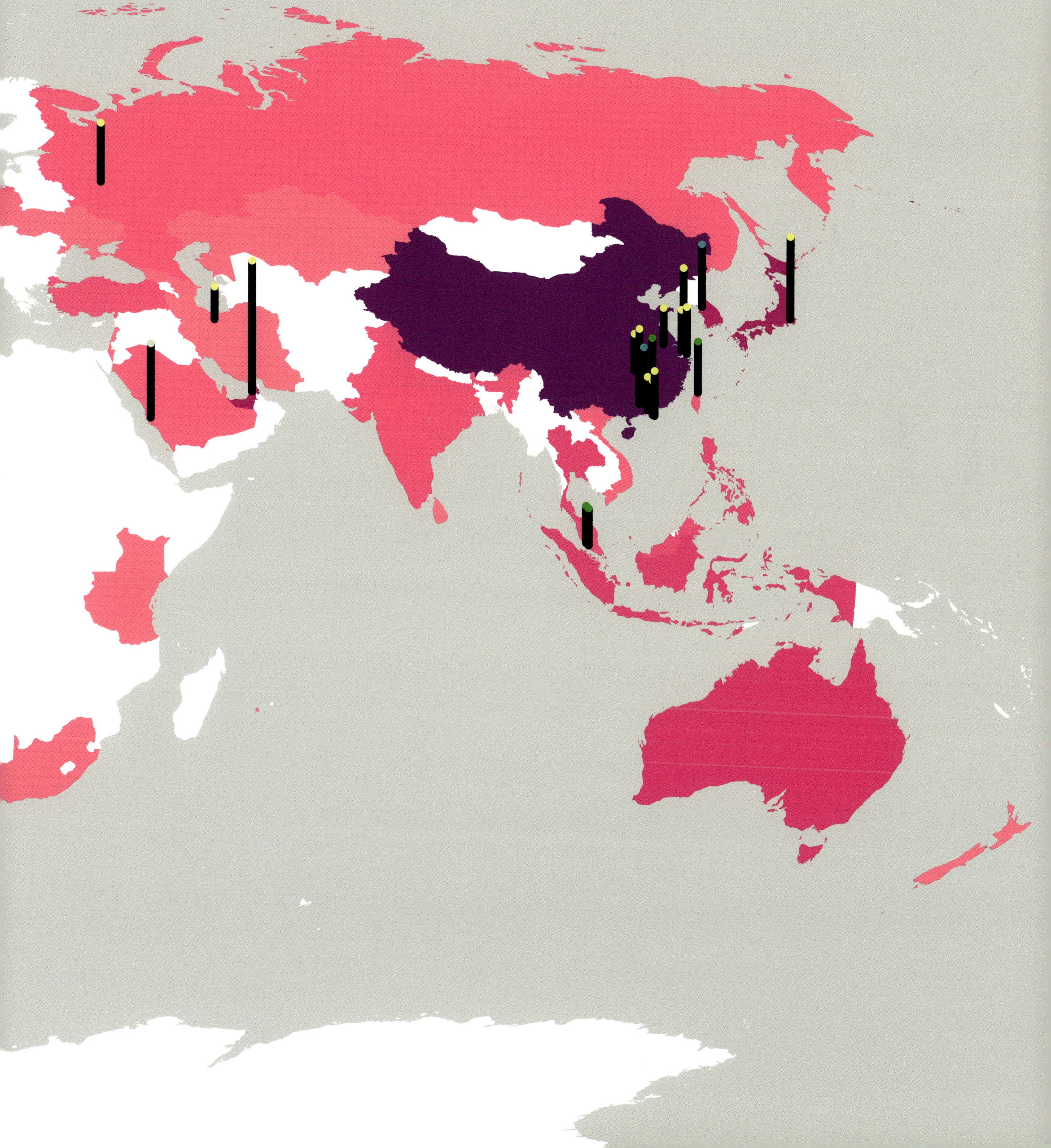

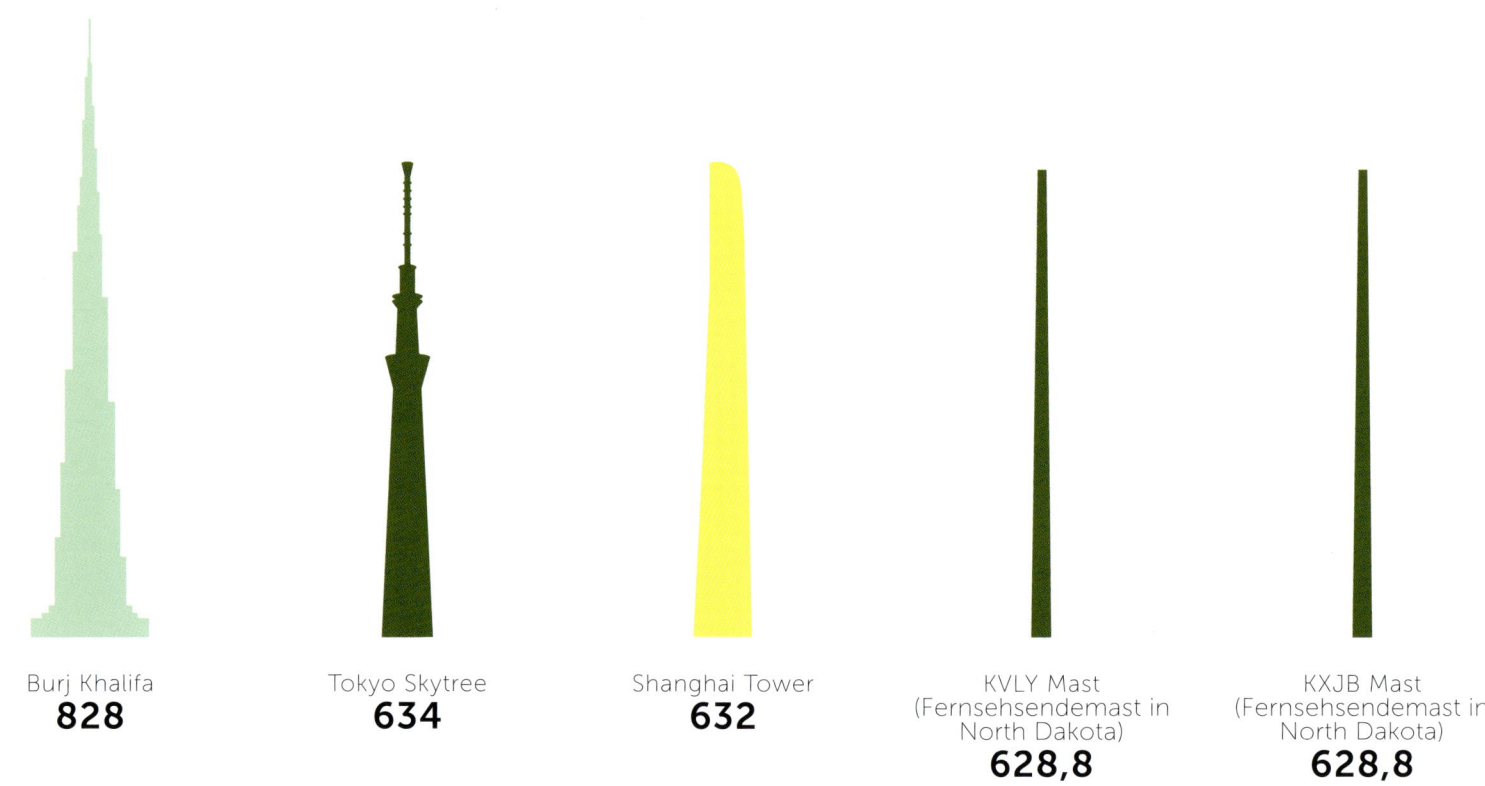

Burj Khalifa
828
Tokyo Skytree
634
Shanghai Tower
632
KVLY Mast
(Fernsehsendemast in
North Dakota)
628,8
KXJB Mast
(Fernsehsendemast in
North Dakota)
628,8

Wolkenkratzer

Im Jahr 1311 musste der Vierungsturm der Lincoln Cathedral in den englischen East Midlands ersetzt werden. Der neue Turm mit seiner Spitze machte die Kathedrale zum ersten menschlichen Bauwerk, das über 150 Meter hoch war. Mit ihrer eindrucksvollen Höhe von 160 Metern übertraf die Kathedrale die Große Pyramide von Gizeh als höchstes Bauwerk der Welt – ein Titel, den sie in den folgenden 238 Jahren trug. Heute hat das Vereinigte Königreich achtzehn Gebäude, die über 150 Meter hoch sind (die Lincoln Cathedral zählt nicht mehr dazu, weil die Turmspitze 1549 einstürzte). Diese Zahl mag zwar beeindruckend sein, aber es ist lediglich ein Wolkenkratzer mehr als in Nordkorea und einer weniger als in Israel und Kolumbien – Zahlen, die durch diejenigen anderer Länder weit in den Schatten gestellt werden.

Gegenwärtig besitzt kein Land mehr Wolkenkratzer als China. Dort stehen derzeit beachtliche 1 768 Gebäude, die über 150 Meter hoch sind – mehr als doppelt so viele wie in den Vereinigten Staaten (741), die auf dem nächsten Platz rangieren. Die einzigen weiteren Länder mit hundert Wolkenkratzern oder mehr sind Japan (241), die Vereinigten Arabischen Emirate (228), Südkorea (214) und Australien (100). Solche Gebäude haben sich zu einem Mittel entwickelt, mit dem ein Land sich auf der Weltbühne präsentieren kann, wie anhand des Kampfes um den Titel „höchstes Gebäude der Welt" zu beobachten ist. Seit der Jahrtausendwende ist dieser Titel von den Petronas Towers in Kuala Lumpur (452 Meter) auf den Taipei 101 in Taipeh (508 Meter) und schließlich auf Dubais Burj Khalifa (828 Meter) übergegangen. Selbst dieses Mega-Bauwerk wird wahrscheinlich bald vom Jeddah Tower in Saudi-Arabien

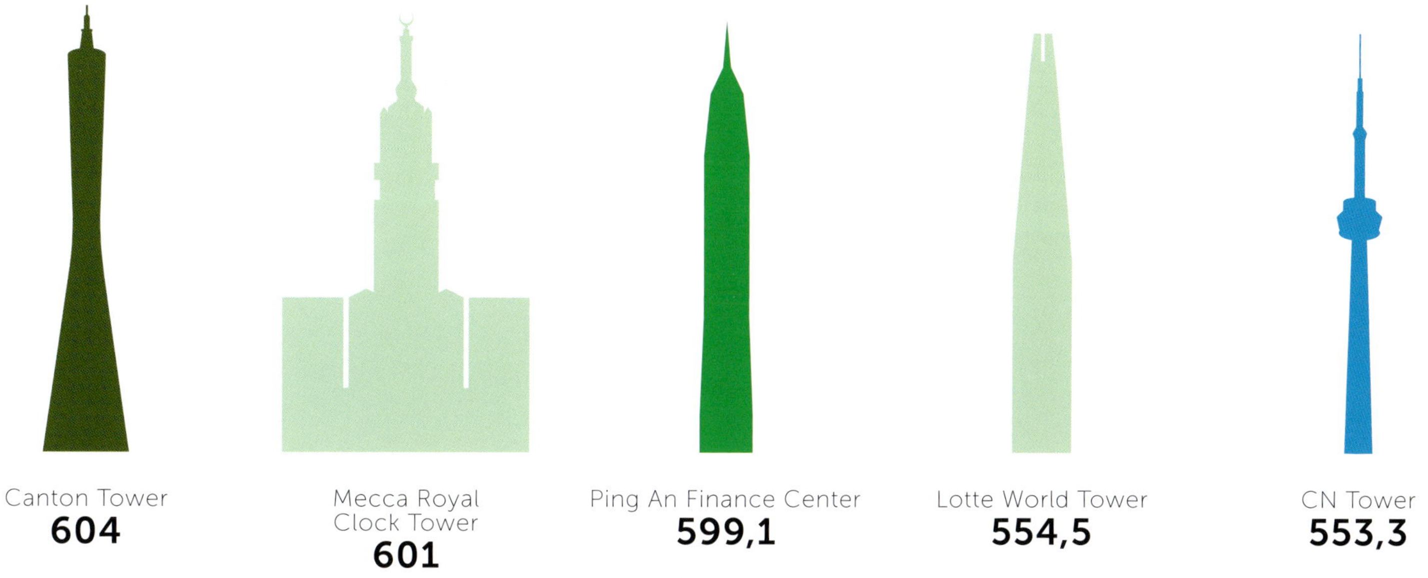
Canton Tower
604
Mecca Royal
Clock Tower
601
Ping An Finance Center
599,1
Lotte World Tower
554,5
CN Tower
553,3

Die 10 höchsten Bauwerke der Welt in Metern.

übertroffen werden, der nach seiner Fertigstellung unglaubliche 1 000 Meter hoch – einen ganzen Kilometer! – in den Himmel ragen soll. Besonders erstaunt, dass die USA – der Geburtsort der Wolkenkratzer – heutzutage keine zum Wohnen und Arbeiten genutzten Gebäude besitzen, die unter den Top Ten der Welt rangieren. Das höchste ist mit 541 Metern das One World Trade Center in New York. Die Anzahl der neuen Wolkenkratzer steigt rasant; während sich im Jahr 2000 weltweit nur 78 neue Gebäude von über 150 Metern Höhe im Bau befanden, waren es 2017 unglaubliche 296, ein Trend, der sich im Zuge der Urbanisierung der Weltbevölkerung fortzusetzen scheint.

Dem Anschein nach besteht der einleuchtende Grund, Wolkenkratzer zu bauen, darin, auf begrenztem Raum mehr kostbare Nutzfläche zu gewinnen. Zwar geht es häufig zweifellos um städtische Verdichtung, damit die Zersiedelung der Stadtränder eingedämmt wird, doch die höchsten Wolkenkratzer der Welt sind für reiche und boomende Städte auch zunehmend ein Mittel zum Prahlen, dazu, die eigene Bedeutung herauszustellen und sich einen Platz auf der Weltkarte zu sichern. Der Wolkenkratzer als solcher gilt inzwischen in allen Kulturen als Symbol des Kapitalismus. Dank der Globalisierung der städtischen Architektur werden die Skylines der Großstädte weltweit einander immer ähnlicher. Ob diese Bauten nun in Seoul oder Chicago, Dubai oder Guangzhou stehen, ob sie als Luxusapartments, Bürogebäude oder Hotels genutzt werden – sie zeugen davon, wie erfolgreich die ikonischen Multifunktionswolkenkratzer, die in Manhattan Ende des 19., Anfang des 20. Jahrhunderts errichtet wurden, die Welt geprägt haben.

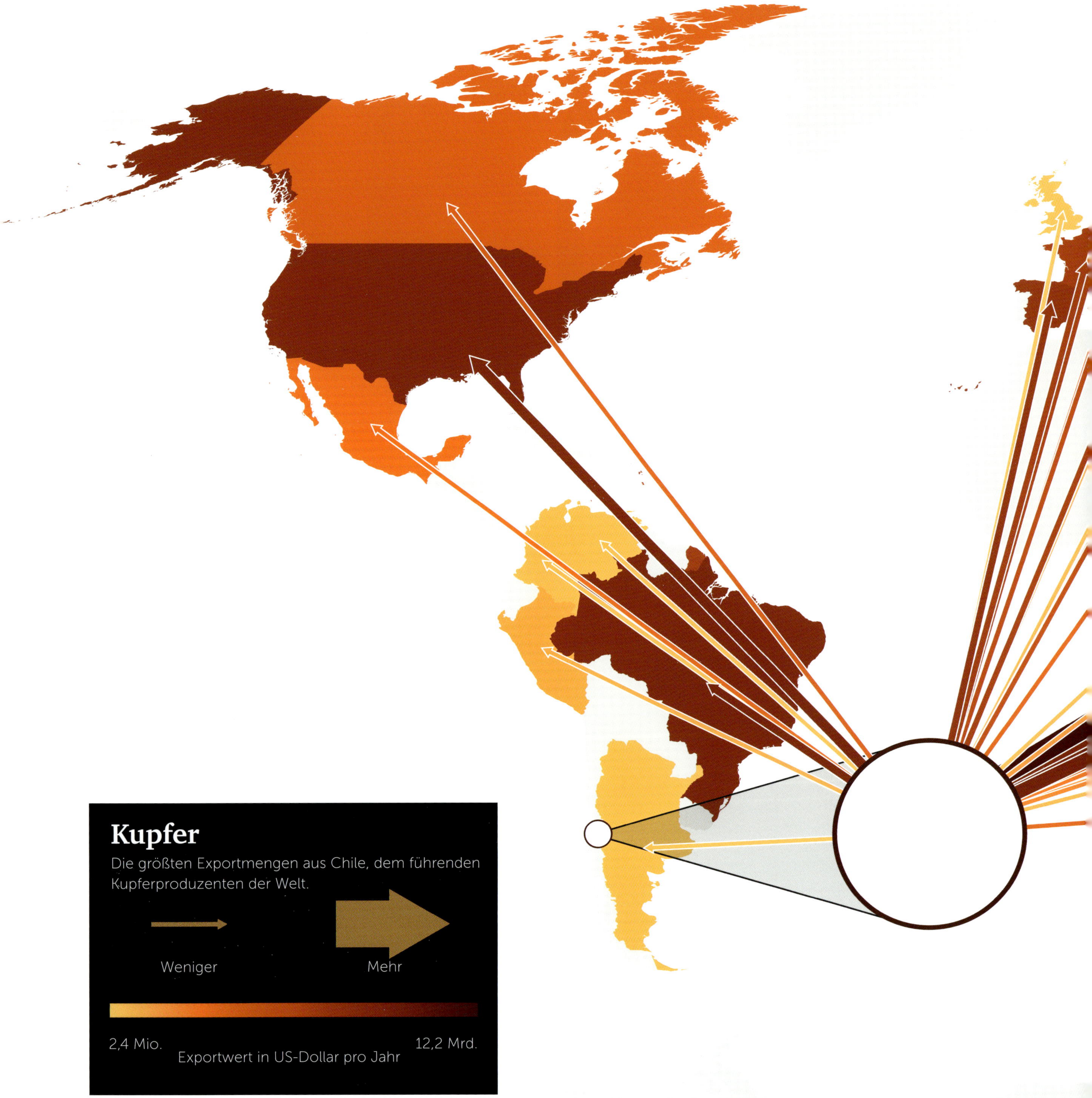
Kupfer
Die größten Exportmengen aus Chile, dem führenden Kupferproduzenten der Welt.
Weniger
Mehr
2,4 Mio.
12,2 Mrd.
Exportwert in US-Dollar pro Jahr

Kupfer

Im Oktober 2010 blickte die Welt gebannt nach Chile, als in einer abgelegenen Ecke der Atacama-Wüste eine seltsame Kapsel aus einem Loch in der Erde auftauchte. Eine Klappe öffnete sich, und ein Mann namens Florencio Ávalos stolperte heraus. Er war 31 Jahre alt, seine Kleider waren schmutzig, und er trug eine Sonnenbrille, um seine Augen vor dem hellen Scheinwerferlicht zu schützen. Allen Widrigkeiten zum Trotz war er noch am Leben, nachdem er zwei Monate unter der Erde verbracht hatte, weil es in der San-José-Mine, in der er gearbeitet hatte, zu einem großen Felssturz gekommen war, der ihn und seine 32 Kollegen in fast 800 Metern Tiefe eingeschlossen hatte. Ein Bergarbeiter nach dem anderen wurde vorsichtig an die Erdoberfläche gezogen, wo die Geretteten von ihren Angehörigen begrüßt wurden. Wie durch ein Wunder hatten alle 33 Männer überlebt.

Die Arbeiter hatten Kupfer abgebaut, jenes rötliche Basismetall, mit dessen Hilfe ein großer Teil der modernen Welt mit Strom versorgt wird. Die Mine San José wurde damals von San Esteban geleitet, einer der zahlreichen Privatfirmen, die neben der staatlichen *Corporación Nacional del Cobre de Chile* (Codelco), dem weltweit größten Kupferproduzenten, aktiv sind. Die Kupferindustrie ist das Rückgrat der chilenischen Wirtschaft, sie trägt immerhin 20 Prozent zum nationalen Bruttoinlandsprodukt bei und liefert mehr als 60 Prozent aller nationalen Exporte.

Es ist erstaunlich, in welchem Ausmaß sich der Rest der Welt auf die chilenischen Kupferexporte verlässt. Bekanntermaßen besitzt das Land mindestens 170 Millionen Tonnen Kupferreserven, deutlich mehr als Australien (88 Millionen) und Peru (81 Millionen). Im Jahr 2016 kam mehr als ein Drittel des weltweit geförderten Kupfers aus Chile – etwa 5,5 Millionen Tonnen, mehr als das zweihundertfache Gewicht der New Yorker Freiheitsstatue (die mit Kupfer verkleidet ist, daher rührt ihre grüne Farbe). Rohkupfer wird in andere Länder verschifft, wie zum Beispiel nach China, Japan, Südkorea, Indien und in die Vereinigten Staaten, wo er dank seiner elektrischen Leitfähigkeit eine zentrale Rolle in der technologischen Revolution des 21. Jahrhunderts spielt. Kupfer wird insbesondere für die allgegenwärtigen Stromversorgungskabel, Telefonleitungen und Computerplatinen benötigt.

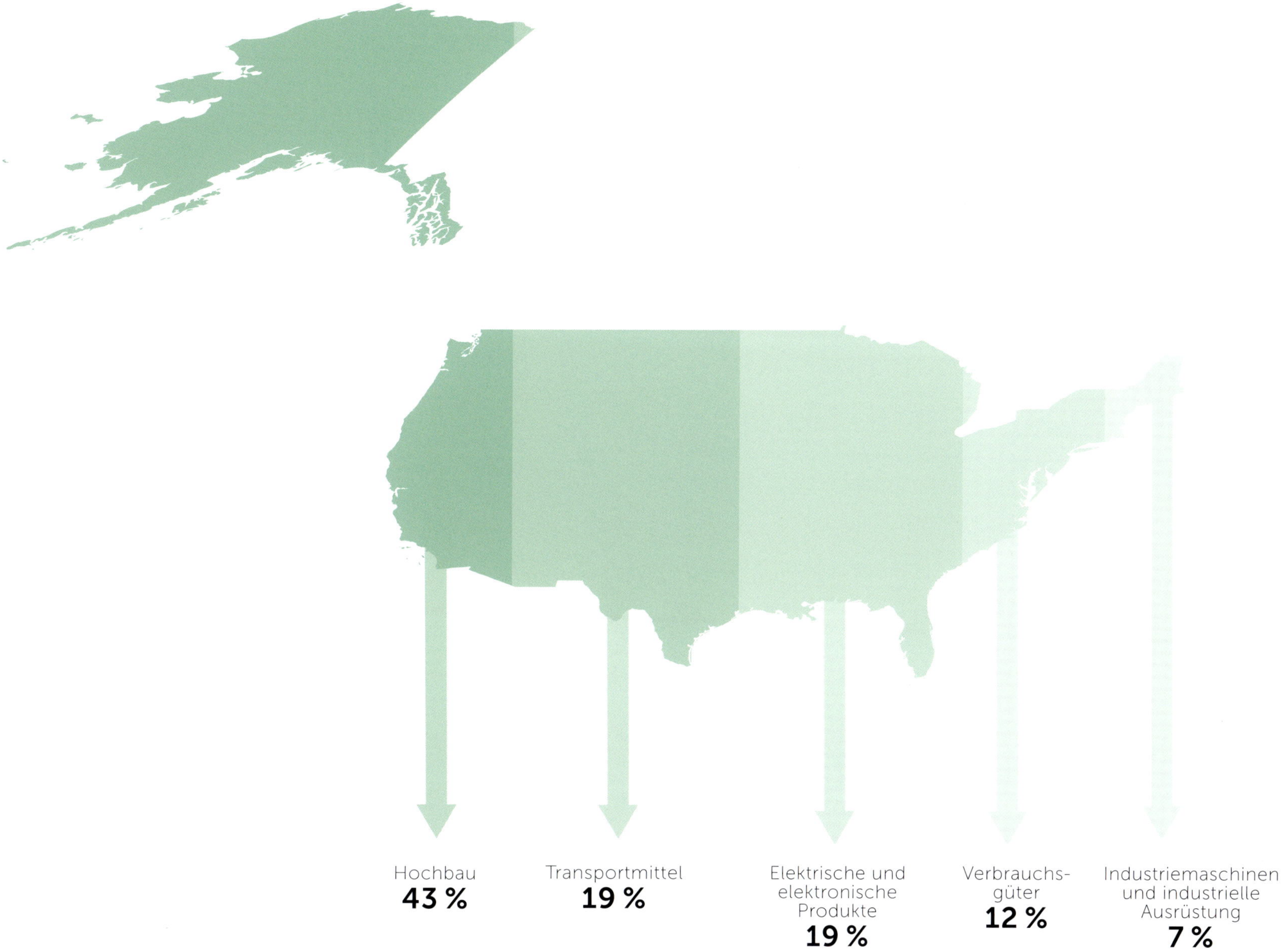
Hochbau
43 %
Transportmittel
19 %
Elektrische und elektronische Produkte
19 %
Verbrauchsgüter
12 %
Industriemaschinen und industrielle Ausrüstung
7 %

Kupfer und Kupferlegierungen werden für viele verschiedene Zwecke genutzt, doch in den Vereinigten Staaten verschlingt der Gebäudebau fast die Hälfte der verwendeten Gesamtmenge.

Die Vielseitigkeit und unterschiedlichsten Verwendungsmöglichkeiten von Kupfer haben dazu geführt, dass der weltweite Verbrauch in den vergangenen Jahren von 17 Millionen Tonnen im Jahr 2006 auf fast 24 Millionen Tonnen im Jahr 2016 stetig angestiegen ist. Zwar sind sich die Experten uneins, ob die Welt jemals einen „Kupfer-Höchstwert" erreichen wird, doch die wachsende Nachfrage führte 2011 zu einem Spitzenpreis für dieses Metall von fast 9 000 US-Dollar pro Tonne, bevor er langsam wieder auf knapp über 6 000 US-Dollar im Jahr 2017 sank. Weil Kupfer seit fast zwei Jahrhunderten in Stromkabeln allgegenwärtig ist, hat auch der Markt für Gebrauchtkupfer durch den Preisanstieg einen Boom erlebt, weshalb Schatzsucher Schrotthalden nach dem wertvollen Material durchkämmen – in extremen Fällen werden Kabel sogar aus dem Boden gerissen. Im Jahr 2015 stieg die Gesamtproduktion von raffiniertem Sekundärkupfer auf über 3,9 Millionen Tonnen an, was fast einer Verdoppelung innerhalb eines Jahrzehnts gleichkam. Je rarer Kupfer wird und je mehr die weltweite Nachfrage wächst, desto größer wird der Druck auf Chile, diese Nachfrage zu befriedigen.

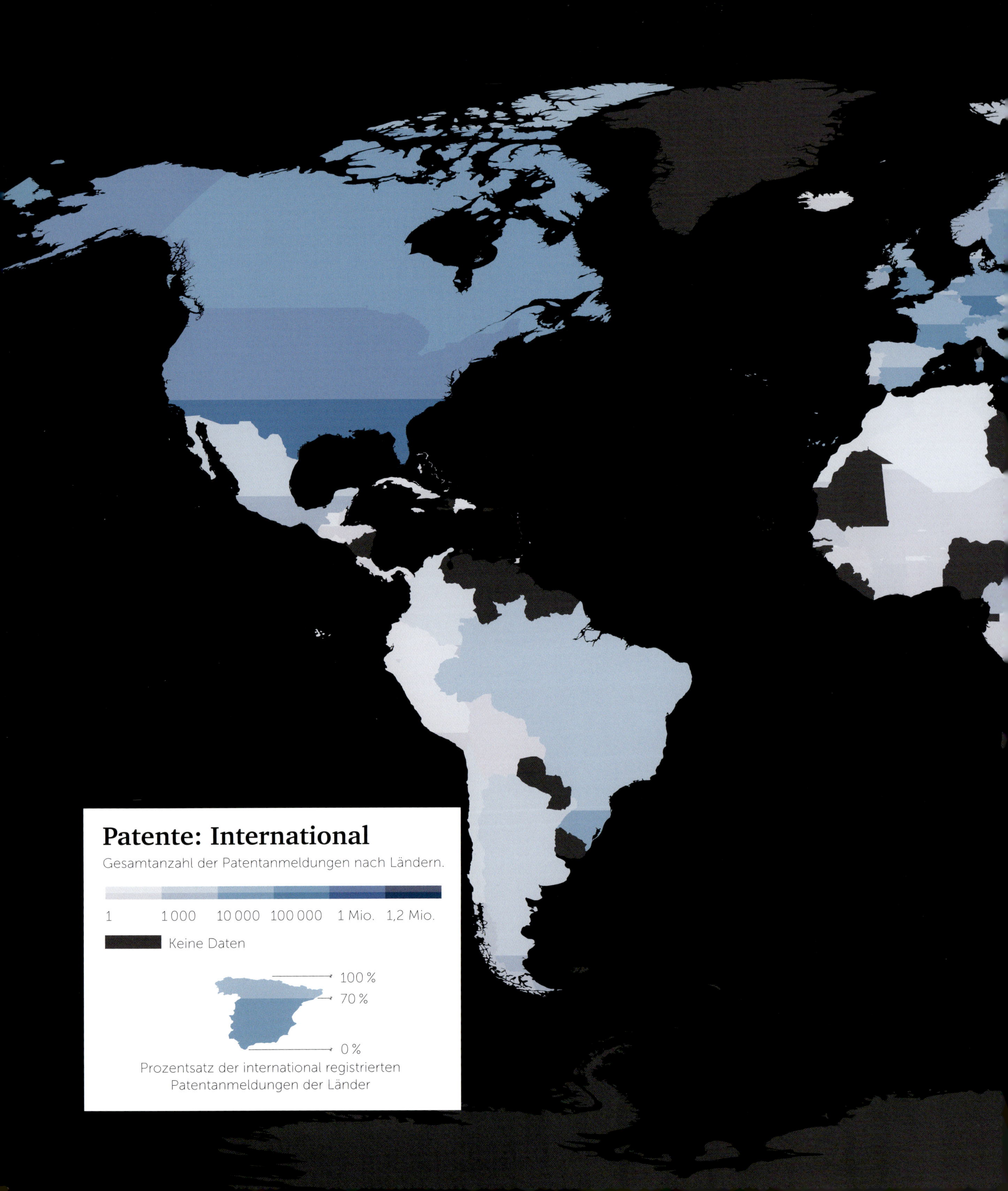
Patente: International
Gesamtanzahl der Patentanmeldungen nach Ländern.
1
1 000
10 000
100 000
1 Mio.
1,2 Mio.
Keine Daten
100 %
70 %
0 %
Prozentsatz der international registrierten
Patentanmeldungen der Länder

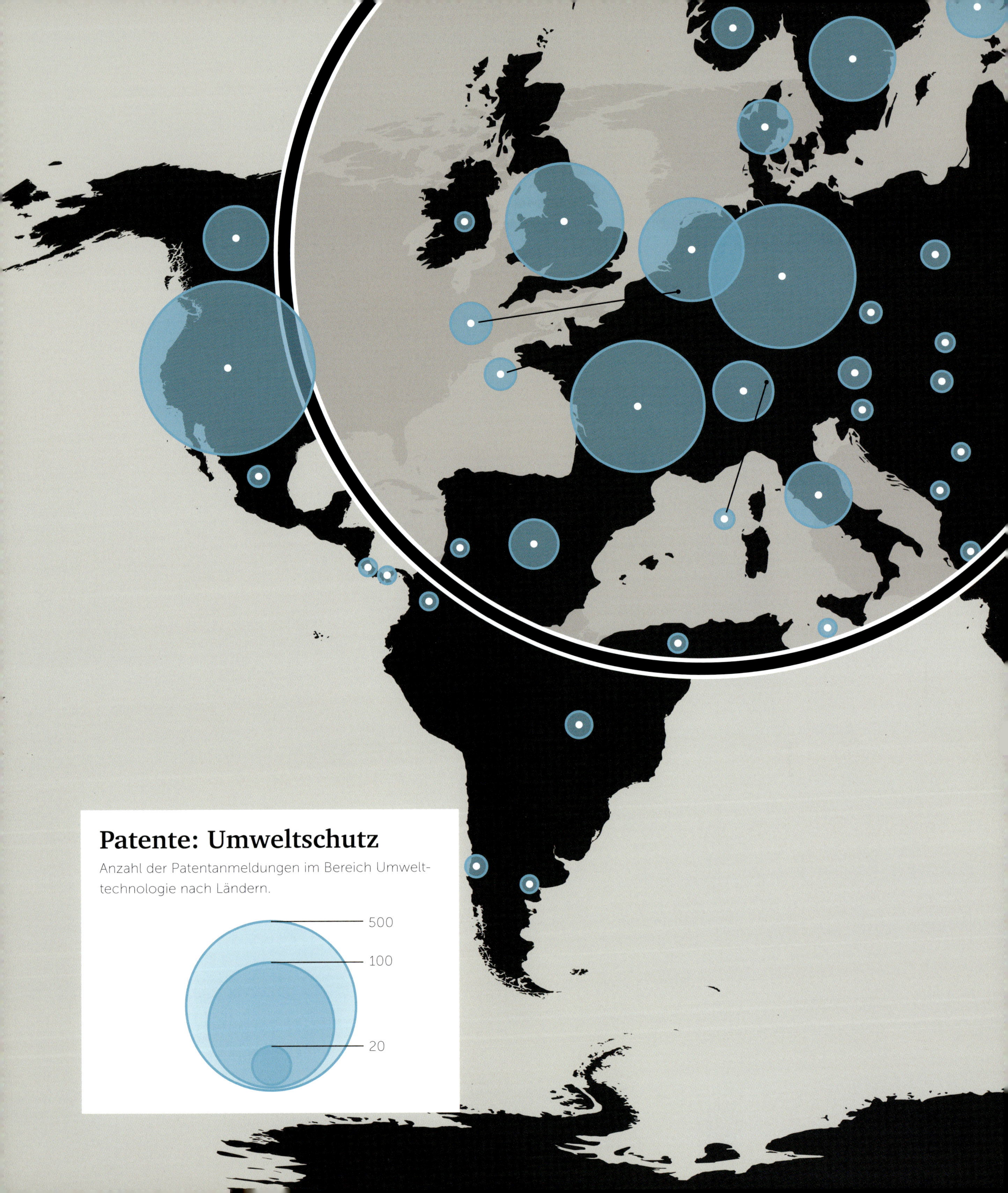

Patente: Umweltschutz
Anzahl der Patentanmeldungen im Bereich Umwelttechnologie nach Ländern.
500
100
20

Patente

Ein flüchtiger Blick auf die jüngsten technologischen Neuerungen zeigt, dass eine Patentanmeldung eine Grundvoraussetzung für den Start eines innovativen Produkts ist. Eine erfolgreiche Patentanmeldung schützt das geistige Eigentum desjenigen, der ein neues Produkt entwickelt hat, vor der Nachahmung von Konkurrenten oder vor Ideenklau – selbst wenn der Erfinder das betreffende Gerät nicht selbst herstellt. Zahlungen von mehreren, ja sogar Hunderten von Millionen US-Dollar sind keine Seltenheit. Beliebte neue Produkte könnten millionenfach verkauft werden, deshalb liegt es aufgrund der eventuell riesigen Profite im Interesse großer Unternehmen, so viele Patentanträge wie nur möglich zu stellen, in der Hoffnung, sich im Kampf um die Aufmerksamkeit der Konsumenten einen nennenswerten Vorteil gegenüber den Konkurrenten zu verschaffen.

Das nationale Patentamt Chinas nahm 2016 insgesamt 1,34 Millionen Patentanträge entgegen – weltweit die höchste Zahl in einem einzelnen Land (mehr als 404 000 dieser Anträge wurden bewilligt). Neunzig Prozent der Anträge wurden von heimischen Firmen und Organisationen gestellt. Diese Zahl belegt, dass relativ wenige ausländische Unternehmen versuchen, ihre Produkte in China zu vermarkten. Im Vergleich dazu stammte im selben Zeitraum nur die Hälfte der Patentanträge in den USA aus dem eigenen Land – ein Hinweis darauf, dass ausländische Firmen ihre Produkte in den Vereinigten Staaten verkaufen wollen. Die Zahlen Chinas veranschaulichen das außergewöhnliche Wachstum insbesondere der nationalen Hightech-Industrie (2006 wurden 24 301 Patentanträge für dieses Sachgebiet eingereicht, 2016 bereits 131 680). Die USA und China zählen darüber hinaus zu den Ländern, in denen die meisten Patentanträge für Umwelttechnologie gestellt wurden: 536 beziehungsweise 356. Nur in Japan gab es mehr, nämlich 546 Anträge für diesen Bereich.

Insgesamt sind in China gegenwärtig 1,77 Millionen Patente gültig – dabei handelt es sich um bewilligte Patente, die noch nicht ausgelaufen sind. In den Vereinigten Staaten sind derzeit zwar die meisten Patente gültig – nämlich 2,76 Millionen, gefolgt von Japan mit 1,98 Millionen –, doch im Jahr 2016 wurden in den USA nur 600 000 Patentanträge gestellt, halb so viele wie in China. Die Zahl der Patentanträge ist weltweit Jahr für Jahr gestiegen, von 997 501 im Jahr 1990 (davon wurden 406 582 bewilligt) auf 3 127 900 im Jahr 2016 (1 651 600 davon bewilligt).

Eine Grundregel des Patentrechts besagt, dass ausschließlich das nationale Patentamt berechtigt ist, ein Patent für das Land zu erteilen, in dem der Antrag gestellt wird. Das heißt, Unternehmen müssen für dasselbe Produkt in jedem Land einen neuen Patentantrag stellen. Eine Alternative ist, einen Patentzusam-

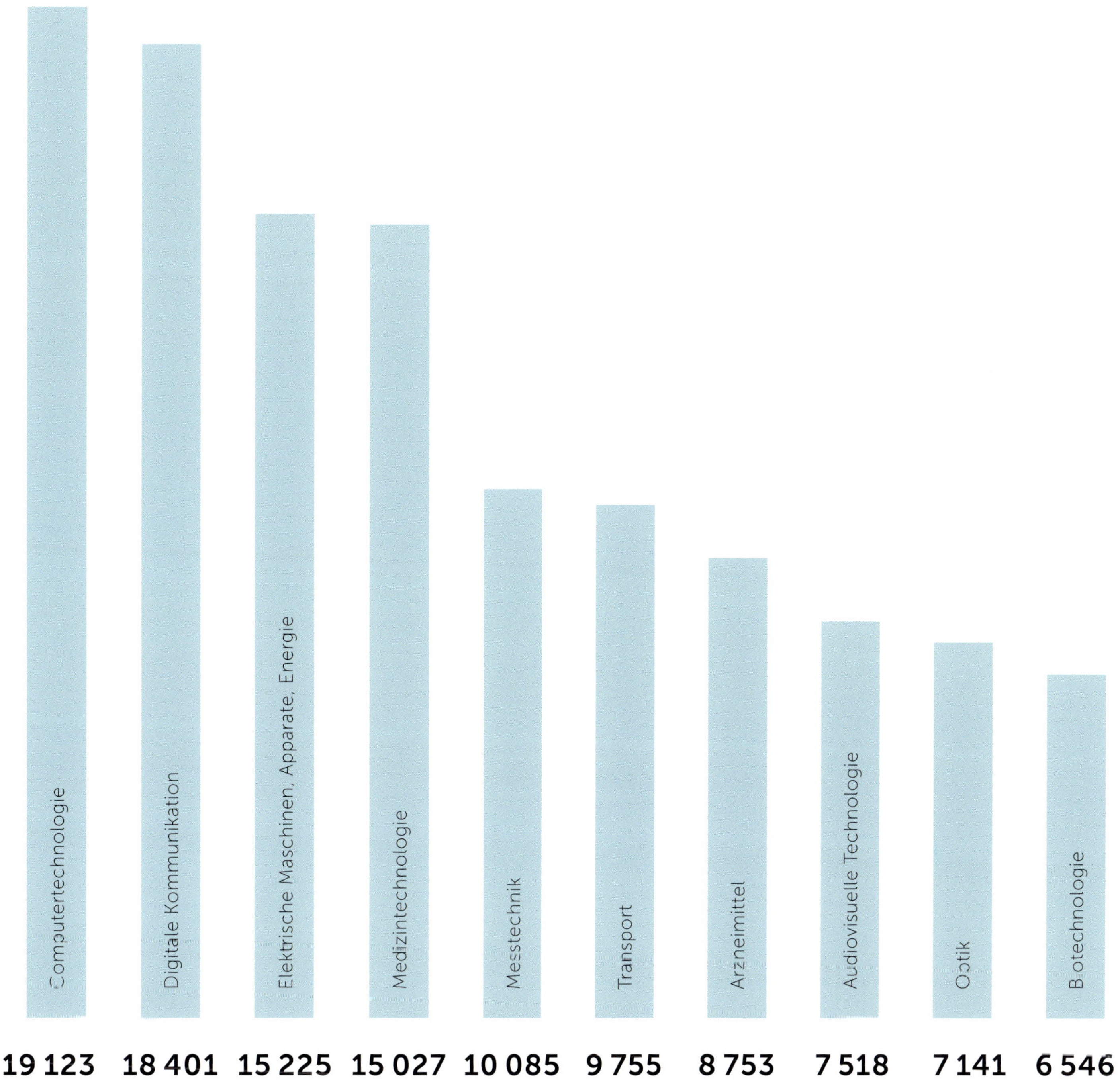
Computertechnologie
Digitale Kommunikation
Elektrische Maschinen, Apparate, Energie
Medizintechnologie
Messtechnik
Transport
Arzneimittel
Audiovisuelle Technologie
Optik
Biotechnologie
19 123
18 401
15 225
15 027
10 085
9 755
8 753
7 518
7 141
6 546

menarbeitsvertrag (*Patent Cooperation Treaty*/PCT) zu beantragen – ein Verfahren, das Ende der 1970er-Jahre ins Leben gerufen wurde. Diese Verträge werden von der Weltorganisation für geistiges Eigentum (*World Intellectual Property Organization*/WIPO) verwaltet und kommen einem internationalen Patent am nächsten, indem das geistige Eigentum in mehr als 150 Ländern mithilfe eines einzigen Patentantrags geschützt werden kann. Der Smartphone-Hersteller Huawei reichte im Jahr 2017 4 024 PCTs ein, die weltweit meisten einer einzelnen Firma, gefolgt von einer weiteren chinesischen Firma, ZTE Corporation, mit 2 965 PCTs. Dies ist ein Indiz dafür, dass sie den nächsten großen Wurf im Ausland planen. Insgesamt wurden 2017 in China 48 882 PCT-Anträge gestellt, wenig mehr als in Japan (48 208), aber deutlich weniger als in den Vereinigten Staaten (59 624). Der Kampf um neue Ideen ist also voll im Gange.

Jedes Jahr werden Zehntausende PCT-Patente erteilt, hauptsächlich für Digitaltechnologie.

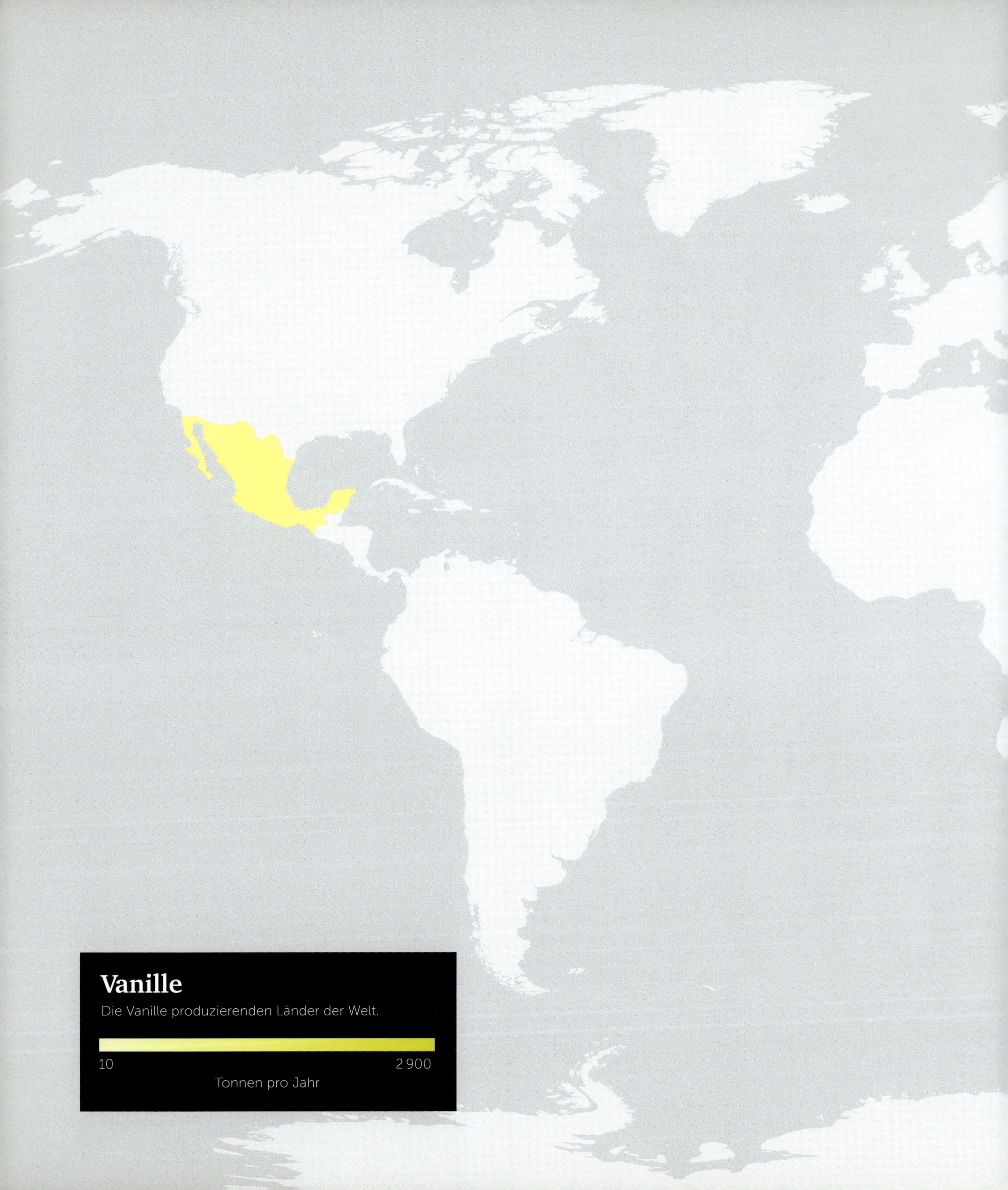
Vanille
Die Vanille produzierenden Länder der Welt.
10
2 900
Tonnen pro Jahr

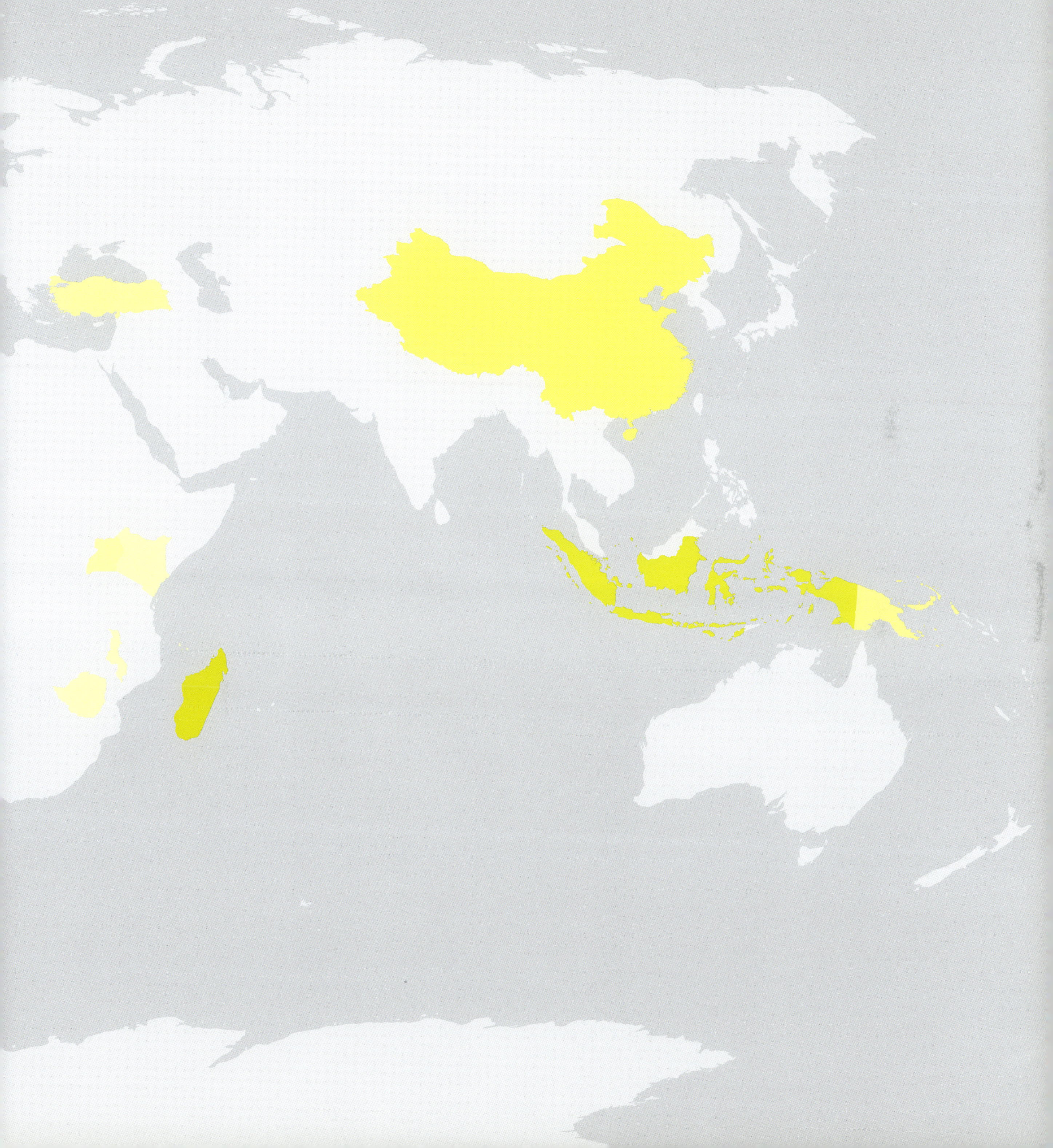

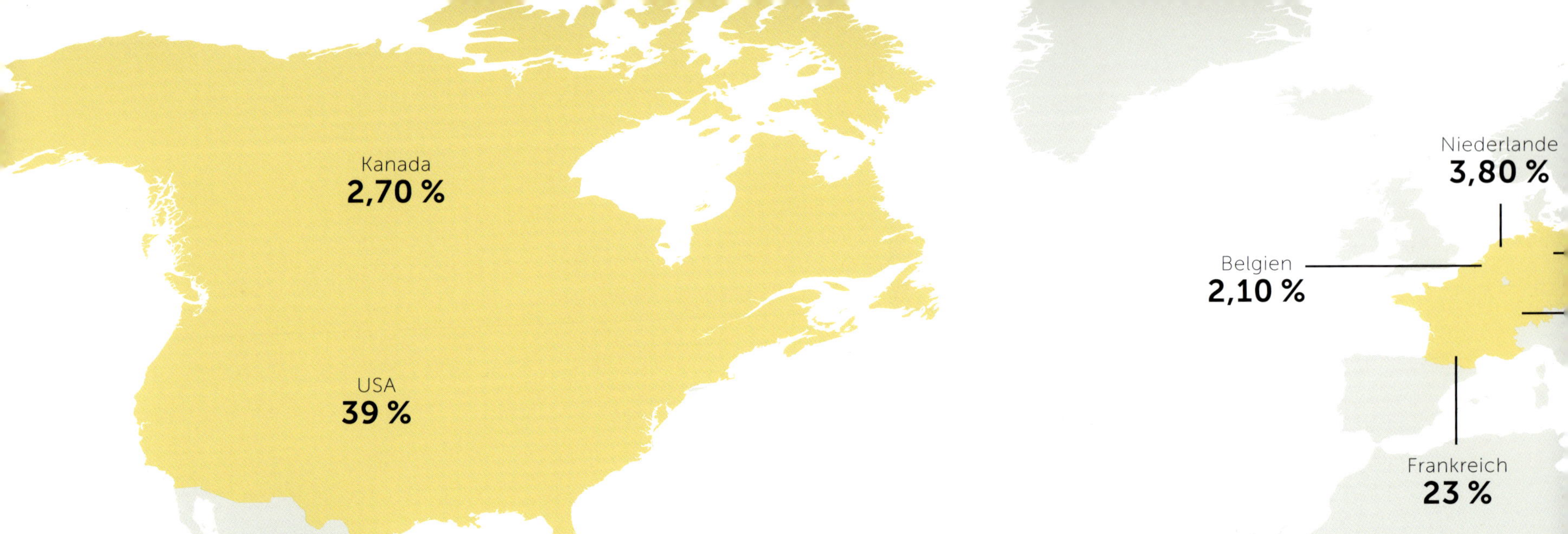
Kanada
2,70 %
USA
39 %
Niederlande
3,80 %
Belgien
2,10 %
Frankreich
23 %

Vanille

Vanille mag zwar der herkömmlichste Eiscremegeschmack sein, doch sie vermag weit mehr, als nur die Geschmacksknospen zu reizen. Vanille ist weltweit ein stark nachgefragtes Produkt, weil sie eine wesentliche Zutat in sehr vielen aromatisierten Lebensmitteln sowie in Parfums ist und aufgrund der zeitaufwendigen und arbeitsintensiven Anbau- und Verarbeitungsmethoden der Vanilleschote teurer ist als viele Konkurrenzgewürze. Doch die wachsende Beliebtheit führt in einigen Weltregionen zu gravierenden sozialen und ökologischen Problemen.

Zwar gibt es mehrere Sorten geeigneter Pflanzen, doch der weitaus größte Teil der angebotenen Vanille stammt von einer bestimmten Spezies, einer Orchideenart mit dem Namen *Vanilla planifolia*. Diese gelb blühende Pflanze, die mutmaßlich schon von den mexikanischen Azteken kultiviert wurde, wächst als immergrüne Kletterpflanze, die bis zu 30 Meter hoch werden kann. Sie bildet lange, dünne schotenartige Früchte aus, die Tausende winziger Samen enthalten. In diesem Stadium besitzen die Schoten keinen bestimmten Geschmack, doch sie werden nach der Ernte mehrere Wochen oder Monate lang getrocknet und behandelt, bis sie sich in ein kostbares und unverwechselbares Gewürz verwandeln. Traditionell wurde es zur Aromatisierung von Kakao genutzt.

Weithin bekannt wurde die Vanille im 16. Jahrhundert, als die spanischen Entdecker sie von Mexiko nach Europa brachten. Dreihundert Jahre später führten Franzosen die Frucht in ihre Kolonien im Indischen Ozean ein, auf die Insel Réunion, die Komoren und die große Insel Madagaskar. Vor allem Madagaskar nutzte die Gelegenheit, diese neue Pflanze anzubauen und ihre Schoten zu verkaufen, und hat sich inzwischen zum weltweit führenden Vanillelieferanten entwickelt. Im Jahr 2016 wurden auf der Insel 2 926 Tonnen Vanille produziert – das Gewicht entspricht dem von etwa 500 ausgewachsenen Elefanten. Weitere Produzenten größerer Mengen an Vanille waren Indonesien (2 304 Tonnen), China (885 Tonnen), Mexiko (513 Tonnen) und Papua-Neuguinea (502 Tonnen). Das Rohgewürz wird in erster Linie in die Vereinigten Staaten exportiert (im Gegenwert von 210 Millionen US-Dollar), nach Frankreich (125 Millionen US-Dollar) und nach Deutschland (94 Millionen US-Dollar); sie sind die drei wichtigsten Abnehmer der Vanille aus Madagaskar, gefolgt von der Nachbarinsel Mauritius (31 Millionen US-Dollar). Vanille wird genutzt, um alles Mögliche zu aromatisieren, von Kuchen, Parfums und Soft-

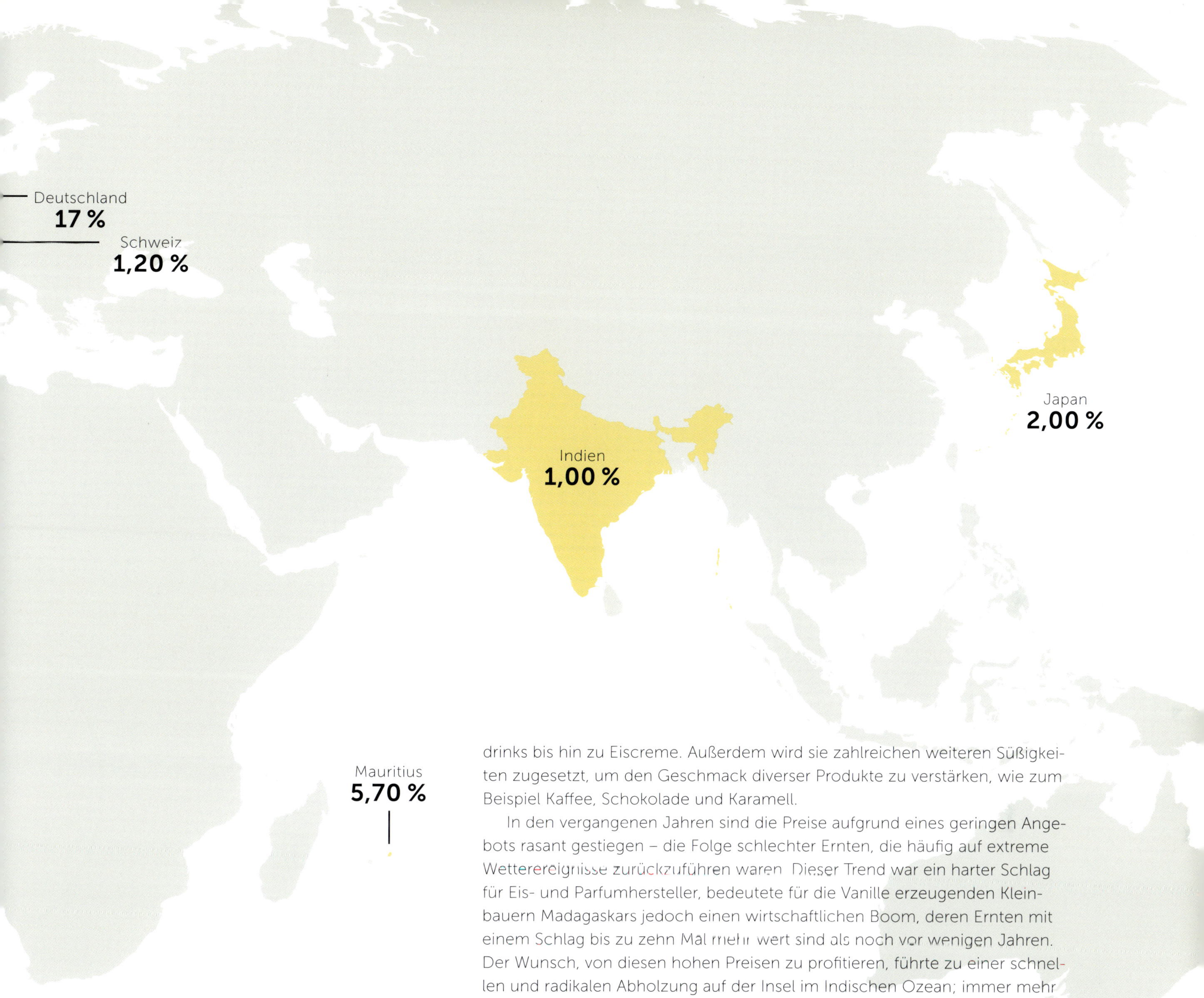
Deutschland
17 %
Schweiz
1,20 %
Japan
2,00 %
Indien
1,00 %
Mauritius
5,70 %

drinks bis hin zu Eiscreme. Außerdem wird sie zahlreichen weiteren Süßigkeiten zugesetzt, um den Geschmack diverser Produkte zu verstärken, wie zum Beispiel Kaffee, Schokolade und Karamell.

In den vergangenen Jahren sind die Preise aufgrund eines geringen Angebots rasant gestiegen – die Folge schlechter Ernten, die häufig auf extreme Wetterereignisse zurückzuführen waren. Dieser Trend war ein harter Schlag für Eis- und Parfumhersteller, bedeutete für die Vanille erzeugenden Kleinbauern Madagaskars jedoch einen wirtschaftlichen Boom, deren Ernten mit einem Schlag bis zu zehn Mal mehr wert sind als noch vor wenigen Jahren. Der Wunsch, von diesen hohen Preisen zu profitieren, führte zu einer schnellen und radikalen Abholzung auf der Insel im Indischen Ozean; immer mehr Land wird gerodet, um größere Anbauflächen für die profitable Pflanze zu gewinnen. Opfer dieser Aktivitäten sind etwa die symbolträchtigen Kattas, die Lemuren mit dem geringelten Schwanz, die gegenwärtig als „bedrohte Tierart" eingestuft werden.

Die Tatsache, dass die Vanilleproduktion ein arbeitsintensiver Prozess ist, sowie die Unsicherheiten der globalen Versorgung haben erneut das Interesse an synthetischer Vanille geweckt. Schon 1874 versuchte man, künstliche Vanille aus Pinienrinde und später aus Gewürznelken zu gewinnen. Inzwischen können Hersteller, die auf die „Essenz" dieses aromatischen Gewürzes aus sind, ohne Spitzenpreise für die echte Vanille bezahlen zu wollen, handelsübliche synthetische Aromen aus Zellstoff und Steinkohlenteer kaufen. Auch dieser Faktor erhöht die Spannungen und Ungewissheiten rund um die Zukunft der echten Vanille, die noch immer zu den weltweit beliebtesten Aromastoffen zählt.

Die zehn führenden Importeure der Vanille aus Madagaskar (angegeben ist der Prozentsatz der Gesamtexporte). Vanille wird in die ganze Welt exportiert, doch mehr als ein Drittel wird direkt in die USA ausgeführt.

Kobalt
Die Länder mit dem prozentual größten Anteil an der weltweiten Kobaltförderung.
0,6%
58,8 %
280 000
150 000
30 000
(Angabe in Tonnen)
Punktgröße entspricht den Gesamtkobaltreserven

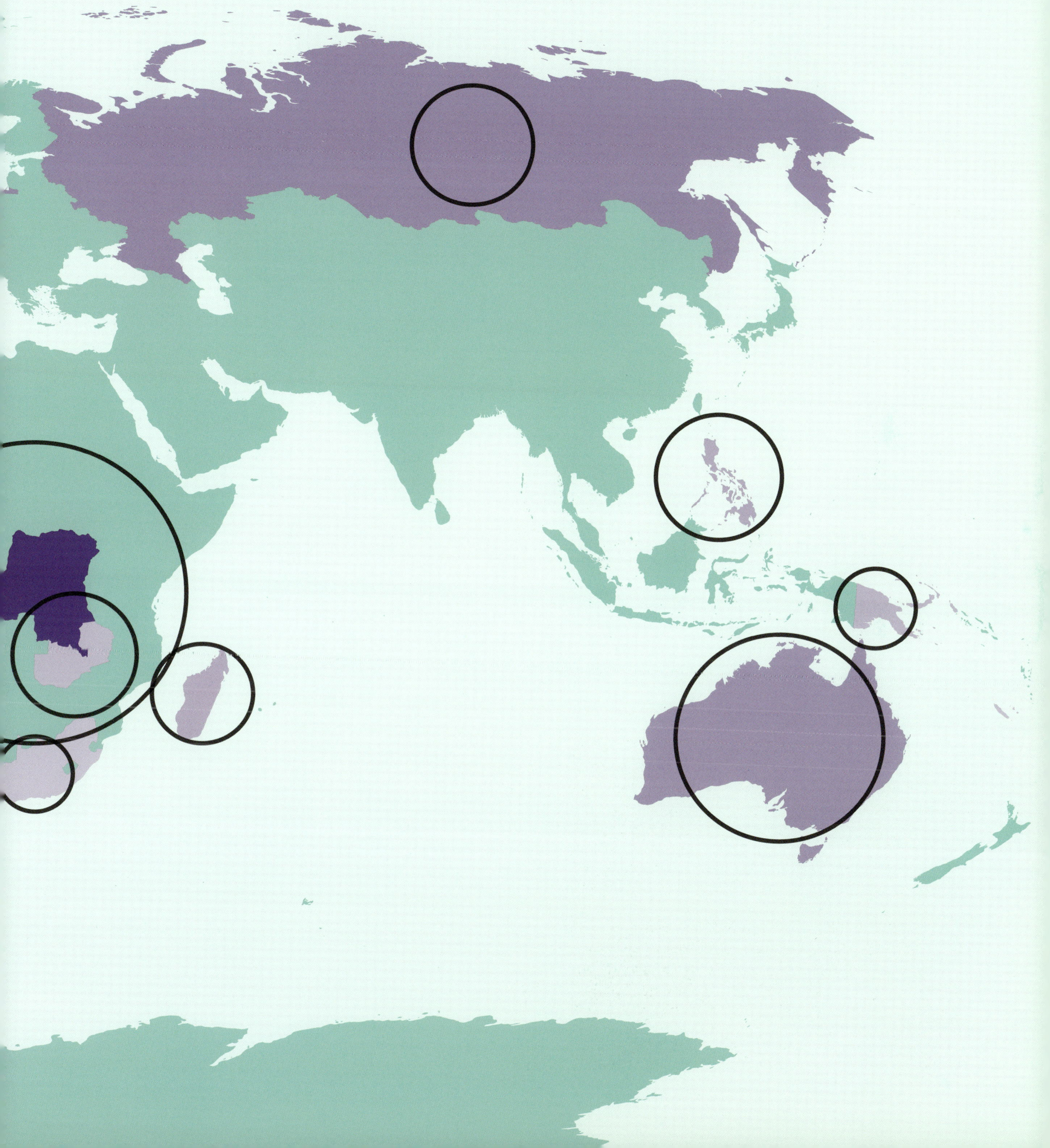

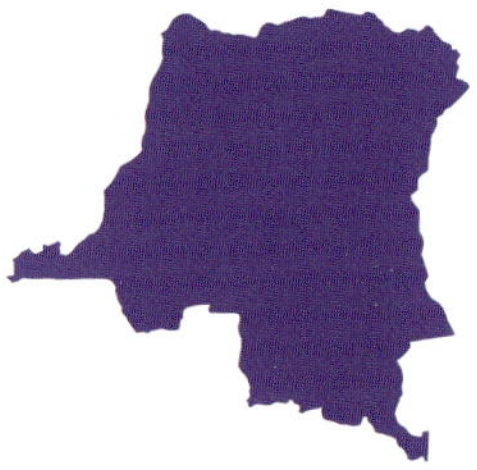
Demokratische Republik
Kongo
3,5 Mio.

Australien
1,2 Mio.

Kobalt

Tief im kongolesischen Regenwald, im heißen und feuchten Klima inmitten der üppigen grünen Vegetation, schuften Tausende Menschen mindestens zwölf, manchmal sogar bis zu vierundzwanzig Stunden am Tag. Es handelt sich um Minenarbeiter, die mit Handwerkzeugen tiefe Tunnel in die Erde graben. Sie werden *creuseurs* genannt, was auf Französisch „Ausgräber" bedeutet, und viele dieser Arbeiter sind Kinder, die sich in den Berghang graben. Sie buddeln nach den übrig gebliebenen Nebenprodukten der industriell geführten Minen, wie zum Beispiel nach Kupfer und Nickel, insbesondere aber nach dunkelblauen Steinen – dem Erz eines Metalls, das für die Stromversorgung der modernen Welt immer wichtiger wird: Kobalt.

Je mehr elektronische Geräte wir anhäufen, von Smartphones und Laptops bis hin zu Lesegeräten und Elektroautos, desto abhängiger werden wir von Lithium-Ionen-Batterien. Deren Herstellung ist von einer regelmäßigen Versorgung mit Metallen abhängig, insbesondere Kobalt und Nickel, und die Nachfrage nach diesen Metallen wird höchstwahrscheinlich weiter ansteigen. In der kurzen Zeitspanne zwischen 2016 und 2018 hat sich der Preis für Kobalt bereits vervierfacht, vor allem durch den Boom der Elektrofahrzeuge.

Die Versorgung der Welt mit Kobalt konzentriert sich auf einige wenige Regionen, was die lokalen Produzenten enorm unter Druck setzt. Etwas mehr als die Hälfte der weltweiten Kobaltversorgung stammt gegenwärtig aus der Demokratischen Republik Kongo, die mehr als das Zehnfache aller anderen Länder liefert (deutlich geringere Mengen kommen aus Ländern wie China, Kanada, Russland und Australien). Die DR Kongo besitzt mit 3,5 Millionen Ton-

Kuba
500 000
Philippinen
280 000
Sambia
270 000

nen die größten Kobaltvorkommen der Welt, beträchtlich mehr als Australien, das mit 1,2 Millionen Tonnen die zweitgrößten nicht abgebauten Reserven hat.

Zwar bietet die Minenindustrie der DR Kongo Arbeitsplätze in einem Land, in dem große Armut herrscht, doch der Mangel an angemessener Ausrüstung hat in Verbindung mit schlechten Umweltstandards zur Folge, dass die Arbeitsbedingungen im besten Fall schlecht sind. Regelmäßig kommt es zu Gefahrensituationen und tödlichen Unfällen etwa durch Tunneleinstürze. Darüber hinaus hat die gestiegene Nachfrage nach Kobalterz dazu geführt, dass es in der DR Kongo viele unkontrollierte Minen gibt, die 2016 immerhin 20 Prozent der landesweiten Kobaltexporte beisteuerten.

Ist das Kobalterz erst einmal gefördert, wird es zu verschiedenen heimischen Märkten transportiert, wo Händler das Erz testen, kaufen und ansammeln. Die Tagespreise für das Erz werden auf Tafeln handschriftlich bekannt gegeben, und häufig wird gar nicht danach gefragt, aus welcher Mine das Erz stammt. Dann wird es von Unternehmen wie Congo Dongfang Mining International geschmolzen und verarbeitet, bevor es über Kinshasa in Länder wie China und Südkorea exportiert wird, wo viele Lithium-Ionen-Batterien hergestellt werden. Die 60 Prozent des Kobalts, die nicht zu Batterien verarbeitet werden, finden höchstwahrscheinlich Verwendung in der Herstellung von Autoreifen (4 Prozent), Magneten (5 Prozent), Stahl (7 Prozent), Diamantbohrgeräten (10 Prozent) oder Superlegierungen (16 Prozent). Wofür das Kobalt am Ende auch genutzt wird, es hat einen langen Weg von tief unter der Erde im kongolesischen Regenwald bis in die globale Lieferkette hinter sich.

Die fünf Länder mit den größten Kobaltvorkommen (angegeben in Tonnen), angeführt von der Demokratischen Republik Kongo mit ihren abgeschiedenen Regenwäldern.

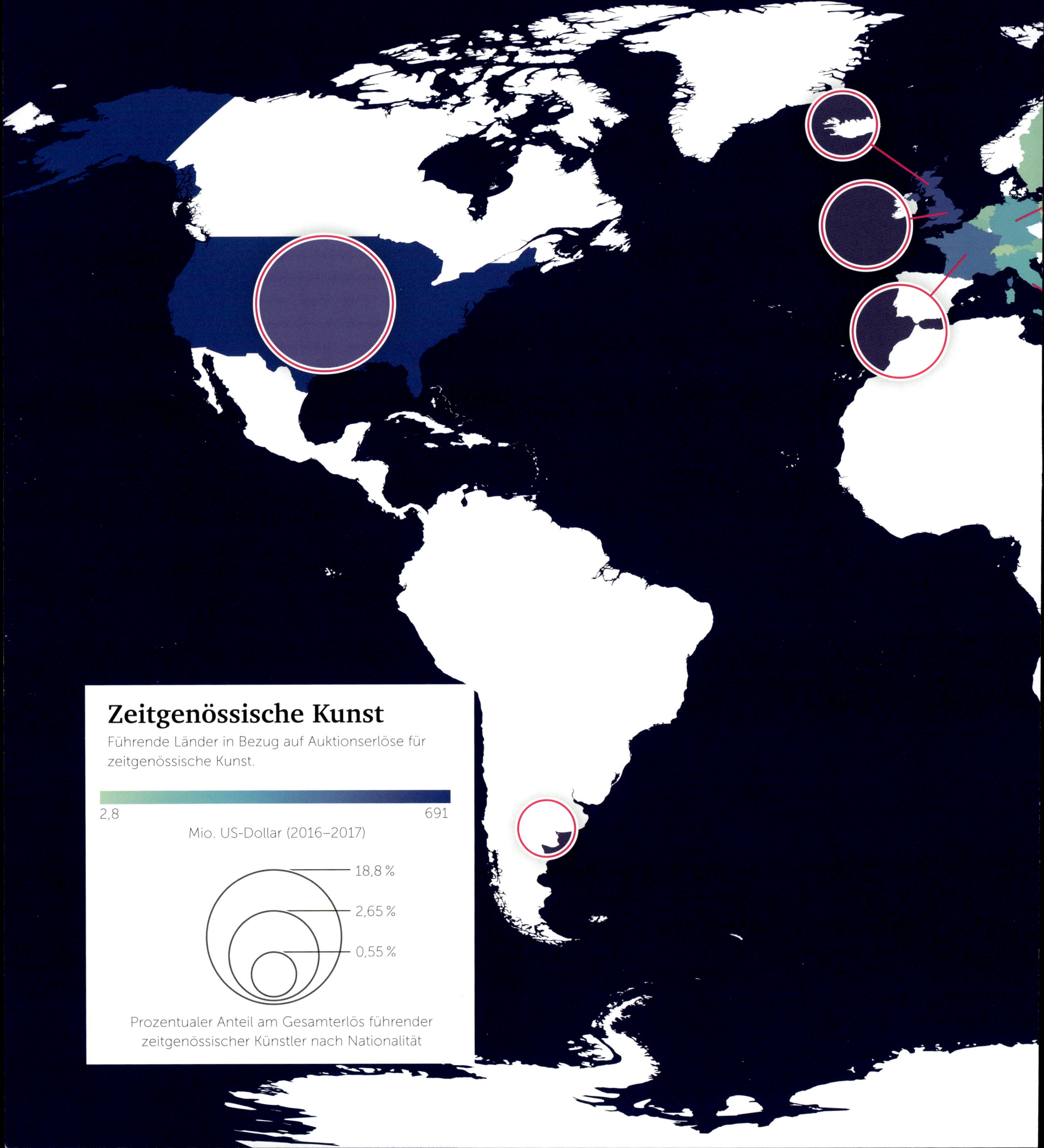
Zeitgenössische Kunst
Führende Länder in Bezug auf Auktionserlöse für zeitgenössische Kunst.
2,8
691
Mio. US-Dollar (2016–2017)
18,8 %
2,65 %
0,55 %
Prozentualer Anteil am Gesamterlös führender zeitgenössischer Künstler nach Nationalität

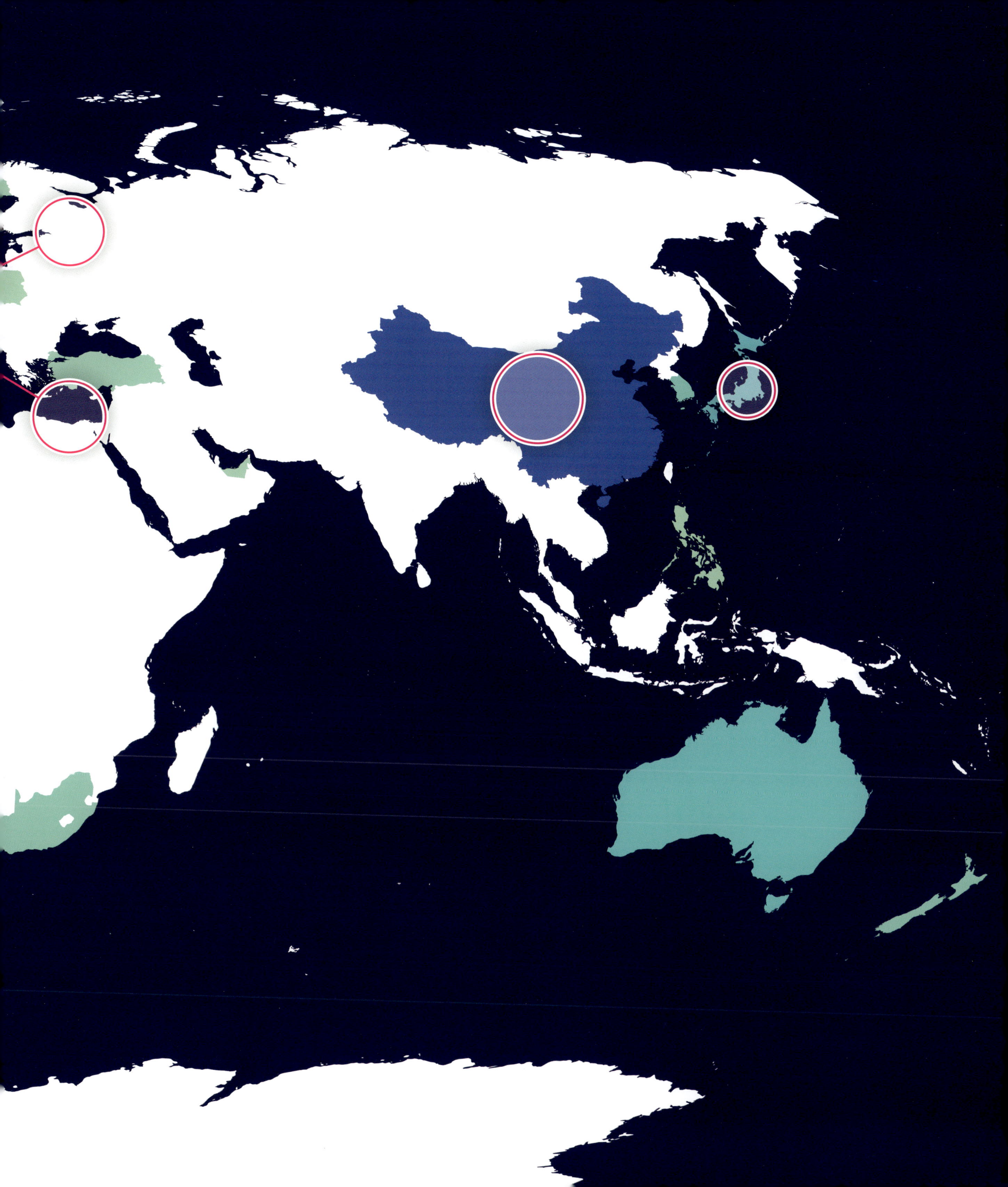

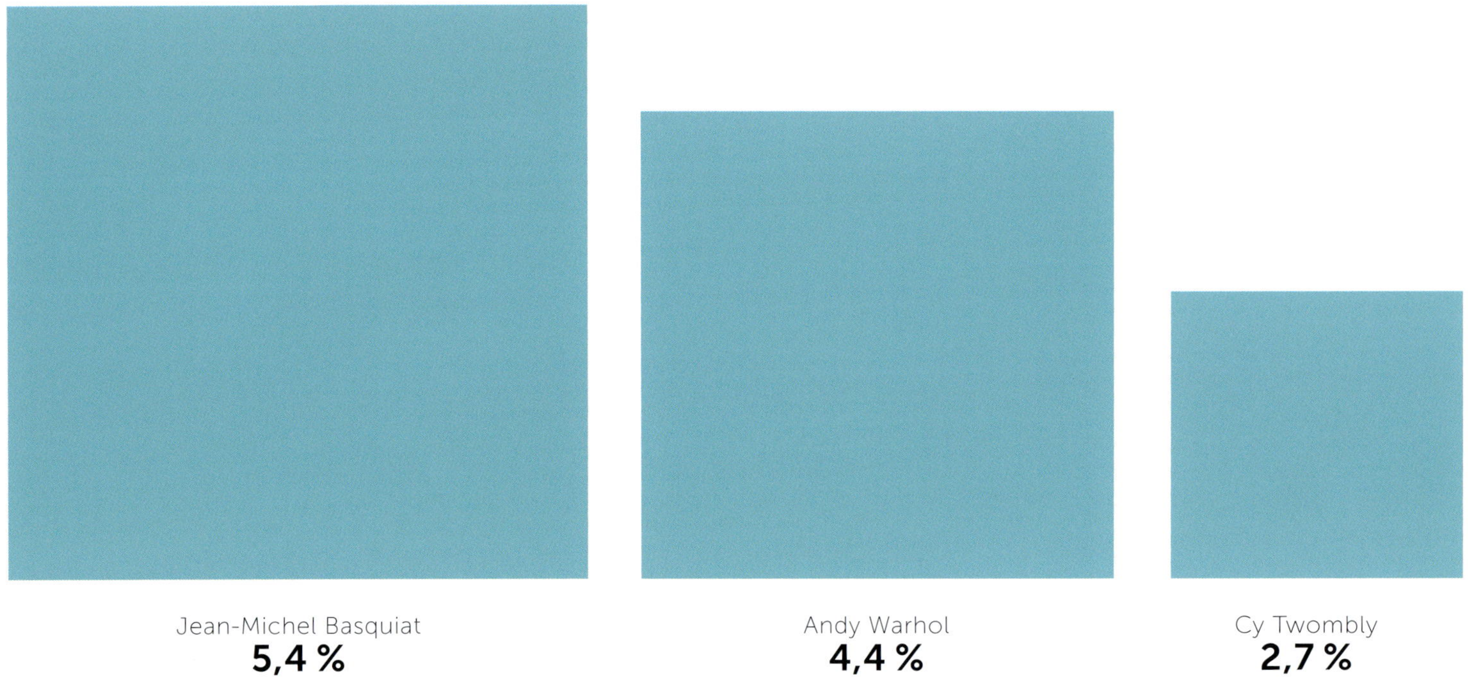

Jean-Michel Basquiat
5,4 %
Andy Warhol
4,4 %
Cy Twombly
2,7 %

Zeitgenössische Kunst

Jean-Michel Basquiat war ein autodidaktischer Künstler und wuchs in den 1960er- und 1970er-Jahren in Brooklyn, New York, auf. Nachdem er mit 17 Jahren die Highschool-Ausbildung abgebrochen hatte und von zu Hause weggelaufen war, lebte er auf der Straße oder hauste in leer stehenden Gebäuden. In dieser Zeit entwickelte er eine Leidenschaft für Graffiti und eignete sich einen groben, planlos bunten Stil an, der eine Mischung aus Einflüssen verschiedener Kulturen verriet, einschließlich seiner eigenen karibischen Herkunft (seine Mutter stammte aus Puerto Rico, wo Basquiat ein paar seiner Teenagerjahre verbrachte). In den 1980er-Jahren nahm er an einer Reihe hochkarätiger Ausstellungen teil und führte schließlich ein Promi-Leben – er freundete sich mit dem berühmten Pop-Art-Künstler Andy Warhol an –, bis er 1988 im Alter von nur 27 Jahren starb.

Eins seiner Kunstwerke, eine große Leinwand aus dem Jahr 1982 ohne Titel, wurde im Mai 1984 für 20 900 US-Dollar verkauft. Dreiunddreißig Jahre später, im Mai 2017, fiel der Hammer bei einer Auktion von Sotheby's in New York bei einem Rekordpreis von 110,5 Millionen US-Dollar für dieses Werk – es ging an den japanischen Sammler und Technologie-Unternehmer Yusaku Maezawa. Damit wurde es zum bislang teuersten zeitgenössischen Kunstwerk überhaupt.

Es handelte sich um einen herausragenden Verkauf in einem Jahr, in dem New York sich als eines der marktbeherrschenden Zentren für zeitgenössische Kunst präsentierte – gemeint sind Werke von Künstlern der Gegenwart, manchmal konkreter gefasst von Künstlern, die nach 1945 geboren wurden. Alle fünf Top-Verkäufe der Jahre 2016 und 2017 fanden in New York statt, und der Gesamterlös belief sich auf 690,5 Millionen US-Dollar, was bedeutet, dass fast die Hälfte des weltweiten Umsatzes mit zeitgenössischer Kunst in den Vereinigten Staaten realisiert wurde. Die Dominanz der Vereinigten Staaten wird von der

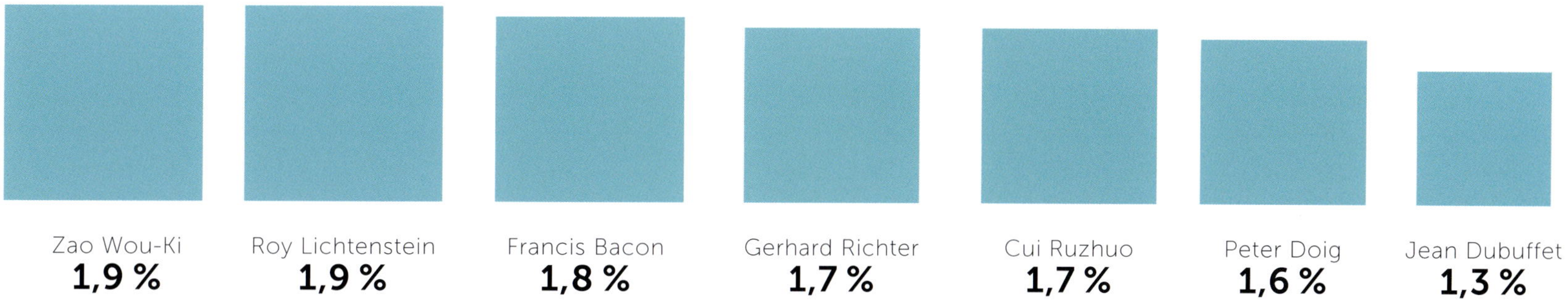
Zao Wou-Ki
1,9 %
Roy Lichtenstein
1,9 %
Francis Bacon
1,8 %
Gerhard Richter
1,7 %
Cui Ruzhuo
1,7 %
Peter Doig
1,6 %
Jean Dubuffet
1,3 %

wachsenden Kluft zwischen diesem und den beiden anderen großen Märkten für zeitgenössische Kunst unterstrichen, China (369,6 Millionen US-Dollar) und Großbritannien (348,4 Millionen US-Dollar). Insgesamt werden in New York, London, Hongkong und Peking mittlerweile mehr als 80 Prozent der Auktionserlöse zeitgenössischer Kunst erzielt.

Der chinesische Kunstmarkt erlebt gegenwärtig so etwas wie eine Revolution, insbesondere deshalb, weil wohlhabende Käufer ihr Augenmerk auf historische Meisterwerke richten. In den vergangenen Jahren wurden von chinesischen Sammlern immense Summen für Klassiker wie Werke von Monet und van Gogh ausgegeben, wodurch weniger Geld für zeitgenössische Werke übrig blieb. Dennoch nehmen zeitgenössische chinesische Künstler 162 der Top-500-Plätze ein, gemessen an den Auktionserlösen in den Jahren 2016 und 2017, während dort nur 139 europäische Künstler und gerade einmal 97 amerikanische vertreten sind. Die Werke, die auf chinesischen Auktionen bei heimischen Käufern besonders hoch im Kurs stehen, sind die an traditionelle chinesische Bilder erinnernden Tuschezeichnungen. Auch ist ein wachsendes Interesse an Werken zeitgenössischer afrikanischer Künstler zu verzeichnen. Jüngste hochkarätige Ausstellungen in Paris haben auf junge Talente der afrikanischen Kunstszene gesetzt, wie zum Beispiel auf die Nigerianerin Njideka Akunyili Crosby, die mit Einnahmen von mehr als 10 Millionen US-Dollar in den Jahren 2016/2017 die bestverkaufende afrikanische Künstlerin war. Das Auftauchen von Crosby und ihren Zeitgenossen geht einher mit der Entstehung neuer Käuferschichten in Johannesburg, Kapstadt und Lagos, die nach modernen Kunstwerken vom eigenen Kontinent suchen. Doch in diesen Städten müssten sehr viele Kunstwerke verkauft werden, wollten sie davon träumen können, mit den gegenwärtigen Spitzenreitern Hongkong, London oder New York konkurrieren zu können.

Amerikaner dominieren die Rangliste der wirtschaftlich erfolgreichsten zeitgenössischen Künstler, angeführt vom New Yorker Künstler Jean-Michel Basquiat. Die Zahlen geben den prozentualen Anteil an den Verkäufen zeitgenössischer Kunst insgesamt im Jahr 2017 an.

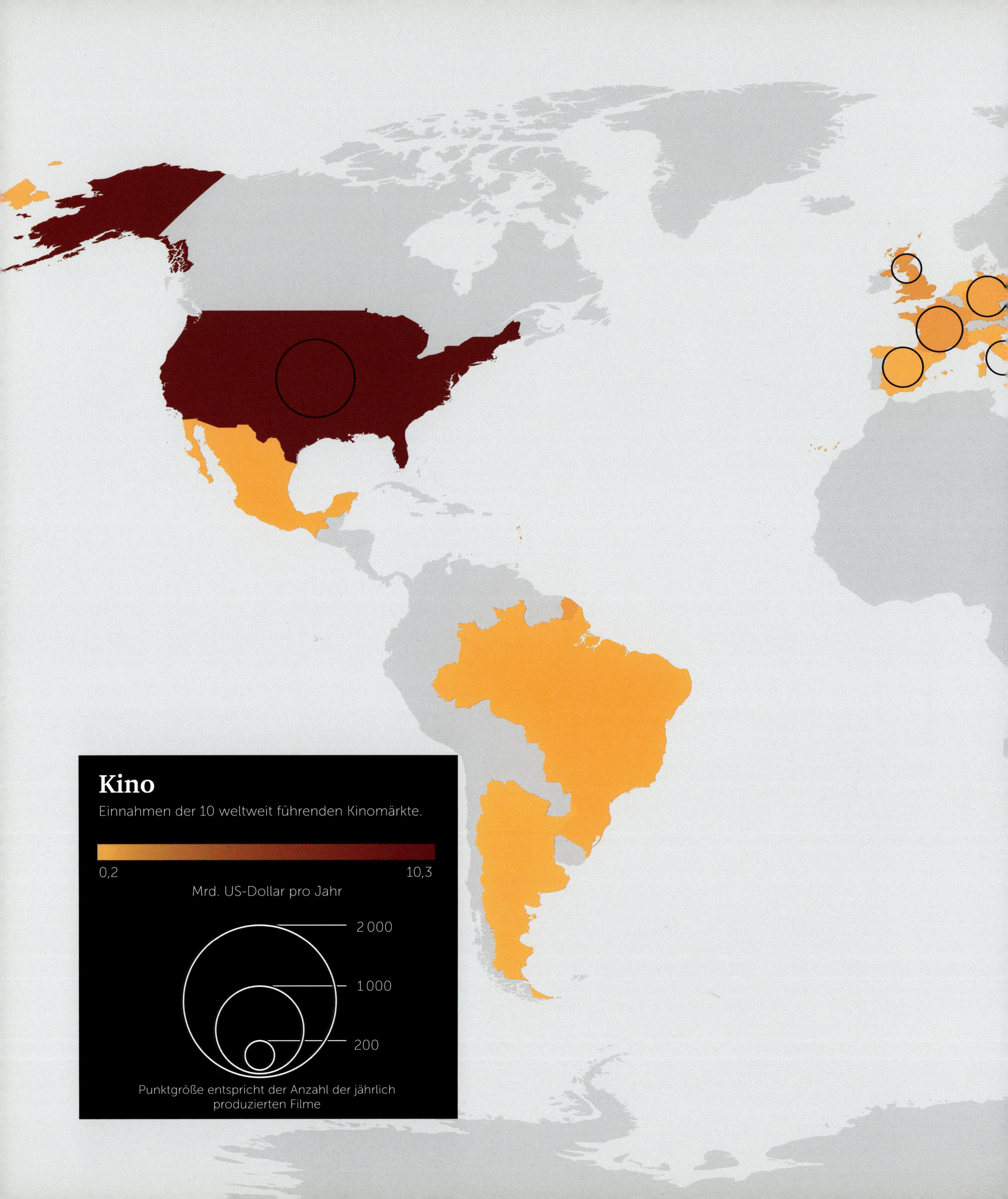
Kino
Einnahmen der 10 weltweit führenden Kinomärkte.
0,2
10,3
Mrd. US-Dollar pro Jahr
2 000
1 000
200
Punktgröße entspricht der Anzahl der jährlich produzierten Filme

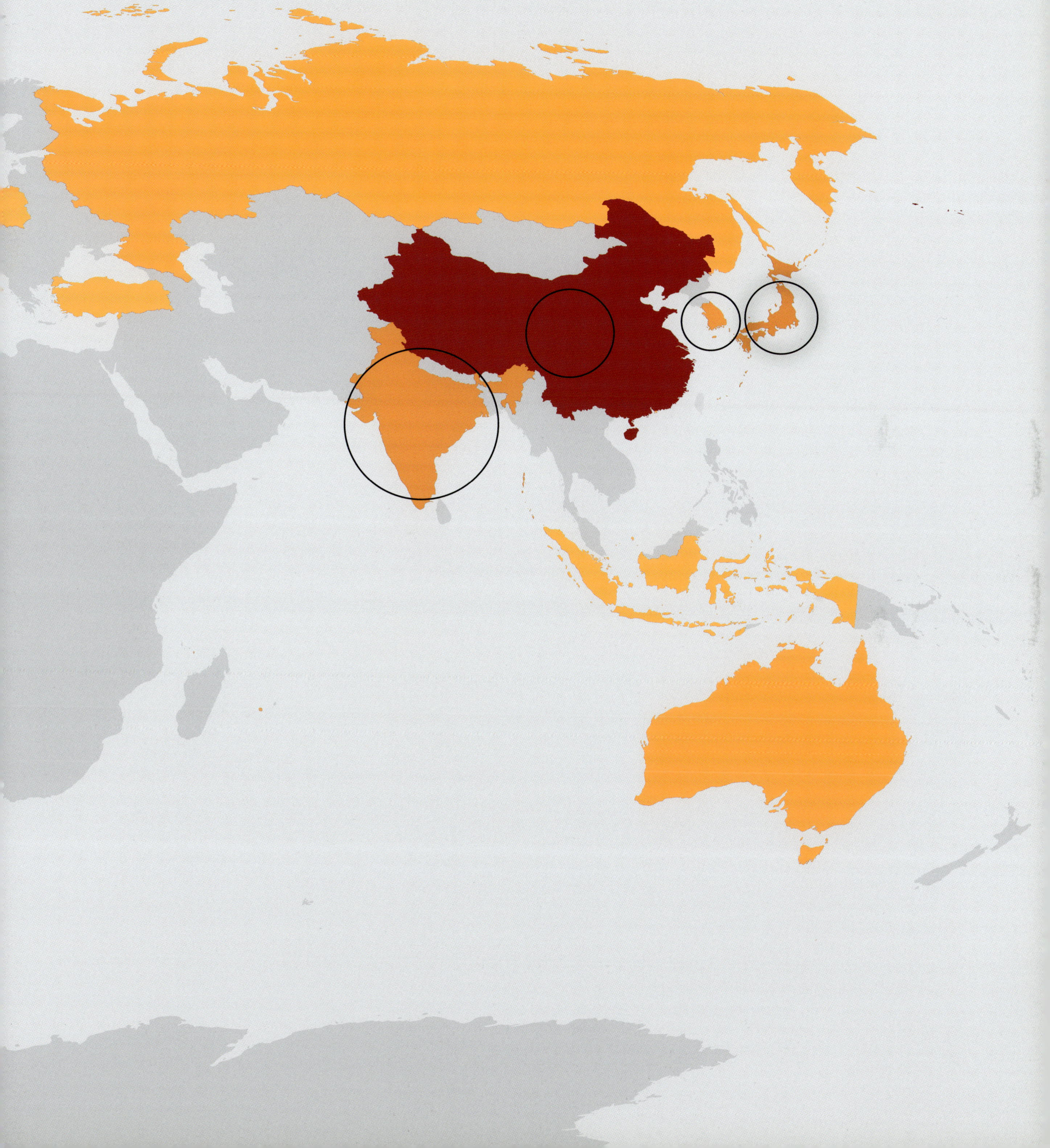

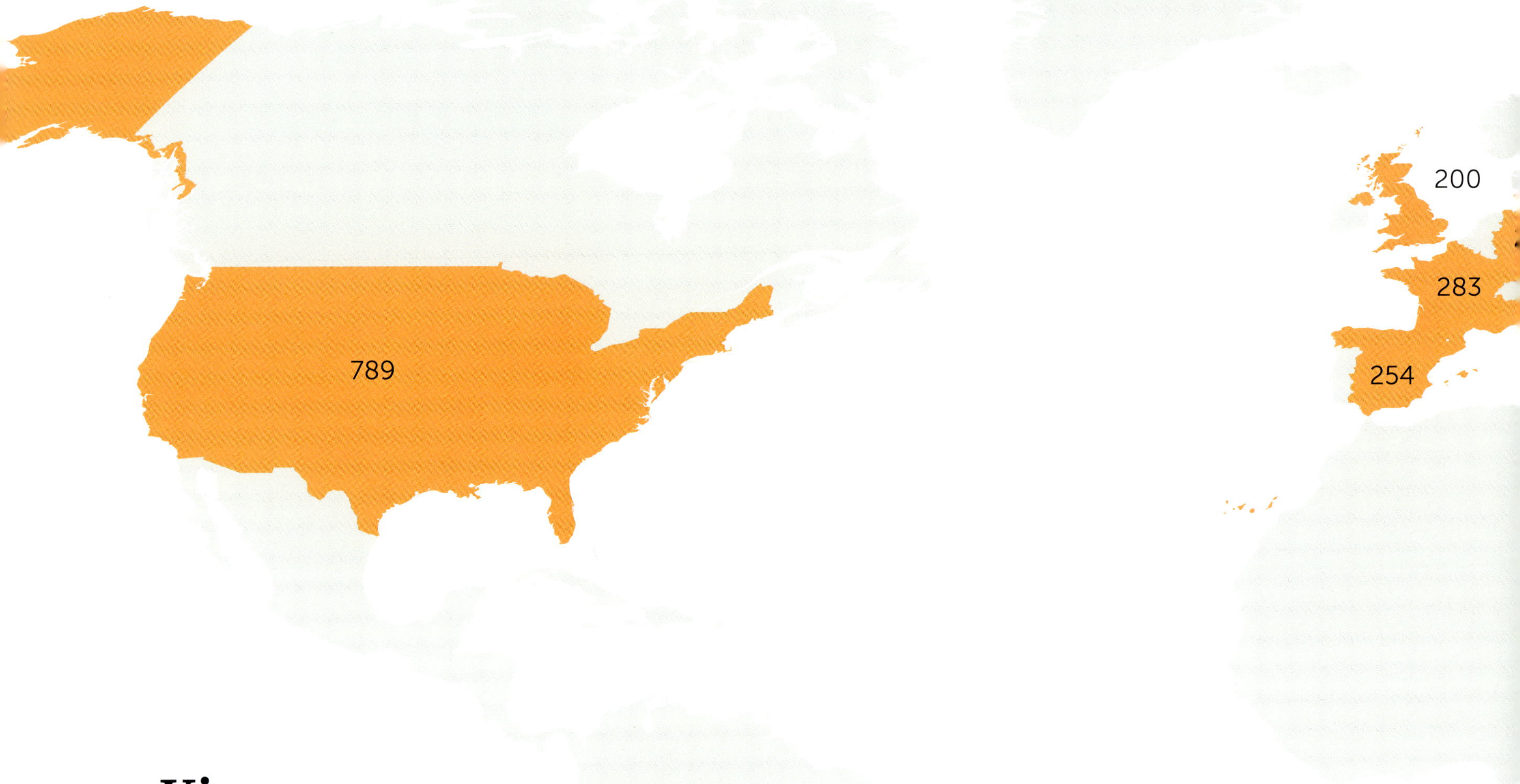
200
283
254
789

Kino

Egal, ob es um Science-Fiction im Weltraum geht, um Kinderanimationsfilme mit sprechenden Tieren und Robotern oder um die Abenteuer von Superhelden – die zig Milliarden US-Dollar, die an den Kinokassen der ganzen Welt eingenommen werden, sind Beleg für die Bedeutung der Filmindustrie. Darüber hinaus heben sie die weltweit marktbeherrschende Rolle hervor, die Hollywood spielt – die auch an der Aufmerksamkeit erkennbar ist, die die Oscar-Verleihung jedes Jahr erregt.

Es gibt keine dominantere Filmfabrik als die Vereinigten Staaten, denn die weltweit umsatzstärksten Filme kommen aus amerikanischen Studios und werden zu allseits bekannten Franchise-Unternehmen wie Star Wars und Marvel Universe oder die Kinderanimationsfilme von Pixar und DreamWorks. Doch obwohl Hollywood im Jahr 2016 789 Filme in die Kinos brachte, mehr als Japan (610), Frankreich (283) und Deutschland (256) und fast so viele wie China (944), bleibt Indien, was die schiere Menge anbelangt, die unumstrittene Nummer eins, weil Bollywood jährlich bemerkenswerte 1 903 Spielfilme produziert (fast doppelt so viele wie noch vor zehn Jahren).

Auch wenn sie außerhalb Indiens niemandem ein Begriff sind, zählten Bollywood-Schauspieler wie Shah Rukh Khan, Salman Khan und Akshay Kumar 2017 zu den zehn bestbezahlten Schauspielern der Welt. Durch die rasche Ausbreitung der Multiplex-Kinos – in Indien gibt es bereits mehr als 2 000 – und mit fast 2 Milliarden verkauften Eintrittskarten im Jahr 2017 (verglichen mit 1,1 Milliarden in den USA und 1,6 Milliarden in China im selben Jahr) ist Bollywood ganz groß im Geschäft. Der Übersee-Markt wächst ebenso rasant, und man erwartet für 2021 Einnahmen von mehr als 15 Milliarden Rupien (230 Mil-

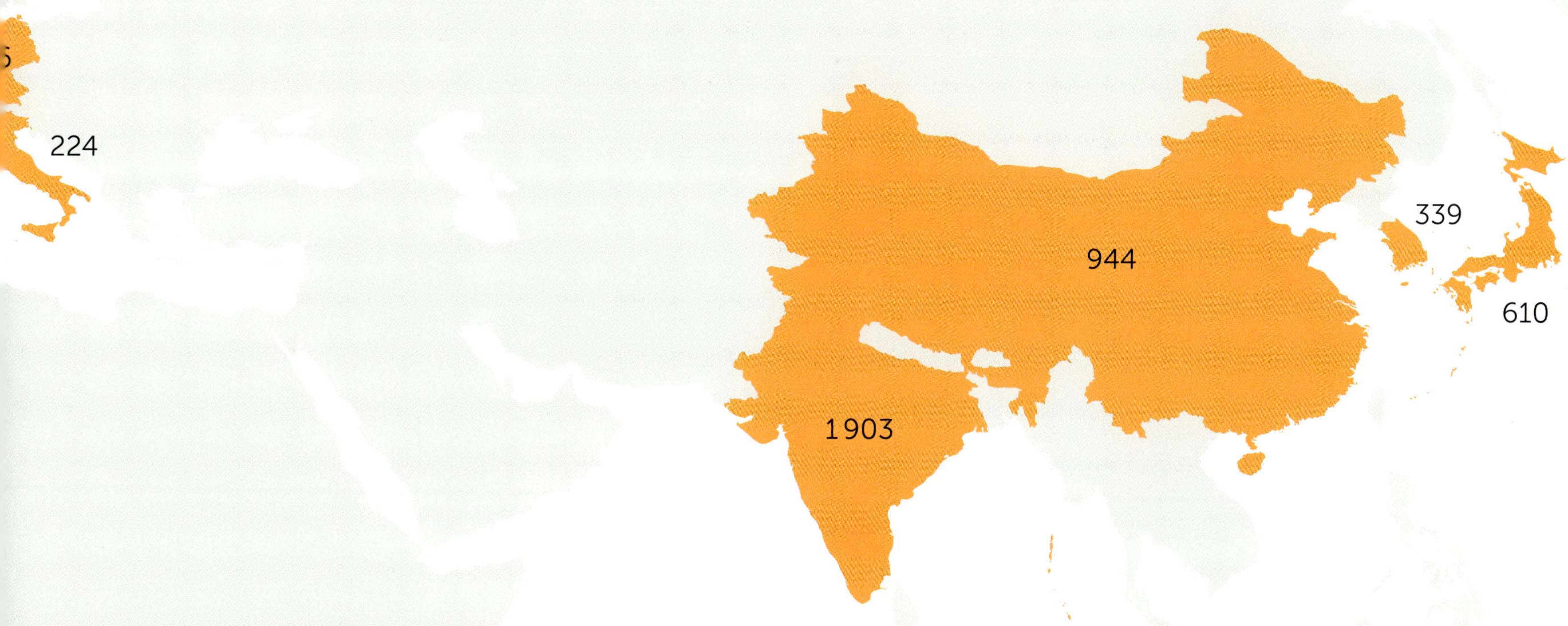
224
944
339
610
1903

lionen US-Dollar). Angesichts dieser Zahlen könnte Mumbai sogar in der Lage sein, mit Hollywood um den Titel als „Filmhauptstadt der Welt" zu konkurrieren.

Dennoch bleibt Nordamerika weltweit der größte Markt für das Einspielen der vielen Millionen US-Dollar an Produktionskosten, die für teure Blockbuster ausgegeben werden; hier wurden im Jahr 2017 10,2 Milliarden US-Dollar eingenommen, gefolgt von China (8,4 Milliarden US-Dollar), Japan (2,2 Milliarden), Großbritannien (1,7 Milliarden) und Indien (1,5 Milliarden). Chinesische Kinos werden immer profitabler – der Umsatz steigt jährlich um bis zu 30 Prozent –, sodass die Hollywood-Studios zunehmend auf dieses Publikum abzielen: Die in China gezeigte Version des 2013 gedrehten Kassenschlagers von Marvel, *Iron Man 3*, enthielt eine achtminütige Zusatz-Szene, in der berühmte chinesische Schauspieler auftraten.

Trotz der Entwicklung neuer Technologien, die es ermöglichen, Kinohits direkt von der Leinwand in unsere Häuser zu beamen, und der Entscheidung vieler Filmvertriebe, auf Kinostarts ganz zu verzichten, ist das Kino so beliebt wie eh und je. Weltweit stiegen die Ticketverkäufe von 8 Milliarden US-Dollar im Jahr 2014 auf fast 9 Milliarden im Jahr 2018. Dank der höheren Eintrittspreise und vieler neuer Zuschauer in allen Teilen der Welt werden Kinos zudem immer profitabler – die weltweiten Kinoeinnahmen stiegen von 23 Milliarden US-Dollar im Jahr 2005 auf 40 Milliarden 2017 an. Für 2020 werden Einnahmen von fast 50 Milliarden US-Dollar prognostiziert. Jahrzehntelang waren Kritiker darauf vorbereitet, den Tod des Kinos zu verkünden, doch alle Indizien deuten auf ein neues Goldenes Zeitalter hin – und zwar auf wirklich globaler Ebene.

Die internationalen Kinos mögen zwar von den teuren Hollywood-Produktionen beherrscht werden, doch die Bollywood-Konkurrenten in Indien produzieren jährlich gut doppelt so viele Filme.

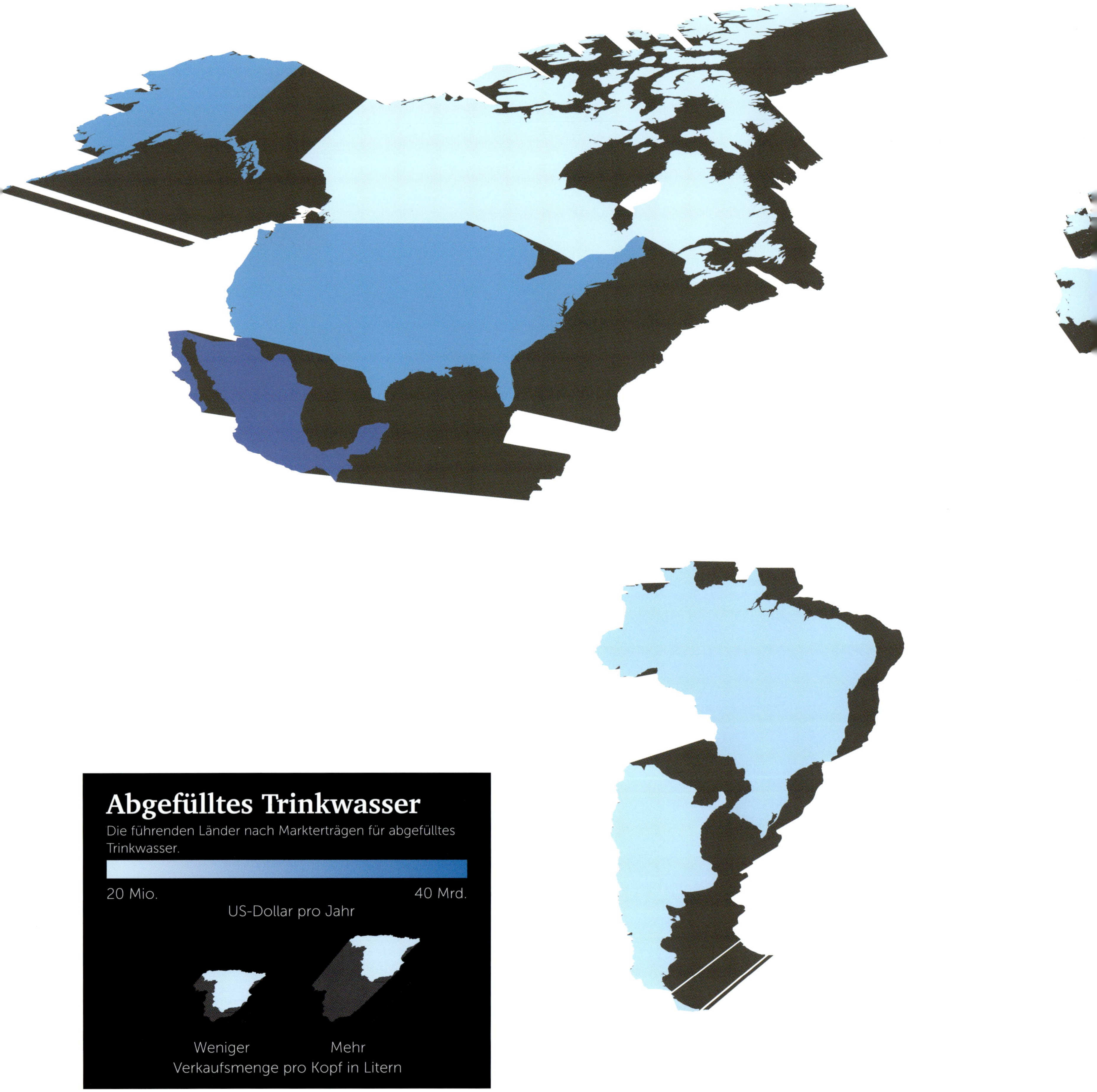
Abgefülltes Trinkwasser
Die führenden Länder nach Markterträgen für abgefülltes Trinkwasser.
20 Mio.
40 Mrd.
US-Dollar pro Jahr
Weniger
Mehr
Verkaufsmenge pro Kopf in Litern

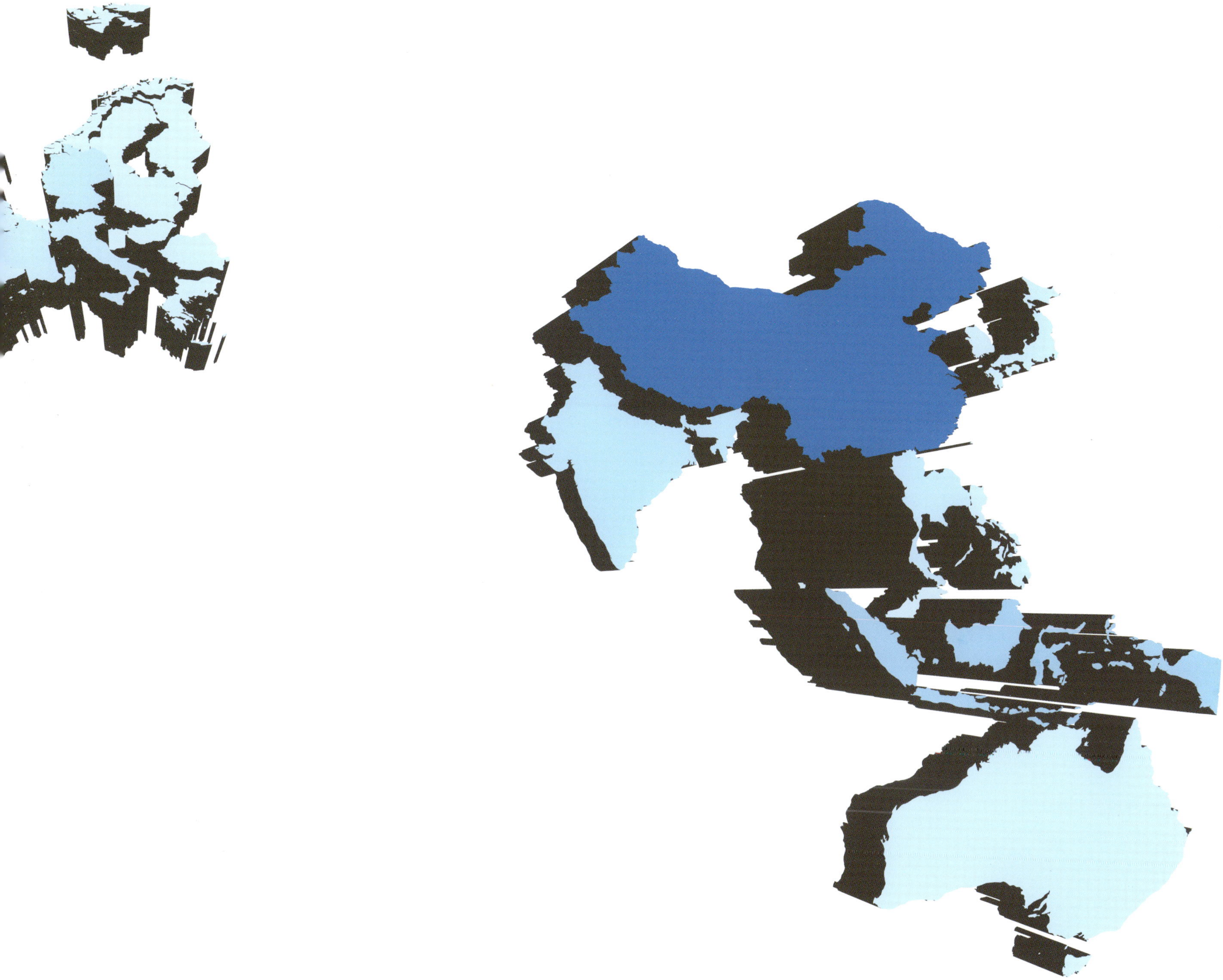

Abgefülltes Trinkwasser

Seit englische Kurbäder im 17. Jahrhundert erstmals Mineralwasser als besonderes Heilmittel anpriesen, ist dieses Produkt immer beliebter geworden. Der weltweite Konsum von abgefülltem Trinkwasser hat sich in den vergangenen zehn Jahren fast verdoppelt – von 212 Milliarden Litern im Jahr 2007 auf über 391 Milliarden Liter im Jahr 2017. Zwar konsumieren die bevölkerungsreichen Länder wie China, Indien und die Vereinigten Staaten die größte Menge an abgefülltem Trinkwasser, doch besonders interessante Trends verzeichnet der Pro-Kopf-Verbrauch, bei dem Mexiko, Thailand und Italien führend sind.

So ist in Mexiko beispielsweise der Konsum von Tafelwasser dank der Einführung der „Limo-Steuer" im Januar 2014 in die Höhe geschossen, einer Maßnahme zur Bewältigung der Gesundheits- und Fettleibigkeitskrise in einem Land, in dem 70 Prozent der Bevölkerung übergewichtig und mehr als 30 Prozent fettleibig sind. Nach einem Cholera-Ausbruch in der Folge des Erdbebens von 1985 in Mexiko-Stadt hat die anhaltende Besorgnis hinsichtlich der Reinheit des Leitungswassers dazu geführt, dass die Menschen bereit waren, für sauberes Trinkwasser Geld zu bezahlen. Es kursierten sogar Gerüchte, dass abgefülltes Trinkwasser zum Baden von Babys verwendet werde.

Der hohe Konsum von abgefülltem Trinkwasser hat häufig seinen Ursprung in tief verwurzelten kulturellen Gepflogenheiten sowie in einem gewissen Statusbewusstsein, wenn das Trinken von teurem Wasser als prestigeträchtig gilt. Er hängt aber oft auch mit der Besorgnis hinsichtlich der Hygiene zusammen. In Thailand beispielsweise hat die Verunreinigung des Leitungswassers zur Folge, dass abgefülltes Trinkwasser selbst zum Zähneputzen verwendet wird, was erklärt, weshalb das Land hinsichtlich des Verbrauchs an zweiter Stelle hinter Mexiko rangiert. In Spanien und Italien kann man Leitungswasser bedenkenlos trinken, dennoch halten viele Familien an ihren Gewohnheiten fest und trinken sicherheitshalber Tafelwasser. In vielen Ländern des Nahen Ostens, wie zum Beispiel in Saudi-Arabien und den Vereinigten Arabischen Emiraten, stammt der größte Teil des Leitungswassers aus Meerwasser-Entsalzungsanlagen, und diese Tatsache veranlasst die neureichen Konsumenten, weiterhin abgefülltes Trinkwasser zu kaufen.

In einigen Teilen der Erde hat Trinkwasser in Flaschen zu Kontroversen geführt, etwa dort, wo große Abfüllbetriebe unweit armer Gemeinden stehen, die unter Wassermangel leiden. Darüber hinaus stellen sich ökologische Fragen in Bezug auf die Unmengen des dadurch entstehenden Plastikmülls. Weil gegenwärtig so viel Plastik in die Weltmeere gelangt, wird vorausgesagt, dass es im Jahr 2050 in den Meeren mehr Plastik als Fische geben wird. Der größte Teil des Mülls im Meer besteht aus Plastikflaschen, gefolgt von Plastiktüten und Plastikstrohhalmen.

Die Nachfrage nach abgefülltem Trinkwasser stellt die Welt also vor immense Herausforderungen. Viele Städte und Länder beginnen allmählich, sich dieser Probleme anzunehmen – mithilfe von Steuern auf Plastik, Mehrwegflaschen und öffentlichen Trinkwasserbrunnen. Doch weil weltweit 844 Millionen Menschen nicht einmal Zugang zu einer einfachen Trinkwasserquelle haben, wird die Zukunft des Trinkwassers in Flaschen höchstwahrscheinlich davon abhängen, ob es den Schwellenländern gelingt, die steigende Nachfrage ihrer Bevölkerung zu befriedigen und eine stabile Versorgung mit sauberem, trinkbarem Leitungswasser zu gewährleisten. Gelingt es ihnen nicht, wird der Siegeszug des abgefüllten Trinkwassers weitergehen.

Die 10 Länder mit dem größten jährlichen Pro-Kopf-Verbrauch an abgefülltem Trinkwasser (angegeben in Litern).

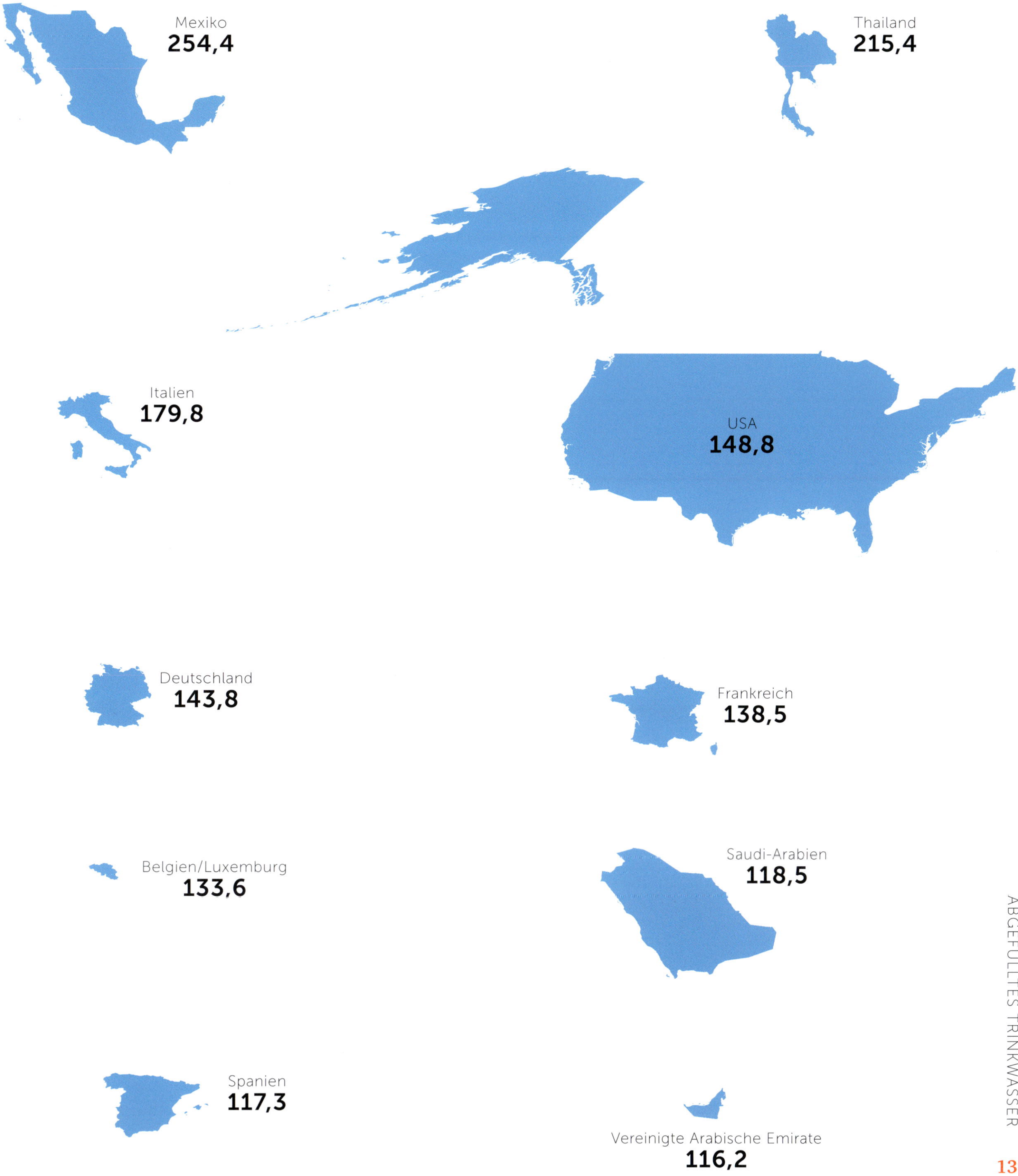
Mexiko
254,4
Thailand
215,4
Italien
179,8
USA
148,8
Deutschland
143,8
Frankreich
138,5
Belgien/Luxemburg
133,6
Saudi-Arabien
118,5
Spanien
117,3
Vereinigte Arabische Emirate
116,2

US-Militär
Die 10 Länder mit der höchsten Anzahl an stationier-
ten US-Soldaten (zivile Mitarbeiter ausgenommen).
3 800
39 300

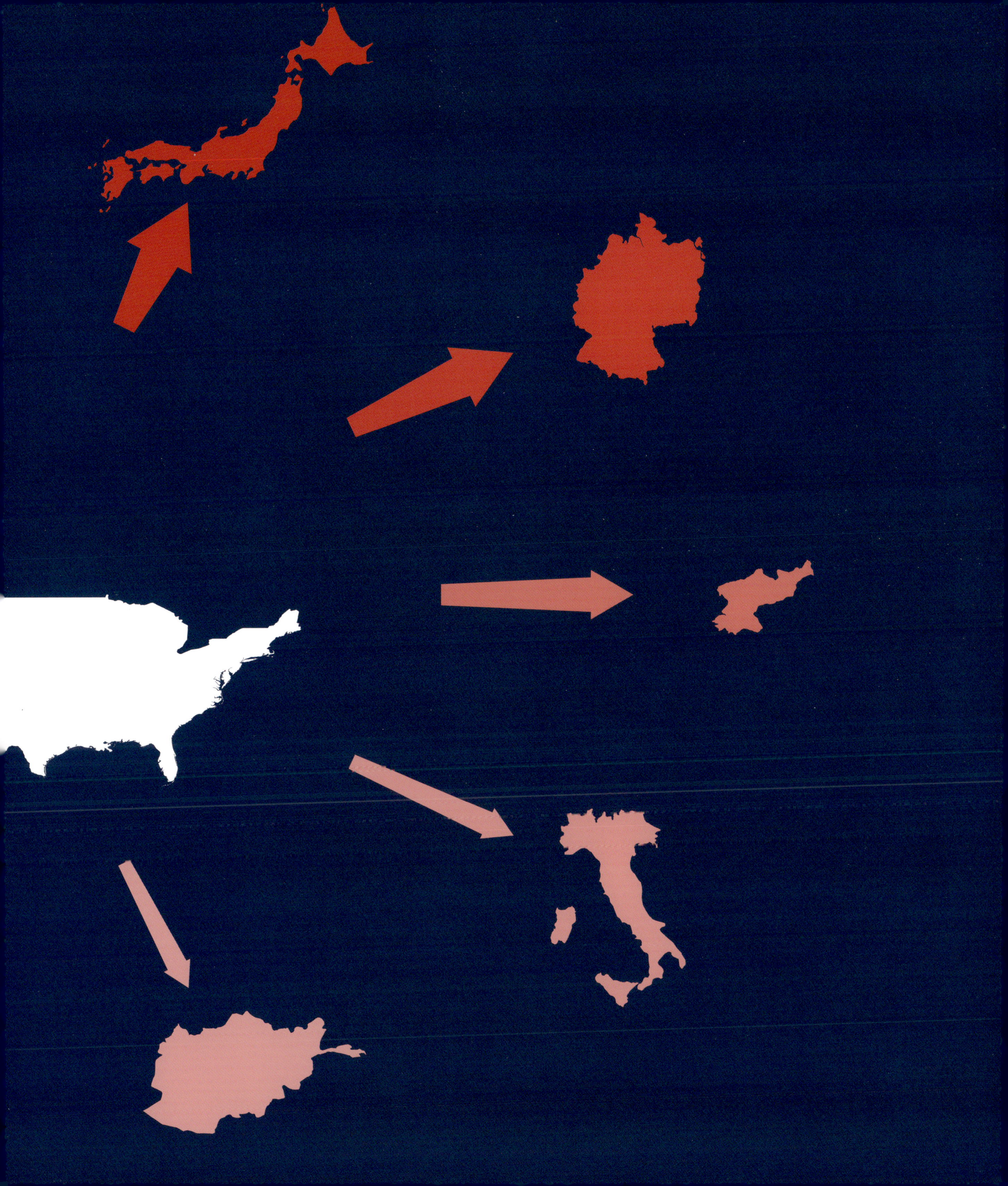

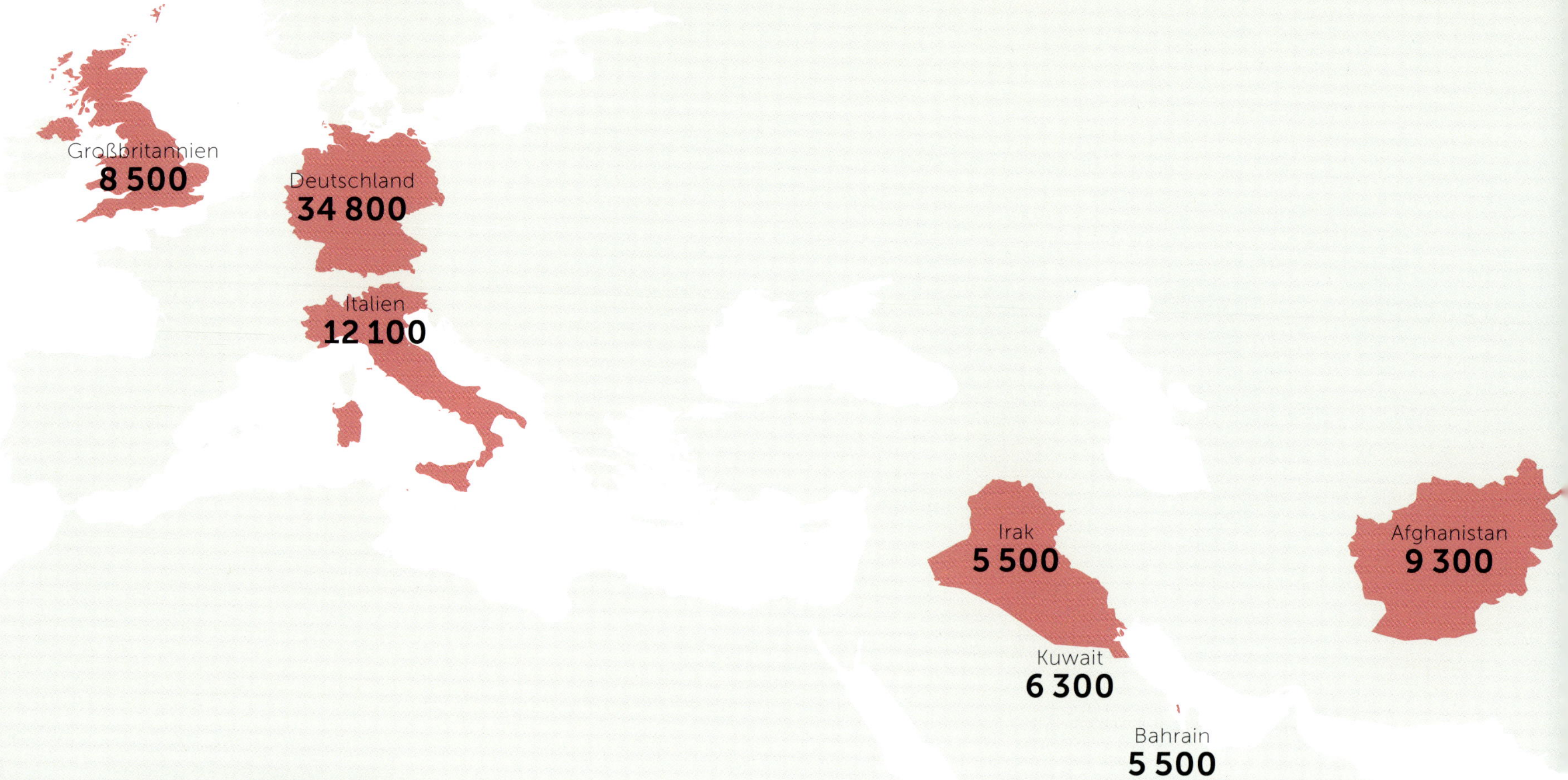
Großbritannien
8 500
Deutschland
34 800
Italien
12 100
Irak
5 500
Afghanistan
9 300
Kuwait
6 300
Bahrain
5 500

US-Militär

Seit der Jahrtausendwende ist weltweit ein enormer Anstieg der Militärausgaben zu verzeichnen. Von etwas über 1 Billion US-Dollar im Jahr 2001 stiegen die gesamten Militärausgaben aller Nationen für Soldaten, Flugzeuge, Panzer, Raketen und andere Waffensysteme bis 2016 auf fast 1,7 Billionen US-Dollar an.

Die Militärausgaben der Vereinigten Staaten stellen diejenigen aller anderen Länder regelmäßig weit in den Schatten und lagen 2017 bei mehr als 600 Milliarden US-Dollar – ein Rückgang zwar gegenüber dem Höchststand von 2011 mit 700 Milliarden US-Dollar, doch es wird erwartet, dass die Ausgaben im kommenden Jahrzehnt wieder ansteigen werden. Die Vereinigten Staaten übernahmen damit mehr als ein Drittel der globalen Militärausgaben. Dagegen beträgt der Verteidigungshaushalt Chinas (der zweithöchste der Welt) lediglich 228 Milliarden US-Dollar, gefolgt von Saudi-Arabien (69 Milliarden), Russland (66 Milliarden), Indien (64 Milliarden) und Frankreich (58 Milliarden).

Was das US-Militär neben den immensen Summen, die dafür aufgewendet werden, wirklich hervorstechen lässt, ist die große Zahl seiner überseeischen Stützpunkte. Gegenwärtig dienen in der US-Armee mehr als 2,1 Millionen Soldaten, von denen sich fast 200 000 in Auslandseinsätzen befinden. Das bedeutet, dass einschließlich der Familienangehörigen etwa eine halbe Million Amerikaner zum Zweck der nationalen Verteidigung im Ausland stationiert sind.

Vor den 1940er-Jahren waren die Vereinigten Staaten im Ausland fast gar nicht aktiv, doch diese Situation änderte sich während des Zweiten Weltkriegs und danach dramatisch, als viele Truppen auf dem Gebiet der besiegten Kriegsgegner stationiert wurden. Im Jahr 2016 waren noch immer 39 300 amerikanische Militärangehörige in Japan und 34 800 in Deutschland stationiert. Darüber hinaus sind in Südkorea 23 500 Soldaten in ständiger Bereitschaft

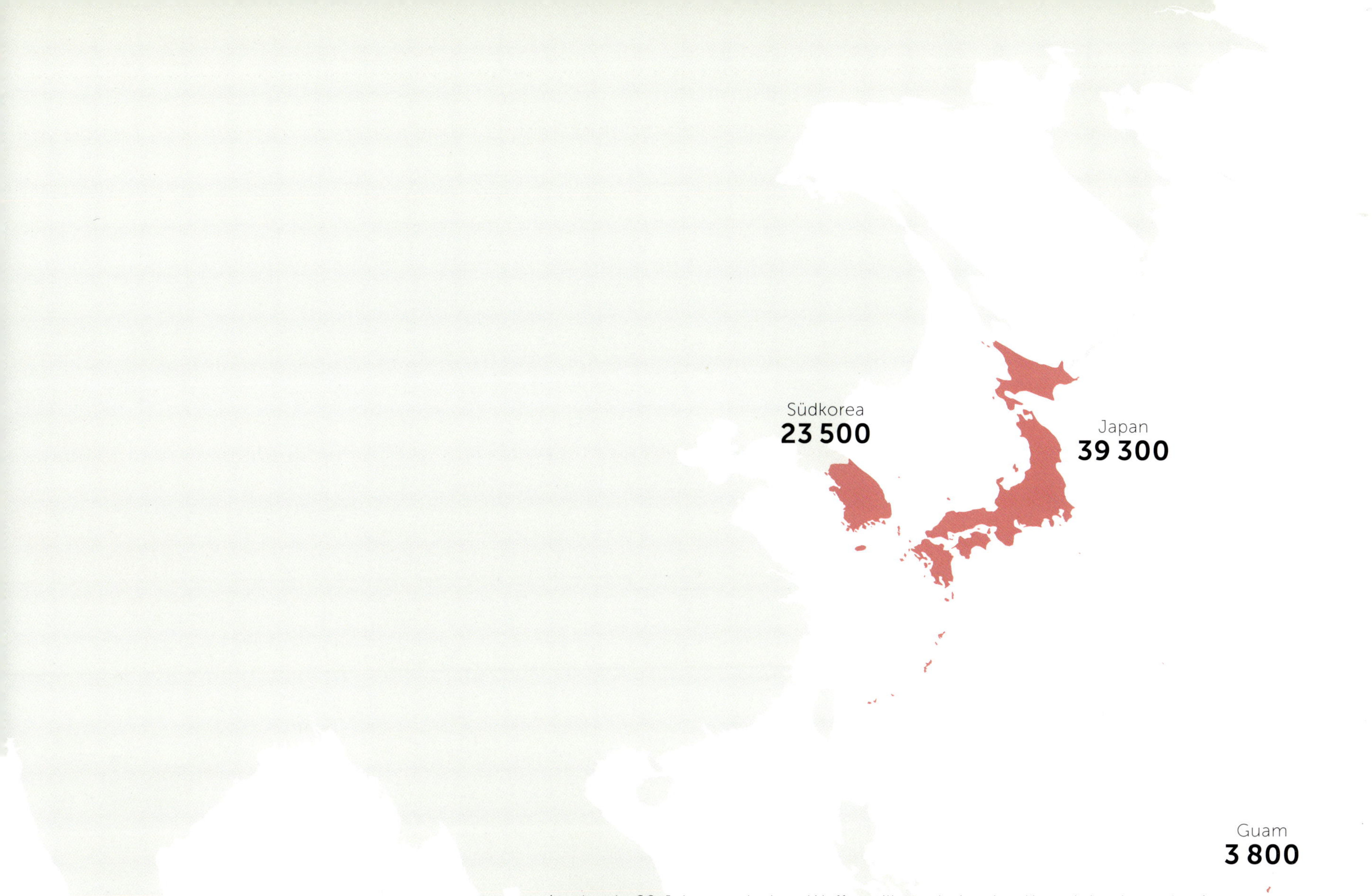
Südkorea
23 500
Japan
39 300
Guam
3 800

(mehr als 60 Jahre nach dem Waffenstillstand, der den Koreakrieg beendete). In jüngerer Zeit wurden auch amerikanische Soldaten auf Stützpunkte im Nahen Osten entsandt: 5 500 in den Irak, weitere 5 500 nach Bahrain und 6 300 nach Kuwait. Amerikanische Militärbasen werden zudem in anderen in geografischer Hinsicht strategisch gelegenen Ländern unterhalten, so zum Beispiel in Australien (zur Sicherung des Südpazifikraums), in Kolumbien (für Mittel- und Südamerika sowie die Karibik) und in Bulgarien (für Osteuropa und das übrige Eurasien) – insgesamt sind es etwa 800 Stützpunkte in 30 Ländern rund um den Globus.

Im Gegensatz dazu unterhält China (mit dem zweithöchsten Militärhaushalt der Welt) keine offiziellen Militärstützpunkte im Ausland, allerdings besitzt es eine Reihe von Außenposten im Südchinesischen Meer, wie zum Beispiel auf den Spratly-Inseln. Andere Mitglieder des UN-Sicherheitsrats, wie Großbritannien, Frankreich und Russland, unterhalten lediglich einige wenige Stützpunkte, vor allem in ihren jeweiligen ehemaligen Kolonien. „Zwar ist dies nur wenigen US-Bürgern bekannt, doch wir besitzen wahrscheinlich mehr Militärbasen in fremden Ländern als jedes andere Volk, jede andere Nation oder jedes andere Reich in der Weltgeschichte", schreibt der Autor und Wissenschaftler David Vine in seinem 2015 erschienenen Buch *Base Nation*. Er zeigt auf, wie verbreitet solche Stützpunkte sind, und vertritt die Ansicht, dass sie für viele Menschen rund um den Globus, die in ihrer Nähe leben, „eines der vorherrschenden Symbole der Vereinigten Staaten sind – neben den Hollywood-Filmen, der Popmusik und dem Fast Food".

In Japan sind die meisten US-Soldaten stationiert, gefolgt von Deutschland. Angegeben wird die Anzahl der jeweils im Land befindlichen Militärangehörigen (ohne zivile Angestellte).

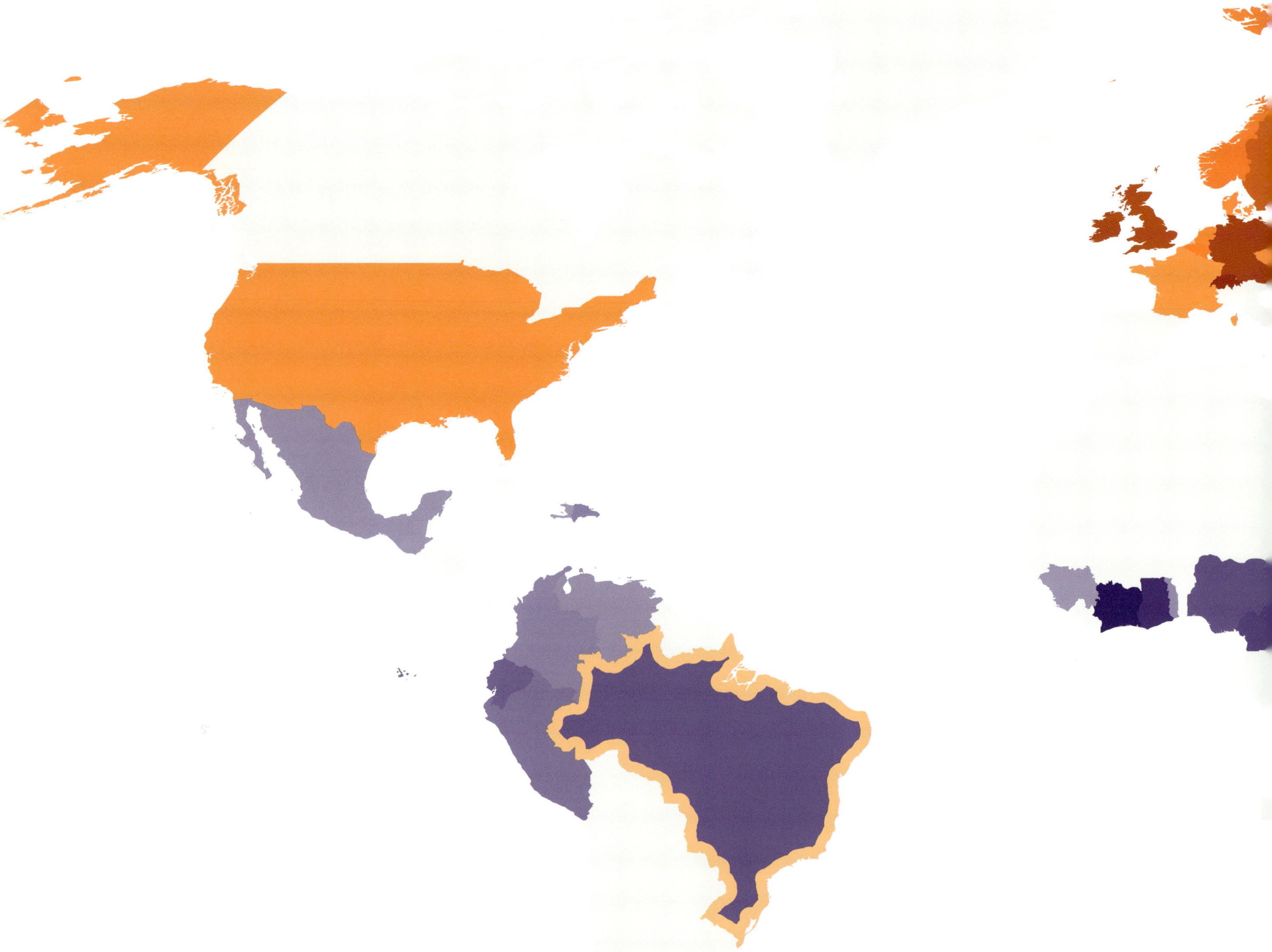

Kakao

Die weltweit führenden Produzenten von Kakaobohnen sowie der höchste Pro-Kopf-Verzehr von Schokolade nach Ländern.

11 600 – 1,47 Mio.
Kakaoproduktion in Tonnen

0,1 – 8,8
Schokoladenverzehr pro Kopf in Kilogramm

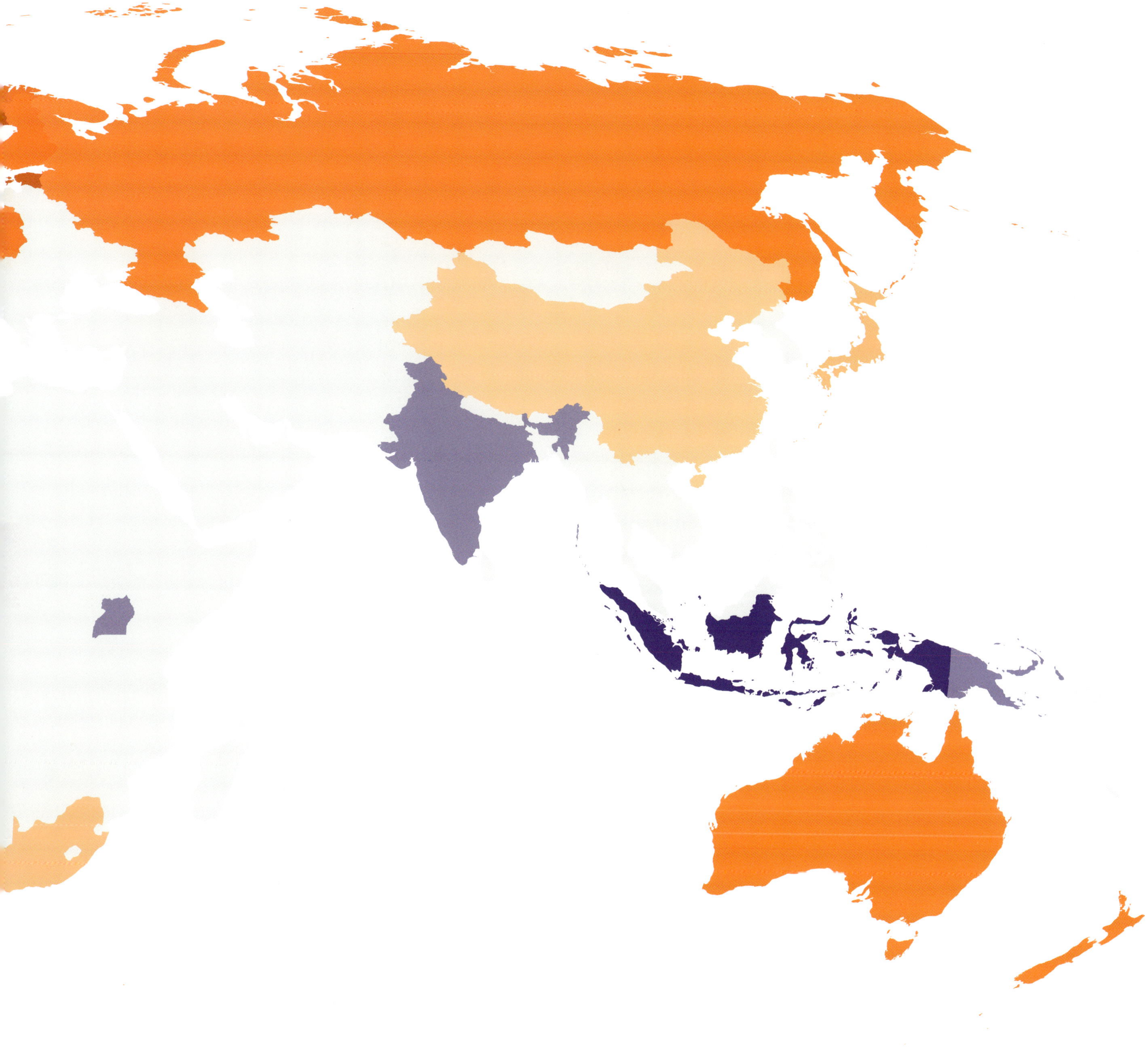

Schweiz
8,8
Österreich
8,1
Deutschland
7,9
Irland
7,9
Großbritannien
7,6

Kakao

Eine besondere in Süd- und Mittelamerika wachsende Baumsorte bildet eine sehr spezielle Art von Bohne aus – eine Bohne, aus der die Ureinwohner, wie zum Beispiel die Azteken, schon vor 3 000 Jahren ein nahrhaftes Getränk herstellten. Die lateinische Bezeichnung dieses Baumes lautet *Theobroma cacao*, aber er ist allgemein unter dem Namen „Kakaobaum" bekannt und liefert den Hauptbestandteil der beliebtesten Süßigkeit der Welt, der Schokolade.

Obwohl der Kakaobaum ursprünglich aus Mittelamerika stammt, werden im 21. Jahrhundert mehr als drei Viertel des weltweiten Kakao-Gesamtertrags – gegenwärtig 4 Millionen Tonnen jährlich – auf der anderen Seite des Atlantiks geerntet, in Afrika. Der Kakaobaum gedeiht nur innerhalb des 20. nördlichen und des 20. südlichen Breitengrads. In diesem Gebiet liegt auch Côte d'Ivoire, die Elfenbeinküste, die 2017 weltweit die deutlich größte Menge an Kakao erzeugte, nämlich beachtliche 1,8 Millionen Tonnen und damit doppelt so viel wie der westafrikanische Nachbar Ghana. Die Niederlande sind das Hauptziel der Kakaoexporte von der Elfenbeinküste, da die Holländer (mit mehr als einer halben Million Tonnen jährlich) führend in der Verarbeitung von Kakaobohnen sind. Auch beispielsweise in Indonesien, Ecuador, Kamerun, Nigeria, Brasilien und Papua-Neuguinea wird Kakao angebaut, allerdings in geringeren Mengen.

Der intensive Kakaoanbau in Côte d'Ivoire begann in den 1960er- und 1970er-Jahren, als Millionen Menschen anfingen, kleine Landparzellen im bewaldeten Inneren des Landes zu roden, um ihre eigenen kleinen Kakaoplantagen anzulegen. Auch heute noch stammen die Bohnen in erster Linie von Kleinbetrieben – sowohl hier als auch in den meisten anderen Kakao produzierenden Ländern. Erst in den vergangenen Jahren hat die Elfenbeinküste begonnen, ihre Kakaobohnen selbst zu Schokolade zu verarbeiten, anstatt das gesamte Rohprodukt ins Ausland zu verschiffen. Im Mai 2015 griff die französische Firma Cémoi die Vision des Präsidenten Alassane Ouattara auf, das Land zu einem der wichtigsten Schokoladenproduzenten der Region zu machen, und nahm die erste Schokoladenfabrik des Landes in Betrieb. Zahlreiche unterneh-

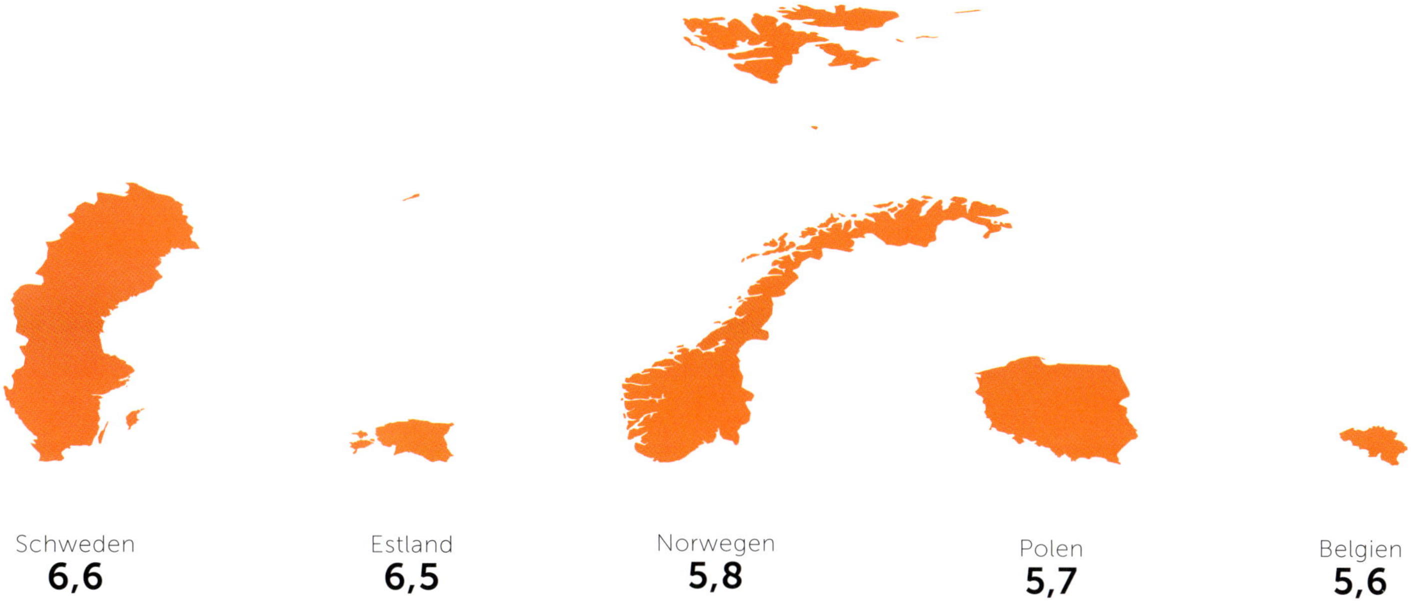
Schweden
6,6
Estland
6,5
Norwegen
5,8
Polen
5,7
Belgien
5,6

merische Chocolatiers eröffneten zudem in Abidjan Schokoladengeschäfte und Cafés in der Hoffnung, dass das Wirtschaftswachstum des Landes dafür sorgen werde, dass der momentan geringe Schokoladenverzehr (im Durchschnitt weniger als 500 Gramm pro Person pro Jahr) ansteigt.

Während die Amerikaner im Jahr 2015 im Durchschnitt 5,5 Kilogramm Schokolade pro Person aßen, waren die größten Pro-Kopf-Konsumenten der Welt tatsächlich die Schweizer, deren Vorliebe für Süßes zum Verzehr von durchschnittlich 8,8 Kilogramm Schokolade führte. Im Jahr 2016 setzte die weltweite Schokoladenindustrie immerhin 98 Milliarden US-Dollar um, wobei die führenden Konsumenten Deutschland (7 Prozent des weltweiten Schokoladenverzehrs), Großbritannien (9 Prozent), Russland (11 Prozent) und die Vereinigten Staaten (18 Prozent) waren.

Doch diese Industrie ist trotz ihres überwältigenden Erfolgs gefährdet. Die wahrscheinlichen Auswirkungen des Klimawandels werden in Westafrika dazu führen, dass die optimalen Anbaubedingungen in größeren Höhen zu finden sein werden, nämlich hoch oben in den Bergen, weit entfernt von den gegenwärtigen Plantagen. Das ist zwar nicht das Todesurteil für die Schokoladenindustrie, aber es erinnert daran, wie anfällig der ganze Prozess für externe Einflüsse ist. Beliebte Arten der Kakaobäume wurden bereits von Krankheitserregern dezimiert, wie zum Beispiel von der Pilzart „Hexenbesen", die im 20. Jahrhundert in Südamerika ganze Plantagen vernichtete. Eine der heutzutage am häufigsten angebauten Kakaosorten trägt den Namen CCN-51. Diese alles andere als wohlklingende Züchtung ist dafür bekannt, weniger schmackhaft zu sein als ihre Vorgängerinnen, doch mit ihrer Resistenz gegen den „Hexenbesen" bleibt sie die Hauptkakaoquelle für Produkte, für die sehr große Mengen erforderlich sind. Schokoladenliebhaber brauchen zwar nicht zu befürchten, schon bald auf ihre Lieblingssüßigkeit verzichten zu müssen, doch ob diese in Zukunft noch ihren hohen Ansprüchen genügen wird, ist eine andere Frage.

Die hinsichtlich des Schokoladenkonsums weltweit führenden 10 Länder liegen alle in Europa, angeführt von den Schokoladenliebhabern in der Schweiz. Die Zahlen geben den Pro-Kopf-Verzehr in Kilogramm pro Jahr an.

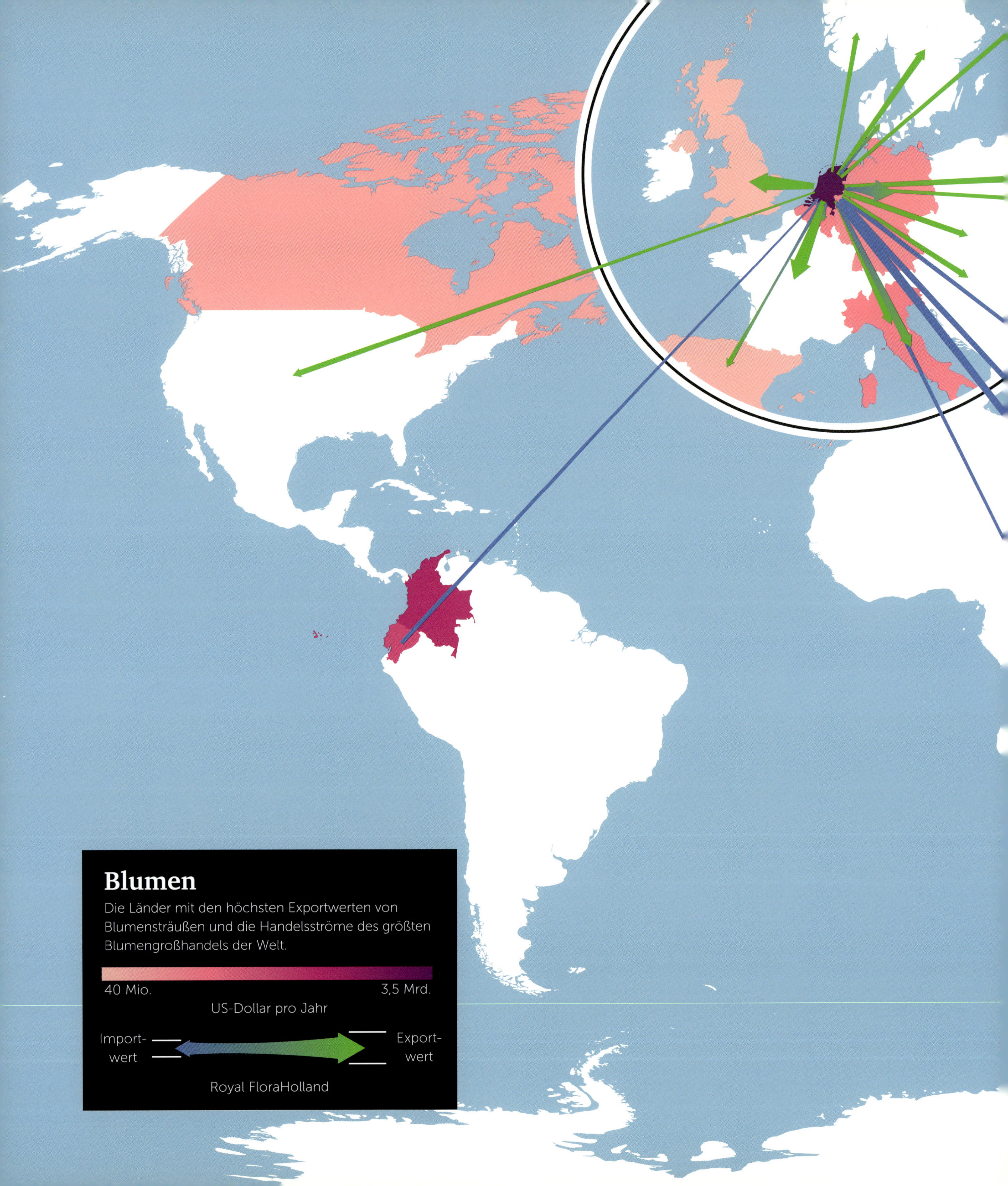
Blumen
Die Länder mit den höchsten Exportwerten von Blumensträußen und die Handelsströme des größten Blumengroßhandels der Welt.
40 Mio.
3,5 Mrd.
US-Dollar pro Jahr
Import-wert
Export-wert
Royal FloraHolland

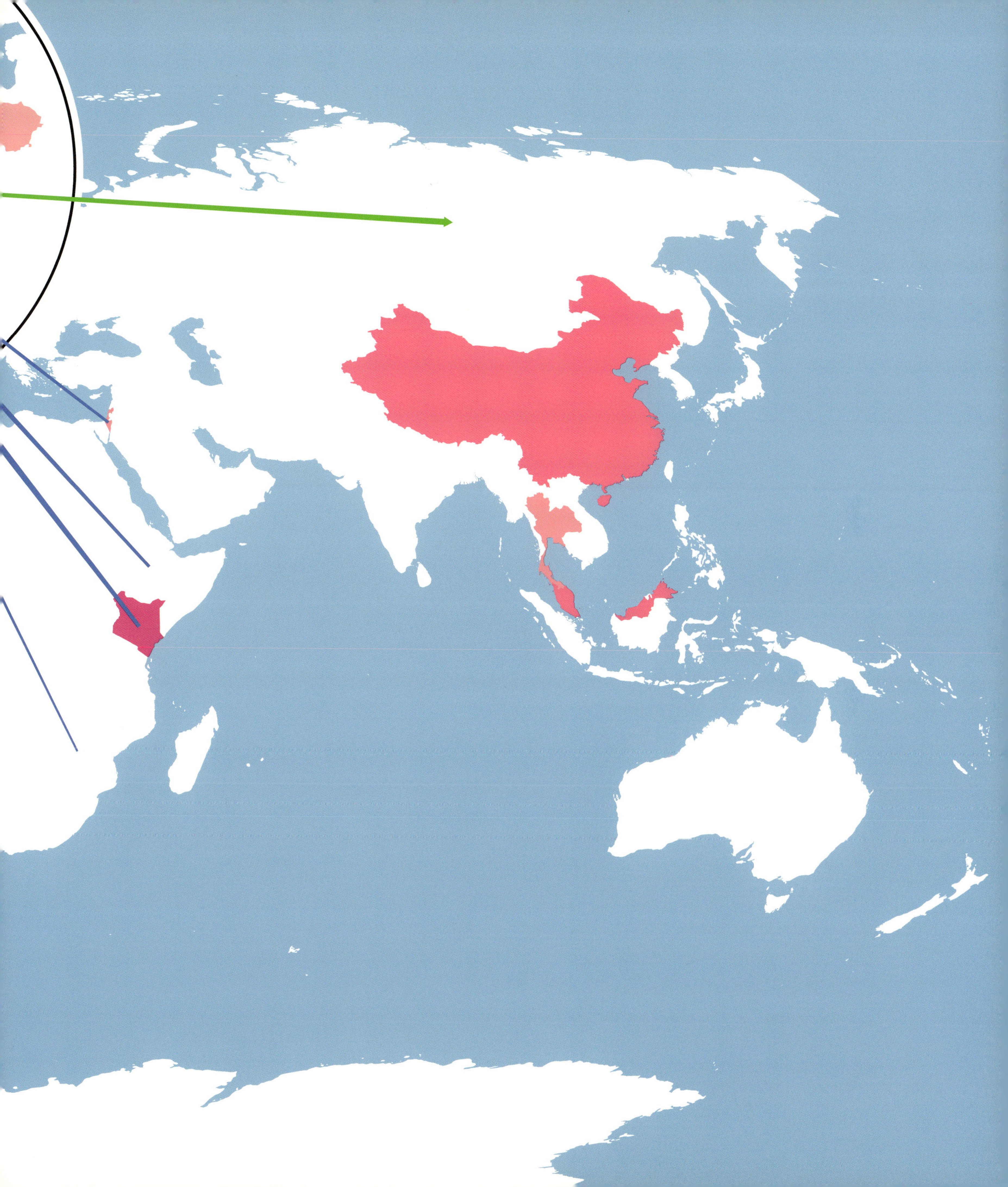

Blumen

Die Kolumbianer lassen gerne Blumen sprechen. In ihrem Land gedeihen dank des warmen Klimas, der ergiebigen Regenfälle, der vielen Sonnenstunden und der fruchtbaren Böden mehr als 130 000 heimische Pflanzenarten. Vielleicht war diese Pflanzenvielfalt der Grund, weshalb die „Allianz für den Fortschritt" (*Alliance for Progress*) unter dem US-Präsidenten John F. Kennedy in den 1960er-Jahren die besondere Eignung Kolumbiens für den industriellen Blumenanbau hervorhob. Das Projekt war eine Initiative der US-Behörde für internationale Entwicklung (USAID), um neue Beziehungen zwischen den Vereinigten Staaten und Entwicklungsländern aufzunehmen. Der US-amerikanische Unternehmer Edgar Wells war einer der Ersten, die die Chance ergriffen: Er gründete ein Exportunternehmen, das kolumbianische Blumen mit normalen Linienflügen von Bogotá nach Miami transportieren ließ. Die erste Lieferung, im Wert von 20 000 US-Dollar, wurde im Oktober 1965 verschickt. „Nach vierhundert Jahren wurden die wahren Reichtümer von Eldorado entdeckt", erklärte Wells, „eine feste Einnahmequelle für alle Kolumbianer, für alle Zeiten."

Wells' Worte waren geradezu prophetisch. Mehr als 50 Jahre später haben sich Kolumbiens Blumenexporte zu einer der weltweit größten Blumenindustrien entwickelt, die jährlich 230 000 Tonnen Blumen im Wert von 1,3 Milliarden US-Dollar exportiert – mehr als Ecuador (800 Millionen US-Dollar) und Kenia (675 Millionen) – und weiter wächst. Diese Industrie wird durch die starke Beziehung mit den Vereinigten Staaten massiv gestützt, die inzwischen zwei Drittel aller Schnittblumen aus Kolumbien importieren und das Land damit zum bei Weitem größten Blumenlieferanten für US-amerikanische Floristen machen. In Kolumbien wachsen über 4 000 Orchideenarten, mehr als in jedem anderen Land der Welt, und diese zählen neben Nelken und Rosen zu den beliebtesten Pflanzen.

Dennoch wird dieser Erfolg von den Blumen im Wert von 3,5 Milliarden US-Dollar in den Schatten gestellt, die jährlich in den Niederlanden umgeschlagen werden. Ein großer Teil der ländlichen Regionen Hollands ist von riesigen bunten und hochmodernen Gewächshäusern geprägt, in denen natürlich enorme Mengen Tulpen, aber auch Lilien, Narzissen und Hyazinthen gezogen werden. Zudem sind gegenwärtig mehr als 10 000 Quadratkilometer der holländischen Landfläche für Freilandpflanzungen reserviert – was etwa der Hälfte der Fläche von Wales entspricht. Dazu zählen die während der Blütezeit im April leuchtend bunten Blumenfelder in der *Bollenstreek*, der Blumenzwiebelregion.

Obwohl die Zahl der Blumen anbauenden Betriebe in den Niederlanden stark rückläufig ist – von 2 269 im Jahr 2006 auf lediglich 991 im Jahr 2016 –, behalten die Holländer ihren Platz an der Spitze dieser kostbaren und duftenden Industrie, weil das Land auch als Hauptumschlagplatz für Blumen fungiert, die von außerhalb Europas kommen, zum Beispiel aus Kolumbien.

Die Kleinstadt Aalsmeer wird manchmal als die „Blumenhauptstadt der Welt" bezeichnet, weil dort die weltweit größte Blumenauktion stattfindet. Die niederländische Firma Royal FloraHolland mit Sitz in Aalsmeer ist eines der bedeutendsten Unternehmen im Blumenhandel; 2017 exportierte es Blumen im Wert von mehr als 6 Milliarden US-Dollar, etwa nach Frankreich (785 Millionen US-Dollar), nach Großbritannien (837 Millionen) und nach Deutschland (1,7 Milliarden US-Dollar). Den Kolumbianern und Niederländern ist durchaus bewusst, dass mit einer romantischen Geste das große Geschäft zu machen ist.

Die Rose, das Symbol der Liebe, bleibt die beliebteste Schnittblume und ist der klare Sieger unter den zehn von Royal FloraHolland meistverkauften Schnittblumen. Die Zahlen geben die Verkaufsstückzahlen in Millionen an.

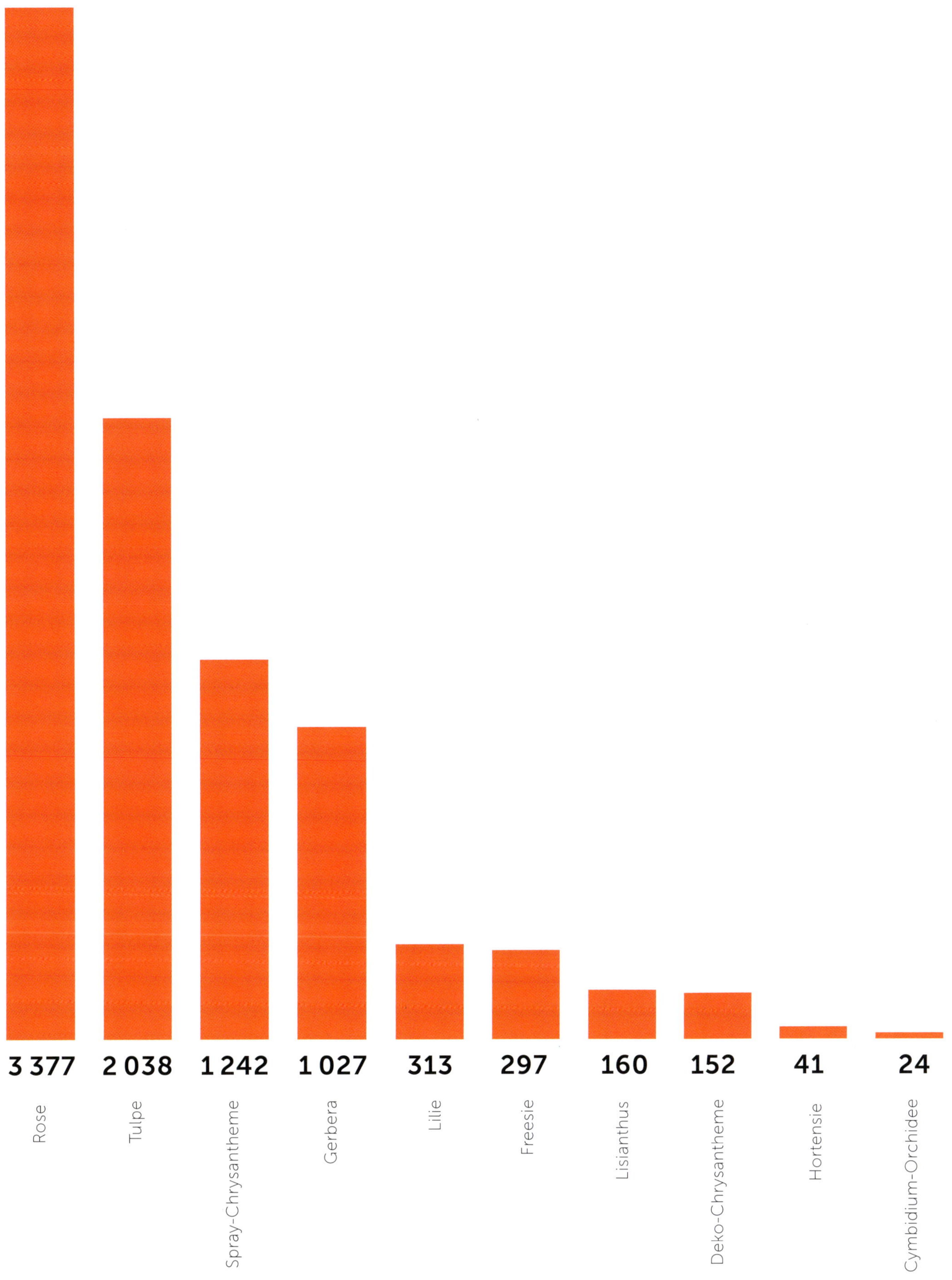
3 377
Rose
2 038
Tulpe
1 242
Spray-Chrysantheme
1 027
Gerbera
313
Lilie
297
Freesie
160
Lisianthus
152
Deko-Chrysantheme
41
Hortensie
24
Cymbidium-Orchidee

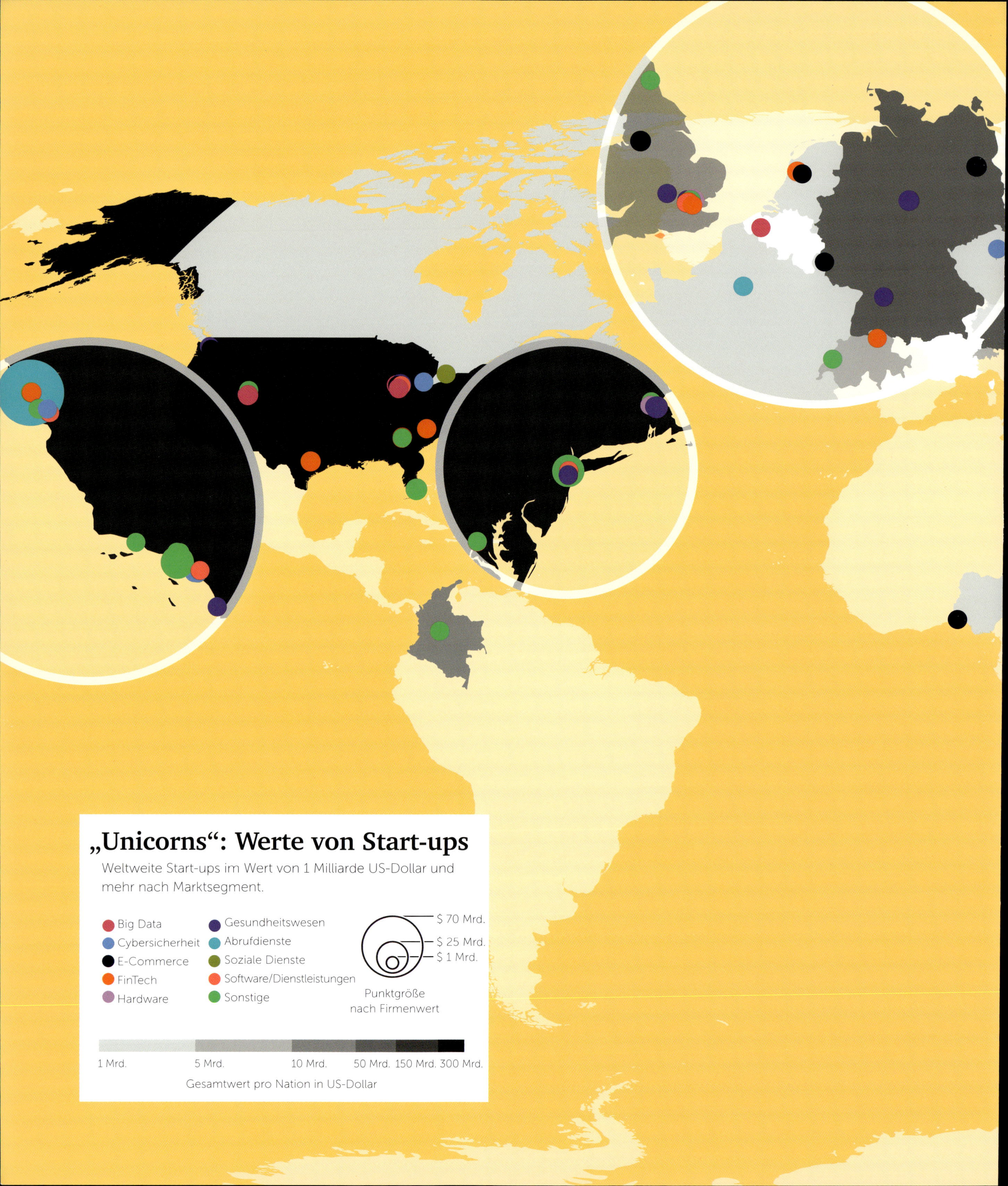
Big Data
Cybersicherheit
E-Commerce
FinTech
Hardware
Gesundheitswesen
Abrufdienste
Soziale Dienste
Software/Dienstleistungen
Sonstige
$ 70 Mrd.
$ 25 Mrd.
$ 1 Mrd.
Punktgröße nach Firmenwert
1 Mrd.
5 Mrd.
10 Mrd.
50 Mrd.
150 Mrd.
300 Mrd.
Gesamtwert pro Nation in US-Dollar

„Unicorns“: Werte von Start-ups

Weltweite Start-ups im Wert von 1 Milliarde US-Dollar und mehr nach Marktsegment.

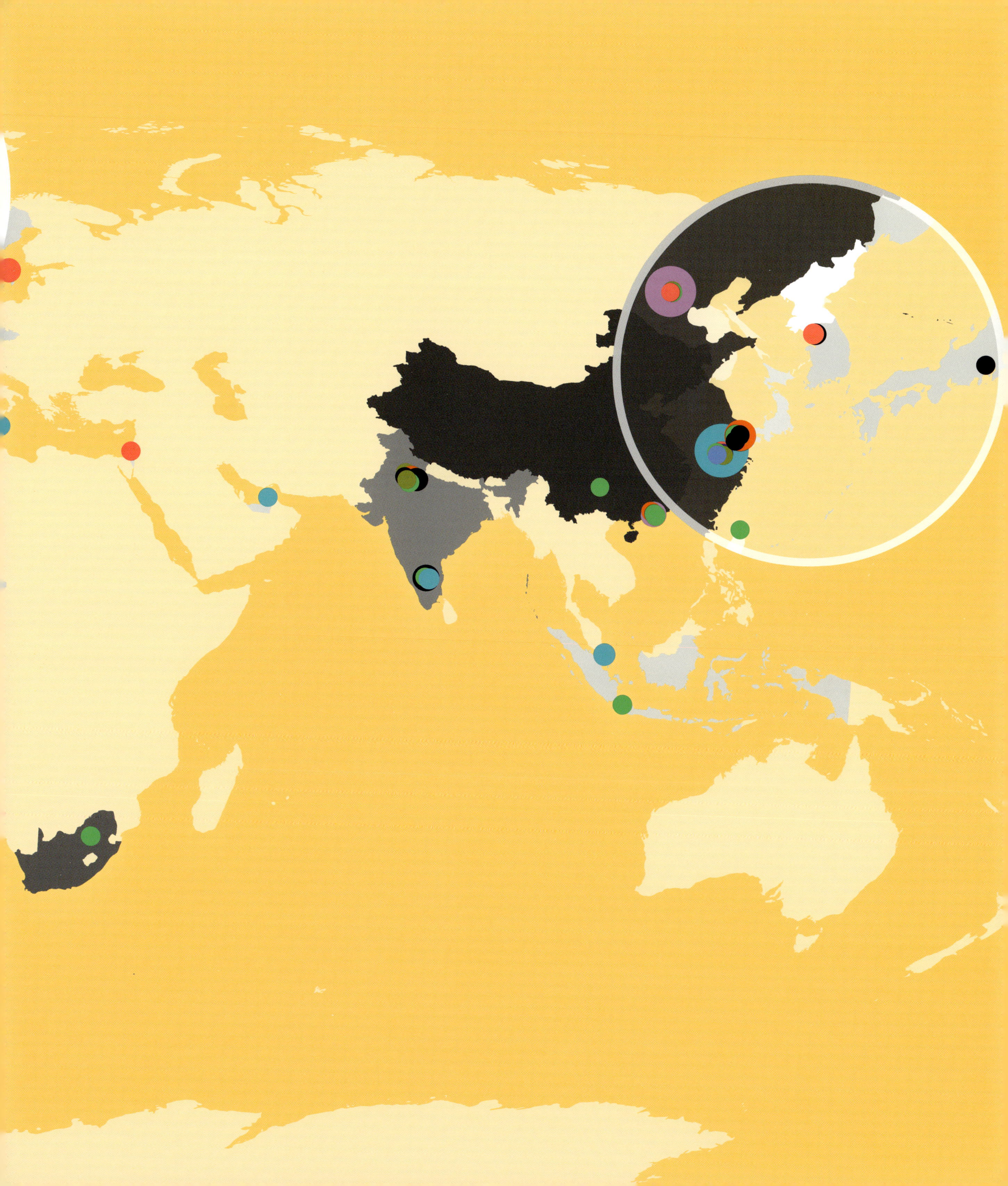

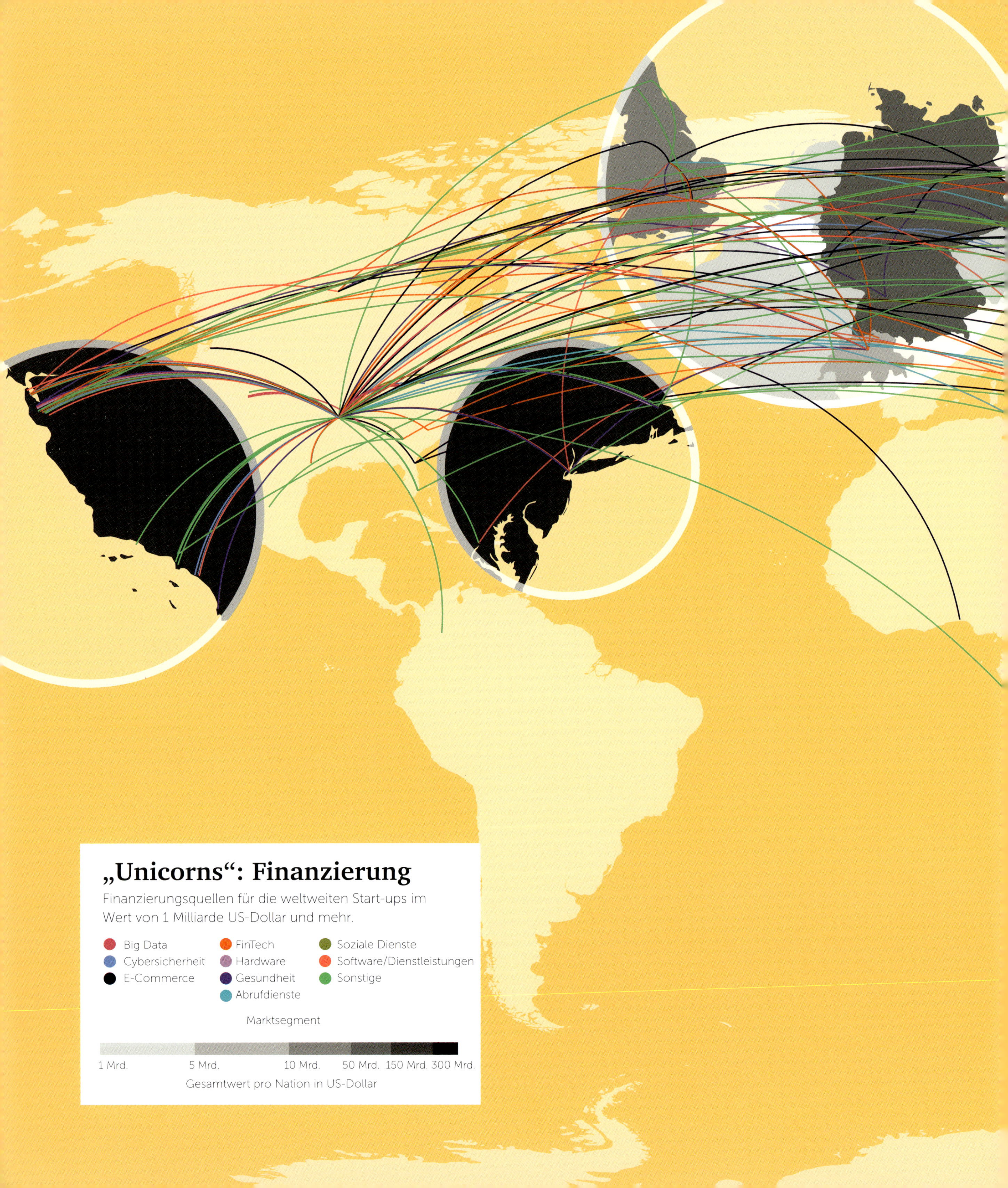

„Unicorns“: Finanzierung
Finanzierungsquellen für die weltweiten Start-ups im Wert von 1 Milliarde US-Dollar und mehr.
Big Data
Cybersicherheit
E-Commerce
FinTech
Hardware
Gesundheit
Abrufdienste
Soziale Dienste
Software/Dienstleistungen
Sonstige
Marktsegment
1 Mrd.
5 Mrd.
10 Mrd.
50 Mrd.
150 Mrd.
300 Mrd.
Gesamtwert pro Nation in US-Dollar

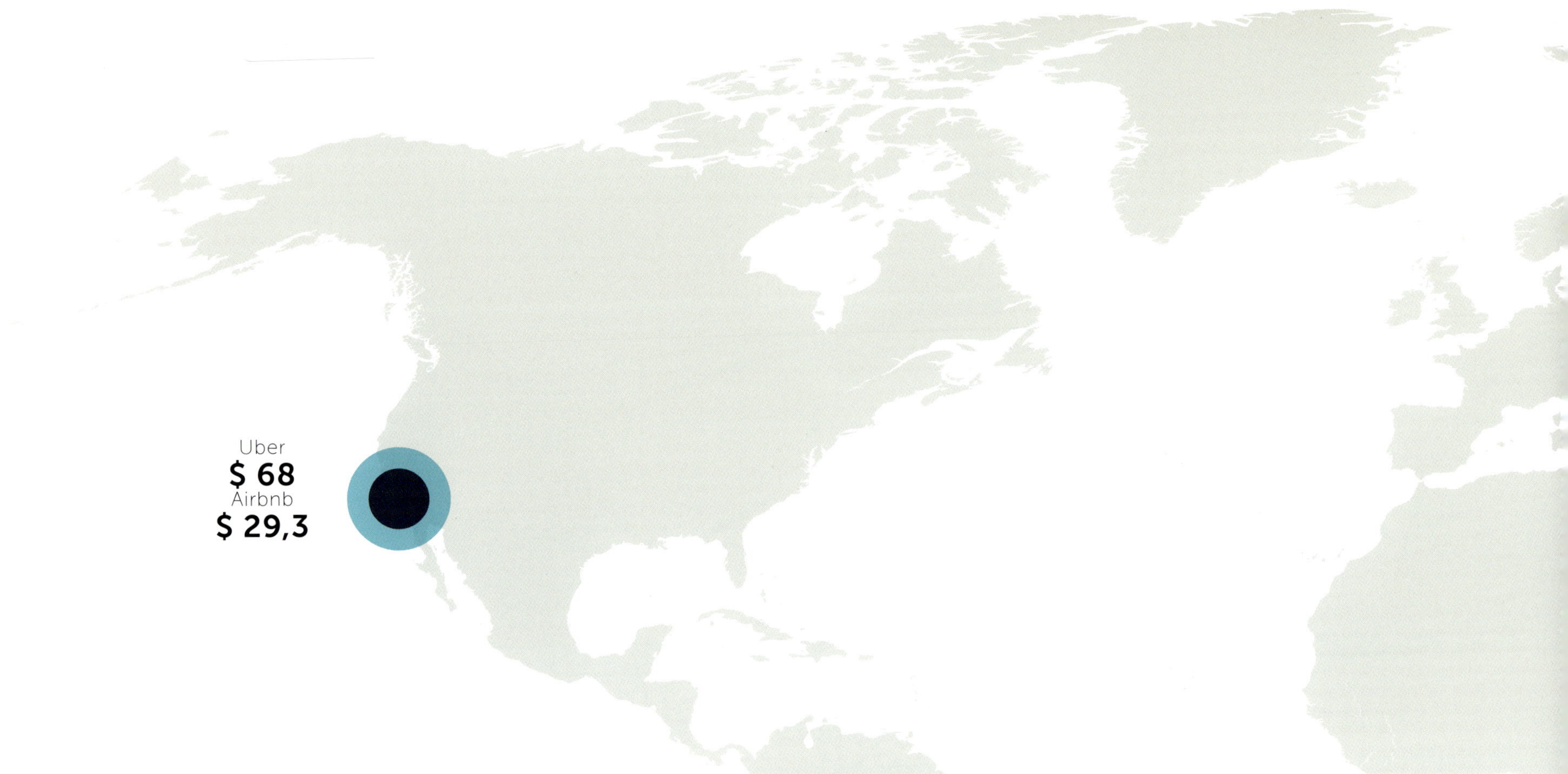
Uber
$ 68
Airbnb
$ 29,3

„Unicorns“

In der schnelllebigen Wirtschaft von heute hat es einen gewissen Reiz, der Emporkömmling, der innovative, zuversichtliche neue Stern am Himmel zu sein. Und es gibt kaum einen besseren Weg, um dies zu erreichen, als ein eigenes Geschäft aufzubauen. In den letzten Jahren haben zahlreiche Unternehmer rund um den Globus beschlossen, auf einen traditionellen Berufsweg in existierenden Unternehmen zu verzichten und stattdessen ihre eigene Firma zu gründen. Das hat zu einer Explosion von Start-ups in so unterschiedlichen Branchen wie zum Beispiel Beherbergung, Finanzen und Medien geführt. Einige davon waren so erfolgreich, dass sie im englischsprachigen Raum als *unicorns*, also als „Einhörner“ bezeichnet wurden, ein Begriff, der für Start-ups mit einem Marktwert von über 1 Milliarde US-Dollar verwendet wird.

Ein gutes Beispiel dafür ist die Car-Sharing-App Uber, die seit ihrer Entwicklung im Jahr 2008 einen phänomenalen Aufstieg erlebt hat. Wie so viele andere hat Uber in der Gründungsphase mit einem Startkapital in Höhe von etwa 200 000 US-Dollar begonnen – Geld von privaten Investoren, die gerne Mittel für etwas bereitstellen, von dem sie glauben, dass es für sie einmal sehr profitabel sein wird. Als das Unternehmen expandierte, erhielt es in diversen Investitionsphasen immer größere Summen, zunächst 1,25 Millionen US-Dollar, dann 11 Millionen und schließlich 32 Millionen. Im Jahr 2018 beliefen sich diese Investments auf mehr als 21 Milliarden US-Dollar. Weil das Unternehmen mittlerweile einen Marktwert von 68 Milliarden US-Dollar hat, werden die frühen Uber-Investoren ein Vielfaches ihrer Investitionen zurückerhalten haben.

Inzwischen gibt es ein ganzes Netzwerk an Fördermöglichkeiten durch Wagnisfinanzierungsgesellschaften (Venture-Capital-Gesellschaften) und Gründerzentren. Das berühmteste ist das in den USA ansässige Gründerzentrum Y Combinator, das stets auf der Suche nach dem „nächsten großen Coup“ ist. Y Combinator lädt aufstrebende Unternehmer dazu ein, ihre Ideen Men-

Die 5 wertvollsten Start-ups (Angaben in Milliarden US-Dollar). Selbst einige der relativ jungen Unternehmen sind inzwischen mehrere Milliarden Dollar wert, etwa Uber mit einem Marktwert von mehr als 68 Milliarden US-Dollar.

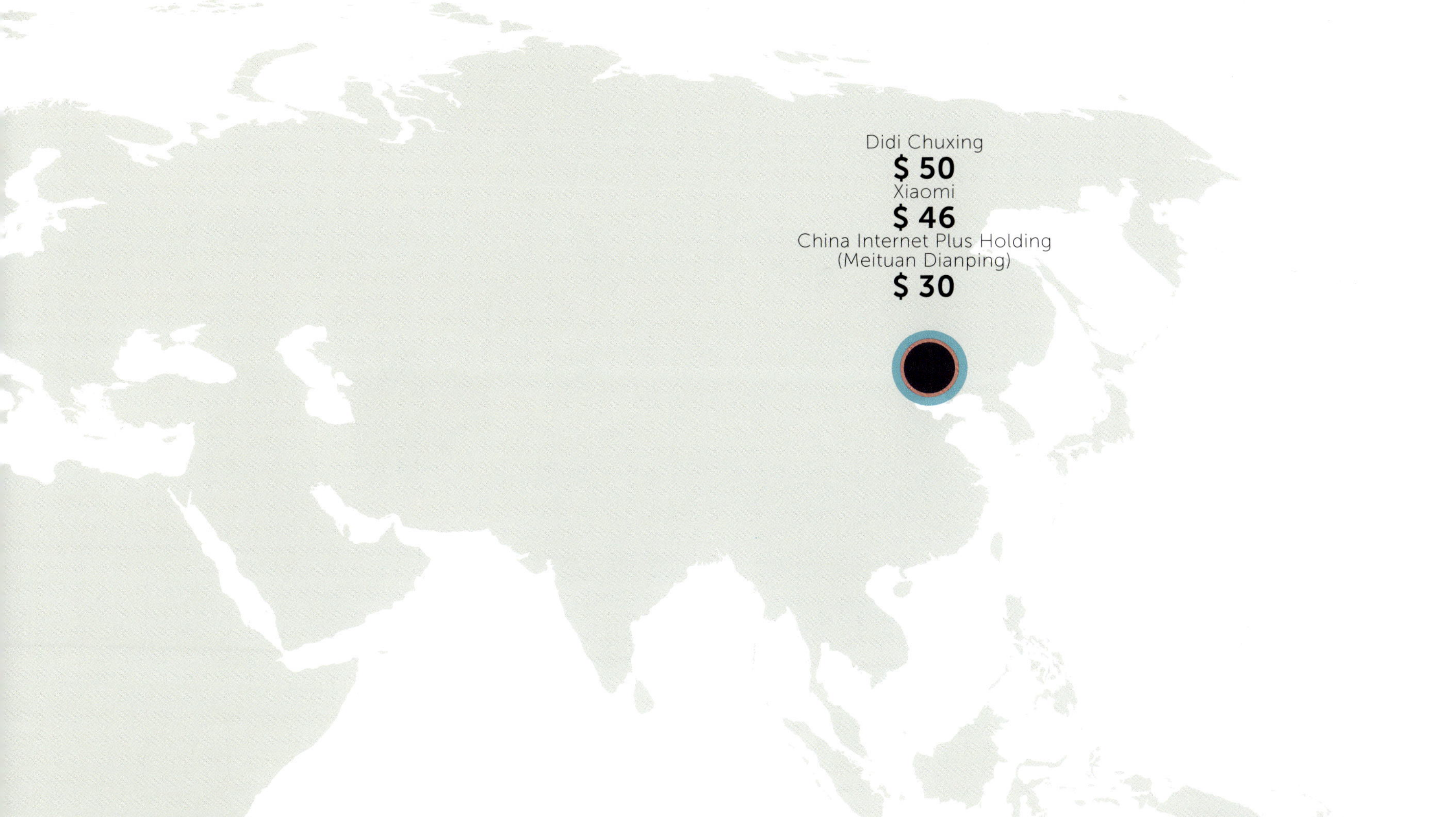
Didi Chuxing
$ 50
Xiaomi
$ 46
China Internet Plus Holding
(Meituan Dianping)
$ 30

schen vorzustellen, deren Bankkonten durch eigene kürzliche Erfolge ordentlich gefüllt wurden und die in der Lage sein könnten, Start-up-Aspiranten die Chance zu geben, es ihnen gleichzutun. Es handelt sich um einen Prozess, den viele der größten und bekanntesten Namen im Start-up-Business durchlaufen haben.

Es gibt eine Region der Welt, die zum Synonym dieser Art von schnellem Reichtum durch Hochtechnologie geworden ist: Silicon Valley in Kalifornien ist Sitz von diversen Firmen, von führenden Technologieunternehmen wie Apple und Google, aber auch von „kleineren“ Firmen, zu denen die Cloud-Speicherungs-Website Dropbox (im Wert von 10 Milliarden US-Dollar) und die Foto-Sharing-Website Pinterest (im Wert von 12,3 Milliarden US-Dollar) zählen. Selbst wenn Ihr Start-up nicht in Kalifornien ansässig ist, sind die Vereinigten Staaten wahrscheinlich der beste Sitz für Ihr Unternehmen. WeWork, die Website für die Coworking-Arbeitsraumsuche, hat ihren Sitz zum Beispiel in New York, dem nach Kalifornien zweitgrößten Zentrum dieser Art von Unternehmen. WeWork, mit einem Wert von über 20 Milliarden US-Dollar, stellt eine Plattform zur Verfügung, auf der beispielsweise Unternehmer und Freiberufler Bürogemeinschaften oder Arbeitsräume mit Infrastruktur auf Zeit finden können, ganz gleich, in welcher Stadt sie wohnen.

Chinas neuerlich liberalere Einstellung gegenüber unabhängigen, marktwirtschaftlichen Unternehmen hat dazu geführt, dass sich das Land zur zweitgrößten Start-up-Nation entwickelt hat. Zu den besonders erfolgreichen neuen Unternehmen zählen die Technologiefirma Xiaomi (im Wert von 46 Milliarden US-Dollar) und Didi Chuxing (im Wert von 50 Milliarden US-Dollar), einer Uber ähnlichen App für Fahrgemeinschaften. Sofern der Markt vorhanden ist, sorgen diese Start-up-Netzwerke dafür, dass jede Idee rasch einen Milliarden-Dollar-Wert erreichen kann.

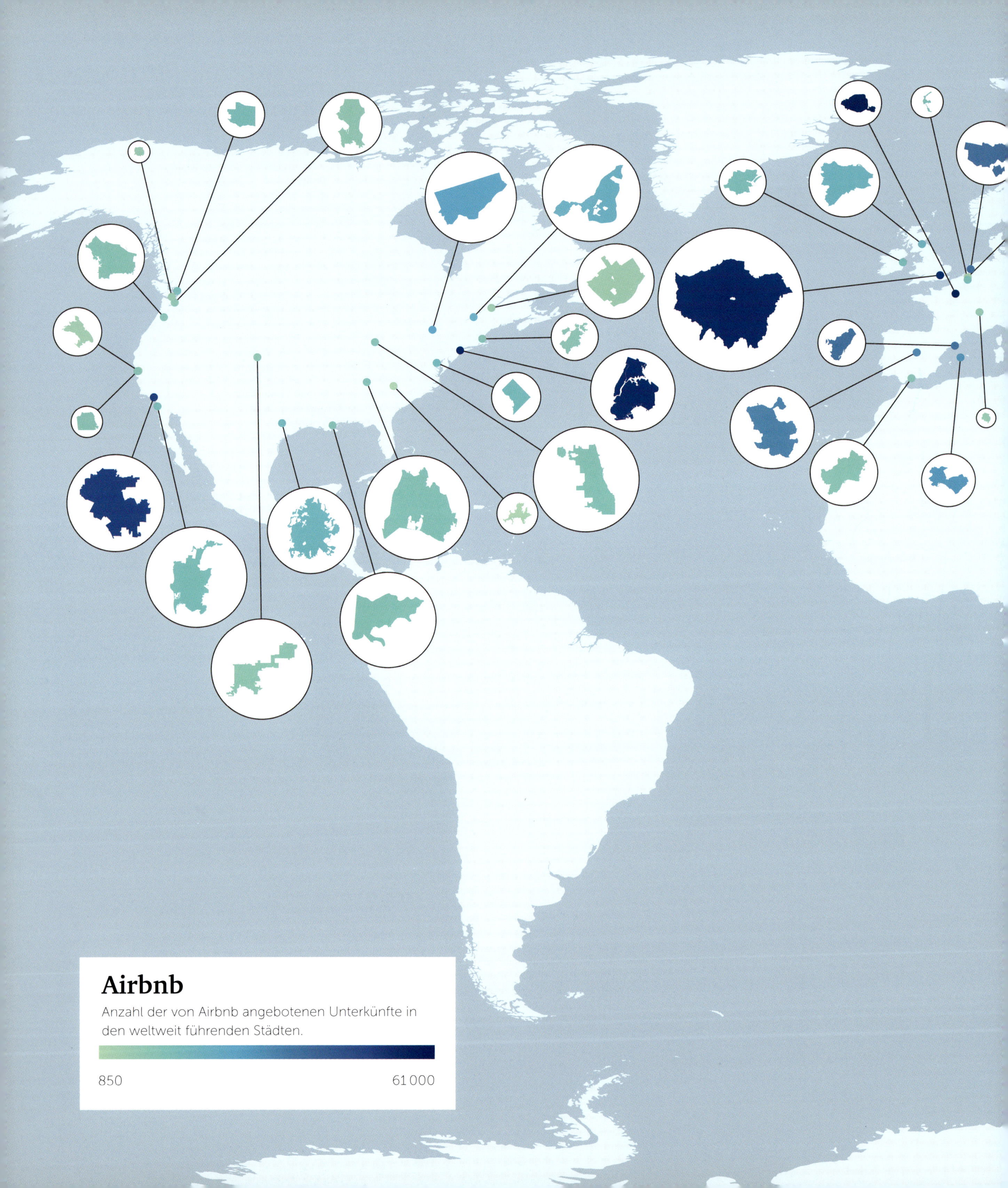
Airbnb
Anzahl der von Airbnb angebotenen Unterkünfte in den weltweit führenden Städten.
850
61 000

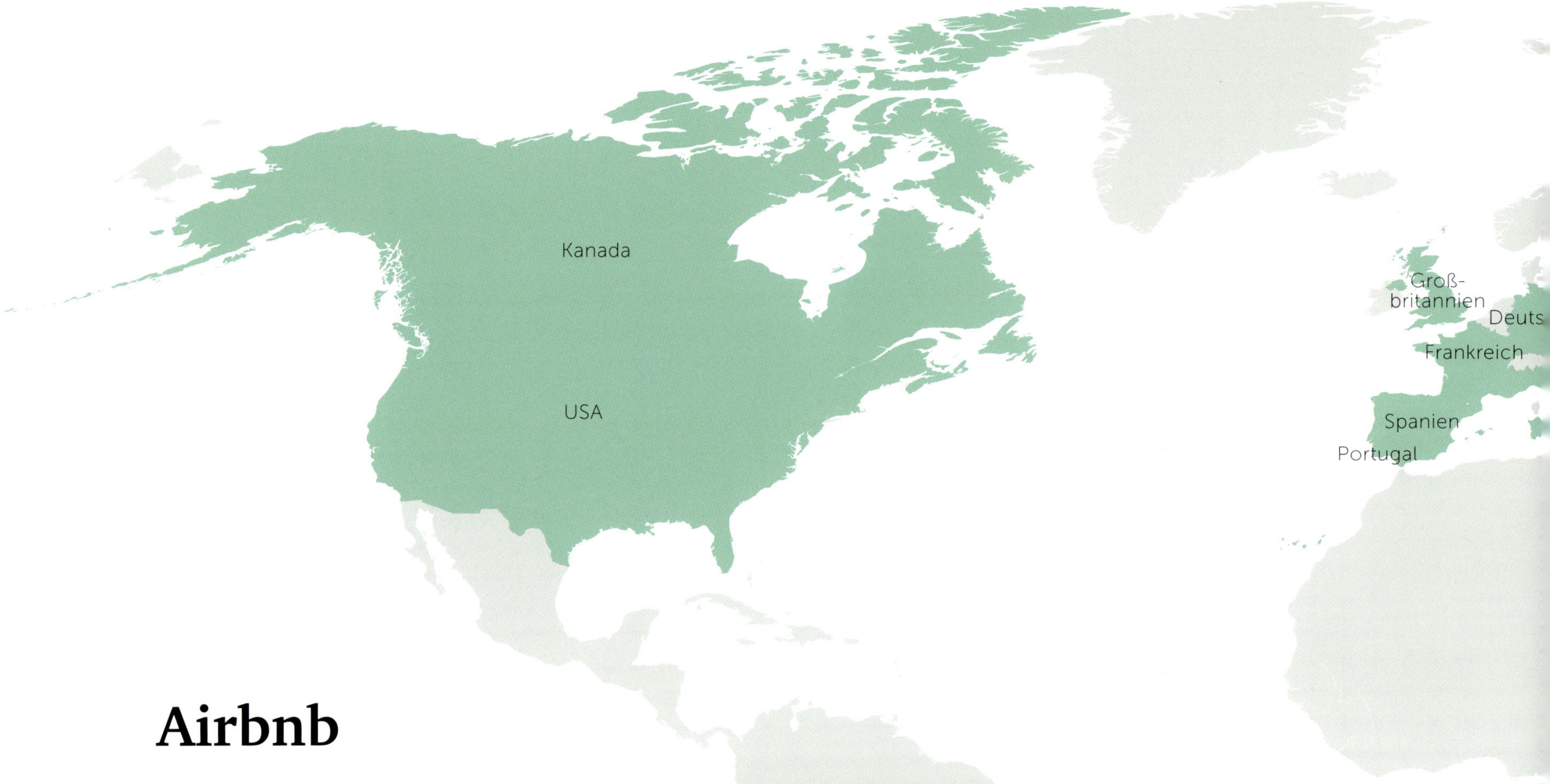
Kanada
USA
Groß-
britannien
Deuts
Frankreich
Spanien
Portugal

Airbnb

Im Jahr 2007 posteten Brian Chesky und Joe Gebbia eine Anzeige im Internet, mit der sie in ihrem Apartment in San Francisco Luftmatratzen für Übernachtungen anboten. Schon im März 2008 hatte sich ihre etwas verrückte Idee ausgeweitet – unter der etwas schwerfälligen Internetadresse „Airbedandbreakfast.com" – und fing an, sich zu einem erfolgreichen Unternehmen zu entwickeln. Zehn Jahre später unterhielt das Unternehmen neunzehn Büros und hatte darüber hinaus unglaubliche 4,5 Millionen Anmeldungen weltweit. Außerdem lief es unter einem schicken neuen Namen: Airbnb.

Airbnb ermöglicht es jedermann, im Internet zu posten, dass er ein Bett, ein Zimmer oder sogar ein ganzes Anwesen vermieten möchte. Für Millionen Touristen weltweit hat sich Airbnb zu einer beliebten Auswahlmöglichkeit unter den zahlreichen Websites entwickelt, die sie aufrufen können, wenn sie nach Unterkünften in Städten rund um den Globus suchen. Reisende sparen häufig Geld, das sie ansonsten für teurere Hotelzimmer ausgeben müssten, und können, wenn man dem Werbematerial Glauben schenken mag, ein „authentischeres" Erlebnis genießen, weil sie so tun können, als wären sie tatsächlich Einwohner der Stadt, in der sie sich aufhalten. Die zehn führenden Länder, aus denen die Gäste stammen, sind die Vereinigten Staaten, Frankreich, Großbritannien, Deutschland, Australien, Kanada, China, Spanien, Italien und die Niederlande.

Unternehmen wie Airbnb, der Fahrdienstanbieter Uber und zahlreiche andere entstanden in den Jahren nach der Finanzkrise von 2007/2008 aus innovativen Ideen, wie man traditionelle Geschäftsbereiche aufbrechen könnte – wie im Fall von Airbnb das Hotelgeschäft. Sie nutzen Websites und Smartphone-Apps als zentrale Knotenpunkte, um Kontakte herzustellen, zum Beispiel zwischen Leuten mit freien Zimmern und Menschen, die nach einer Übernachtungsmöglichkeit suchen. Warum ausgerechnet Airbnb statt einer seiner zahlreichen Konkurrenten so erfolgreich ist, das ist eine andere Frage;

Japan
Australien

jedenfalls ist das Unternehmen zum Aushängeschild der neuen *sharing economy* geworden, die sich in den vergangenen zehn Jahren entwickelt hat.

Inzwischen bietet die Website in über 81 000 Städten in mehr als 191 Ländern Zimmer an – alle Arten von Unterkünften, von Baumhäusern und Iglus bis hin zu Schlössern und Hausbooten. Im Jahr 2017 verzeichneten die Vereinigten Staaten 660 000 Airbnb-Anbieter – mehr als jedes andere Land –, gefolgt von Frankreich (485 000), Italien (340 000), Spanien (245 000) und Großbritannien (175 000). Die Städte mit den meisten zu mietenden Quartieren sind Paris (61 152) und London (49 348). An dritter Stelle auf der Liste findet sich New York mit 48 852 Anbietern, was vielleicht erstaunt, weil es in dieser Stadt bereits illegal ist, auf der Website eine Unterkunft anzubieten, ganz zu schweigen davon, tatsächlich ein Zimmer zu vermieten. Weil die Nutzerzahlen in den vergangenen Jahren enorm gestiegen sind, sind auch die Gewinne durch die Decke geschossen. Airbnb verlangt 3 Prozent der vereinbarten Miete von jedem Gastgeber und darüber hinaus zwischen 5 und 15 Prozent von jedem buchenden Gast. Mit mehr als 300 Millionen Buchungen seit seiner Gründung hat das Unternehmen inzwischen einen Marktwert von über 31 Milliarden US-Dollar.

Im Jahr 2015 veröffentlichte Airbnb Details der Stadtviertel überall auf der Welt, die am meisten nachgefragt wurden. Dazu zählten Banglampoo in Bangkok, Thailand, Brickfields in Kuala Lumpur, Malaysia, und Capucins in Bordeaux, Frankreich. Die Liste führte Chūō-ku in Osaka, Japan, an, dessen Nachfrage in nur einem Jahr um 7 000 Prozent gestiegen war. Damals warb Airbnb damit, dass alle diese Stadtviertel bestimmte begehrte Qualitäten aufwiesen, wie zum Beispiel Einzelhändler, Kunstgalerien und empfehlenswerte Restaurants. Die Geschmäcker der Airbnb-Kunden scheinen sich seit der Firmengründung deutlich verändert zu haben, weil nur noch wenige Touristen bereit waren, für die Übernachtung auf einer Luftmatratze Geld zu bezahlen.

Die 10 führenden Reiseziele der Airbnb-Gäste.

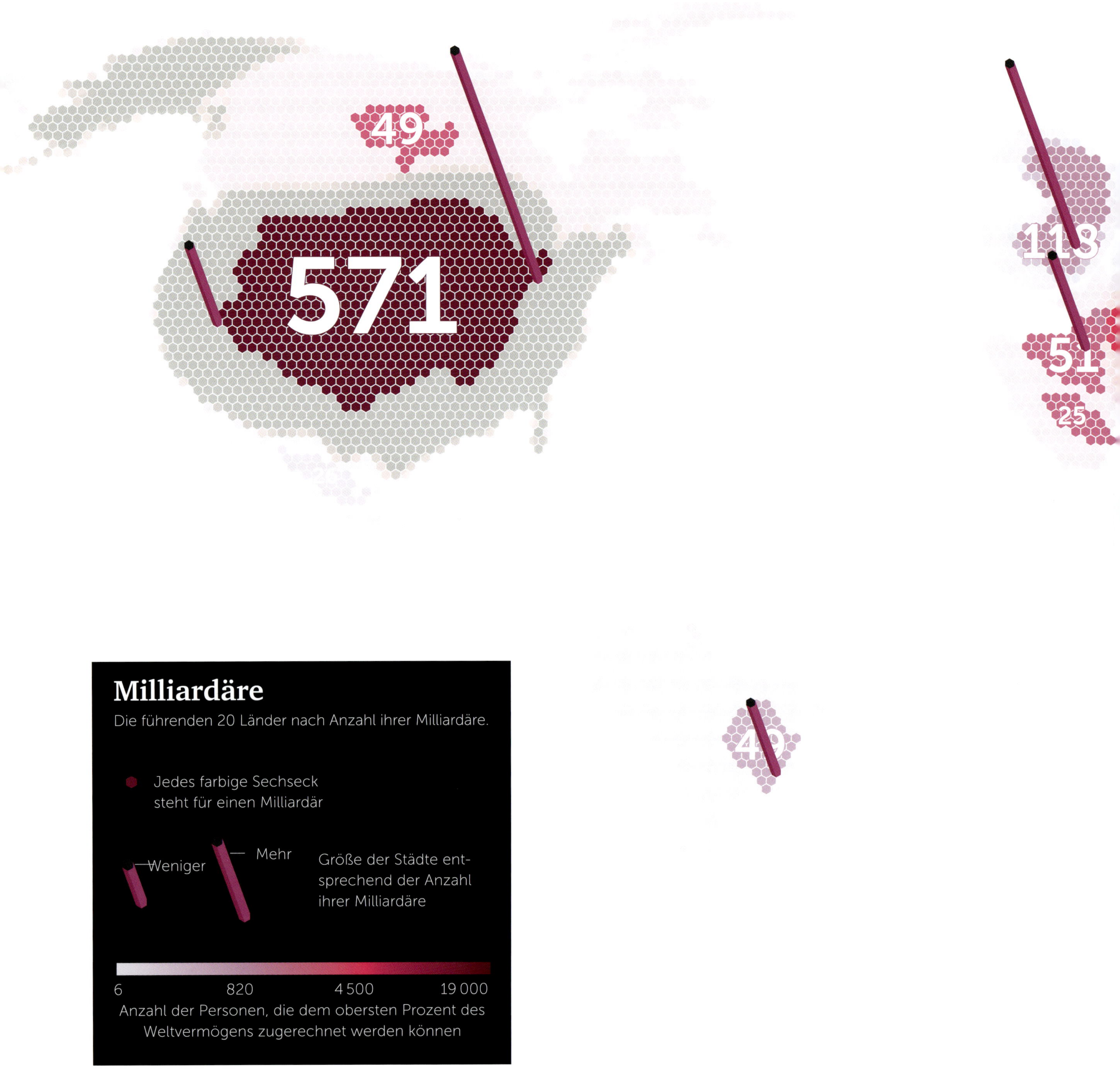

49
571
118
51
25
49

Milliardäre

Die führenden 20 Länder nach Anzahl ihrer Milliardäre.

Jedes farbige Sechseck steht für einen Milliardär

Weniger

Mehr

Größe der Städte entsprechend der Anzahl ihrer Milliardäre

6 820 4 500 19 000

Anzahl der Personen, die dem obersten Prozent des Weltvermögens zugerechnet werden können

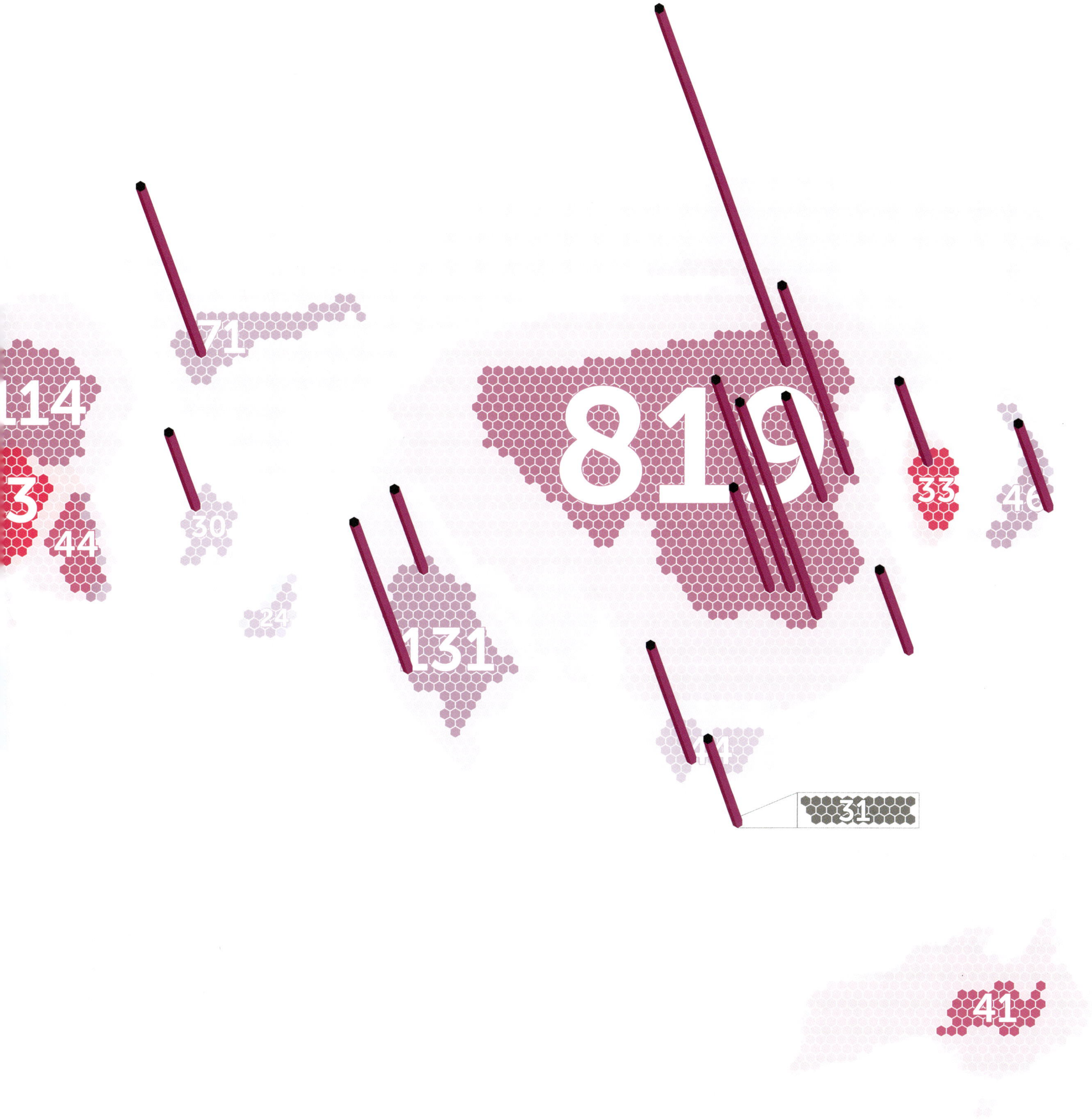
71
114
44
30
24
131
819
33
31
41

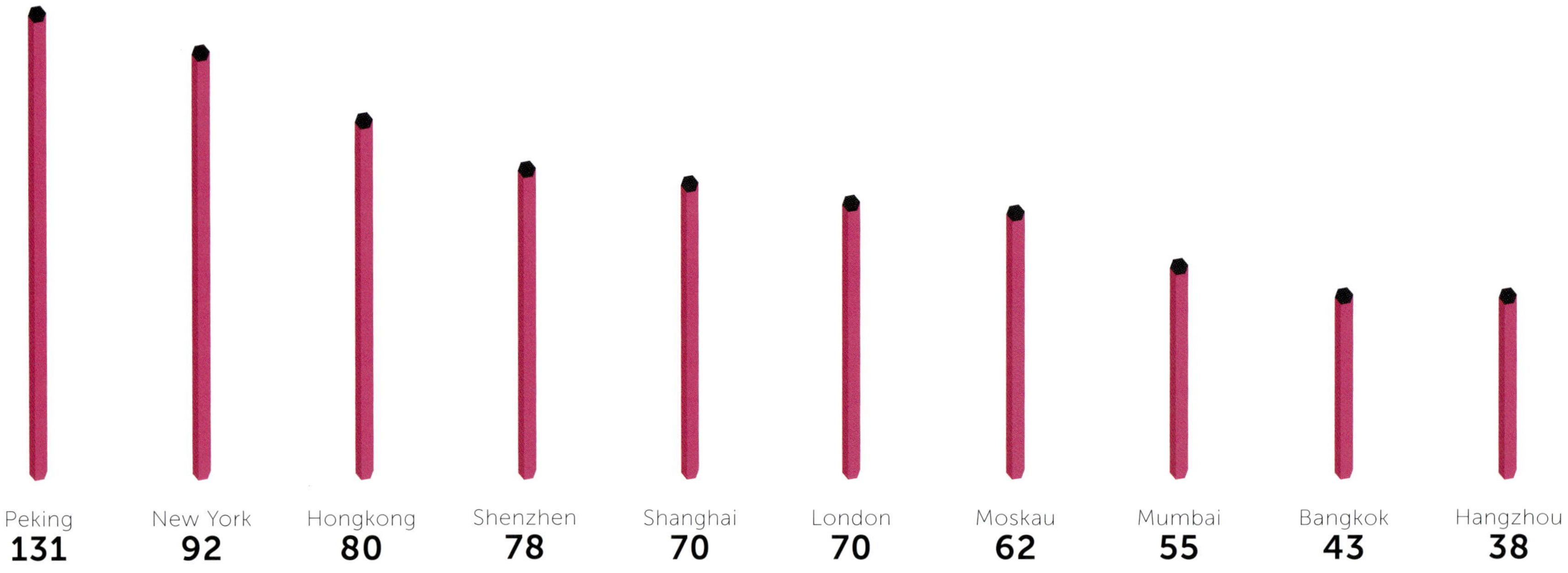
Peking
131
New York
92
Hongkong
80
Shenzhen
78
Shanghai
70
London
70
Moskau
62
Mumbai
55
Bangkok
43
Hangzhou
38

Milliardäre

Mit Jeff Bezos, dem Gründer von Amazon, Bill Gates von Microsoft und dem Investor Warren Buffet an der Spitze sind es ausschließlich US-Amerikaner, die dem weltweiten Club der Milliardäre vorstehen: Die 571 amerikanischen Mitglieder besitzen atemberaubende 3 Billionen US-Dollar. Sieben der zehn reichsten Männer der Welt sind Amerikaner – darunter Mark Zuckerberg, Gründer von Facebook, und Larry Ellison, Gründer von Oracle. Bernard Arnault aus Frankreich, der Chef von LVMH (Moët Hennessy Louis Vuitton), Amancio Ortega, CEO von Zara aus Spanien, und der Telekommunikationstycoon Carlos Slim Helú aus Mexiko sind die einzigen Nicht-US-Amerikaner, die die oberste Stufe erklommen haben. Für manche Menschen sind diese Personen inspirierende Vorbilder des amerikanischen Traums, für andere sind sie Beispiele dafür, dass eine extrem kapitalistische Wirtschaft ein paar wenigen Personen zu enormem Reichtum verhelfen kann.

Unterhalb der Top Ten beginnen Chinesen rasch aufzuholen, insbesondere in Branchen wie der Immobilienwirtschaft und der verarbeitenden Industrie, angeführt von Ma Huateng von WeChat/Tencent und Jack Ma von Alibaba. China und die Vereinigten Staaten sind inzwischen Heimat von mehr als der Hälfte der weltweit 2 600 Multimilliardäre – eine Zahl, die Jahr für Jahr weiter wächst. Es klafft eine große Lücke zwischen diesen Ländern und Indien mit nur 131 Milliardären, gefolgt von Großbritannien (118), Deutschland (114), der Schweiz (83) und Russland (71).

Ein Blick auf die Städte, in denen die Milliardäre der Welt leben, zeigt, wie bedeutend China als Heimat der Ultrareichen geworden ist, denn vier der fünf Städte mit der höchsten Milliardärsdichte liegen in China: Peking (131), Hongkong (80), Shenzhen (78) und Shanghai (70). Doch auch in kleineren Städten wie Hangzhou und Guangzhou gibt es immer mehr Milliardäre. Zu den weiteren Großstädten im oberen Bereich der Liste zählen New York (92), London

Guangzhou
37
Paris
36
Tokio
31
San Francisco
31
Singapur
31
Taipeh
30
Seoul
30
Neu-Delhi
29
São Paulo
28
Istanbul
27

Die Städte mit der höchsten Milliardärsdichte. Die meisten Milliardäre leben in chinesischen Städten, und die Zahl der Milliardäre wächst Jahr um Jahr.

(70) und Moskau (62) – ein Indiz für die Fähigkeit dieser und anderer Weltstädte, das Vermögen rund um den Globus auf sich zu konzentrieren. In Bezug auf Asien belegen diese Zahlen ebenfalls die Dominanz der Großstädte als Wohnorte der inländischen Milliardäre: In Seoul leben 30 der 33 Milliardäre Südkoreas, in Bangkok 43 der 44 thailändischen Milliardäre.

Wenn man den Blick weitet und auch die Millionäre berücksichtigt, zeigt sich die extreme Ungleichheit der Vermögensverteilung selbst am oberen Ende der Wohlstandspyramide. In China beispielsweise gab es 2017 weniger als zwei Millionen Millionäre, etwa so viele wie in Deutschland, weniger als in vergleichsweise kleinen Ländern wie Großbritannien (2,2 Millionen) und Japan (2,7 Millionen) und deutlich weniger als in den USA (mit verblüffenden 15,4 Millionen). Trotzdem geht man davon aus, dass die schnelle Anhäufung von Reichtum in China aufgrund der Massenfertigung und der boomenden Immobilienwirtschaft zu einem Anstieg der Anzahl chinesischer Millionäre bis 2022 auf 2,7 Millionen führen wird, wodurch China hinter den USA und Japan den dritten Platz auf der Liste einnehmen wird.

Wirklich außergewöhnlich ist die extreme Konzentration des Reichtums auf eine Handvoll Personen in nur wenigen Ländern. Die 36 Millionen Millionäre der Welt – insgesamt weniger als ein halbes Prozent der gesamten Erwachsenenbevölkerung – besitzen 46 Prozent des weltweiten Vermögens. Im Gegensatz dazu besitzen mehr als 70 Prozent aller Erwachsenen weniger als 10 000 US-Dollar – dies trifft insbesondere auf die Entwicklungsländer zu – und damit insgesamt nicht mehr als 3 Prozent des globalen Vermögens. Entscheidend ist, dass die Lücke zwischen Arm und Reich immer größer wird – die Jahreseinkommen der ärmsten 10 Prozent sind zwischen 1988 und 2011 nur um 65 US-Dollar angestiegen, während das Einkommen des reichsten einen Prozents im gleichen Zeitraum um beachtliche 11 800 US-Dollar wuchs.

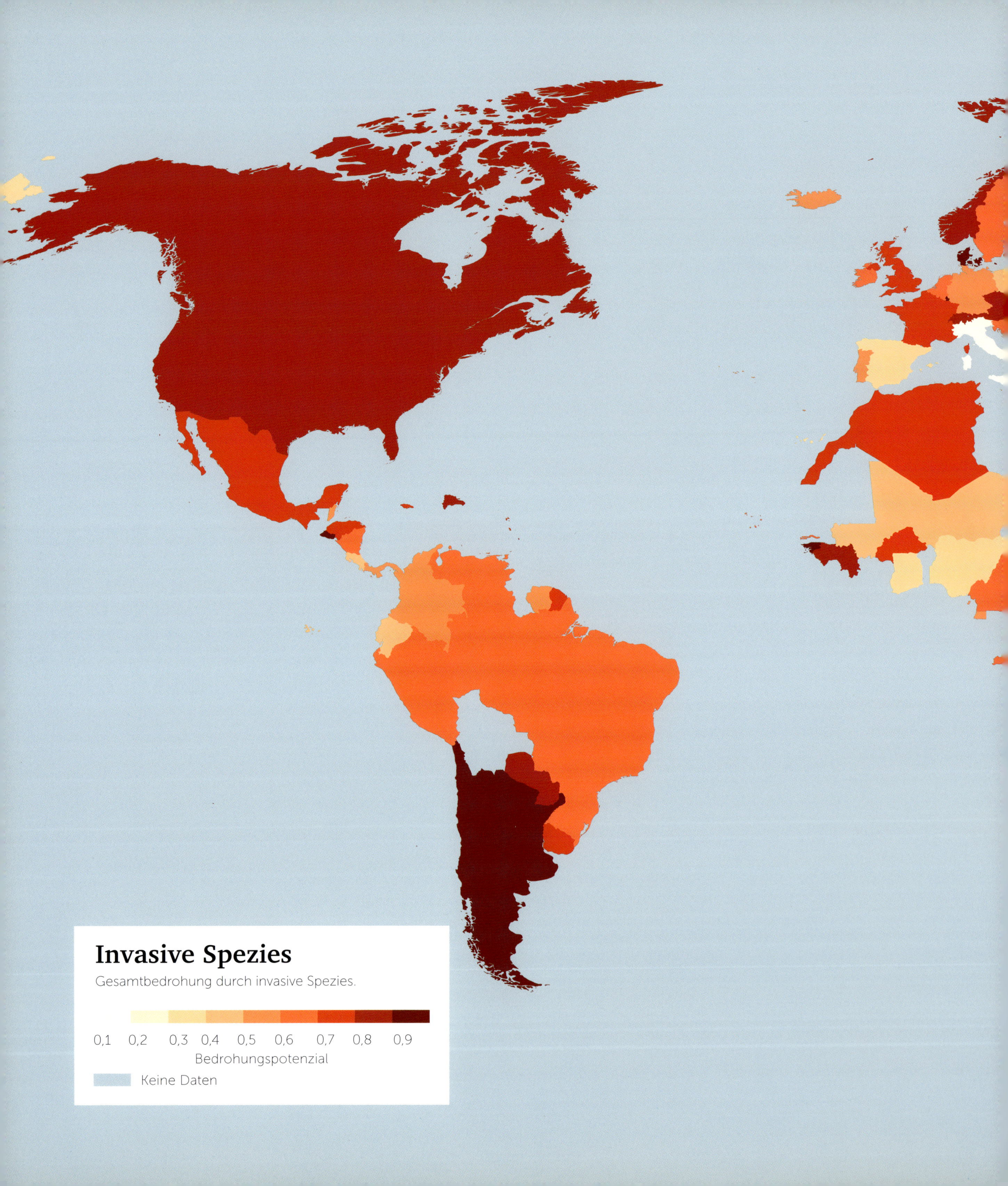
0,1
0,2
0,3
0,4
0,5
0,6
0,7
0,8
0,9
Bedrohungspotenzial
Keine Daten

Invasive Spezies

Gesamtbedrohung durch invasive Spezies.

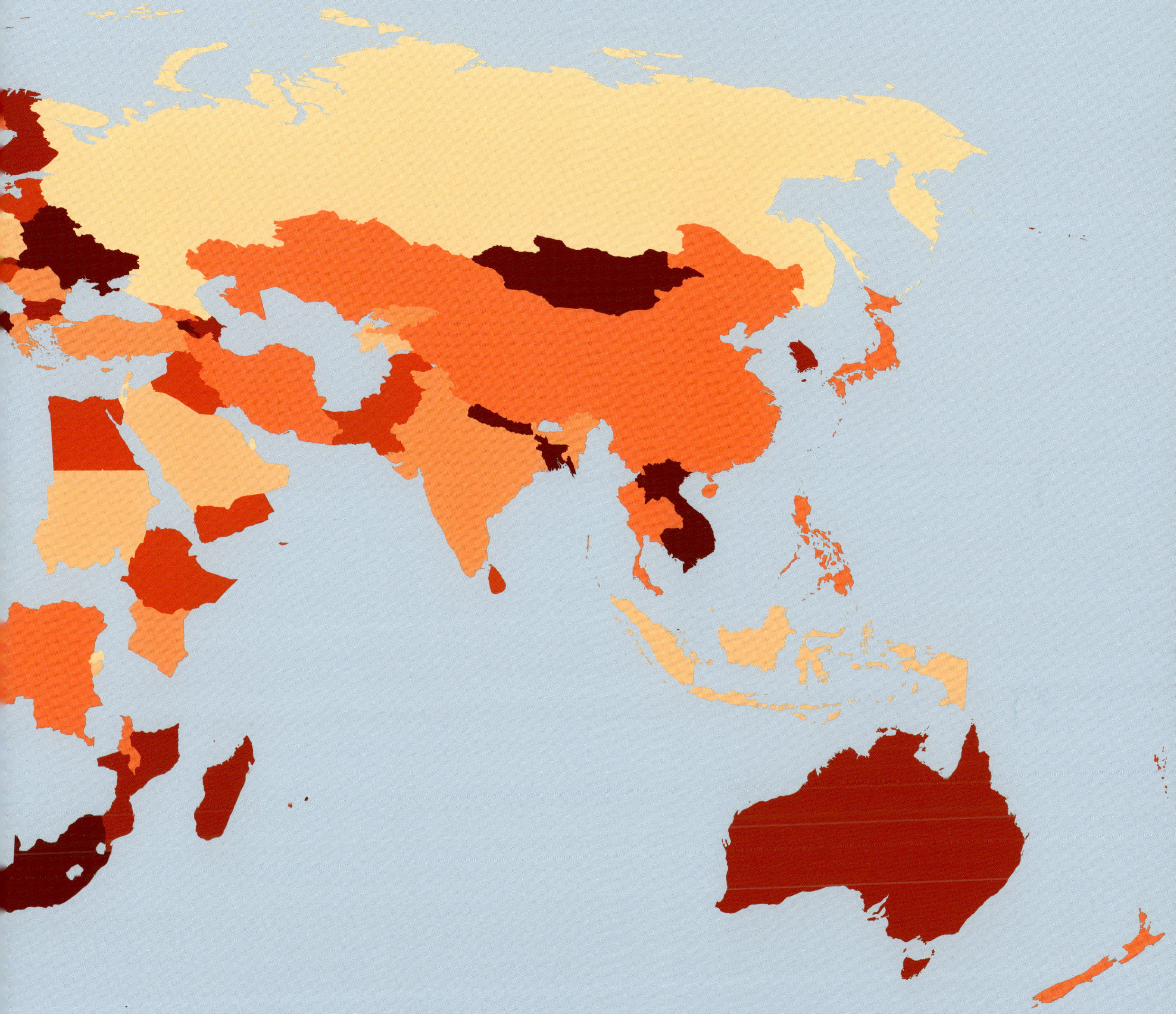

Invasive Spezies

Vor mehr als hundert Jahren machten die Bewohner der Fidschi-Inseln sich verständlicherweise Sorgen über die Auswirkung der von Besuchern der Inseln mit ihren Schiffen eingeschleppten Ratten auf ihre Umgebung. Die Nager fraßen die Eier heimischer Vögel, Saatgut und Insekten. Noch schlimmer, zumindest für die kolonialen britischen Siedler, war die Tatsache, dass die Ratten sich als Plagegeister in den Zuckerrohrfeldern entpuppten.

Die naheliegende Lösung bestand darin, einen noch rabiateren Killer einzuführen, ein Raubtier, das die lästige Rattenpopulation im Zaum halten sollte: den Kleinen Mungo (*Herpestes auropunctatus*). Im Jahr 1883 wurde ein Mungo-Paar von Kalkutta auf die Fidschis gebracht – eine von vielen ähnlichen gezielten Einschleppungen auf die Pazifikinseln. Doch leider trafen die Mungos auf den Fidschis auf eine Tierwelt, die einem solch flinken und effektiven Raubtier nichts entgegenzusetzen hatte. Die Mungos lösten das Problem also nicht, sondern verschlimmerten es. Einheimische Vögel, Reptilien, Amphibien und Säugetiere litten unter den gnadenlosen Mungos.

Bedauerlicherweise waren die Fidschis nicht die einzigen kleinen Inseln, auf denen diese Art von Experiment durchgeführt wurde. Etwa zur selben Zeit wurde der Kleine Mungo auch in zahlreichen anderen Regionen eingeführt, von Jamaika bis Hawaii, von Mauritius bis Barbados. Überall dezimierte das räuberische Säugetier die heimische Fauna. Darüber hinaus stellte es als Überträger der Tollwut eine Gesundheitsgefahr für die Menschen dar. In der zweiten Hälfte des 20. Jahrhunderts gelang es zumindest, die Mungo-Population auf einer Reihe von Fidschi-Inseln auszurotten, doch aufgrund ihrer Gewandtheit und Anpassungsfähigkeit setzte die Internationale Union zur Bewahrung der Natur (*International Union for Conservation of Nature*/IUCN) den Kleinen Mungo im Jahr 2000 auf die Liste der 100 gefährlichsten invasiven Arten.

Der von den Mungos auf den Fidschis angerichtete Schaden war nur ein Vorgeschmack auf neuere Entwicklungen. Die Rote Liste gefährdeter Arten der IUCN belegt, dass invasive Spezies inzwischen weltweit die Hauptverursacher für das Aussterben von Tierarten sind, weil viele Tiere, von Ratten, Ziegen und Schweinen bis hin zu Forellen, Schildkröten und Schlangen, die vom Menschen entweder zufällig oder absichtlich in neue Ökosysteme eingeführt wurden, diese dann beherrschen und die einheimischen Arten ausrotten.

Das Ausmaß der Bedrohung für die Ökonomien ist weltweit von Region zu Region äußerst unterschiedlich. Die Vereinigten Staaten und China sind aufgrund ihrer umfangreichen Handelsbeziehungen im landwirtschaftlichen Bereich die größten Verbreiter invasiver Spezies im Rest der Welt, gefolgt von

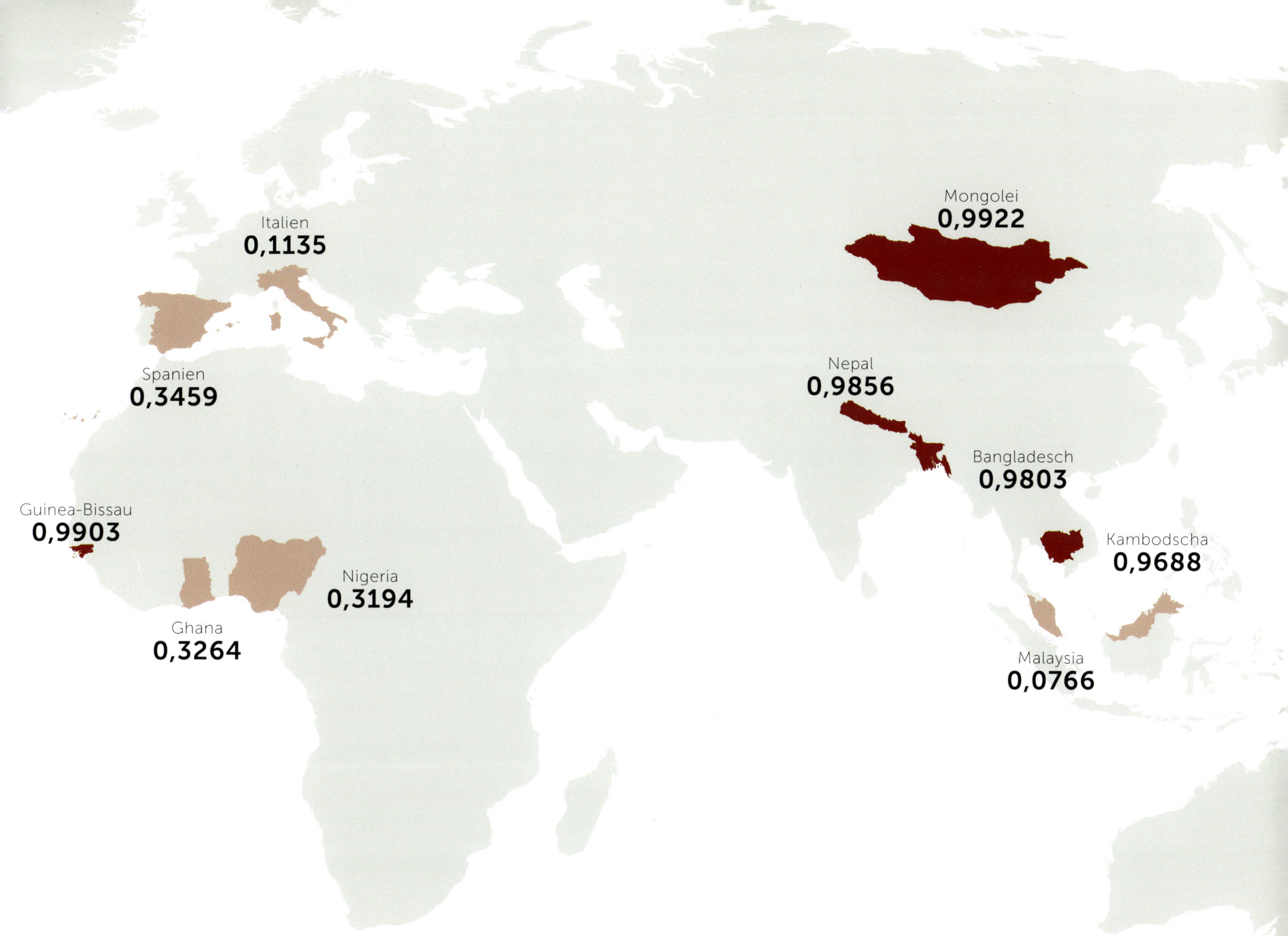
Mongolei
0,9922
Italien
0,1135
Spanien
0,3459
Nepal
0,9856
Bangladesch
0,9803
Guinea-Bissau
0,9903
Kambodscha
0,9688
Nigeria
0,3194
Ghana
0,3264
Malaysia
0,0766

anderen relativ eng vernetzten Ländern wie zum Beispiel Japan, Deutschland, Frankreich und Südkorea. Die Länder hingegen, in denen die Gefahr einer Einschleppung am größten ist, sind jene der Dritten Welt, die weder über die finanziellen Mittel noch über die Technologien verfügen, um eine Arteninvasion rechtzeitig entdecken und bekämpfen zu können, wie zum Beispiel Guinea-Bissau, die Mongolei, Nepal, Bangladesch und Kambodscha. Die große Bedeutung der Landwirtschaft in diesen relativ kleinen Ökonomien hat zur Folge, dass sie für Einschleppungen besonders anfällig sind.

Selbst bei unmittelbaren Nachbarn kann die Bedrohungslage durch invasive Spezies erstaunlich unterschiedlich sein. So ist Italien beispielsweise eines der am wenigsten gefährdeten Länder, während die benachbarte Schweiz eines der gefährdetsten ist. Zahlreiche fremde Tierarten haben in der bergreichen Schweiz ein ideales Umfeld gefunden, um sich anzusiedeln und zu vermehren, wie zum Beispiel der nordamerikanische Waschbär, der in den 1930er-Jahren in Deutschland eingeführt wurde, sowie die Alpenkammmolche, die aus einem Genfer Forschungslabor entwichen sind und heimische Arten verdrängen. Wie die Bewohner der Fidschis im 19. Jahrhundert festgestellt haben, können sich heimische Ökosysteme als erstaunlich fragil erweisen, wenn invasive Spezies überhandnehmen.

Der „Invasions-Bedrohungs-Index" (*overall invasion threat index*), der anhand der möglichen negativen Folgen für den Wert der Agrarexporte berechnet wird, gibt Auskunft über die am stärksten (>0,9) und die am wenigsten (<0,2) bedrohten Länder.

60 000
75 000
100 000
150 000
300 000
1,8 Mio.
Tonnen pro Jahr
Größe nach
Exportvolumen

Avocados

Die weltweit führenden Avocado-Produzenten und die drei größten Importeure von Avocados aus Mexiko, dem Haupterzeugerland.

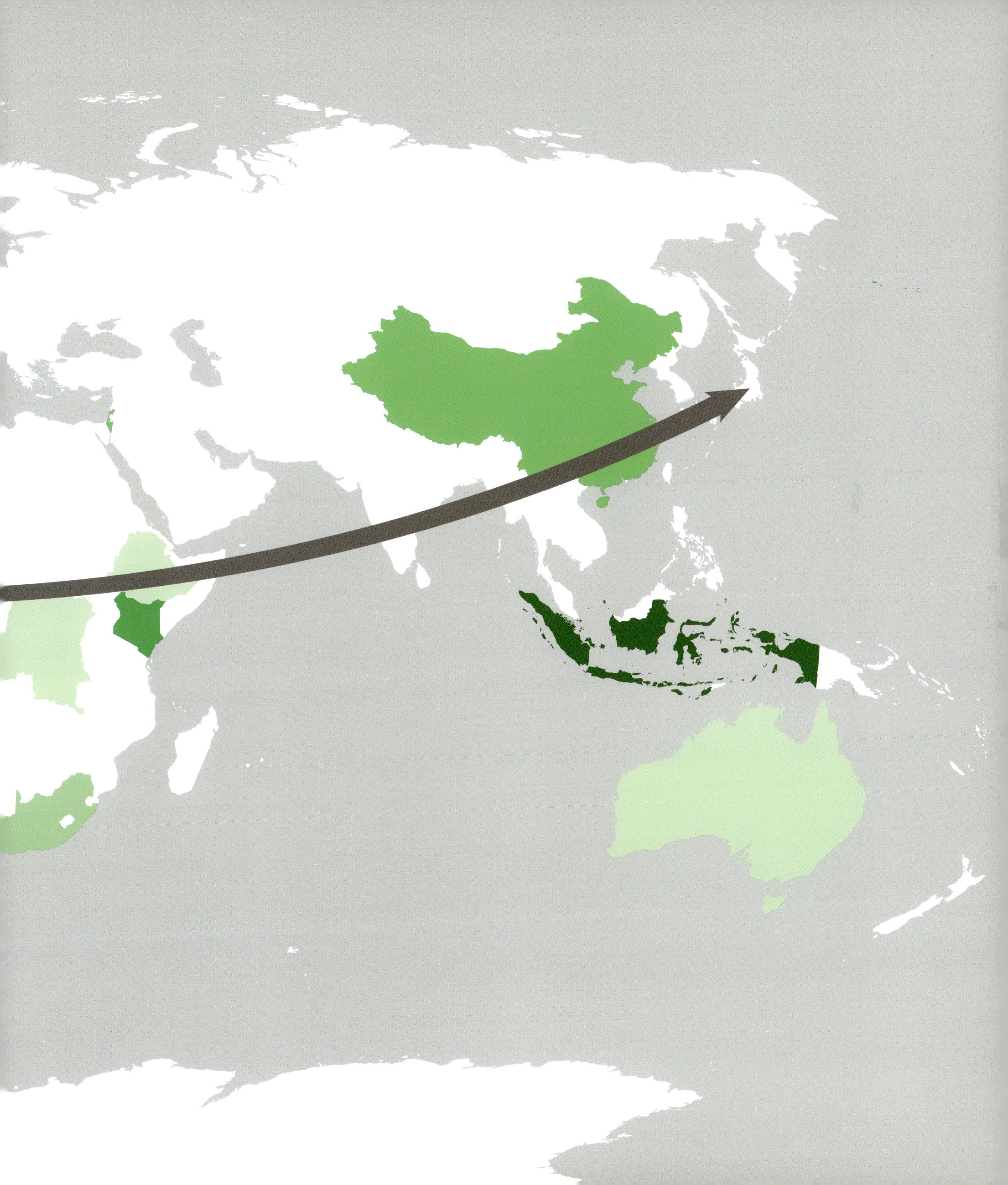

Avocados

Der weltweite Konsum von Avocados, insbesondere der Sorte Hass, ist seit der Jahrtausendwende drastisch angestiegen – zum Teil infolge des wachsenden Trends, sich gesund zu ernähren, aber auch dadurch, dass die Frucht nun fast überall erhältlich ist. Außerdem können die Erzeuger inzwischen garantieren, dass ihre Avocados bei der Ankunft an ihrem Zielort reif sind und verzehrt werden können.

Diese Kombination von Faktoren hatte beträchtliche Auswirkungen. Während im Jahr 2000 noch insgesamt 2,7 Millionen Tonnen der cremigen Frucht produziert wurden, hat sich die Menge bis 2016 mit über 5,6 Millionen Tonnen mehr als verdoppelt.

Dreh- und Angelpunkt des Avocado-Booms ist das Land, das sich mit Fug und Recht als „spirituelle Heimat" der Frucht bezeichnen kann: Mexiko. Die spanischen Konquistadoren stießen bei ihrer Ankunft im 16. Jahrhundert auf die Avocado, und vieles deutet darauf hin, dass sie schon vor 9 000 Jahren in Mexiko kultiviert wurde. Entlang des sogenannten „Avocado-Gürtels", der sich quer durch das Land über die Bundesstaaten México und Michoacán hinweg erstreckt, floriert das Geschäft, Bäume werden gefällt, und es herrscht ein erbitterter Konkurrenzkampf um die Chance, Avocados anzubauen und von der gestiegenen Beliebtheit der Frucht zu profitieren. Im Jahr 2016 erzeugte allein Mexiko fast 1,9 Millionen Tonnen Avocados, mehr als das Dreifache des Produzenten mit der nächstgroßen Menge, der Dominikanischen Republik (600 000 Tonnen). Weitere bedeutende Lieferanten waren Peru (455 000 Tonnen), Kolumbien (309 000 Tonnen) und Indonesien (305 000 Tonnen).

Zwar ist die Nachfrage nach Avocados weltweit gestiegen, doch in keinem anderen Land kann eine deutlichere Ernährungsveränderung beobachtet werden als in den USA, wo der durchschnittliche Avocado-Verzehr pro Person von 1 Kilogramm im Jahr 2000 auf 3,2 Kilogramm im Jahr 2016 angestiegen ist. Tatsächlich sind die Vereinigten Staaten der Bestimmungsort Nummer eins der Avocados aus Mexiko. Mehr als drei Viertel der im Jahr 2016 exportierten 870 000 Tonnen des Landes überquerten die nördliche Grenze – ein Trend, der sich allmählich etabliert hat, seitdem das Nordamerikanische Freihandelsabkommen von 1994 es den mexikanischen Erzeugern ermöglicht, ihre Produkte zollfrei auf den nordamerikanischen Markt zu bringen.

Von den übrigen Avocado-Exporten Mexikos wurden 72 000 Tonnen noch weiter nach Norden verfrachtet, nach Kanada, 62 000 Tonnen überquerten den Pazifik Richtung Japan, während der Rest über die ganze Welt verstreut wurde. Auch China hat sich in den vergangenen Jahren zu einem boomenden Markt für Avocados entwickelt: Die Importe aus Mexiko sind von gerade

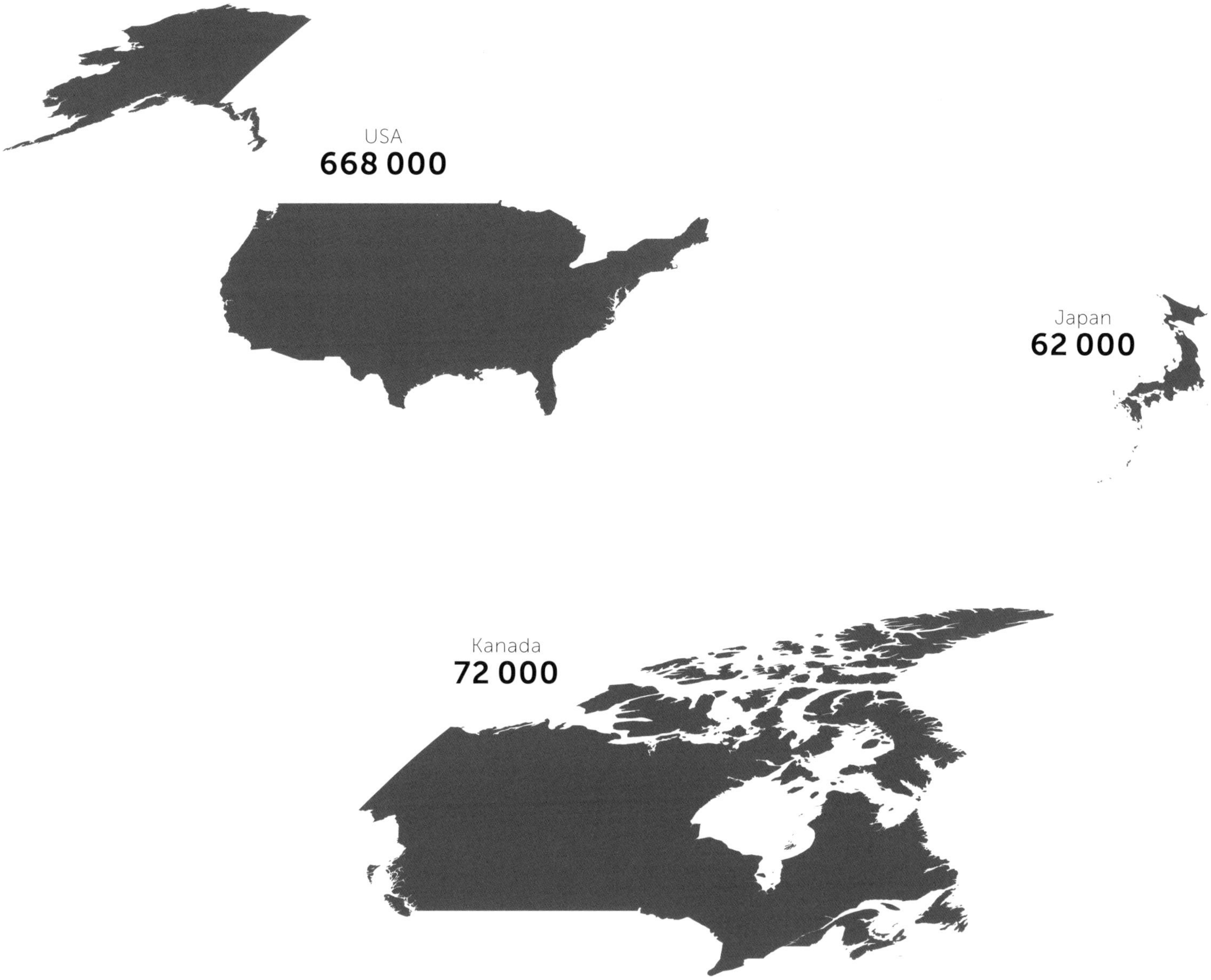
USA
668 000
Japan
62 000
Kanada
72 000

Die drei größten Importeure mexikanischer Avocados (Angaben in Tonnen pro Jahr). Die Beliebtheit von Guacamole ist einer der Gründe, weshalb die USA bei Weitem die meisten Avocados importieren.

einmal 470 Tonnen im Jahr 2013 auf 11 000 Tonnen drei Jahre später angestiegen. Die neue Vorliebe der Südkoreaner für die Avocado ist noch extremer: Von September 2016 bis September 2017 wurde die Importmenge enorm gesteigert, von einem Warenwert von 750 000 US-Dollar auf 2,4 Millionen US-Dollar. Die zunehmende Beliebtheit von trendigen Gerichten in Asien, wie zum Beispiel dem Avocado-Toast, sorgt in der Region für eine stetig wachsende Nachfrage.

Die gesundheitlichen Qualitäten der Avocado, die reich an Fettsäuren, Vitaminen und Mineralstoffen ist, sind nicht zu leugnen. Außerdem ist die Frucht sehr vielseitig und leicht zuzubereiten, was sie zu einer schnellen Zutat für Salate, Sandwiches und Dips macht. Nach ihrem vermehrten Interesse an der Avocado befragt, nannten mehr als drei Viertel der Nordamerikaner die Vorzüge ihres Nährstoffgehalts, aber ähnlich viele erwähnten auch ihre Vorliebe für den Geschmack. Eine solche Beliebtheit der Frucht legt den Schluss nahe, dass es sich nicht nur um eine Modeerscheinung unter den Jungen und Trendigen handelt, sondern um eine dauerhafte Ergänzung der US-amerikanischen Ernährung.

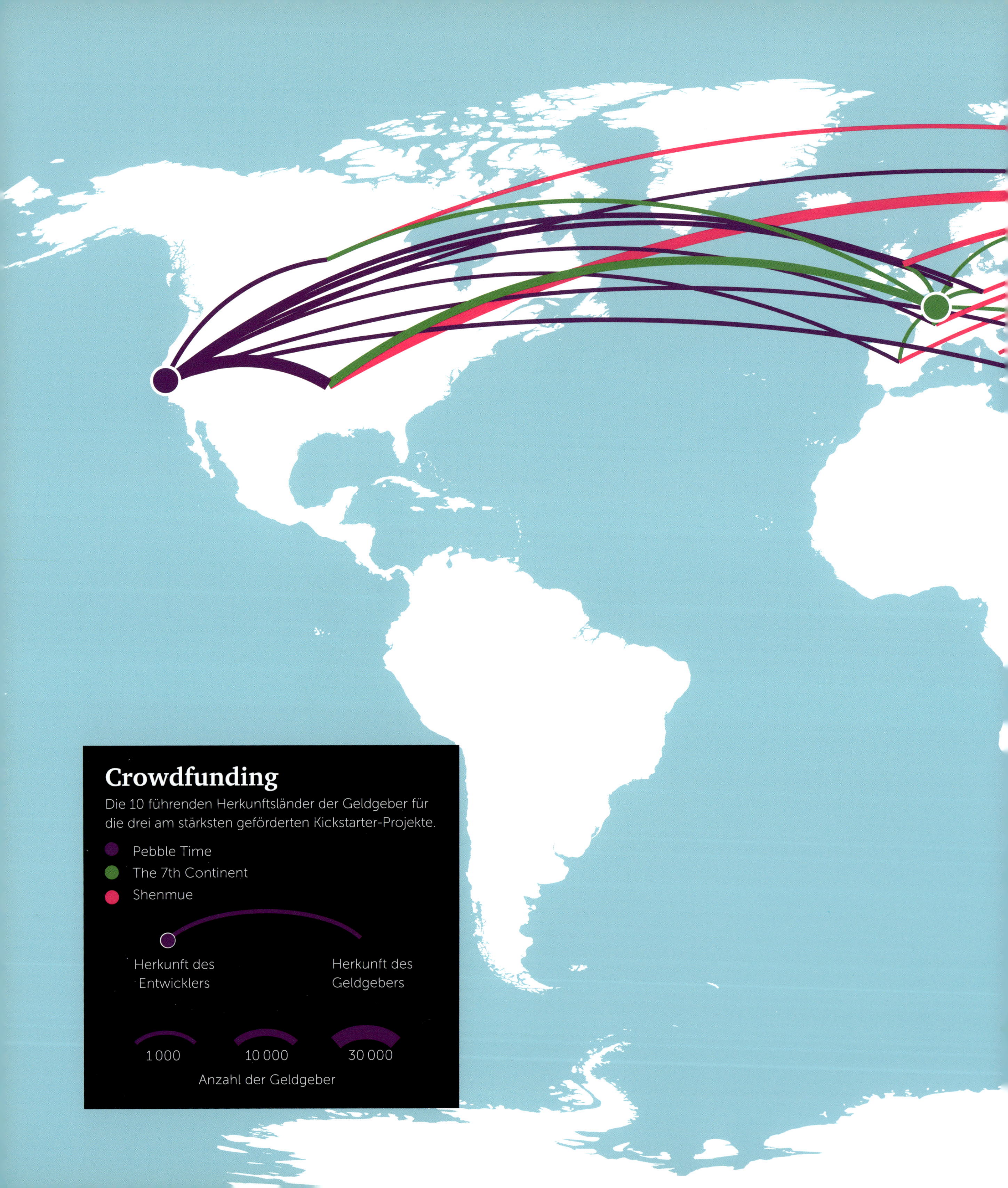
Pebble Time
The 7th Continent
Shenmue
Herkunft des Entwicklers
Herkunft des Geldgebers
1 000
10 000
30 000
Anzahl der Geldgeber

Crowdfunding

Die 10 führenden Herkunftsländer der Geldgeber für die drei am stärksten geförderten Kickstarter-Projekte.

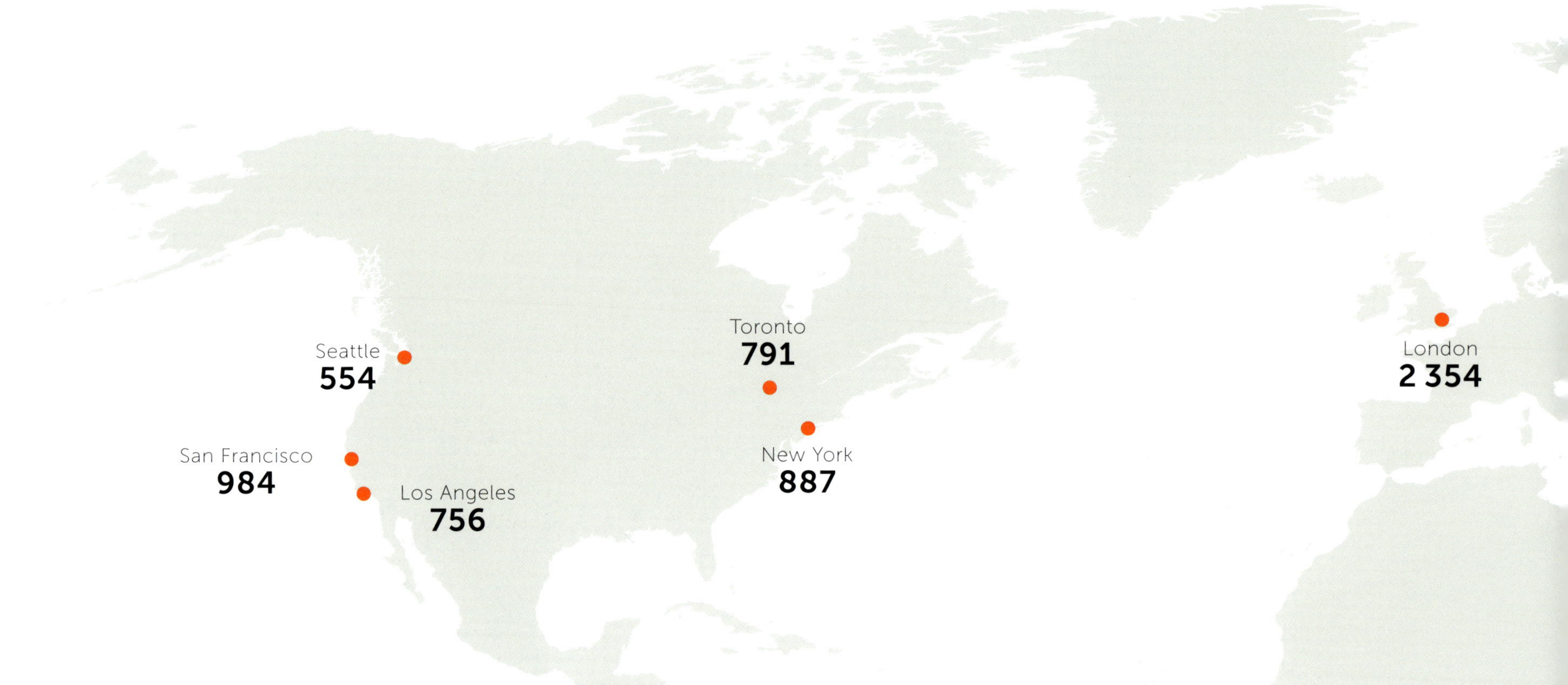
Seattle
554
Toronto
791
London
2 354
San Francisco
984
Los Angeles
756
New York
887

Die führenden Städte bei der Finanzierung von Pebble Time, dem bislang am höchsten unterstützten Kickstarter-Projekt, angeführt von London und Singapur – nach Anzahl der Geldgeber.

Crowdfunding

Die Pebble ist eine Armbanduhr, die sich dadurch auszeichnet, dass sie die erste im Handel erhältliche Smartwatch der Welt war, der Vorläufer von neueren Produkten wie der Apple Watch oder der Fitbit. Die Pebble, für deren Display auf die innovative „E-Paper"-Technologie gesetzt wurde, erregte im Mai 2012 aufgrund der einzigartigen Methode, mit der sie mit über 10 Millionen US-Dollar finanziert wurde, internationale Aufmerksamkeit. Das Geld wurde weder von einer Firma investiert, noch wurde es von einer Bank geliehen. Jeder Cent, der für die Forschung, Entwicklung und Herstellung ausgegeben wurde, um die Idee in die Tat umzusetzen, stammte von Spenden über das Internet, von zukünftigen Kunden, die sich verpflichteten, im Voraus für ihre Pebble-Uhr zu bezahlen. Diese bahnbrechende Vorgehensweise des Crowdfundings hat mittlerweile viele Nachahmer gefunden.

Im Prinzip geht es beim Crowdfunding um nichts anderes als darum, dass eine große Gruppe von Menschen zusichert, eine ihrer Meinung nach angemessene Summe zu bezahlen, damit eine Idee in die Tat umgesetzt werden kann – sei es die Idee für ein Produkt wie die Pebble-Uhr, für ein kreatives Projekt oder für ein gemeinnütziges Unternehmen. Mithilfe des Internets hat das Konzept in den vergangenen Jahren einen kräftigen Aufschwung erlebt: Seriöse Websites wurden entwickelt, die als Vermittler dienen, wie zum Beispiel Kickstarter, die Pebble für die Geldbeschaffung nutzte. Etwa ein Drittel der 400 000 von Kickstarter bis Anfang 2018 angestoßenen Projekte war erfolgreich. Dabei handelte es sich in erster Linie um Musik- und Filmprojekte und zu einem geringeren Teil um Spiele, Veröffentlichungen von Schriften sowie Kunst- und Designprojekte. (Technologische Projekte wie die Pebble-Uhr waren im Grunde genommen Nischenprojekte, auch wenn sie häufig die teuersten waren.)

Da die Vereinigten Staaten als Sitz der größten Crowdfunding-Websites Kickstarter, GoFundMe und Indiegogo dienen, findet sich dort auch die Mehrzahl

Tokio
869
Singapur
2 114
Sydney
1 075
Melbourne
1 034

der für die Finanzierung zur Verfügung stehenden Projekte, nämlich die Hälfte der fast 8 000 gegenwärtig weltweit aktiven Vorhaben. Mit mehr als 1 000 Projekten ist Großbritannien das einzige Land, das so etwas wie eine Konkurrenz darstellt. Dennoch ist London die weltweit führende Stadt, was die Zahl der Crowdfunding-Projekte anbelangt, gefolgt von Los Angeles, New York, Toronto und Chicago. Das Land mit der dritthöchsten Anzahl an Projekten ist Kanada – allerdings gibt es allein in Kalifornien mehr Projekte als in ganz Kanada.

Pebble Time, eine Folgeversion der Pebble-Uhr, die 2015 auf den Markt kam, bleibt mit gesammelten 20 Millionen US-Dollar das höchstfinanzierte Projekt aller Zeiten. Trotzdem geriet die Pebble Technology Corporation in die Krise: Weil die finanzielle Situation immer angespannter wurde und lediglich 100 000 Uhren in drei Monaten verkauft wurden, übernahm der Konkurrent Fitbit im Dezember 2016 das geistige Eigentum der Firma und die Herstellung der bahnbrechenden Produkte wurde eingestellt. Obwohl Pebble langfristig Verluste machte, steigen die Summen, die durch Kickstarter und andere Crowdfunding-Websites beschafft werden, weiterhin rasant an. Im Jahr 2012, als Pebble rund um den Globus Schlagzeilen machte, wurden für Kickstarter-Projekte insgesamt 275 Millionen US-Dollar zugesichert. Diese Summe wurde Anfang 2014 mit 1 Milliarde US-Dollar übertroffen, Ende 2015 waren es bereits 2 Milliarden, und Anfang 2018 waren für alle Kickstarter-Projekte mehr als 3,5 Milliarden US-Dollar zugesagt. Wollen Sie das nächste große Ding auf den Weg bringen? Bitten Sie einfach andere Menschen, Ihnen dafür Geld vorzuschießen.

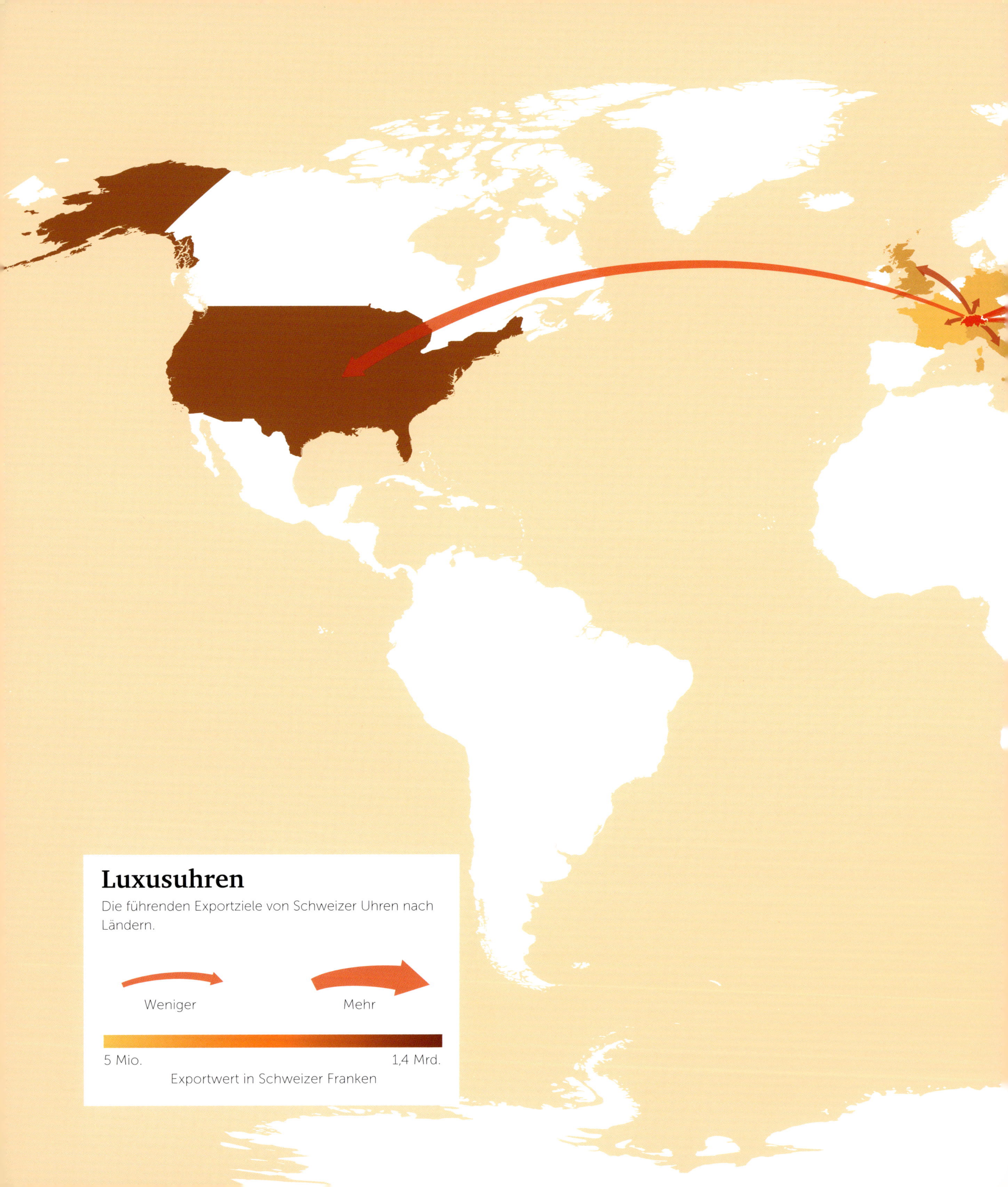
Weniger
Mehr
5 Mio.
1,4 Mrd.
Exportwert in Schweizer Franken

Luxusuhren

Die führenden Exportziele von Schweizer Uhren nach Ländern.

Luxusuhren

Das Zurschaustellen des eigenen Status am Handgelenk geht bis zu den Anfängen der Armbanduhren-Herstellung zurück. Bei der Beliebtheit der Luxusuhren von Marken wie Rolex, für die die Reichen und Berühmten viele Tausend US-Dollar zahlen, geht es um mehr als nur darum, dass sie die Zeit korrekt angeben. Eine Luxusuhr demonstriert die Identität des Trägers, seine Persönlichkeit und seine Ansprüche. Es können sicherlich nur wenige Länder so stolz auf die Herstellung eines einzigen Produkts sein wie die Schweizer auf ihre Luxusuhren. Die Luxusuhrenindustrie, die bis zu 57 000 Menschen in 700 Unternehmen beschäftigt, trägt zu etwa 10 Prozent der Schweizer Exporte bei. Mit einem Warenwert von über 8 Milliarden US-Dollar nahm Rolex 2017 den fünften Platz in der Rangliste der wertvollsten Marken der Welt ein, hinter den Modemarken Chanel, Gucci, Hermès und Louis Vuitton.

Heutzutage ist der Begriff *Swiss Made* viel schwieriger zu definieren, als man zunächst annehmen mag. Bis vor Kurzem bedeutete diese offizielle Kennzeichnung, dass zumindest 50 Prozent einer Uhr innerhalb des Alpenlandes hergestellt werden mussten. Dieser Anteil wurde 2017 dann auf 60 Prozent erhöht, und zwar als Reaktion auf die Tatsache, dass zahlreiche Hersteller versuchten, die Kosten zu drücken, indem sie so viele Bestandteile wie gerade noch erlaubt im Ausland produzieren ließen. Zwar gibt es einen gewissen Nationalstolz hinsichtlich der Vorstellung, die hochwertigsten Zeitmesser der Welt vollständig im eigenen Land anzufertigen, doch tatsächlich hängt die Schweiz – weltwirtschaftlich gesehen – von zahlreichen Ländern ab, und zwar in Bezug auf alles, von Bestandteilen (wie Uhrenbändern aus Italien und Frankreich sowie Gehäusen aus China und Hongkong) bis hin zur Fertigung, die zunehmend in Thailand und auf Mauritius stattfindet.

Nichtsdestotrotz sind die heutigen Probleme der Uhrenindustrie gar nichts im Vergleich zur großen „Quarzkrise" der 1970er- und 1980er-Jahre. Nachdem die japanische Seiko Astron 35SQ auf den Markt gekommen war, begannen die Uhrenträger rund um den Globus, die teuren mechanischen Armbanduhren, auf die die Schweizer sich spezialisiert hatten, gegen relativ billige Quarzuhren auszutauschen. Die Schweizer mussten feststellen, dass ihr Monopol auf dem Weltuhrenmarkt rasch an Bedeutung verlor. Erst mit der Entwicklung der Quarz-Swatch im Jahr 1982 begann schließlich die große Wiederbelebung, die rasch an Fahrt gewann, sodass im ersten Jahr mehr als eine Million Uhren verkauft werden konnten. Obwohl die Swatch als billiges Massenprodukt galt, wurden seltene Swatch-Uhren mit limitierter Auflage, die in den fol-

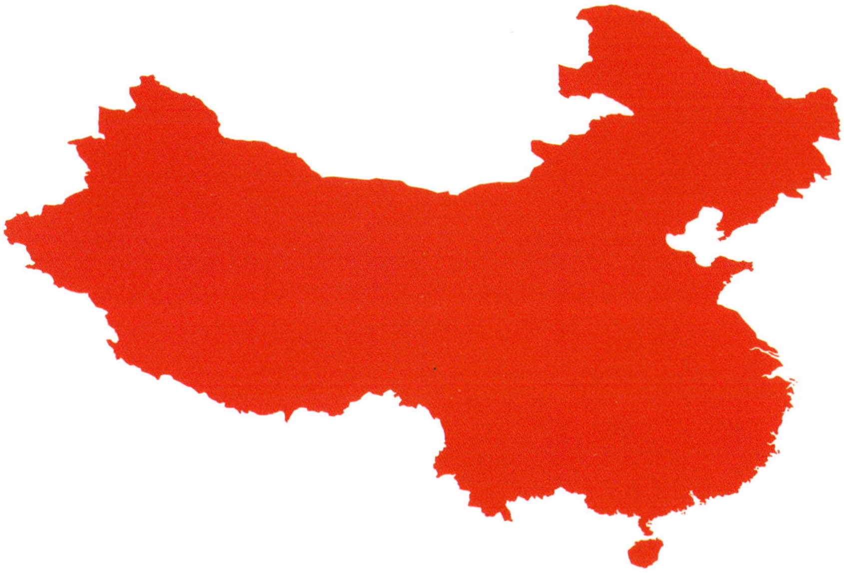

China
893 Mio. Stück pro Jahr,
14,4 Mrd. US-Dollar Exportwert

Schweiz
25,4 Mio. Stück pro Jahr,
19,1 Mrd. US-Dollar Exportwert

Die Schweiz exportiert zwar nur einen Bruchteil der Menge an Uhren, die China exportiert, doch aufgrund ihres Luxusstatus bringen die Schweizer Uhren deutlich mehr Geld ein.

genden Jahren auf den Markt kamen, gelegentlich für bis zu 20 000 US-Dollar verkauft, also sogar für mehr als die luxuriösen Uhren von Rolex und Omega.

Im Jahr 2016 war die Schweiz, was den Warenwert anbelangt, der bei Weitem größte Uhrenexporteur der Welt. Vorwiegend mechanische Uhren im Wert von 19,1 Milliarden US-Dollar wurden etwa nach Hongkong, in die Vereinigten Staaten und auf das chinesische Festland, nach Italien, Japan und Deutschland verschickt – alles Länder, in denen eine beträchtliche Anzahl von Menschen wohnt, die erpicht darauf sind, mit einem Statussymbol den eigenen finanziellen Erfolg zur Schau zu stellen. Bezeichnenderweise wurde der erwähnte Erlös aus dem Jahr 2016 mit dem Verkauf von 25,4 Millionen Uhren erzielt, während China, der zweitgrößte Uhrenexporteur, lediglich 5,6 Milliarden US-Dollar durch den Verkauf von unglaublichen 652 Millionen Uhren erwirtschaftete (plus 8,8 Milliarden US-Dollar durch den Verkauf von 241 Millionen Uhren, die in Hongkong angefertigt wurden). Der durchschnittliche Exportpreis einer Schweizer Uhr, deren Preise im Einzelnen zwischen knapp 200 bis über 3 000 US-Dollar betragen, liegt bei 708 US-Dollar (und damit wesentlich höher als der Durchschnittspreis von 4 US-Dollar für exportierte chinesische Uhren). Diese Zahlen markieren deutlich die Extreme des Marktsegments, in dem sich die beiden Länder bewegen. Ganz gleich, wie die zukünftigen Herausforderungen aussehen mögen – Liebhaber von Schweizer Uhren werden weiterhin gern bereit sein, für eine Uhr mit dem Stempel *Swiss Made* einzigartig hohe Preise zu bezahlen.

Papier

Die Länder mit dem höchsten Zellstoffverbrauch für die Herstellung von Geschenk- und Verpackungspapier.

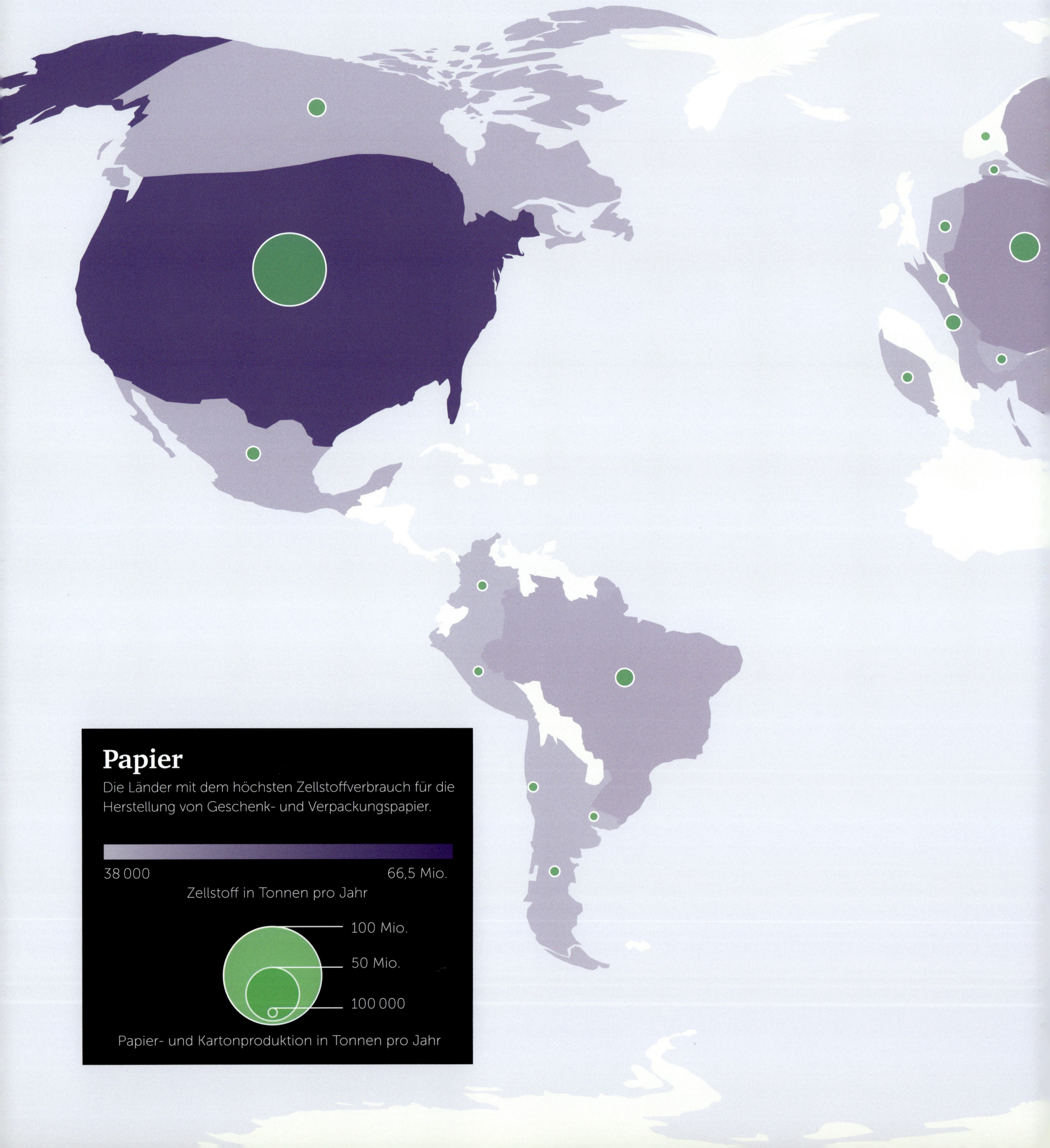

38 000
66,5 Mio.
Zellstoff in Tonnen pro Jahr
100 Mio.
50 Mio.
100 000
Papier- und Kartonproduktion in Tonnen pro Jahr

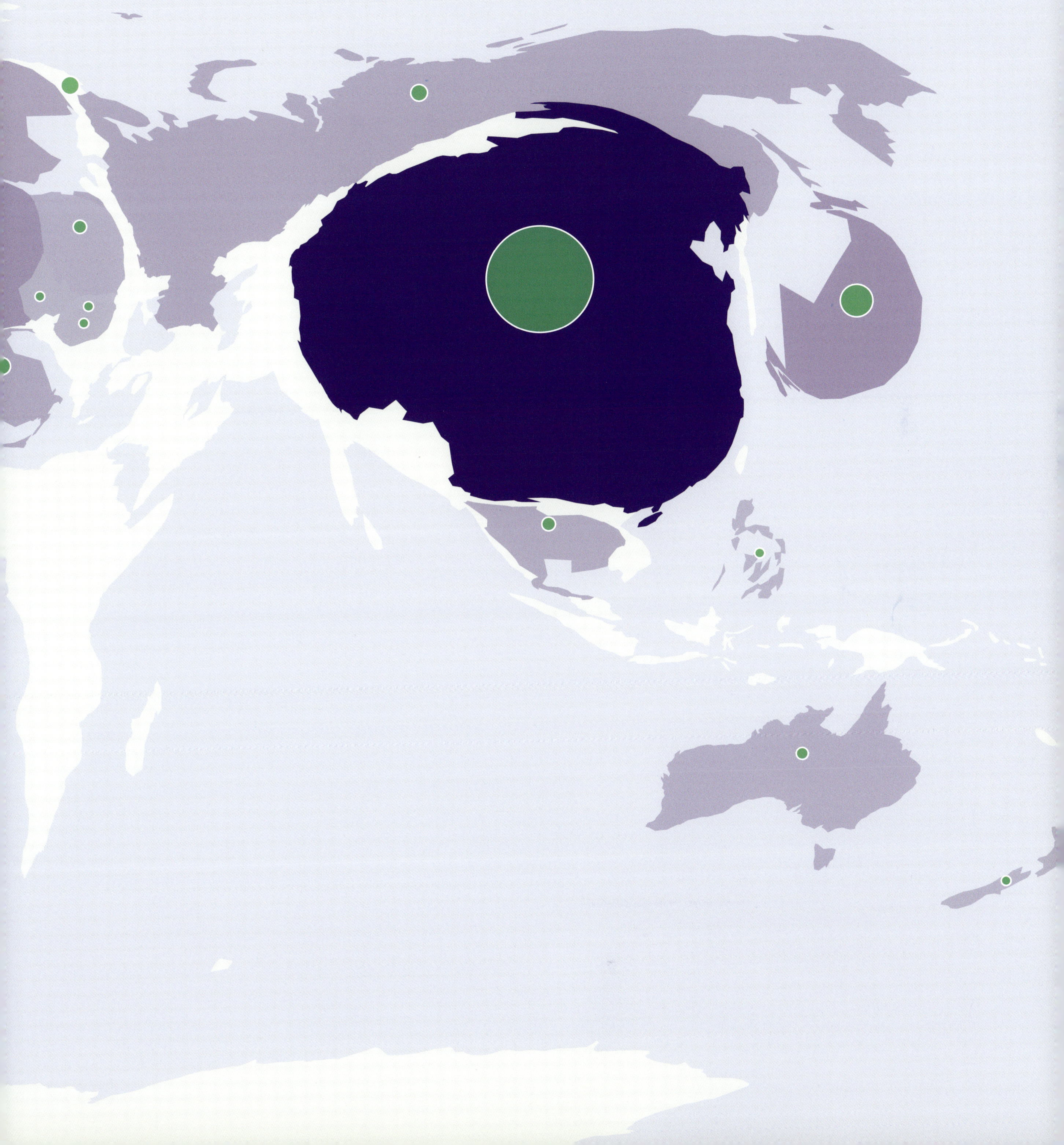

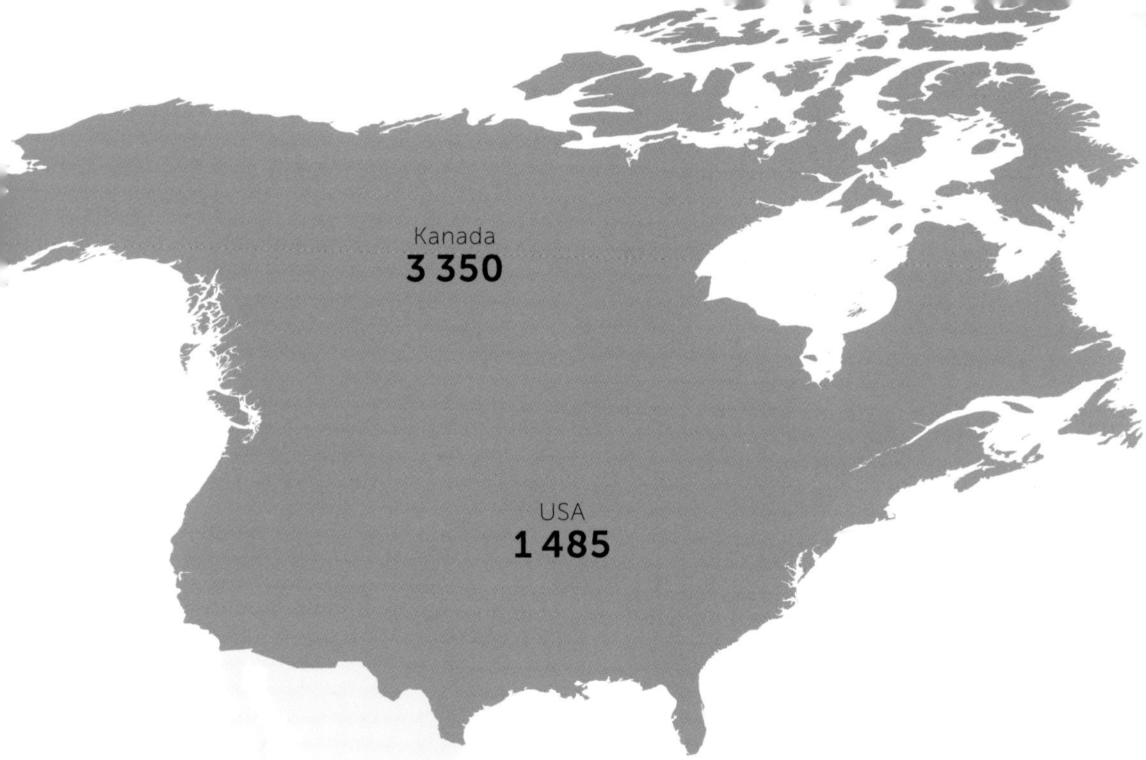
Kanada
3 350
USA
1 485

Papier

Für Finnland sind Bäume das Allerwichtigste. Drei Viertel der Gesamtfläche des Landes sind mit Baumarten wie zum Beispiel Kiefer, Fichte und Birke bewaldet. Jahrhundertelang boten die finnischen Wälder den Rohstoff für diverse heimische Industrien, die Produkte wie Holz und Teer im Rahmen früher Handelsbeziehungen über die Grenzen verfrachteten. Trotz einer Krise, die in den vergangenen Jahren einen Preisverfall für Holzprodukte zur Folge hatte, arbeiten noch immer 43 000 Finnen in der Holzverarbeitungsindustrie – die *metsäteollisuus* genannt wird.

Seit im Jahr 1667 die erste handbetriebene Papiermühle die Arbeit aufnahm, ist die Papierindustrie einer der bedeutenden Eckpfeiler der finnischen Wirtschaft. 350 Jahre später setzt die Industrie jährlich mehr als 19 Milliarden Euro um, und Finnland ist Sitz von UPM-Kymmene, einer der weltweit namhaftesten Firmen der Papierindustrie. Heutzutage produziert Finnland jedes Jahr mehr als 10 Millionen Tonnen Papier und Zellstoff (das feuchte, faserige Material, aus dem Papier hergestellt wird), und das bei einer Einwohnerzahl von lediglich 5,5 Millionen. Weil der jährliche heimische Verbrauch bei nur 1,1 Millionen Tonnen liegt, können mehr als 90 Prozent des hergestellten Materials exportiert werden. Im Gegensatz dazu führt der nationale Bedarf in China dazu, dass gerade einmal 5 Prozent der dort jährlich produzierten 110 Millionen Tonnen Zellstoff exportiert werden, während der Rest zu Papier und Karton verarbeitet wird.

Deutschland
1906
China
2600
Japan
2906

Jedes Jahr werden weltweit mehr als 400 Millionen Tonnen Papier und Karton aus Zellstoff produziert, wobei die führenden Hersteller China, die USA, Japan und Deutschland sind. In all diesen Ländern ist die heimische Nachfrage so groß, dass die meisten Erzeugnisse der enormen Papierproduktion im eigenen Land verbleiben und nur relativ geringe Mengen exportiert werden.

Allerdings ist der Bedarf an Papier und Zellstoff von Land zu Land sehr unterschiedlich. So sind etwa Deutschland und die Vereinigten Staaten große Exporteure von Zellstoff und Papier, zugleich aber importieren sie spezielle Papierprodukte aus anderen Ländern. Kanada ist zum Beispiel der weltweit führende Hersteller von Zeitungspapier. Dort wurde 2016 von Unternehmen wie Resolute Forest Products in Montreal Zellstoff zu 3,35 Millionen Tonnen Zeitungspapier verarbeitet. Zwar besitzt Kanada eine gesunde Zeitungsindustrie, doch sie bringt natürlich nicht derart viele Zeitungen hervor, dass sie diese riesige Menge an Papier verbrauchen könnte. Stattdessen werden beträchtliche Mengen in die ganze Welt exportiert. Andere Länder, wie zum Beispiel Brasilien, Mexiko und Italien, nutzen Zellstoff für die Herstellung von Hygienepapier (beispielsweise Papiertaschentücher und Papierhandtücher); im Jahr 2016 produzierten die drei Länder 1,15 Millionen, 1,19 Millionen und 1,48 Millionen Tonnen. Dagegen sind die USA und China die weltweit größten Hersteller von Geschenk- und Verpackungspapier: Die 46,45 Millionen beziehungsweise 66,55 Millionen Tonnen stellen die Mengen anderer Länder, selbst die der Finnen, deutlich in den Schatten.

Die 5 führenden Länder in Bezug auf die Herstellung von Zellstoff für Zeitungspapier (Angabe in tausend Tonnen pro Jahr).

Gold

Die führenden Länder hinsichtlich des Goldexportwerts sowie die Goldreserven der Länder mit dem weltweit größten Goldbestand.

10
82,3
Exportwert in Mrd. US-Dollar pro Jahr
Weniger
Mehr
Goldbestand

Kanada
USA
Mexiko
Groß-
britannien
Niederlande
Deutschland
Frankreich
Schweiz
Ita
Spanien
Portugal
Peru
Brasilien
Ghana
Chile

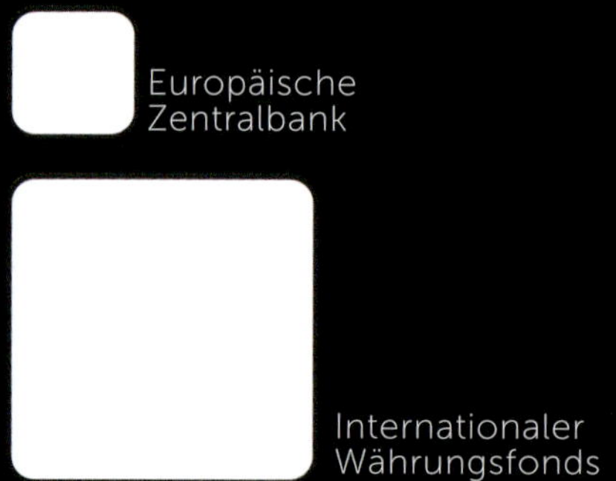

Europäische
Zentralbank
Internationaler
Währungsfonds

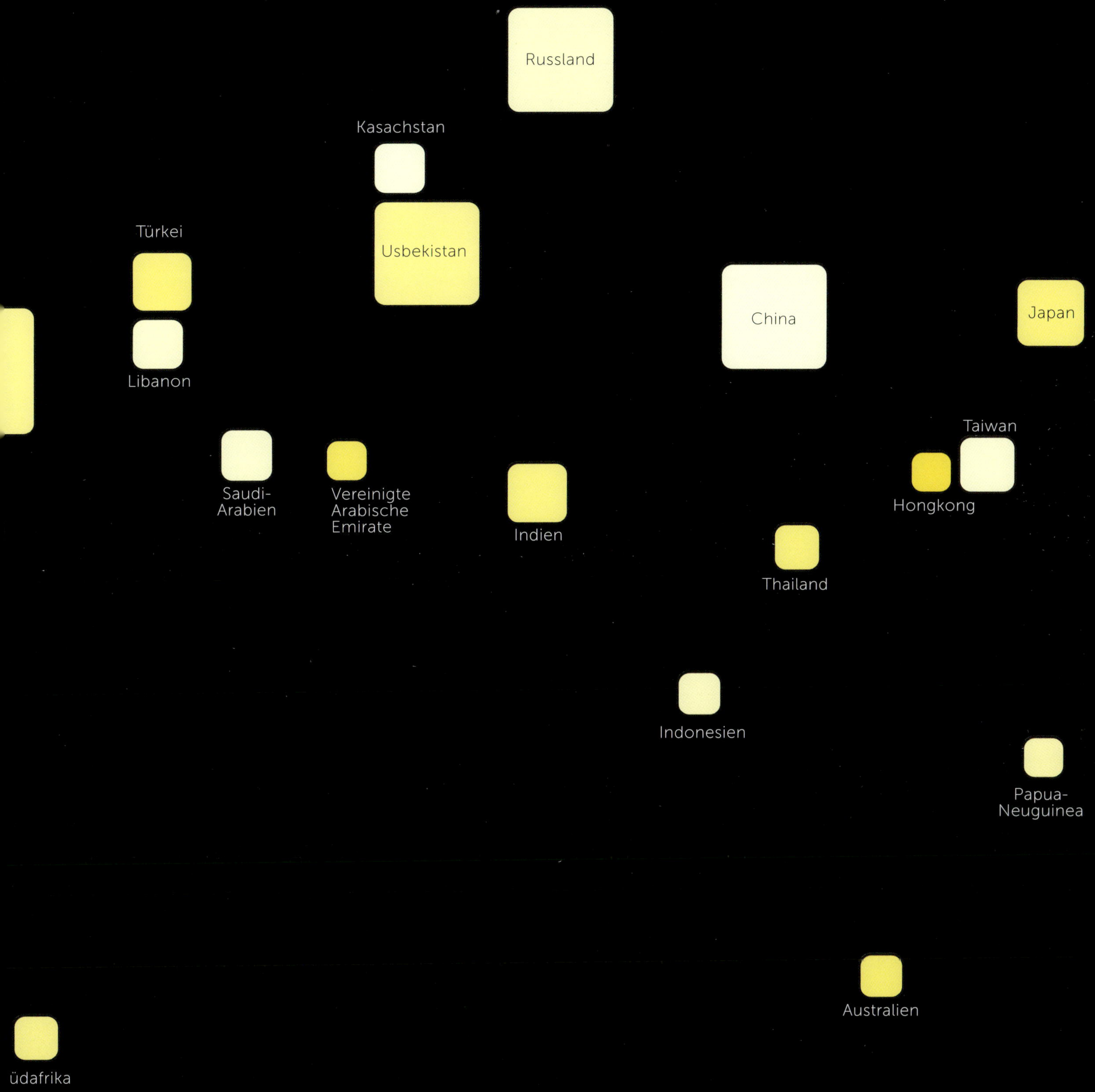
Russland
Kasachstan
Usbekistan
Türkei
Libanon
China
Japan
Taiwan
Hongkong
Saudi-
Arabien
Vereinigte
Arabische
Emirate
Indien
Thailand
Indonesien
Papua-
Neuguinea
Australien
üdafrika

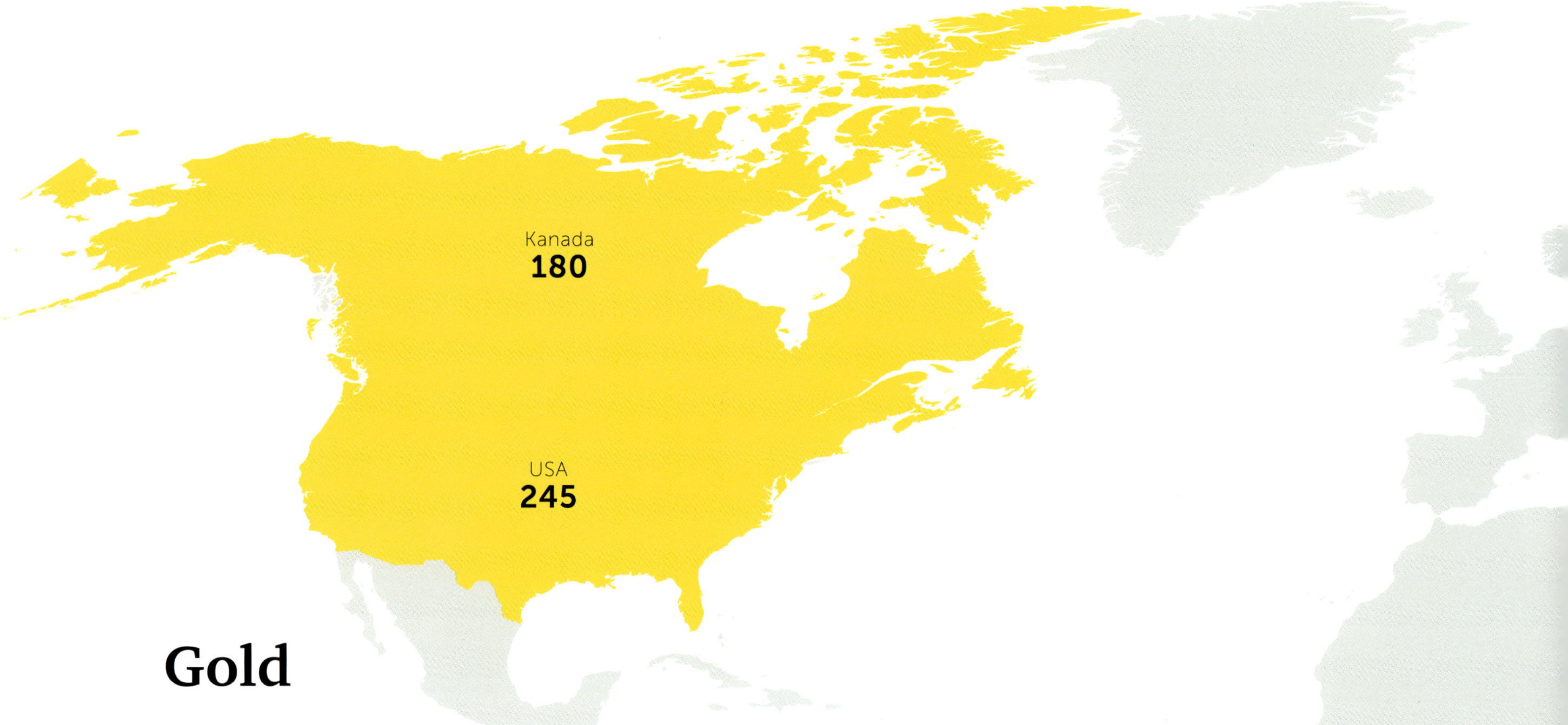
Kanada
180
USA
245

Gold

Ein Goldstück sein. Ein Herz aus Gold haben. In Gold aufgewogen werden. Das Lexikon bestätigt, dass die Gesellschaft großen Wert auf dieses besonders formbare Edelmetall legt. Selbst andere Materialien werden mit ihm verglichen; Rohöl erhielt den Beinamen „flüssiges Gold", Kohle wird als „schwarzes Gold" bezeichnet, und Safran war einst so wertvoll, dass er als „rotes Gold" bekannt war. Jahrhundertelang haben Menschen Schiffe ausgesandt und Kriege geführt, weil sie unbedingt alle möglichen Arten von Goldschätzen in ihren Besitz bringen wollten.

Im 21. Jahrhundert ist Gold so wertvoll wie eh und je. Eine Feinunze kostete im Jahr 2016 1 250 US-Dollar. Nur fünfzehn Jahre zuvor hatte der Preis bei lediglich 270 US-Dollar pro Feinunze gelegen, während er im Jahr 2012 auf 1 650 US-Dollar angestiegen war – ein Hinweis darauf, dass der Preis seit der Jahrtausendwende enormen Schwankungen unterliegt. Eine Erklärung dafür ist die stete Zunahme an Technologie im modernen Alltagsleben: Winzige Goldmengen finden sich in allen möglichen Dingen – von Platinen bis hin zu Weltraumteleskopen. Der Einsatz von Gold in der Nanotechnologie könnte dazu führen, dass das Edelmetall in naher Zukunft auch in Innovationen wie Solarpaneelen und „intelligenter Kleidung" zu finden sein wird.

Doch zurzeit gilt die Nachfrage nach Gold in erster Linie dessen Verwendung für Schmuck. In China, dem weltweit größten Goldkonsumenten, wird mehr als die Hälfte des importierten Goldes für die Anfertigung von Schmuck verwendet, eine deutlich größere Menge als jene, die für Goldbarren, Goldmünzen oder industrielle Zwecke genutzt wird. Offensichtlich wird diese spezielle Ware besonders gern am Körper getragen, wobei eine gewisse Unklarheit hinsichtlich des genauen Wertes besteht, ein Umstand, der nur für wenige andere Metalle gilt.

Weil diesem symbolträchtigen gelben Metall ein so hoher Wert beigemessen wird, ist es nicht verwunderlich, dass großes Interesse daran besteht, zu

Russland
255
China
440
Australien
300

erfahren, wer auf der Welt das meiste Gold besitzt. Viele reiche Länder horten riesige Mengen des Edelmetalls in Stahlkammern, darunter Frankreich und Italien (jeweils 2 450 Tonnen) und Deutschland (3 400 Tonnen). Doch mit mehr als 8 100 Tonnen gehört der weltweit größte Goldbestand den USA – ein großer Teil davon wird auf einem Stützpunkt in Kentucky aufbewahrt, der unter dem Namen „Fort Knox" bekannt ist und durch den James-Bond-Film *Goldfinger* von 1964 berühmt wurde. Fort Knox beherbergt immerhin 4,2 Millionen Kilogramm (148 Millionen Unzen) Gold, gelagert in Barren zu 11,3 Kilogramm (400 Unzen) im Wert von – so heißt es – 200 Milliarden US-Dollar. Ein anderes Land, das dafür bekannt ist, große Reichtümer unter Verschluss zu halten, ist die Schweiz. Sie ist aktuell der weltweit größte Goldexporteur, mit Verkäufen im Wert von mehr als 82 Milliarden US-Dollar im Jahr 2016, ein deutlich höherer Wert also als die 54 Milliarden US-Dollar, die die Exporte aus Hongkong ergaben, und als der der relativ geringen Exportmengen aus den Vereinigten Arabischen Emiraten, den USA und Großbritannien.

Trotz dieser beeindruckenden Zahlen befindet sich noch immer eine deutlich größere Menge Gold unter der Erde, als jemals an die Oberfläche befördert wurde. Verglichen mit den im Jahr 2015 geschürften 3 000 Tonnen und den 34 000 Tonnen, die weltweit in Zentralbanken und Privatschatullen aufbewahrt werden, ist die geschätzte Menge von noch nicht geförderten 56 000 Tonnen Gold gewaltig. Russland und Südafrika besitzen mit etwa 5 500 beziehungsweise 6 000 Tonnen mit die größten Goldvorkommen der Welt, doch das Land mit den bei Weitem größten unterirdischen Reserven ist Australien mit geschätzten 9 800 Tonnen. Die Chance, durch das Goldschürfen ein Vermögen zu machen, hat Ende des 19., Anfang des 20. Jahrhunderts viele Einwanderer nach Australien gelockt, insbesondere nach Westaustralien. Mehr als hundert Jahre später scheint die Liebe für dieses Edelmetall mit aller Macht wieder aufgeflammt zu sein.

Die 5 führenden Länder hinsichtlich der Förderung von Gold (Angaben in Tonnen).

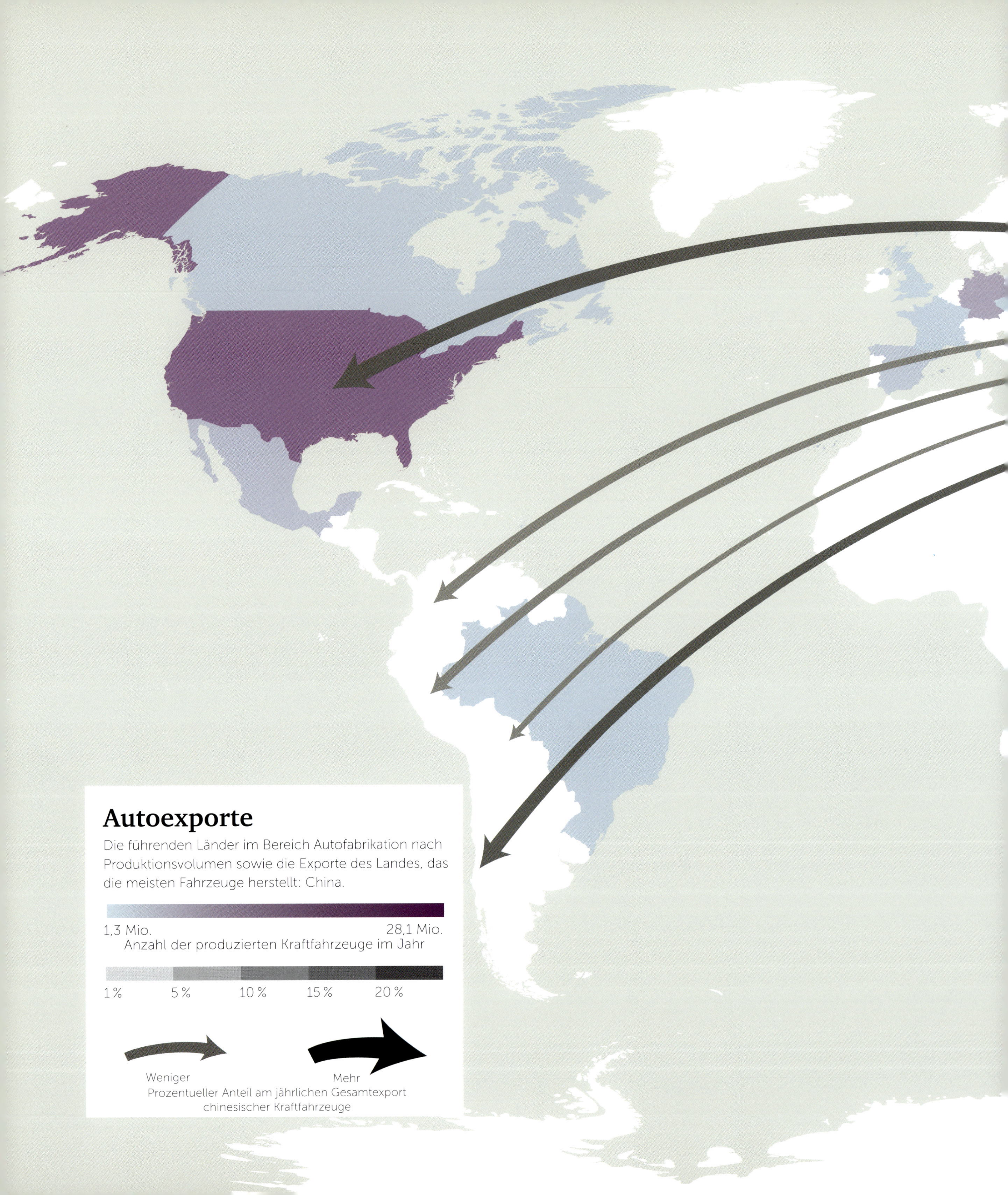
Autoexporte
Die führenden Länder im Bereich Autofabrikation nach Produktionsvolumen sowie die Exporte des Landes, das die meisten Fahrzeuge herstellt: China.
1,3 Mio.
28,1 Mio.
Anzahl der produzierten Kraftfahrzeuge im Jahr
1 %
5 %
10 %
15 %
20 %
Weniger
Mehr
Prozentueller Anteil am jährlichen Gesamtexport chinesischer Kraftfahrzeuge

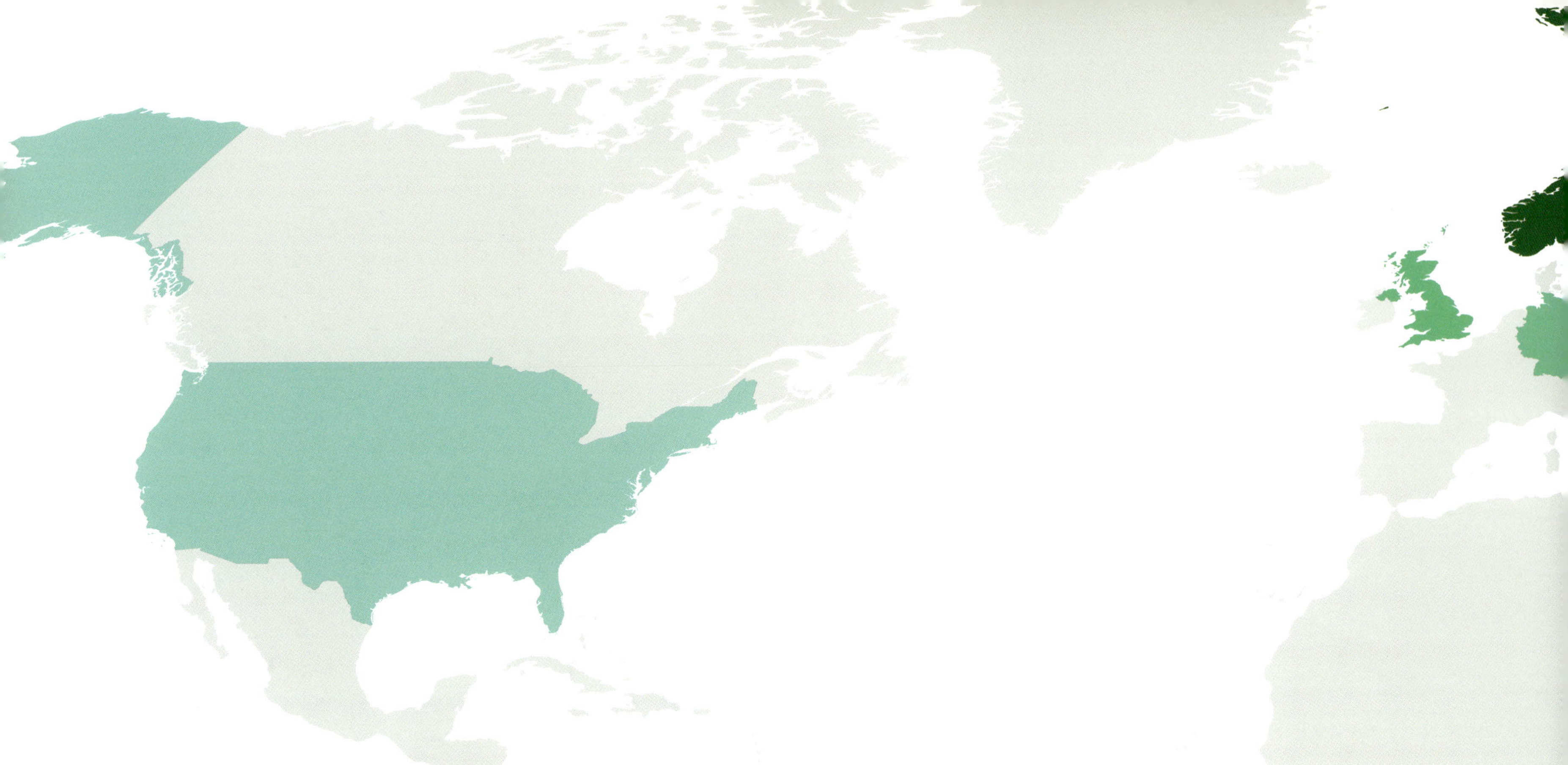

Autoexporte

Dem deutschen Ingenieur Carl Benz wurde 1886 ein Patent für seine Erfindung erteilt – ein pferdeloses dreirädriges Fuhrwerk mit Verbrennungsmotor, das inzwischen als das allererste Automobil gilt. Zwanzig Jahre später entwickelte der amerikanische Wirtschaftsmagnat Henry Ford das „Model T", und durch die Massenproduktion wurde das Fahrzeug im Vergleich zu denen der Konkurrenz relativ kostengünstig. Damit begründete Ford eine Industrie, die einen großen Teil der modernen Welt bestimmen sollte.

Im Jahr 2017 wurden weltweit fast 26 Millionen Nutzfahrzeuge und mehr als 79 Millionen Pkw produziert, und diese Anzahl wird sich laut Prognosen bis 2020 auf insgesamt 107 Millionen erhöhen. Deutschland, Japan und die USA, die im 20. Jahrhundert bereits maßgeblich an der Fahrzeugentwicklung beteiligt waren, sind noch heute gewichtige Erzeugerländer. Namhafte Hersteller wie zum Beispiel Volkswagen, Toyota und Ford zählen weiterhin zu den größten Automobilmarken. Doch keines dieser Länder kann es mit China aufnehmen, dem weltweit größten einzelnen Hersteller moderner Autos.

Im Jahr 2017 liefen in China fast 25 Millionen Pkw vom Band – mehr als drei Mal so viele wie in Japan, dem zweitgrößten Hersteller. Bezeichnenderweise besitzt das Land nur wenige eigene solide Automarken; stattdessen gingen heimische Hersteller Joint Ventures mit führenden ausländischen Marken ein – so entstanden zum Beispiel die Shanghai General Motors Company und die Shanghai Volkswagen Automotive Company –, um eine enorme Anzahl an Autos zu produzieren, von denen die meisten in China bleiben. Der Anstieg der heimischen Nachfrage ist schwindelerregend: Die Verkaufszahlen sind von 4 Millionen Pkw im Jahr 2005 auf 21 Millionen im Jahr 2015 angewachsen.

Die exportierten Autos werden bis nach Ägypten, Vietnam, Chile und Indien verfrachtet, wo die im Westen hergestellten Autos unerschwinglich sind. Der größte Absatzmarkt für die aus China exportierten Fahrzeuge ist der Iran,

Elektroauto-Verkäufe: Die 6 führenden Märkte für Pkw mit elektrischem Antrieb und ihr prozentualer Anteil an den Pkw-Verkäufen insgesamt. Den Spitzenplatz hinsichtlich der Elektroauto-Käufe nehmen die Norweger ein.

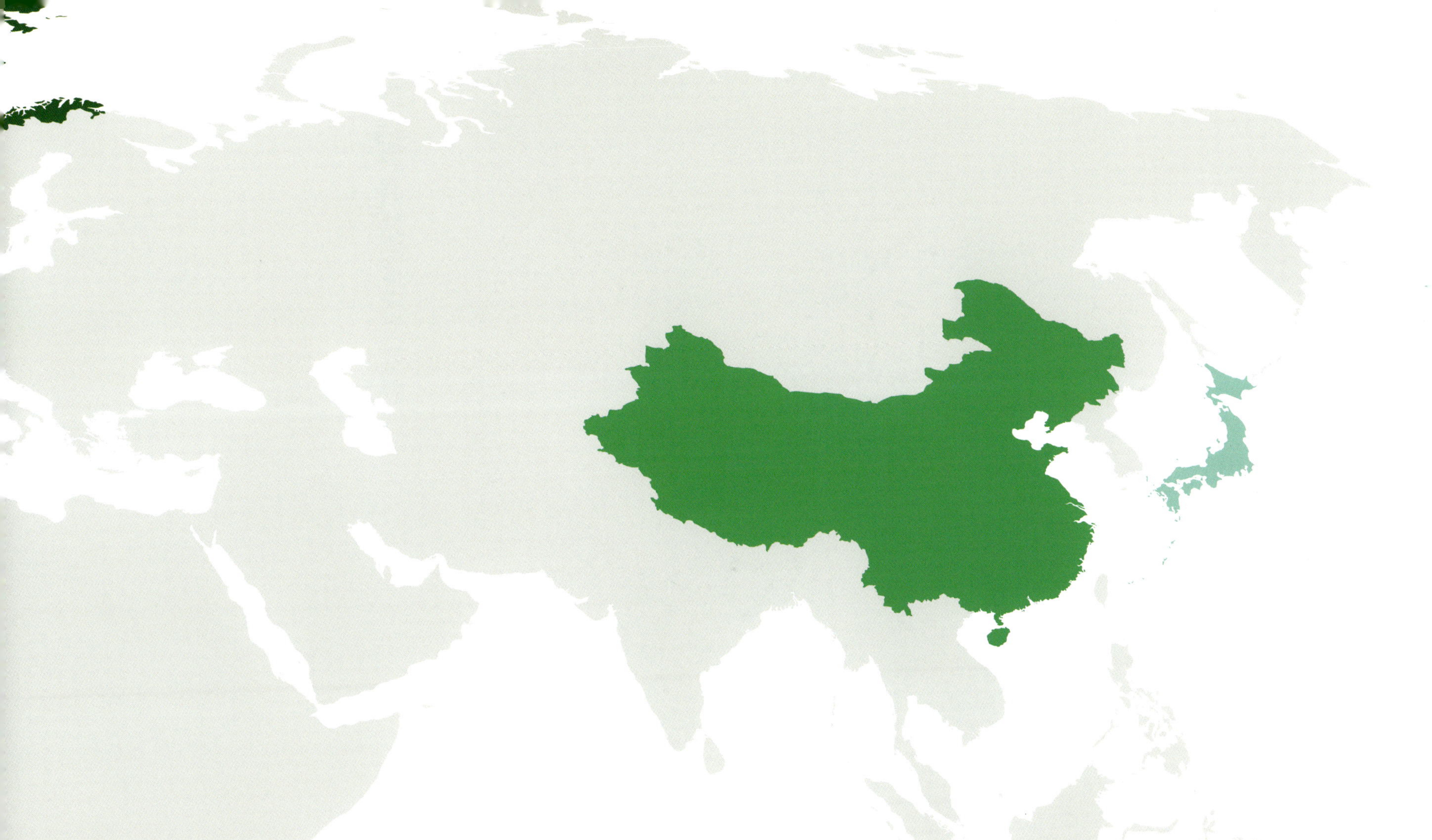

in den immerhin 20 Prozent aller in China produzierten Autos ausgeführt werden. Die 2012 verhängten Wirtschafts- und Handelssanktionen untersagten es Firmen in zahlreichen Ländern, Geschäfte mit dem Iran zu tätigen, und europäische Unternehmen wie Renault und Peugeot waren gezwungen, das Land zu verlassen. Dies ermöglichte es weniger bekannten chinesischen Automobilherstellern wie Chery, Lifan und Changan, die iranische Nachfrage zu befriedigen. Heute ist die Verbindung China–Iran eine der wichtigsten im weltweiten Autohandel.

Chinesische Autobauer wie Geely sind inzwischen bereit, den berühmtesten Autoherstellern der Welt, wie den deutschen und den US-amerikanischen, den Rang abzulaufen. Allerdings ist die Zukunft der traditionellen Autoverkäufe ungewiss. Man geht zwar davon aus, dass die Nachfrage bis in die 2020er-Jahre weiter ansteigen wird, doch das Aufkommen von Elektrofahrzeugen und selbstfahrenden Autos führt zu einer gewissen Unvorhersehbarkeit in der Industrie. Nach lediglich 100 000 genutzten Elektroautos im Jahr 2012 ist deren Zahl bis 2016 weltweit auf 1,2 Millionen angestiegen. Elektroautos, die hauptsächlich in Deutschland, den USA und China hergestellt werden, werden in China gegenwärtig am meisten verkauft. Den größten Anteil an Elektroautos im Verhältnis zum Rest der Fahrzeuge auf den Straßen verzeichnet jedoch Norwegen – Hintergrund ist das Vorhaben der Regierung, Benziner und Dieselfahrzeuge bis 2025 zu verbieten –, gefolgt von den Niederlanden und Schweden. Auch hinsichtlich der autonomen Fahrzeuge wird von einem Anstieg des weltweiten Verkaufswerts von 400 Millionen US-Dollar im Jahr 2015 auf 40 Milliarden US-Dollar bis 2030 ausgegangen. Dem Auto könnten in den kommenden Jahren womöglich ebenso drastische Veränderungen bevorstehen wie in den Tagen von Benz und Ford.

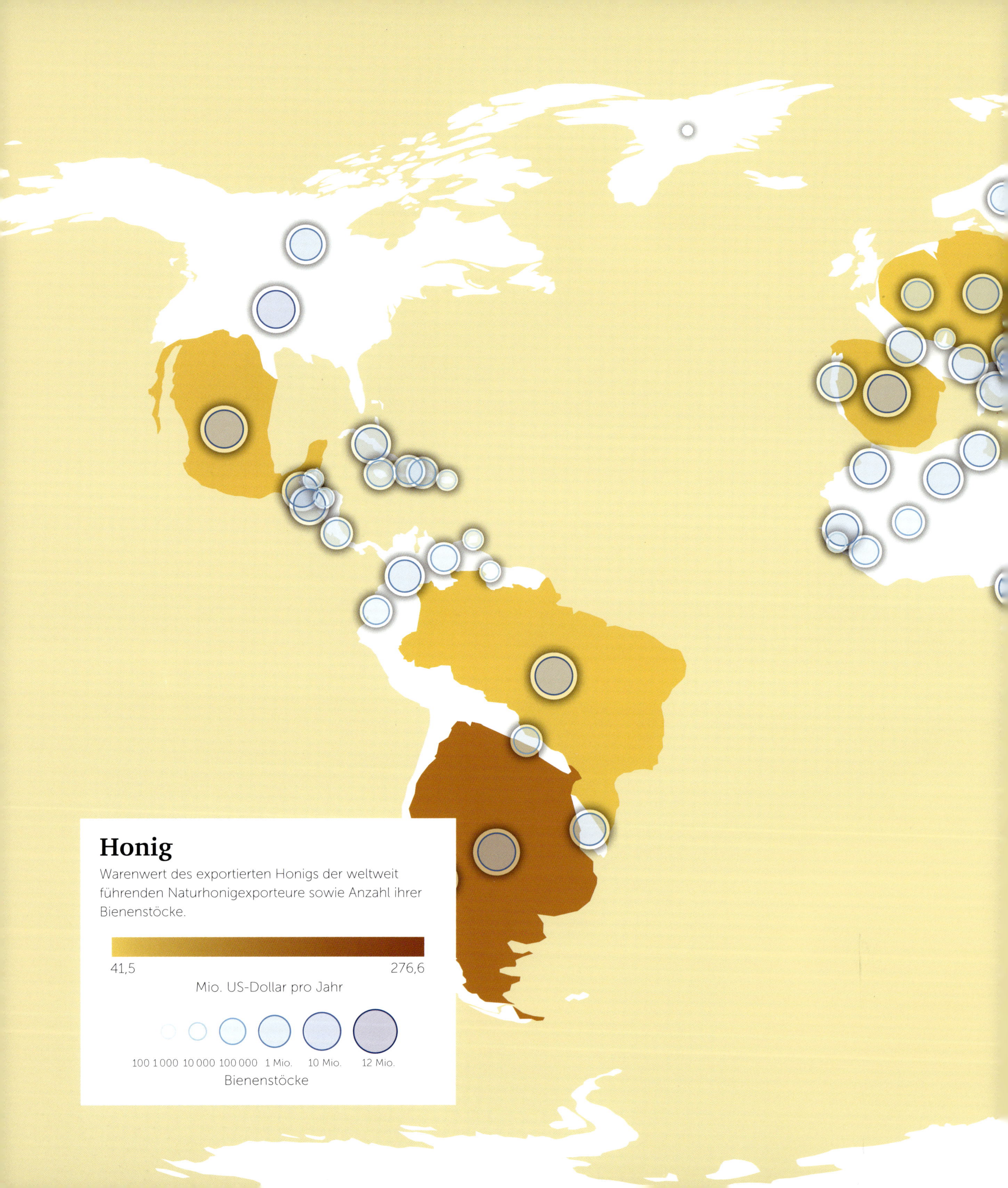
Honig
Warenwert des exportierten Honigs der weltweit führenden Naturhonigexporteure sowie Anzahl ihrer Bienenstöcke.
41,5
276,6
Mio. US-Dollar pro Jahr
100 1 000 10 000 100 000 1 Mio. 10 Mio. 12 Mio.
Bienenstöcke

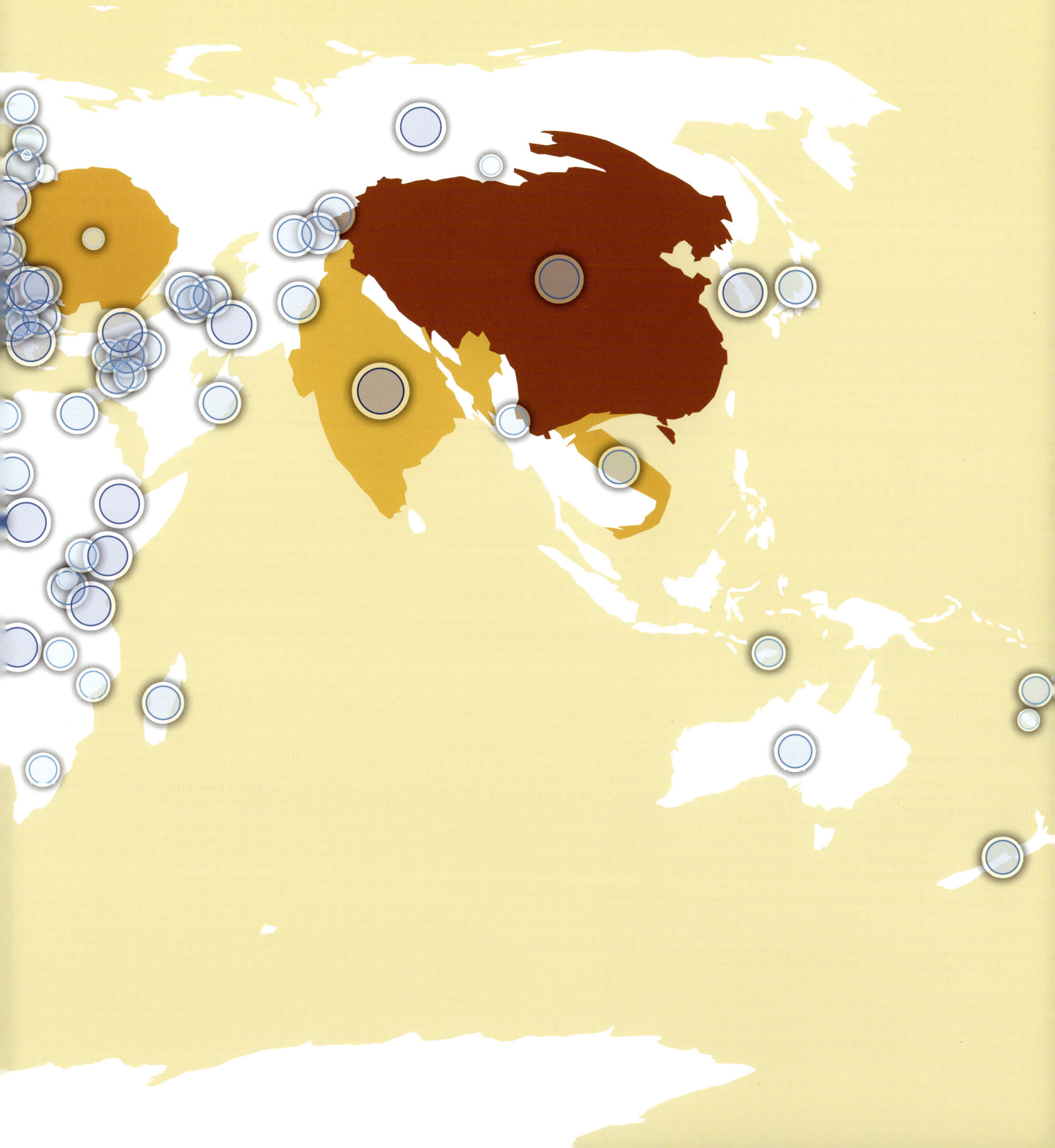

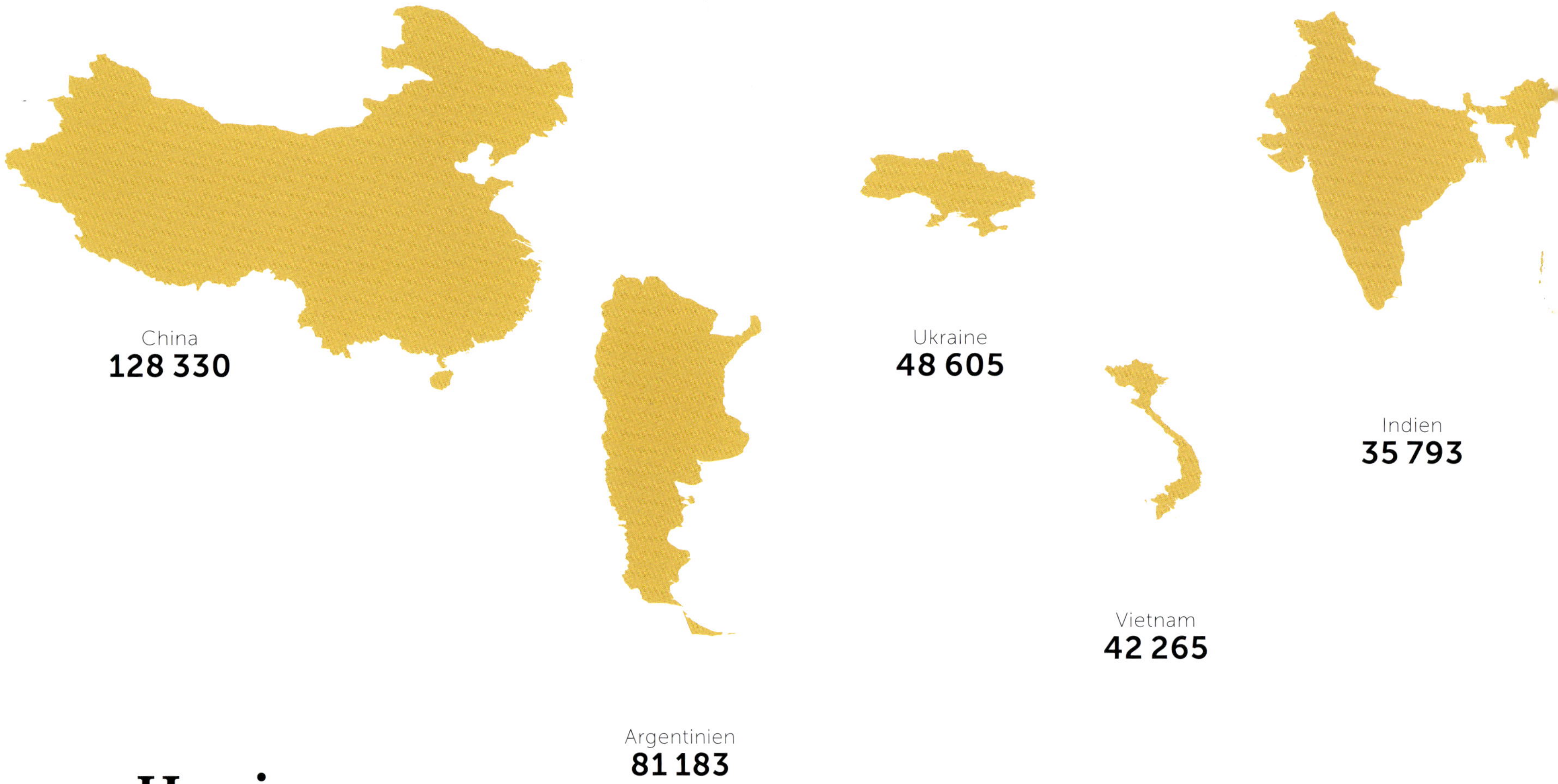
China
128 330
Argentinien
81 183
Ukraine
48 605
Vietnam
42 265
Indien
35 793

Honig

Das *Ramayana* ist ein uraltes, aus sieben Büchern bestehendes Sanskrit-Epos, das vom Prinzen Rama handelt, der sich aufmacht, seine entführte Frau Sita zu befreien. In Indien gibt es inzwischen viele Versionen dieser fiktiven Geschichte, die im Grunde den Triumph des Guten über das Böse schildert. In der Erzählung begegnen wir König Sugriva, dem Herrscher über das Affenreich, der in der Region Madhuban (was so viel heißt wie „Honigwald") Bienen hält, wobei der Honig gewonnen wird, indem man ihn einfach brutal aus dem Stock presst. In dieser mehr als 2 000 Jahre alten Schrift findet sich also einer der frühesten Hinweise auf die Bienenzucht in Indien. Heute sorgen die bescheidenen Bienen für den Lebensunterhalt von Millionen von Indern, weil das Land mehrere Zehntausend Bienenprodukte herstellt.

Trotz der weit zurückreichenden Geschichte begann die organisierte kommerzielle Bienenhaltung in Indien erst Ende des 19. Jahrhunderts, als moderne Bienenstöcke eingeführt wurden. Nach Erlangung der Unabhängigkeit wurde die Bienenhaltung von der Regierung intensiv gefördert, um die ländlichen Landesteile wirtschaftlich zu stärken. Hauptsächlich aufgrund der riesigen Landflächen hat sich die Bienenhaltung in Indien immer weiter ausgebreitet: Im Jahr 2016 besaß das Land fast 12,5 Millionen Bienenstöcke, deutlich mehr als China, die Türkei, der Iran oder Äthiopien, die anderen Länder mit den weltweit meisten Bienenvölkern. Die Popularität der wirtschaftlichen Nutzung der Bienen hat allmählich auf der ganzen Welt zugenommen – die Gesamtzahl der Bienenstöcke ist von fast 80 Millionen im Jahr 2010 auf mehr als 90 Millionen im Jahr 2016 angestiegen.

Doch die Imker handeln nicht nur mit Honig, wie sich an den Waren zeigt, die die beiden Länder mit den meisten Bienenstöcken herstellen. Indien kon-

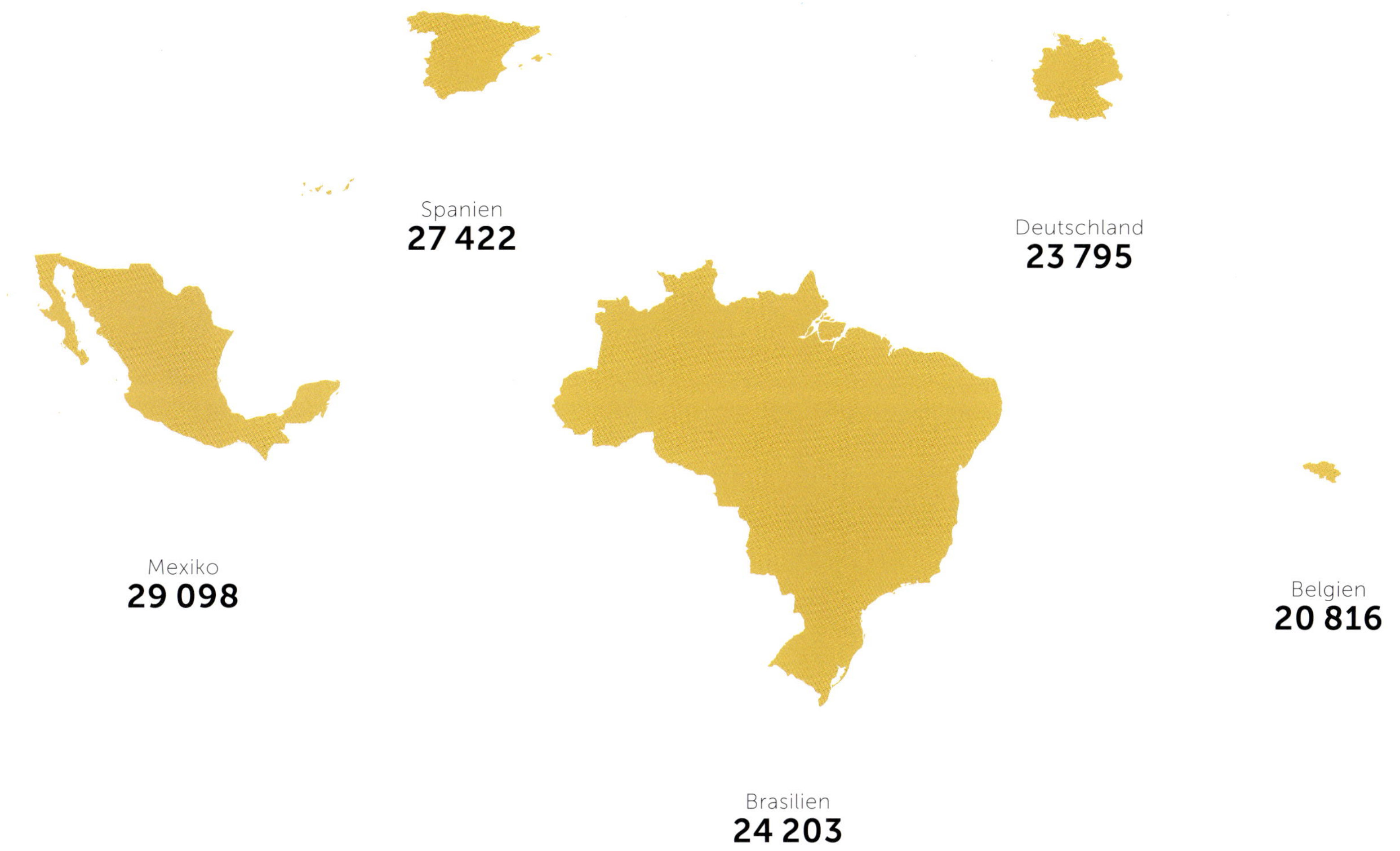
Spanien
27 422
Deutschland
23 795
Mexiko
29 098
Belgien
20 816
Brasilien
24 203

Ausfuhrmenge der weltweit führenden Exportländer von natürlichem Honig – nach Ländern in Tonnen pro Jahr.

zentriert sich zudem auf Bienenwachs und produzierte 2016 enorme 23 500 Tonnen. (Zum Vergleich: Der zweitgrößte Erzeuger, Äthiopien, kam auf lediglich 5 500 Tonnen.) Dieses Rohmaterial – ein Nebenprodukt der traditionellen Honiggewinnung, aus ihm bestehen die Honigwaben – ist der Grundstoff für Kerzen, insbesondere solche für religiöse Zeremonien, wird aber auch für vielerlei andere Dinge verwendet, von Möbel- und Bodenwachs bis hin zu Wachspapier und Kosmetik.

China ist hingegen der weltweit größte Produzent von Honig, 2016 brachte es immense 491 000 Tonnen hervor, während es der zweitgrößte Erzeuger, die Türkei, nur auf 106 000 Tonnen brachte. Was die Chinesen nicht selbst konsumieren, wird exportiert, das heißt, etwa ein Drittel des chinesischen Honigs im Wert von fast 300 Millionen US-Dollar wurde ins Ausland ausgeführt. Die größte Nachfrage für beide Produkte besteht in den USA, die 3 462 Tonnen Bienenwachs und fast 153 000 Tonnen natürlichen Honig importierten. Deutschland führte 3 337 Tonnen Bienenwachs und 88 000 Tonnen Honig ein und rangiert damit in beiden Kategorien an zweiter Stelle.

Insbesondere in Europa – aber auch in Nordamerika – sind Honigbienen seit zehn Jahren zunehmend vom Bienensterben (*colony collapse disorder*/CCD) bedroht, einem Phänomen, das den plötzlichen und scheinbar unerklärlichen Tod ganzer Bienenvölker zur Folge hat. Zu den möglichen Ursachen zählen Faktoren wie der ungezügelte Einsatz von Pestiziden in der Landwirtschaft bis hin zu Stress aufgrund des Fehlens von Nahrungsquellen, was zu schlechter Ernährung und geschwächten Immunsystemen führt. In jedem Fall sorgt das Bienensterben für eine steigende Nachfrage nach ausländischem Honig und Bienenwachs unter den europäischen Verbrauchern, die den Imkern in anderen Ländern vermutlich recht dankbar sind.

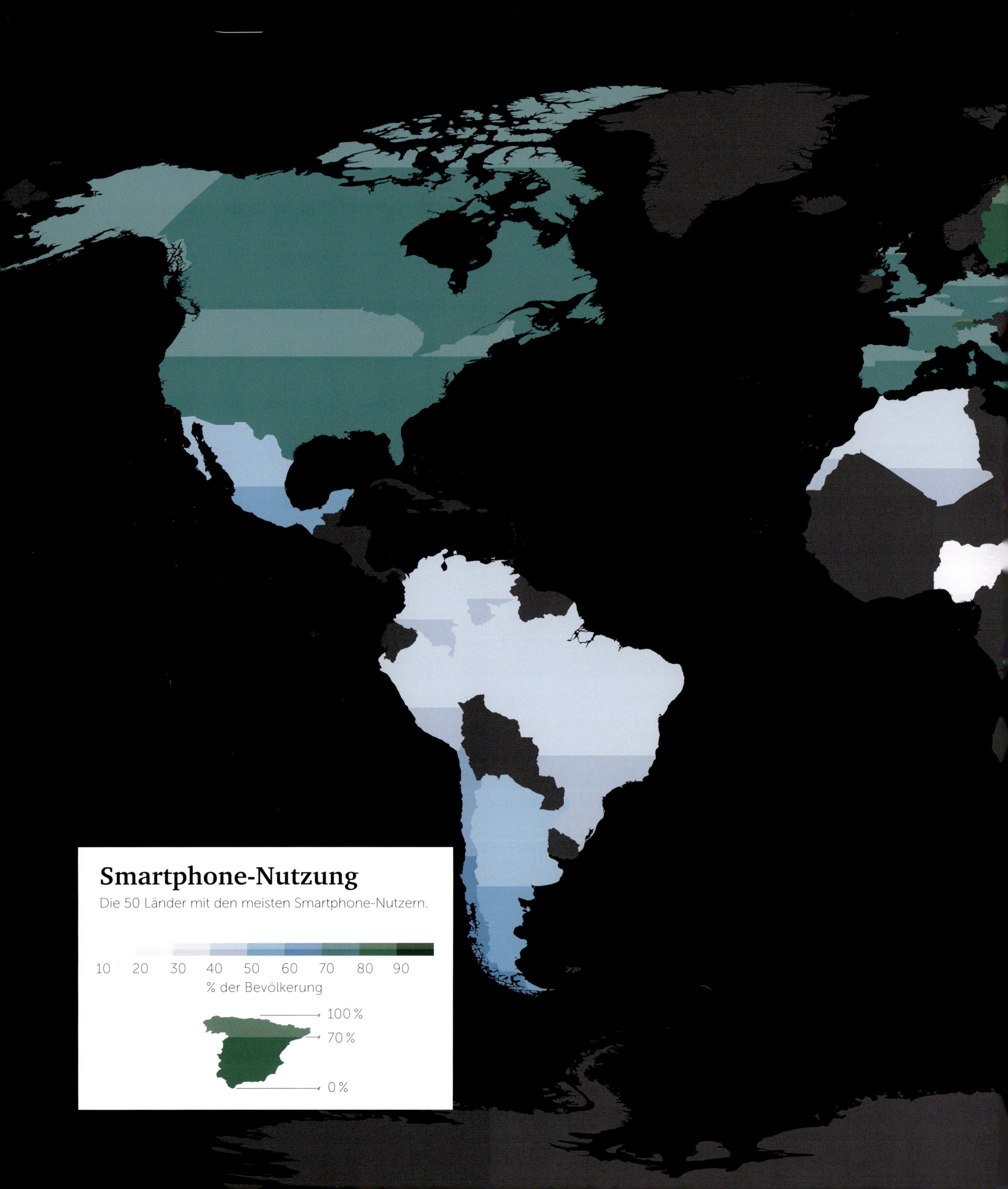
10 20 30 40 50 60 70 80 90
% der Bevölkerung
100 %
70 %
0 %

Smartphone-Nutzung

Die 50 Länder mit den meisten Smartphone-Nutzern.

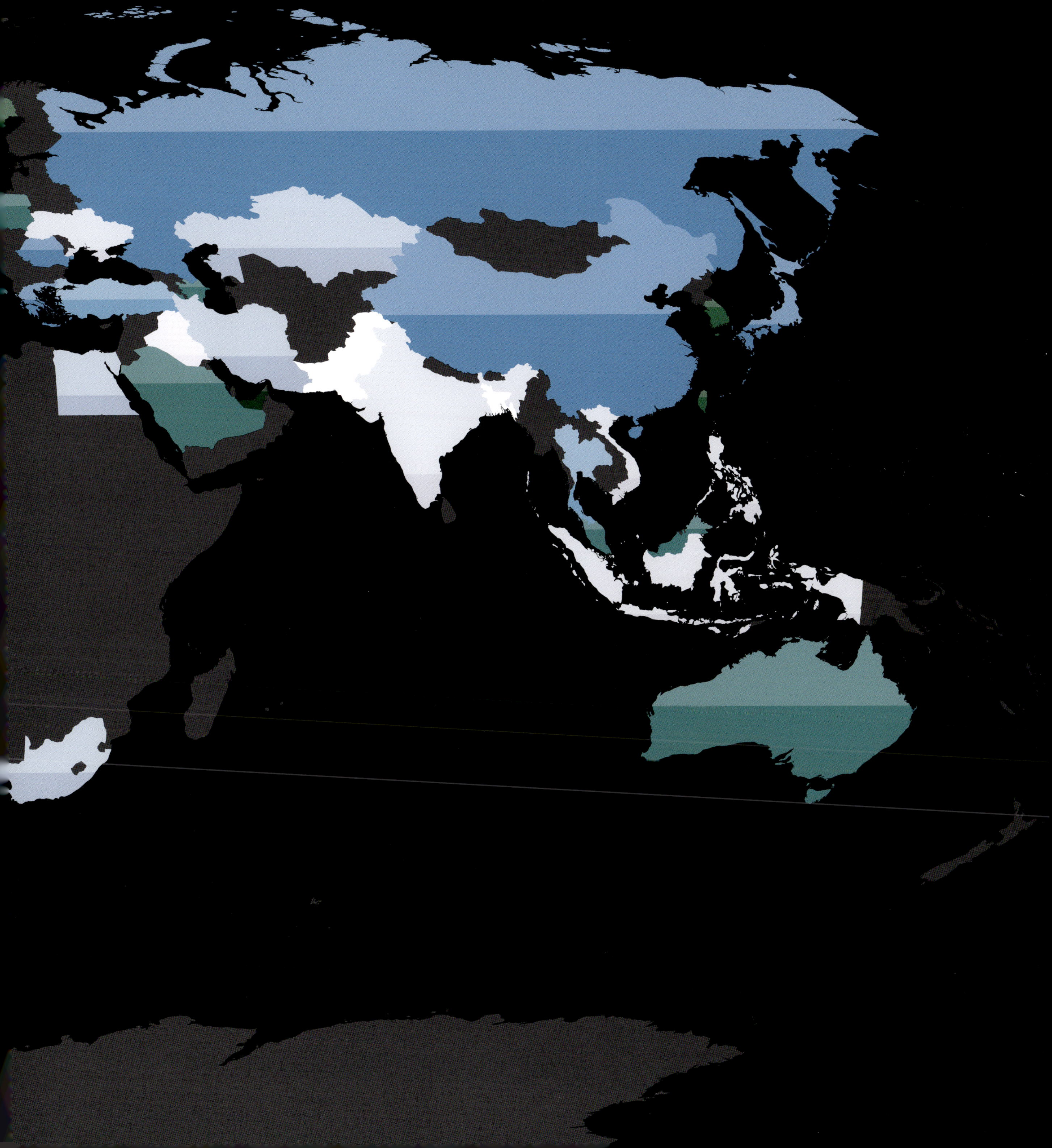

Smartphone-Nutzung

Im Jahr 1992 hatten die Teilnehmer der COMDEX in Las Vegas, Nevada – einer inzwischen eingestellten Computermesse –, das Glück, das mitzuerleben, was man durchaus als „historischen Augenblick" bezeichnen kann. Neben vielen anderen technischen Wunderwerken, die bei dieser Veranstaltung vorgestellt wurden, gab es ein Produkt, das sich im Prinzip bewähren sollte: der Simon Personal Communicator von IBM/BellSouth mit dem Decknamen „Angler". Das Gerät, mit dem man telefonieren, Rechnungen durchführen und Adressen speichern konnte, war das allererste Handy mit Touchscreen und besaß damit Funktionsmöglichkeiten, die über diejenigen der bisherigen Handys hinausreichten. Es war mit anderen Worten das weltweit erste Smartphone.

Bedauerlicherweise hemmten mehrere Faktoren den kommerziellen Erfolg des Simon Personal Communicator. Als das Gerät schließlich im August 1994 in die Geschäfte kam – beinahe zwei Jahre nach dessen Vorstellung –, wog es 500 Gramm, war 3,8 Zentimeter dick und kostete sagenhafte 1 100 US-Dollar. Es war nicht mit einem Internetbrowser ausgestattet (nicht, dass es damals viele Websites gegeben hätte, die man hätte nutzen können) und natürlich auch nicht mit einem App Store. Am Ende war das Gerät lediglich zwei Jahre lang im Handel erhältlich, und es wurden etwa 50 000 Stück verkauft, bis es schließlich vom Markt genommen wurde. Der größte Mangel des Geräts war laut Experten die bestürzend kurze Akkulaufzeit.

Man kann es sich heute kaum mehr vorstellen, doch im Jahr 1994 besaßen auf der ganzen Welt lediglich 56 Millionen Menschen ein Handy. Im Jahr 2007 dann, als bereits insgesamt 3,4 Milliarden Handybesitzer den Planeten bevölkerten, stand Steve Jobs von Apple auf einer Bühne und kündigte die Markteinführung des ersten iPhones an. Mit einem Gewicht von gerade einmal 135 Gramm und einem Preis zwischen 500 und 600 US-Dollar gelang dem iPhone das, was dem Simon Personal Communicator nicht gelungen war: dem Smartphone und seinen Möglichkeiten zum Durchbruch zu verhelfen. Schon ein Jahr später kam das erste Android-Smartphone auf den Markt, und die nächste Wettbewerbsphase war eingeläutet.

Im Jahr 2016 gab es auf der Welt über 7,7 Milliarden Handy-Kunden (eine größere Zahl als die der Weltbevölkerung), von denen geschätzt 2,1 Milliarden ein Smartphone benutzten. In jedem Quartal wetteifern Samsung aus Südkorea

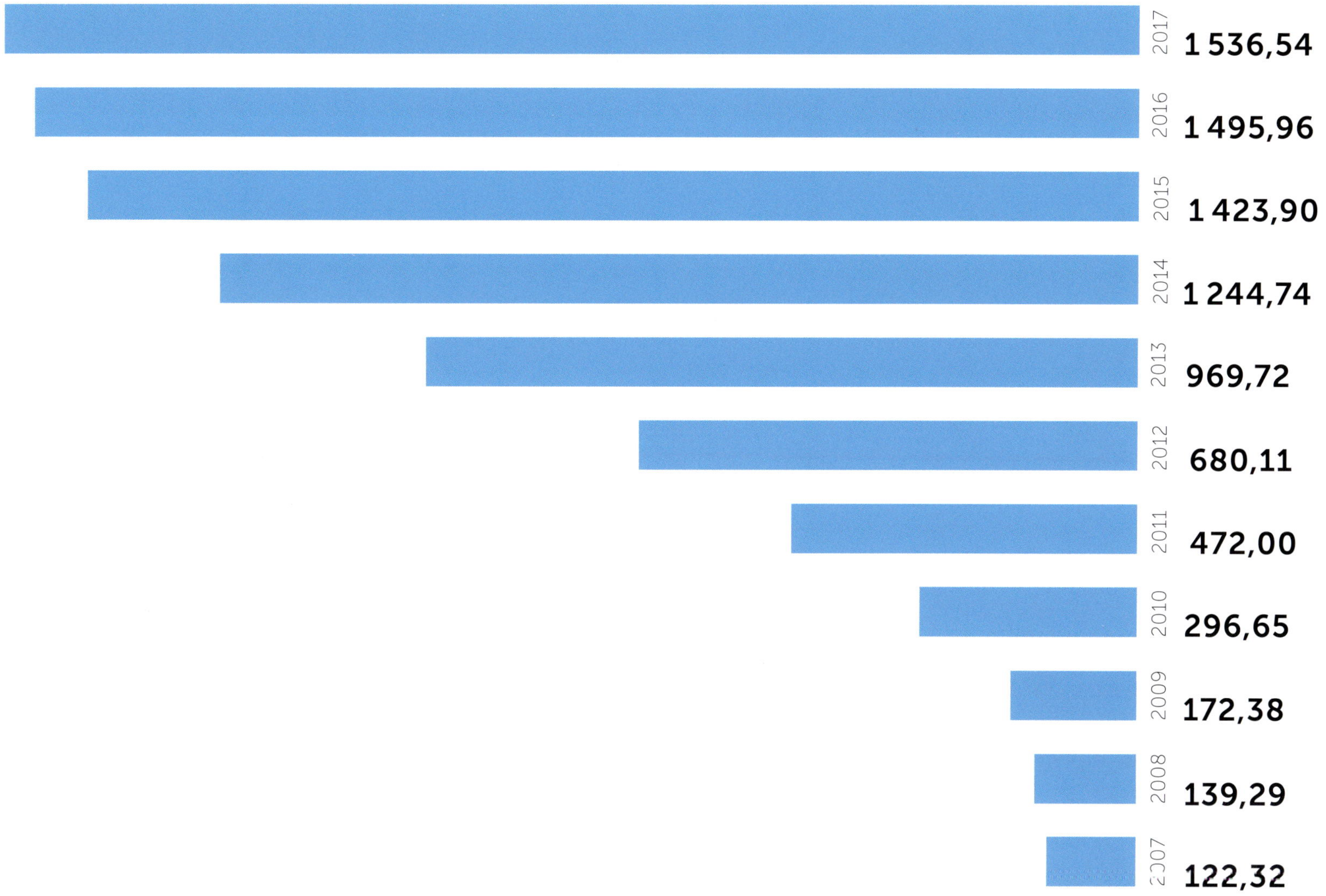
2017 1 536,54
2016 1 495,96
2015 1 423,90
2014 1 244,74
2013 969,72
2012 680,11
2011 472,00
2010 296,65
2009 172,38
2008 139,29
2007 122,32

Die Anzahl der an den Endverbraucher verkauften Smartphones von 2007 bis 2017 in Millionen Stück. Innerhalb von nur zehn Jahren hat sich das Smartphone von einem Luxusnischenprodukt zu einem allgegenwärtigen Gerät entwickelt, das in den Taschen von Milliarden Menschen steckt.

und Apple aus den USA um den Titel des größten Smartphone-Herstellers der Welt, wobei beide Firmen pro Quartal jeweils etwa 75 Millionen Stück ausliefern (weit mehr als Konkurrenten wie LG, Huawei und Alcatel). Vor allem in China wächst die Zahl der Smartphone-Nutzer rasant: Man geht davon aus, dass sich die Anzahl in wenigen Jahren fast verdoppelt haben wird – von 436 Millionen Nutzern im Jahr 2013 auf geschätzte 817 Millionen im Jahr 2020.

Quer über alle Kontinente werden in großer Zahl Mobilgeräte mit Apps transportiert, die Kommunikationstechnologien wie GPS (*global positioning system*) und VoIP (*voice over internet protocol*) nutzen, um der Weltbevölkerung ihren Wunsch zu erfüllen, nach Lust und Laune zu plaudern, zu tippen und zu surfen. Die Ära des Simon Personal Communicator ist endlich angebrochen – wäre das Gerät damals nur seiner Zeit nicht so weit voraus gewesen.

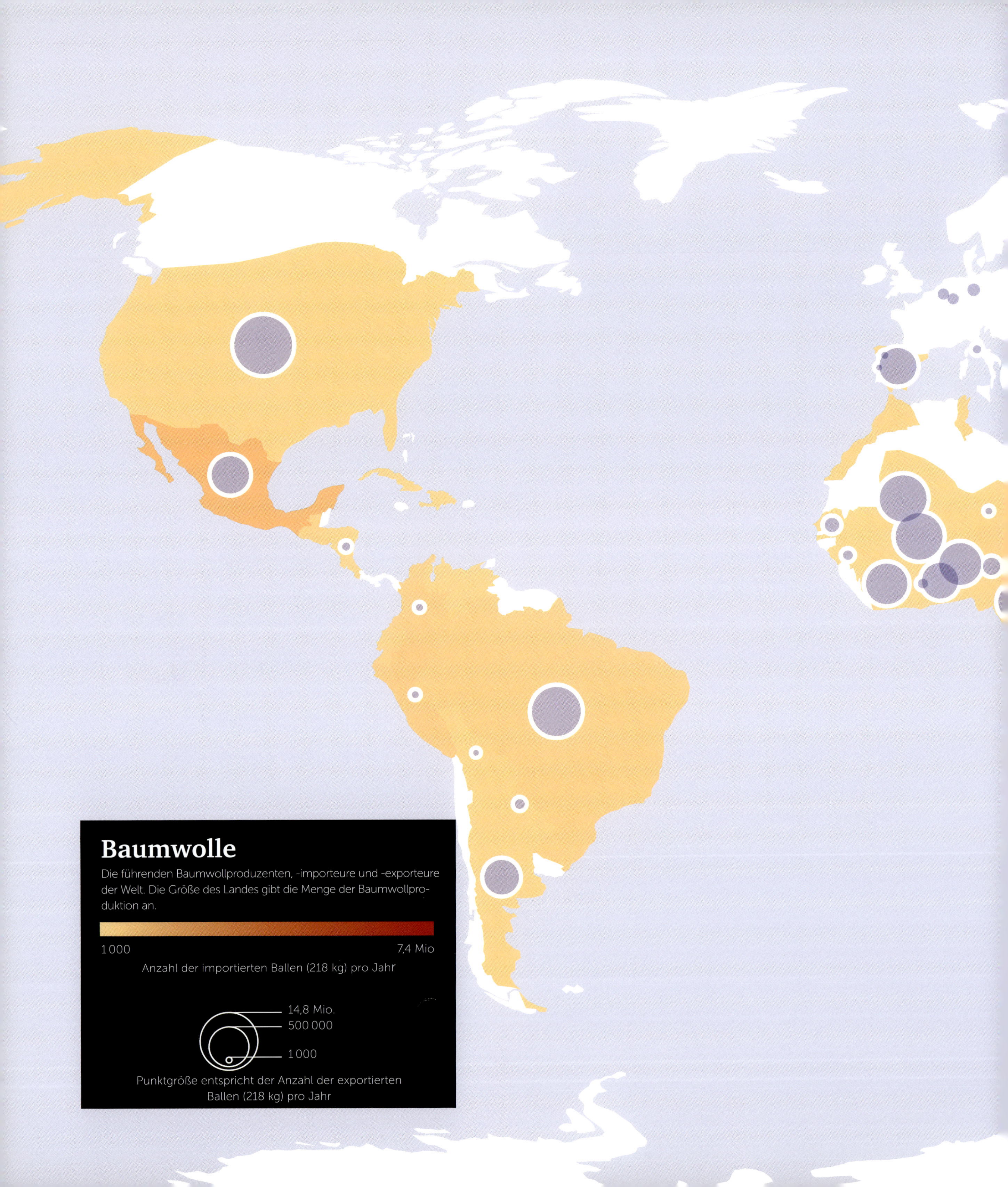
1 000
7,4 Mio
Anzahl der importierten Ballen (218 kg) pro Jahr
14,8 Mio.
500 000
1 000
Punktgröße entspricht der Anzahl der exportierten Ballen (218 kg) pro Jahr

Baumwolle

Die führenden Baumwollproduzenten, -importeure und -exporteure der Welt. Die Größe des Landes gibt die Menge der Baumwollproduktion an.

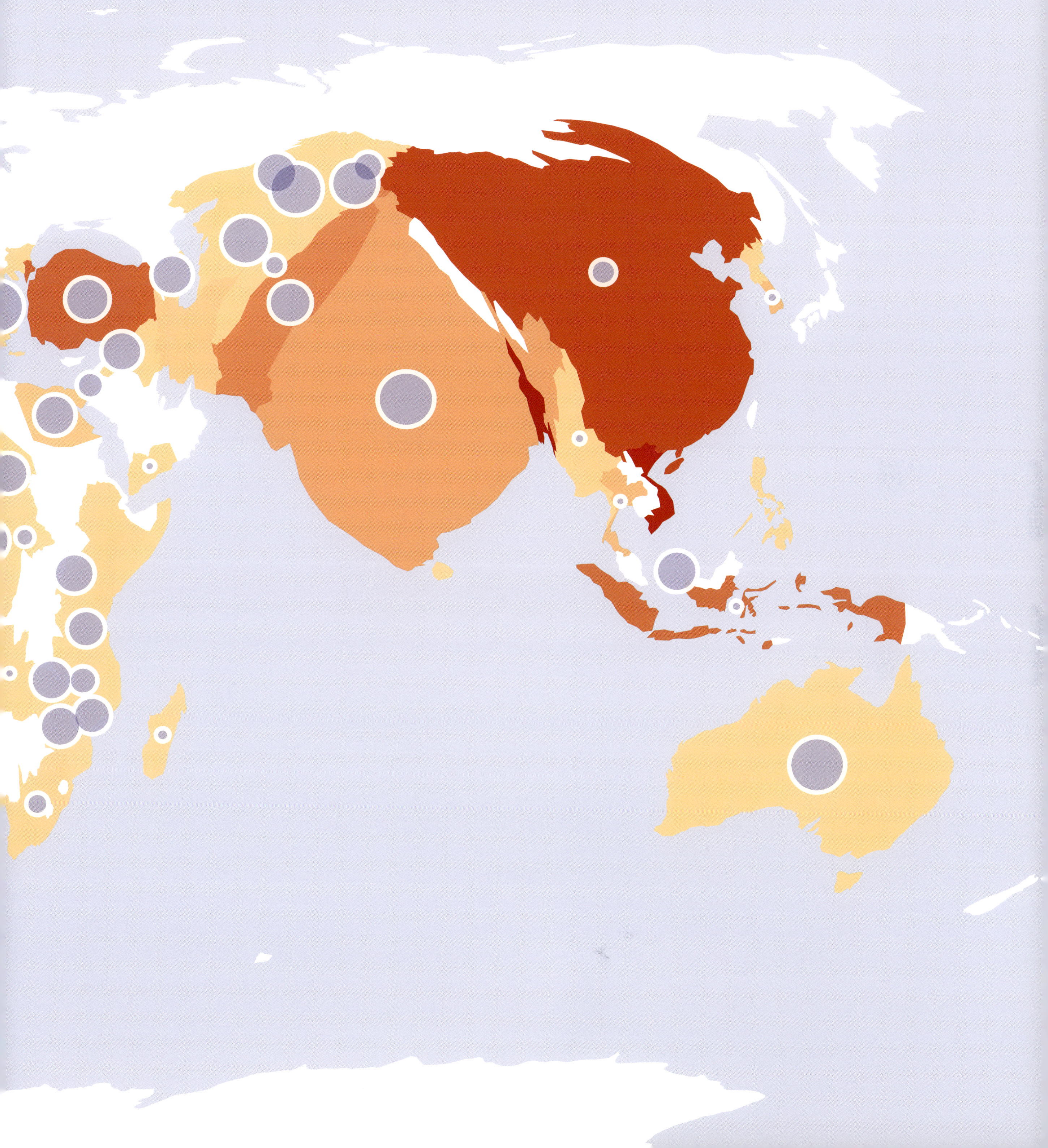

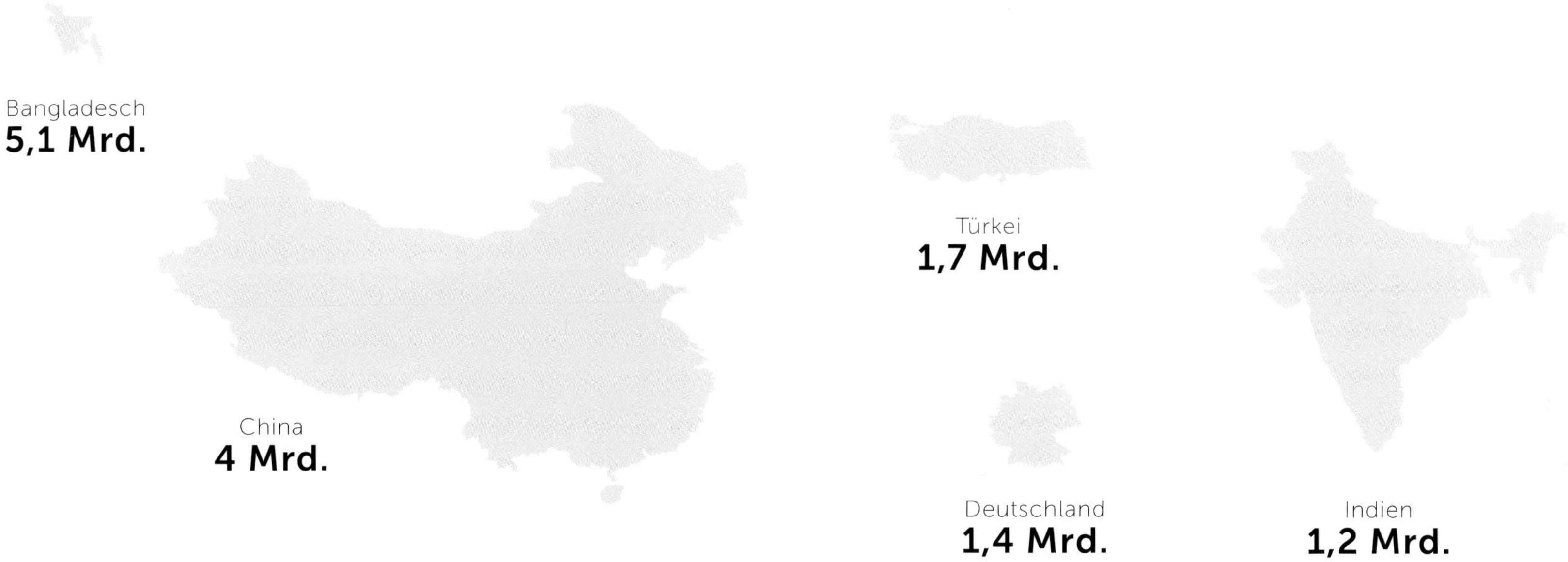
Bangladesch
5,1 Mrd.
China
4 Mrd.
Türkei
1,7 Mrd.
Deutschland
1,4 Mrd.
Indien
1,2 Mrd.

Baumwolle

Ob in Fabriken auf dem Land oder in Metropolen – es ist fast überall auf der Erde möglich, Kleidung herzustellen und diese dann zu namhaften Händlern transportieren zu lassen, damit sie in Geschäften rund um die Welt angeboten und verkauft wird. Im Bereich der Bekleidungsbranche ist es Bangladesch, das die Chance eines globalisierten Marktes ergriffen hat, vor allem weil es infolge der niedrigen Mindestlöhne der ideale Ort für multinationale Unternehmen ist, um neue Kollektionen schnell und billig herzustellen.

Die Fabriken Bangladeschs, die Unternehmen wie That's It Sportswear und Tazreen Fashion gehören, produzieren immer größere Mengen an Stoffen und Textilien, um die Mainstream-Marken mit billigen Kleidungsstücken zu versorgen. Um Abermillionen Kleider, Hemden, Hosen und T-Shirts zuschneiden und nähen zu können, benötigt Bangladesch eine immense Menge an Baumwolle. Deshalb ist es gegenwärtig der größte Importeur von roher Baumwolle; es führt jährlich 1,4 Millionen Tonnen ein und liegt damit vor konkurrierenden Textilherstellern wie Vietnam (1,2 Millionen Tonnen), China (1,1 Millionen), der Türkei (800 000) und Indonesien (740 000).

Diese Globalisierungskräfte haben Bangladesch auf unvorstellbare Weise verändert und vor allem zu enormen finanziellen und gesellschaftlichen Verschiebungen im Land beigetragen. Das liegt auch daran, dass die Baumwolltextilien hauptsächlich von Frauen zusammengenäht werden. Von den vier Millionen in der Textilindustrie des Landes angestellten Menschen sind mehr als 90 Prozent Frauen. In vielen Fällen sind sie die ersten Familienmitglieder, die je eine Anstellung angenommen und eine gewisse finanzielle Autonomie

Italien
1,1 Mrd.

Spanien
884,6 Mio.

Vietnam
832,8 Mio.

Niederlande
829,5 Mio.

Honduras
823,9 Mio.

erlangt haben, was eine Generation unabhängiger, karrierebewusster junger Frauen hervorgebracht hat.

Angesichts des Bestimmungsorts eines großen Teils der in Bangladesch genähten Kleidungsstücke mag es überraschen, dass eine beträchtliche Menge der Baumwolle wahrscheinlich einmal um den ganzen Erdball gereist ist, weil sie ursprünglich aus den USA stammt. Während Indien und China die bei Weitem größten Baumwollproduzenten sind, bleibt der größte Teil ihrer Erzeugnisse für die heimische Fertigung im eigenen Land. In den Vereinigten Staaten ist der Baumwollanbau nach wie vor eine prosperierende Industrie, zum Beispiel in Texas (mit jährlich 8,8 Millionen produzierten Ballen), Georgia (2,9 Millionen Ballen) und anderen südlichen Bundesstaaten, und riesige Mengen der erzeugten Baumwolle gehen in den Export. Beachtliche 3,2 Millionen der in den Vereinigten Staaten 2016/2017 erzeugten 3,7 Millionen Tonnen wurden exportiert. Die Zahlen der weltweit zweit- und drittgrößten Exporteure von roher Baumwolle lagen deutlich darunter, 1 Million Tonnen stammten aus Indien und 800 000 aus Australien. Weltweit werden jedes Jahr circa 120 Millionen Ballen Baumwolle produziert.

Nach dem Export muss die Baumwolle zu Garn gesponnen werden – eine Spezialität von Ländern wie Indonesien –, bevor sie nach Bangladesch verfrachtet wird. Die fertigen Kleidungsstücke werden schließlich an die Großhändler zur Verteilung auf ihre Läden rund um den Globus geschickt. In vielen Fällen hat die Baumwolle eine lange Reise um die Welt hinter sich, bevor sie in Ihrer Haupteinkaufsstraße ankommt.

Die 10 größten Exporteure von Baumwoll-T-Shirts (Angabe in US-Dollar). Die Fertigung von T-Shirts zählt zu den führenden gewerblichen Verwendungszwecken von Baumwolle – Bangladesch liefert die meisten davon in die Einkaufsmeilen auf der ganzen Welt.

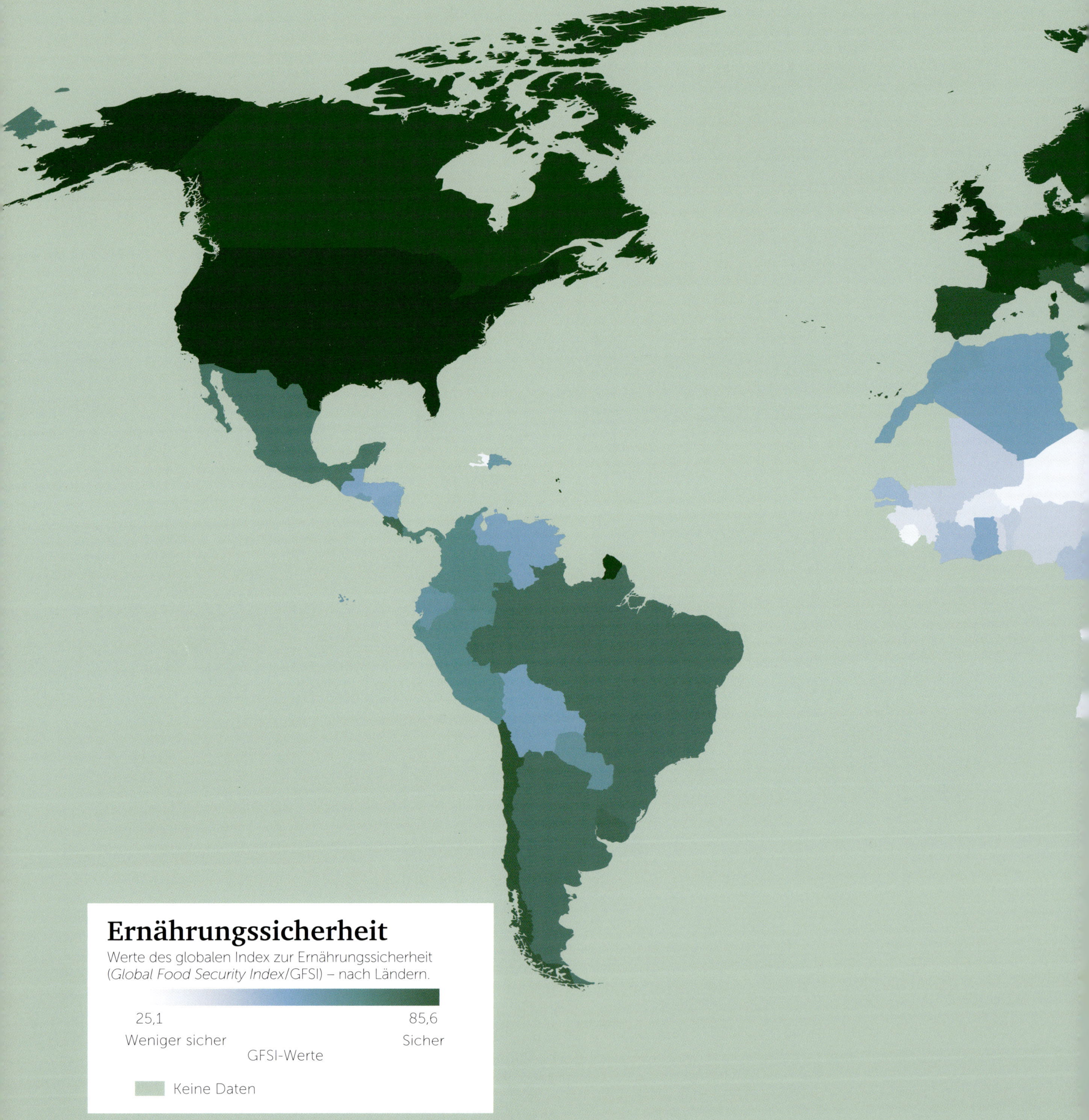
Ernährungssicherheit
Werte des globalen Index zur Ernährungssicherheit (*Global Food Security Index*/GFSI) – nach Ländern.
25,1
85,6
Weniger sicher
Sicher
GFSI-Werte
Keine Daten

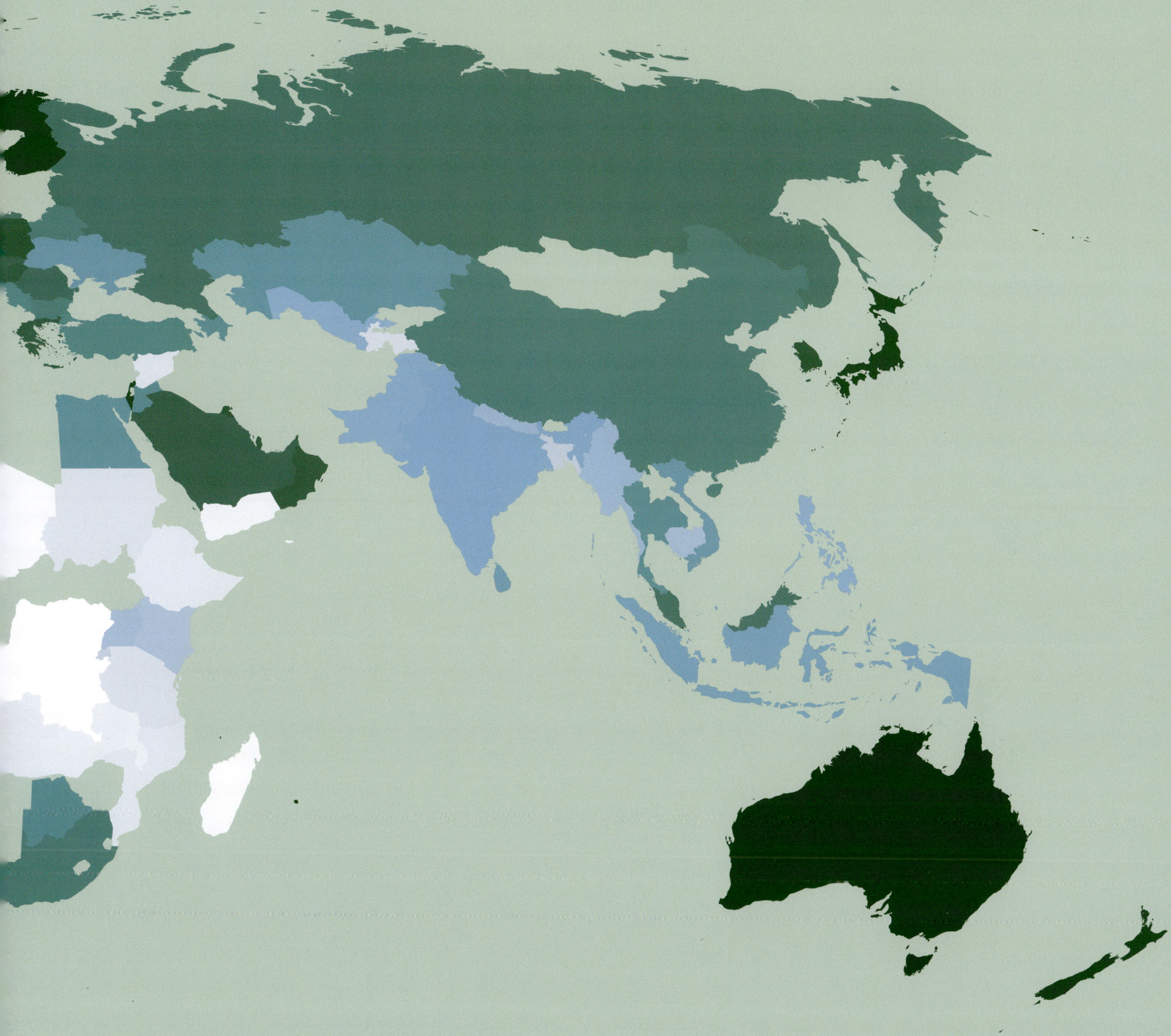

Ernährungssicherheit

Ein Gang durch die Regalreihen der meisten modernen Supermärkte ist, als würde man eine gastronomische Reise um die Welt unternehmen, weil sie Getreide, Obst und Gemüse aus Europa, Afrika, Asien sowie Nord- und Südamerika aufweisen. Die globalisierte Ökonomie des 21. Jahrhunderts hat zur Folge, dass Nahrungsmittel von einer Seite der Erde schnell und effizient zur anderen transportiert werden können, womöglich durchgängig gekühlt. Die Verbraucher müssen gar nicht mehr auf die jahreszeitliche Anbausaison achten, die früher ihren Speiseplan bestimmte und von der sie vollkommen abhängig waren.

Parallel zur Entwicklung der globalen Nahrungsmittelversorgung ist das Bewusstsein für die Ernährungssicherheit gestiegen – dafür, in welchem Maß die Lebensmittelversorgung eines Landes gesichert und vor möglichen Erschütterungen im System geschützt ist, seien sie natürlicher oder militärischer beziehungsweise anderer vom Menschen verursachter Art. Wenn große Teile der Nahrungsmittel eines Landes im Ausland angebaut und über die Weltmeere verschifft werden, wird die Zuverlässigkeit des Netzwerks immer wichtiger. Der *Global Food Security Index* bewertet alle Länder nach ihrer Lebensmittelsicherheit, indem er länderspezifische Faktoren wie Bezahlbarkeit und generelle Verfügbarkeit, aber auch Gefahrlosigkeit und Nährstoffgehalt der Lebensmittel berechnet. Die fünf sichersten Länder sind Australien, Singapur, Großbritannien, die Vereinigten Staaten und die Republik Irland (die Grüne Insel nimmt aufgrund der Tatsache, dass die Regierung der großräumigen heimischen Landwirtschaft Priorität einräumt und im Land keine Armut herrscht, einen der vorderen Plätze ein). Wie der Index offenbart, ist der finanzielle Wohlstand einer der zentralen Faktoren, die darüber entscheiden, welchen Rang die Länder auf der Liste belegen – weit mehr als die geografische Lage.

Am Ende der Liste finden sich Länder wie Sierra Leone, der Tschad, Madagaskar, die Demokratische Republik Kongo und Burundi. Diese afrikanischen Länder leiden nicht nur unter fehlendem Wohlstand, sondern auch unter der unsicheren Nahrungsmittelversorgung. Viele ihrer Lebensmittel stammen aus Regionen des Kontinents, die häufig von Dürren betroffen sind, das heißt, sie haben weniger verlässliche Ressourcen für die Versorgung ihrer wachsenden und zunehmend urbanen Bevölkerung.

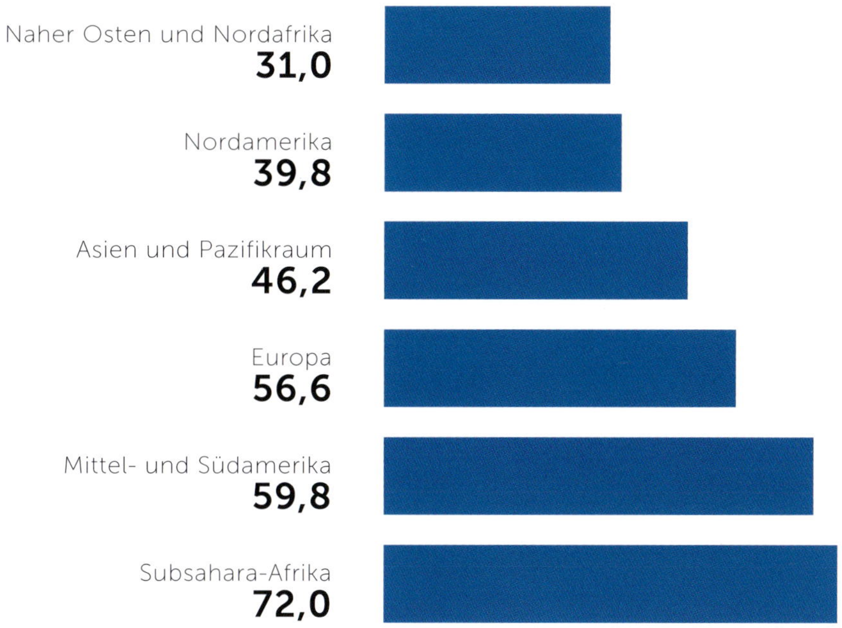
Naher Osten und Nordafrika
31,0
Nordamerika
39,8
Asien und Pazifikraum
46,2
Europa
56,6
Mittel- und Südamerika
59,8
Subsahara-Afrika
72,0

Der GFSI-Wasserindikator misst den qualitativen Zustand sowie die Menge von Frischwasserquellen eines Landes in Verbindung mit den Auswirkungen, die etwa Landwirtschaft und Industrie auf Qualität und Quantität des Wassers haben. Die errechneten Werte zeigen die Gefährdung der Trinkwasserversorgung durch Wasserverbrauch und -verunreinigung auf. Eine höhere Punktzahl bedeutet geringeres Risiko. Länder mit wenig wasserintensiver Agrarindustrie wie jene in der Subsahara-Region schneiden trotz dramatischen Wassermangels bei einem solchen Ranking deutlich besser ab als etwa die nordamerikanischen Staaten.

Das in London ansässige Royal Institute of International Affairs ist eine Organisation, die versucht, das Bewusstsein für die wichtigen Probleme überall auf der Welt zu wecken. Das Institut, auch unter den Namen „Chatham House" bekannt, hat vierzehn Schlüssel-„Engpässe" ausgemacht, die für die Nahrungsversorgung von Millionen Menschen verheerende Folgen haben könnten, sollten sie jemals in irgendeiner Weise blockiert werden. Manche Engpässe sind relativ offenkundige geografische Orte – Nadelöhre der Infrastruktur, wie zum Beispiel der Panamakanal, der Suezkanal und die Straße von Malakka, sowie regionale Engpässe wie der Ärmelkanal oder der Bosporus, der für Lieferungen vom Schwarzen Meer äußerst wichtig ist. Andere Engpässe weisen auf die große Zahl von Menschen hin, die von relativ unzuverlässigen Transportverbindungen abhängig sind, wie zum Beispiel dem nordamerikanischen Eisenbahnnetz oder dem brasilianischen Straßennetz. Forschungen belegen darüber hinaus, dass das durch diese Engpässe verursachte Risiko seit der Jahrtausendwende aufgrund von unvorhersehbaren Ereignissen wie Lebensmittelblockaden, Terrorismus oder Gefahren, die mit dem Klimawandel zusammenhängen, angestiegen ist. Die Ernährungssicherheit wird in den kommenden Jahrzehnten gewiss ein heißes Thema werden.

Warmwasserstrom
Kaltwasserstrom

Meeresströmungen

Die Wasserbewegungen in den Weltmeeren.

Meeresströmungen

Man stelle sich einen enormen Wasserstrom vor, der etwa das 150-Fache des Amazonas, also eine gigantische Menge Wasser mit einer Geschwindigkeit von etwa 5 Kilometern pro Stunde um die Erde transportiert. So etwas gibt es tatsächlich: Der Golfstrom, mehrere Hundert Meter unter der Wasseroberfläche, leitet warmes Wasser vom Karibischen Meer quer durch den Nordatlantik und wärmt Westeuropa. Dieser beständige Wärmezustrom führt dazu, dass es in Großbritannien etwa 10 Grad Celsius wärmer ist als in Nordkanada und Sibirien, die in etwa auf dem gleichen Breitengrad liegen. Wenn der Golfstrom den Norden des Atlantiks erreicht, wird er kalt und dicht und sinkt ab. Dann tritt er entlang der Ostküste Südamerikas die Rückreise nach Süden an und strömt ins Südpolarmeer. Hat das Wasser den Atlantik schließlich umrundet, kehrt es über die Westseite Afrikas wieder zurück ins Karibische Meer und ist bereit, sich erneut vom Golfstrom mitreißen zu lassen.

Dieser Prozess bietet einen kurzen Einblick in die Funktionsweise des „globalen Förderbands" – auch unter dem Begriff „thermohaline Zirkulation" bekannt –, dem wichtigsten Mechanismus, mit dem die Weltmeere Wärme rund um den Planeten zirkulieren lassen. Das System besteht neben dem Golfstrom auch aus Strömungen wie dem antarktischen Zirkumpolarstrom – der die vereiste Antarktis von dem wärmeren Wasser im Norden trennt – und dem Kalifornienstrom, der kaltes Wasser entlang der amerikanischen Pazifikküste nach Süden transportiert. Insgesamt dauert es geschätzt tausend Jahre, bis ein „Wasserteilchen" einmal das Förderband durchlaufen hat. Es handelt sich um eines der wichtigsten großräumigen Natursysteme der Erde.

Das Förderband ist für den Transport des Wassers rund um den Globus entscheidend, und es ist für die Nährstoffversorgung der Algen und des Phytoplanktons unentbehrlich, die die Basis der marinen Nahrungskette bilden. Mit Studien wurde nachgewiesen, dass bis zu drei Viertel aller Meereslebewesen von Nährstoffen leben, die von diesem Förderband umgewälzt werden, wie zum Beispiel vom Humboldtstrom an der südamerikanischen Westküste, der kaltes, nährstoffreiches Wasser aus der Tiefsee nach Norden bis zum Äquator transportiert. Ohne dieses Förderband, das einen beständigen Nährstoffnachschub in den Weltmeeren sicherstellt, würden die mikroskopisch kleinen Lebewesen an der Basis der Nahrungskette nicht überleben, ebenso wenig wie

die Fische und größeren Meerestiere, die sich von ihnen ernähren. Und dies hätte auch Auswirkungen auf die 500 Millionen Menschen, die ihren Lebensunterhalt mit dem Fischfang verdienen.

Leider könnte es dazu kommen, dass der Mensch dieses Förderband zerstört. Durch den beschleunigten Klimawandel schmilzt der Eisschild Grönlands, wodurch sich jedes Jahr Milliarden Tonnen Eiswasser in den Nordatlantik ergießen und das warme und salzhaltige Wasser des Golfstroms verdünnen. In der Folge könnte Ähnliches passieren wie vor 12 000 Jahren, als das kalte Wasser des schmelzenden nordamerikanischen Eisschilds in den Nordatlantik gelangte und das Förderband so stark verlangsamte, dass ein Phänomen ausgelöst wurde, das heute unter dem Begriff „Jüngere Dryaszeit" bekannt ist. Es ließ den Planeten unter „eiszeitähnlichen" Bedingungen für etwa 1 000 Jahre gefrieren. Wissenschaftler mahnen, Untersuchungen im Nordatlantik würden Hinweise liefern, die den Schluss nahelegen, dass Schmelzwasser aus Grönland den Golfstrom bereits heute allmählich abschwäche. Schon allein eine Verlangsamung des Förderbands – von einem Stoppen ganz zu schweigen – könnte den effizienten Wärmetransport rund um den Globus stören, was schließlich einen Wandel der gesamten Meeres- und Atmosphärensysteme des Planeten zur Folge hätte. Dies könnte zu anhaltenden Dürren, Überschwemmungen, Hitze- und Kälteperioden führen und alles verändern, was uns im Hinblick auf Nahrungsmittel und andere lebenswichtige Ressourcen bekannt ist, die die einzelnen Länder hervorbringen können.

Die globale thermohaline Zirkulation – auch „großes marines Förderband" genannt – ist der zentrale Mechanismus der Ozeane, Wärme rund um den Planeten zu transportieren. Diese Meeresströmungen werden von den Unterschieden der Wasserdichte angetrieben, die durch die Temperatur (*thermós*, „warm") und den Salzgehalt (*háls*, „Salz") bestimmt wird.

26,68
Globalisierungsgrad
90,47
Keine Daten

Globalisierungsindex

Werte des KOF-Globalisierungsindex nach Ländern.

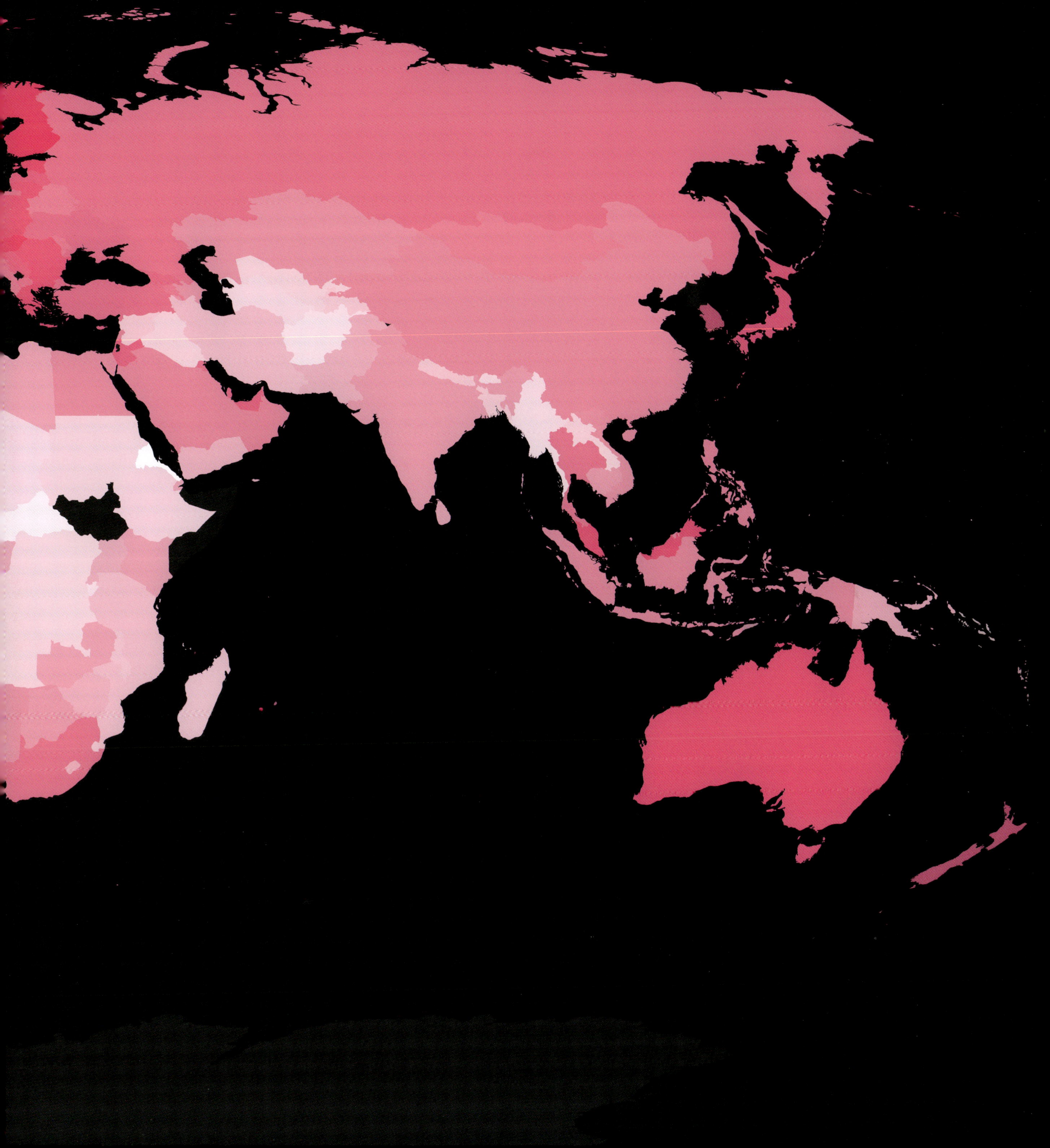

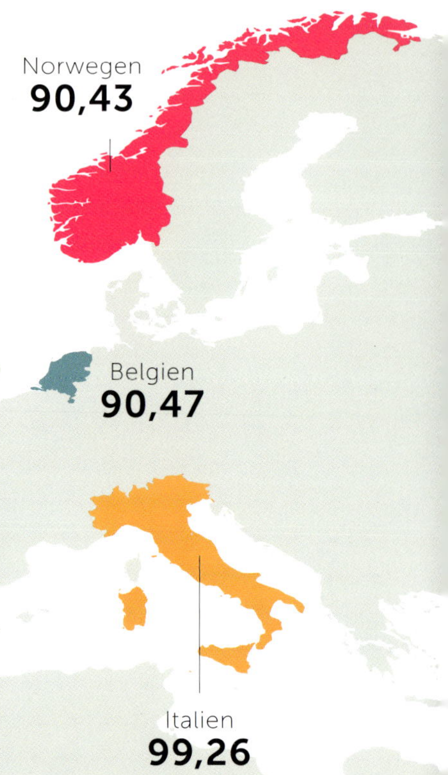
Norwegen
90,43
Belgien
90,47
Italien
99,26

Globalisierungsindex

Scharen ausländischer Touristen aus allen Ecken der Welt sind in den kosmopolitischen Straßen von Brüssel ein vertrauter Anblick, wenn sie auf der Grand-Place im Zentrum der Altstadt Fotos machen, an der Place Saint-Géry entlangbummeln, der von Bars gesäumten Straße, in der man sämtliche Sprachen der Welt hören kann. Die Touristen können sich durchaus zu Hause fühlen, denn etwa 30 Prozent der Einwohner Brüssels kommen aus dem Ausland – vom marokkanisch dominierten Stadtviertel Molenbeek bis zur paneuropäischen Diaspora, die man im angesagten Viertel Saint-Gilles findet. Neben seiner traditionellen neoklassizistischen Architektur kann man in Brüssel auch die modernen, glänzenden Glasgebäude des „Europaviertels" bestaunen, Sitz der internationalen Institutionen wie des Europarats und der Europäischen Kommission. Auf dem Weg zum internationalen Flughafen von Brüssel kommt man an den Bürogebäuden der NATO (*North Atlantic Treaty Organization*) vorbei. Die flämische Stadt Antwerpen, nördlich von Brüssel an der Schelde gelegen, bietet einen der größten Häfen der Welt, in dem – von der Nordsee kommend – ein Frachtschiff nach dem anderen an- und ablegt. Den Belgiern ist es in ihrem vergleichsweise kleinen Land gelungen, vielfältige und robuste Verbindungen zum Rest der Welt zu knüpfen.

Vielleicht ist dies einer der Gründe, weshalb der Globalisierungsindex der Konjunkturforschungsstelle (KOF) Belgien als das Land mit dem weltweit höchsten Grad an Globalisierung ausgewiesen hat. Der Index basiert auf verschiedenen sozialen Indikatoren (wie zum Beispiel Umfang der Migration oder Anzahl der McDonald's-Restaurants), ökonomischen (etwa Handelsbeziehungen und Auslandsinvestitionen) und politischen Indikatoren (zum Beispiel Anzahl der Botschaften und Mitgliedschaft in internationalen Organisationen). Belgien nimmt dabei den Spitzenplatz vor den Niederlanden, der Schweiz, Schweden und Österreich ein. Ohne Zweifel führen geografische Ursachen dazu, dass diese fünf westeuropäischen Länder diejenigen mit dem höchsten Globalisierungsgrad sind. Dieser Zusammenhang wird noch offensichtlicher durch den Umstand, dass Dänemark, Frankreich, Großbritannien, Deutschland und Finnland die übrigen Plätze der Top Ten des Globalisierungsindex bean-

Der Globalisierungsindex kombiniert Werte für die wirtschaftliche, soziale und politische Dimension der Globalisierung. Norwegen nimmt im Bereich der sozialen Globalisierung den Spitzenplatz ein, Singapur in dem der wirtschaftlichen und Italien hinsichtlich der politischen Globalisierung, doch Belgien führt den Gesamtindex an (Angaben = höchste Werte der vier KOF-Indizes, 2018).

Singapur
92,47

sprüchen. Tatsächlich ist Kanada das einzige nichteuropäische Land unter den obersten zwanzig. Fast alle anderen sind Mitglieder der Europäischen Union (EU) und unterhalten untereinander starke politische, soziale und wirtschaftliche Beziehungen. Oder es handelt sich um Länder wie die Schweiz und Norwegen, die zwar keine EU-Mitglieder sind, aber der Europäischen Freihandelsassoziation (EFTA) angehören.

Es mag erstaunen, dass die drei größten Volkswirtschaften der Welt – die USA, China und Japan – trotz ihrer Bedeutung und der starken Handelsbeziehungen mit anderen Nationen (vielleicht auch gerade wegen dieser Faktoren) auf der Liste weiter unten rangieren, nämlich auf den Plätzen 24, 87 und 35.

Trotz rascher Anstiege in der zweiten Hälfte des 20. Jahrhunderts zeigt der KOF-Globalisierungsindex, dass sich das Gesamtniveau der Globalisierung seit der Finanzkrise von 2007/2008 kaum verändert hat. Insbesondere der wachsende Protektionismus behindert den grenzüberschreitenden Austausch sowohl von Menschen als auch von Waren, und es ist keine Zunahme des politischen Multilateralismus zwischen den Staaten zu erkennen. Bis jetzt ist Belgien also ein Sonderfall, was die Globalisierung anbelangt. Aber vielleicht ist die entscheidende Frage ohnehin, nach welchen neuen Indikatoren die Länder in Zukunft beurteilt werden, um festzustellen, wie globalisiert sie tatsächlich sind.

Quellenhinweise

8–9 Daten basieren auf unabhängigen Berechnungen von WorldsTopExports.com
10–11 FAO (Ernährungs- und Landwirtschaftsorganisation der Vereinten Nationen), Statista
12–13 MasterCard (2017 Index der globalen Zielorte, S. 2), Statista
14–15 MasterCard (2017 Index der globalen Zielorte, S. 3), Statista
16–17 MasterCard (2017 Index der globalen Zielorte, S. 2), Statista
18–19 Vereinte Nationen, Statista
20–21 Vereinte Nationen, Statista
22–23 US-Landwirtschaftsministerium; wirtschaftlicher Forschungsdienst (USDA – Agricultural Statistics 2017, S. 111–117), Statista
24–25 Ölsaaten: World Markets and Trades (März 2018), US-Landwirtschaftsministerium
26–29 International Tea Committee; Deutscher Teeverband (Tee als Wirtschaftsfaktor, 2017, S. 12), Statista
30–35 The UCS Satellite Database [www.ucsusa.org/satellite_database]
36–37 US-Energieinformationsdienst (Mai 2018); BGR (2016): Energiestudie 2016, Reserven, Ressourcen und Verfügbarkeit von Energierohstoffen (20), 180 S., Hannover
38–39 BP (BO Statistical Review of World Energy 2017, S. 41), Statista
40–41 FIFA Weltmeisterschaft Russland 2018, Spielerliste
42–43 FIFA, Statista
44–47 Z/Yen (Index der globalen Finanzzentren 22), Statista
48–51 US-Landwirtschaftsministerium/Agentur für ausländische Angelegenheiten, Schätzungen zur Erzeugung, Versorgung und Verteilung, März 2018
52–55 Ofcom; Ampere Analysis (International Communications Market Report 2017, S. 95), Statista
56–61 Weltbankgruppe, Factbook Migration und Geldsendungen 2016, 3. Ausgabe. Washington, D. C.: Weltbank. © World Bank, https://openknowledge.worldbank.org/handle/10986/23743, Genehmigung: CC BY 3.0 IGO
62–63 Kimberley Process Certification Scheme
64–65 The Economist (https://www.economist.com/asia/2015/11/11/indias-diamond-industry-faces-hard-times)
66–67 Statista Consumer Market Outlook, Statista, APICCAPS (World Footwear Yearbook 2017, S. 115), Statista
68–69 Statista Consumer Market Outlook, Statista
70–73 US Geological Survey (Mineral Commodity Summaries 2018, S. 43), Statista
Global Cement Magazine (Ausgabe Dezember 2017, S. 17), Statista
74–75 IWF (Internationaler Währungsfonds, Weltwirtschaftsausblick, Oktober 2017), Statista
76–77 Economist Intelligence Unit, Statista
78–79 Stiftung Offshore-Windenergie; 4C Offshore; LORC, Statista; Global Wind Energy Council
82–85 Universität der Vereinten Nationen (The Global E-Waste Monitor 2017), Statista
86–89 Lloyd's List (One Hundred Ports 2017, S. 20), Statista
90–93 UNOCHA, Statista
94–97 Project Atlas, 2017, Institute of International Education
98–99 K. Anderson, S. Nelgen und V. Pinilla, V (2017). Global wine markets, 1860 to 2016: a statistical compendium, Adelaide: University of Adelaide Press. DOI: https://doi.org/10.20851/global-wine-markets. Genehmigung: CC-BY 4.0
100–101 OIV; verschiedene Quellen (Fachpresse), (State of the Vitiviniculture World Market 2018, S. 9), Statista
102–103 Most Popular Messaging App in Every Country, ChartsBin.com, zugegriffen am 4. Juni 2018, http://chartsbin.com/view/41890
104–105 Whatsapp; Facebook (Facebook Q4 2017 Earnings Call, S. 4), Statista
106–109 The Council on Tall Buildings and Urban Habitat und The Skyscraper Center
110–111 Cochilco (Anuario de Estadisticas del Cobre y Otros Minerales 1997–2016, Tabelle 9), Statista
112–113 US Geological Survey (USGS – Mineral Commodity Summaries 2018, S. 52), Statista
114–119 WIPO (statistische Datenbank)
120–121 FAOSTAT
122–123 Alexander J. G. Simoes und César A. Hidalgo: The Economic Complexity Observatory: An Analytical Tool for Understanding the Dynamics of Economic Development. Workshops at the Twenty-Fifth AAI Conference on Artificial Intelligence (2011)
124–127 US Geological Survey (Mineral Commodity Summaries 2018, S. 51), Statista
128–131 ArtPrice.com (Markt für zeitgenössische Kunst, 2017), Statista
132–133 MPAA (Theatrical and Home Entertainment Report 2016, S. 8), Statista; Europäische Audiovisuelle Informationsstelle (Focus 2017 – Trends des Weltfilmmarkts, S. 13), Statista
134–135 Europäische Audiovisuelle Informationsstelle (Focus 2017 – Trends des Weltfilmmarkts), Statista
136–137 Consumer Market Outlook, Statista
138–139 Consumer Market Outlook, Statista
140–143 US-Verteidigungsministerium: Visual Capitalist, Statista
144–145 Lindt & Sprüngli, Euromonitor (Lindt & Sprüngli – Jahresbericht 2017, S. 55), Statista; FAOSTAT
146–147 Lindt & Sprüngli, Euromonitor (Lindt & Sprüngli – Jahresbericht 2017, page 55), Statista
148–149 Royal FloraHolland (Jahresbericht 2016 von Royal Flora Holland), Statista; Daten basieren auf unabhängigen Berechnungen von WorldsTopExports.com

150–151 Royal FloraHolland (Jahresbericht 2016 von Royal Flora Holland), Statista
152–157 CB Insights, Statista
158–159 Inside Airbnb
160–161 Airbnb Press Room
162–165 Credit Suisse (Global Wealth Databook 2017, S. 150), Statista; Hurun Research Institute (Hurun Global Rich List 2017), Statista
166–169 R. Early et al.: Global threats from invasive alien species in the twenty-first century and national response capacities. Nat Commun, 7:12485 doi: 10.1038/ncomms12485 (2016)
170–173 FAO, Statista; GAIN; US-Landwirtschaftsministerium/Agentur für ausländische Angelegenheiten; GTI; GTA (Mexico Avocado Annual, S. 6), Statista
174–177 www.kickstarter.com [zugegriffen am 27. April 2018]
178–181 Verband der Schweizer Uhrenindustrie, Statista
182–183 FAO (FAO: pulp and paper capacities survey 2016–2021), Statista. Aus folgenden 31 Ländern, die etwa 80 Prozent der weltweiten Papier- und Kartonproduktion repräsentieren, trafen die Antworten rechtzeitig ein, um sie in diesem Buch berücksichtigen zu können: Argentinien, Australien, Belgien, Brasilien, Chile, China, Dänemark, Deutschland, Finnland, Frankreich, Italien, Japan, Kanada, Kolumbien, Mexiko, Neuseeland, Niederlande, Norwegen, Peru, Philippinen, Polen, Portugal, Russland, Schweden, Schweiz, Slowakei, Thailand, Tschechien, Ungarn, Uruguay, USA.
184–185 FAO (FAO: pulp and paper capacities survey 2016-2021), Statista
186–187 WTEx; CIA (The World Factbook); International Trade Centre (Trade Map), Statista; IWF; World Gold Council, Statista
188–189 US Geological Survey (USGS – Mineral Commodity Summaries 2018, S. 71), Statista
190–191 SMMT (Motor Industry Facts 2017, S. 9), Statista; CAAM (cinn.cn); Sohu, Statista
192–193 ACEA, CAAM, InsideEVs, BEA, JAMA, Statista
194–197 WTEx, Statista; FAOSTAT
198–199 Newzoo (Top 50 Countries by Smartphone Users and Penetration), Statista
200–201 Gartner, Statista
202–203 US-Landwirtschaftsministerium/Agentur für ausländische Angelegenheiten, Schätzungen zur Erzeugung, Versorgung und Verteilung, März 2018
204–205 Daten basieren auf unabhängigen Berechnungen von WorldsTopExports.com
206–209 The Economist (Global Food Security Index 2017), Statista
214–217 KOF (KOF-Globalisierungsindex 2018), Statista

Für die Karten und Grafiken wurden die zur Zeit der Abfassung dieses Buches neuesten zur Verfügung stehenden Daten verwendet:
8–9 2016; **10–11** 2016; **12–13** 2016; **14–15** 2016; **16–17** 2016; **18–19** 2018; **20–21** 2018; **22–23** 2016; **26–27** 2016; **28–29** 2016; **30–31** 2018;**32–33** 2018; **34–35** 2018; **36–37** 2016; **38–39** 2016; **40–41** 2018; **42–43** 2018; **44–45** 2017; **46–47** 2017; **48–49** 2017–18; **50–51** 2017–18; **52–53** 2017; **54–55** 2017; **56–57** 2016; **58–69** 2016; **60–61** 2016; **62–63** 2016; **66–67** 2017, 2016; **68–69** 2017; **70–71** 2017; **72–73** 2017; **74–75** 2016; **76–77** 2016; **78–79** 2017; **80–81** 2017; **82–83** 2016; **84–85** 2016; **86–87** 2016; **88–89** 2017, 2016; **90–91** 2017; **92–93** 2017; **94–95** 2017; **96–97** 2017; **98–99** 2016; **100–101** 2017; **102–103** 2016; **106–107** 2018; **108–109** 2018; **110–111** 2016; **112–113** 2017; **114–115** 2016; **116–117** 2017; **118–119** 2016; **120–121** 2016; **122–123** 2016; **124–125** 2017, 2016; **126–127** 2017; **128–129** 2016–17; **130–131** 2017; **132–133** 2016; **134–135** 2016; **136–137** 2017; **138–139** 2017; **140–141** 2016; **142–143** 2016; **144–145** 2017, 2016; **146–147** 2017; **148–149** 2016; **150–151** 2016; **152–153** 2018; **154–155** 2018; **156–157** 2018; **158–159** 2018; **160–161** 2018; **162–163** 2017; **164–165** 2017; **166–167** 2016; **168–169** 2016; **170–171** 2016; **172–173** 2016–17; **174–175** 2018; **176–177** 2018; **178–179** 2017; **180–181** 2017; **182–183** 2016; **184–185** 2016; **186–187** 2016, 2017; **188–189** 2017; **190–191** 2016; **192–193** 2017; **194–195** 2016; **196–197** 2016; **198–199** 2018; **202–203** 2017; **204–205** 2017; **206–207** 2017; **208–209** 2017; **214–215** 2018; **216–217** 2018

Weiterführende Literatur

Bananen

„The imminent death of the Cavendish banana and why it affects us all", BBC News, https://www.bbc.co.uk/news/uk-england-35131751

Tourismus

„Defining What Makes a City a Destination", MasterCard, https://newsroom.mastercard.com/press-releases

UN-Friedenstruppen

„Troop and police contributors", United Nations Peacekeeping, https://peacekeeping.un.org/en/troop-and-police-contributors

„Why South Asia Loves Peacekeeping", *The Diplomat*, https://thediplomat.com

Sojabohnen

„Brazil curbs soy farming deforestation in Amazon", Reuters, https://uk.reuters.com/

„Blame Henry Ford for Deadly Superbugs", Bloomberg, www.bloomberg.com

Tee

Louise Cheadle & Nick Kilby, *The Book of Tea: Growing it, making it, drinking it, the history, recipes* (2015), Jacqui Small LLP

Satelliten

„This is every active satellite orbiting earth", Quartz, https://qz.com

Uran

Amir D. Aczel, *Uranium Wars: The Scientific Rivalry that Created the Nuclear Age* (2009), Palgrave Macmillan

Matteo Valleriani, *The Structures of Practical Knowledge* (2017), Springer

„How uranium ore is made into nuclear fuel", World Nuclear Association, http://www.world-nuclear.org/

Fußballspieler

„Russia 2018 squads officially confirmed", FIFA, https://www.fifa.com/worldcup/news/russia-2018-squads-officially-confirmed

Finanzplätze

„The Global Financial Centres Index 22", China Development Institute (CDI) and Z/YenPartners, http://www.luxembourgforfinance.com/

„Shanghai and Shenzhen stock exchanges continue to chip away at Hong Kong's IPO attractiveness", *South China Morning Post*, www.scmp.com/business/

Palmöl

„Essential oil?", *Geographical*, www.geographical.co.uk/places

„Indonesia's Fire Outbreaks Producing More Daily Emissions than Entire US Economy", World Resources Institute, https://www.wri.org/

Netflix

„Netflix's biggest competitor? Sleep", *Guardian*

„Follow Netflix's rise from tech startup to media giant rivaling Comcast", *Quartz*, https://qz.com/

Geldsendungen

„Record high remittances to low- and middle-income countries in 2017", World Bank, www.worldbank.org/

„The Money Trail", *Geographical*, www.geographical.co.uk/people

Diamanten

„A Diamond's Journey: On the cutting edge", NBC News, www.nbcnews.com/

„De Beers admits defeat over man-made diamonds", CNN, http://money.cnn.com/

Sneaker

Hinh T. Dinh, *Light Manufacturing in Vietnam: Creating Jobs and Prosperity in a Middle-Income Economy* (2014), World Bank Publications

„Vietnam's footwear industry threatened by automation", VietNamNet, http://english.vietnamnet.vn/fms/business

Zement

Robert Courland, *Concrete Planet: The Strange and Fascinating Story of the World's Most Common Man-Made Material* (2011), Prometheus Books

„Sand mining: the global environmental crisis you've probably never heard of", *Guardian*, www.theguardian.com/cities

„Sand, rarer than one thinks", UNEP, https://na.unep.net/geas/

„How seawater strengthens ancient Roman concrete", University of Utah, https://unews.utah.edu/roman-concrete/

Globale Verschuldung

„World Economic Outlook Database April 2018", International Monetary Fund, www.imf.org

Windenergie

„Is the British weather unique in the world?", BBC News, https://www.bbc.co.uk/news/magazine

Elektroschrott

„E-Waste in East and South-East Asia Jumps 63% in Five Years", UN University, https://unu.edu/media-relations

„East meets Waste: tech waste piling up in Asia", *Geographical*, www.geographical.co.uk/people/development

Häfen

„Ship to shore: tracking the maritime motorways", *Geographical*, www.geographical.co.uk/places/mapping

„Lloyd's List Top 100 Ports Ranking", Maritime Intelligence, https://maritimeintelligence.informa.com/

Humanitäre Unterstützung

Global Humanitarian Assistance Report 2017, Development Initiatives, http://devinit.org

Internationale Studierende

„Why So Many Chinese Students Come to the U.S.", *Wall Street Journal*, www.wsj.com

Wein

„A bottle of Beijing, please: Is Chinese wine any good?", *Telegraph*, www.telegraph.co.uk/foodanddrink

„Wine world", *Geographical*, www.geographical.co.uk/places/mapping

Messenger-Apps

„The Rags-To-Riches Tale Of How Jan Koum Built WhatsApp Into Facebook's New $19 Billion Baby", *Forbes*, www.forbes.com/sites/parmyolson

„Forget Apple vs. the FBI: WhatsApp just switched on encryption for a billion people", *Wired*, www.wired.com

„China Blocks WhatsApp, Broadening Online Censorship", *New York Times*, www.nytimes.com/2017

„Saudi Arabia to lift ban on internet calls", Reuters, www.reuters.com

Wolkenkratzer

„The Skyscraper Centre", Council on Tall Buildings and Urban Habitat, www.skyscrapercenter.com

Kupfer

„How safe are Chile's copper mines?", BBC News, www.bbc.co.uk/news

„Copper solution", *The Economist*, www.economist.com/business

Patente

„The International Patent System", World Intellectual Property Organization, http://www.wipo.int/pct/en/

Vanille

„Madagascar's vanilla wars: prized spice drives death and deforestation", *Guardian*

„Vanilla shortage could lead to ice-cream price rise, makers warn", *Guardian*

Kobalt

„Democratic Republic of Congo: ‚This is what we die for': Human rights abuses in the Democratic Republic of the Congo power the global trade in cobalt", Amnesty International, www.amnesty.org

„Carmakers and big tech struggle to keep batteries free from child labor", CNN, http://money.cnn.com/

„We'll All Be Relying on Congo to Power Our Electric Cars", Bloomberg, www.bloomberg.com

Zeitgenössische Kunst

„The Contemporary Art Market Report 2017", Artprice, www.artprice.com/artprice-reports

Kino

„Is it a golden age for Chinese cinema?", BBC News, www.bbc.co.uk

Abgefülltes Wasser

„Bottled-Water Habit Keeps Tight Grip on Mexicans", *New York Times*, www.nytimes.com

„The madness of drinking bottled water shipped halfway round the world", *Guardian*

US-Militär

David Vine, *Base Nation: How U.S. Military Bases Abroad Harm America and the World* (2015), Henry Holt and Company

„Comparing Aerial and Satellite Images of China's Spratly Outposts", Center for Strategic and International Studies, https://amti.csis.org/

Kakao

„Ivory Coast sweetens up with first locally made chocolate", DW, www.dw.com

„The Chocolate Curse", Planet Money/NPR, www.npr.org/sections/money/

Blumen

„Colombia's Bloom Boom", *Slate*, www.slate.com

„Colombia keeps cocaine from spoiling Valentine's Day flowers", *Independent*, www.independent.co.uk

„Unicorns"

„The Global Unicorn Club", *CB Insights*, https://www.cbinsights.com/research-unicorn-companies

Airbnb

„Airbnb's booming city neighbourhoods", *Guardian*

Airbnb, https://press.atairbnb.com/fast-facts/

Milliardäre

Global Rich List 2018, Hurun Report, www.hurun.net

Invasive Spezies

„Global threats from invasive alien species in the twenty-first century and national response capacities", Nature Communications, www.nature.com

„Switzerland part of EU plan to battle invasive species", https://lenews.ch

Avocados

„Chilean villagers claim British appetite for avocados is draining region dry", *Guardian*

„How the Avocado Became the Fruit of Global Trade", *New York Times Magazine*

„Mexico's avocado exports to China rise", *China Daily*

Crowdfunding

The Crowd Data Centre, www.thecrowdfundingcenter.com/data/

„Fitbit formally announces that it is buying smartwatch maker Pebble", *The Verge*, www.theverge.com

Luxusuhren

„How the watch industry will save itself", *TechCrunch*, https://techcrunch.com/

„‚Swiss-made' label lacks precision for watch industry", Reuters, www.reuters.com

Papier

„Finland's forests gave it its prosperity. What will the country do in a post-paper world?", University of Helsinki, www.helsinki.fi

„Forests form the trunk of Finnish trade", Ministry for Foreign Affairs, https://finland.fi/business-innovation/forests-form-the-trunk-of-finnish-trade/

Gold

„Mnuchin's Fort Knox Quip: ‚I Assume the Gold Is Still There'", Bloomberg, www.bloomberg.com

Fort Knox Bullion Depository, United States Mint, www.usmint.gov/about/mint-tours-facilities/fort-knox

Autoexporte

„Who Invented the Car?", Live Science, www.livescience.com

„Iran Automotive Industry – Can American Car Manufacturers Overcome Chinese Resistance?", Forbes, www.forbes.com

„China's Car Revolution Is Going Global", Bloomberg, www.bloomberg.com/

„Power to the EV: Norway spearheads Europe's electric vehicle surge", *Guardian*

Honig

G. K. Ghosh, *Beekeeping in India* (1994), APH Publishing

Ethel Eva Crane, *The World History of Beekeeping and Honey Hunting* (1999), Taylor & Francis

Smartphone-Nutzung

„First Smartphone Turns 20: Fun Facts About Simon", *Time*

Baumwolle

„Despite Low Pay, Poor Work Conditions, Garment Factories Empowering Millions Of Bangladeshi Women", *International Business Times*, www.ibtimes.com

Ernährungssicherheit

„Chokepoints and Vulnerabilities in Global Food Trade", Chatham House, www.chathamhouse.org

Global Food Security Index 2017, Economist Intelligence Unit, https://foodsecurityindex.eiu.com

Meeresströmungen

„The Global Conveyor Belt", National Oceanic and Atmospheric Administration, https://oceanservice.noaa.gov

Globalisierungsindex

KOF-Globalisierungsindex, ETH Zürich, www.kof.ethz.ch

Index

Über die Autoren

Chris Fitch ist leitender Redakteur der *Geographical*, der offiziellen Zeitschrift der Royal Geographical Society, und Autor des *Atlas der ungezähmten Welt – eine Reise zu extremen Landschaften, unberührten Plätzen und wilden Orten* (2017). Er ist auf den Salomonen aufgewachsen, lebte in Taiwan und Südkorea und wohnt derzeit in London. Seine Reportagen über exotische Natur, fremde Tierwelten und das Reisen führten ihn bereits in alle Teile der Welt.

Sam Vickars ist Ingenieur und Designer für Datenvisualisierung. Er erzählt anhand von Daten und Grafiken visuelle Geschichten.

Danksagung

Danken möchte ich Lucy Warburton, Emma Harverson und dem gesamten Team von White Lion Publishing, ohne deren Unterstützung dieses Buch nie entstanden wäre. Ihre Begeisterung für dieses Projekt hat uns ermuntert, und das vorliegende Werk macht den vielen von ihnen geleisteten Arbeitsstunden und ihrem Engagement alle Ehre.

Ich bin Sam Vickars sehr dankbar dafür, dass er einige überaus komplizierte und unterschiedliche Daten in facettenreiche und spannende Karten verwandelt hat, wodurch er die einzigartigen Geschichten dahinter veranschaulichte. Ebenso danke ich Paileen Currie für das detailreiche Design des Buches, Anna Southgate für die Redaktion und Victoria Lyle für das Korrektorat und die Prüfung der vielen, vielen in diesem Buch enthaltenen Fakten. Schließlich geht ein herzlicher Dank an meine Familie, meine Freunde und Kollegen für ihre unermüdliche Unterstützung.